耀金泉

颔先生的古币文世界

山西省考古研究院　编

山西出版传媒集团

山西人民出版社

集戰國貨幣晉陽斧尖足
布文字晉陽乃趙氏早期都
邑晉陽布又為趙國主要化
幣正當太原市錢幣學會
成立之峕太原當古晉陽
地望故集此二字以慶
張頷

序言一

贺『文耀金泉——张颔先生的古币文世界』展览开幕（代序）

山西省文物局、山西省考古研究院：

欣悉山西省考古研究院（山西考古博物馆）为纪念张颔诞辰102周年举办“文耀金泉——张颔先生的古币文世界”展览及学术研讨会，感到很高兴！这是对已故学者的最好追思与纪念。在此谨表祝贺！

张颔是文博界的老一辈领导，不仅为山西的文博事业作出了贡献，而且还是一位真正的学者。先生学识渊博，精通考古、历史、经学、书法等，也是著名的古文字学家、先秦货币研究大家，于青铜器铭文考释、侯马盟书研究、货币文字整理与研究等贡献尤多，出版的《侯马盟书》《古币文编》就是其代表著作，尤其是《古币文编》更是倾注了先生的大量心血。

山西是文物大省，历史悠久，文化底蕴深厚，又是晋国的发祥地，文物资源丰富。尤其是先秦货币，如青铜贝币、尖足空首布、尖足布、圆足布、方足布及刀币、环钱等的出土，或居全国之首。币上铭文变化多样。因此，这些发现为催生一部先秦货币文编创造了条件。有鉴于此，张颔积数年之功力，广泛搜集，逐一鉴别考定，亲自手摹，精心编排，终于编纂成一部深受学术界欢迎的好书《古币文编》。纵观此书编撰，有几方面值得称道：

一、这是收录以出土实物拓片为主，酌收旧谱著录编出的第一部货币文编。先生将出土者列在前，旧谱著录者列在其后，后列有“引用货币出土地点简称表”“引用货币收藏地点简称表”；全编所收字形5722字，其中取自出土实物拓本者3936，取自旧谱著录者1786。这种主次分明的安排，属于创新之举。此前虽有1983年书目文献出版社出版的商承祚、王贵忱、谭棣华合编之《先秦货币文编》，然该书多据1949年前旧谱著录，收录当时已见新发现者不多。

二、这是当时取舍得当、释字较以往准确的一部先秦货币文编。如出土实物，先生选用拓本而不用摹本；对旧谱材料亦反复斟酌，去粗取精、去伪存真；临摹之中，不仅选取各种不同特点字形，而且对每一字、每一笔、甚至细微差别都仔细分辨予以处理。因此，字形选择得当、摹写精准。这些均在“序言”及“凡例”中一一作了交代。释字吸取了学术界的新成果，如裘锡圭先生释“市”、张颔释“陕”等，不同意见或需交代者，则在文字下面简要说明。可见先生严谨扎实的治学态度。

三、先生编撰水平一流。全编不仅个人摹写字形，而且释文、说明都亲笔所书。因先生长于书法，临摹水平精湛。先生于每个字形下都注明货币的种类、辞例、出土地点或资料来源。编排以笔画为序，先正文、合文，再附录、检字、附表。全面细致，方便读者。

四、这是当时收录单字最多的一部先秦货币文编。所收正编字头322个、合文66个、附录509个，较之以前的《先秦货币文编》（正编字头313个、合文63个、附录534个）有所增加与调整，其中包含有很多先生的心得体会。

先生编著的《古币文编》体例严谨、内容详实，嘉惠学林，受到普遍欢迎，因此中华书局一版再版。

张颔1978年出席了于长春举行的中国古文字研究会成立大会，并担任首届理事；又于1981年在太原成功举办中国古文字研究会第四届年会；生前曾担任中国考古学会、中国钱币学会理事等。所撰《万荣出土错金鸟书戈铭文考释》《庚儿鼎解》《陈喜壶辨》《匏形壶与匏瓜星》《侯马东周遗址发现晋国朱书文字》《侯马盟书丛考》《魏币“陕”布考释》《古币文三释》等都是佳作名篇。先生为考古学、古文字学及钱币学的建设和发展作出了突出贡献。

谨此衷心祝贺这次展览及研讨会能够获得圆满成功！

同时也向张颔表达深深的敬意与无限的怀念！

中国人民银行原参事
中国钱币学会副理事长兼秘书长、中国钱币博物馆馆长
国家文物鉴定委员会委员
“古文字与中华文明传承发展工程”专家委员会委员

黄锡全

谨贺 2022.11.16

序言二

为纪念张颔诞辰102周年，山西省考古研究院推出了“文耀金泉——张颔先生的古币文世界”展览，并将展览精华加以整理，结集成册，以飨读者，以此来缅怀这位先贤为山西考古学的建设和发展作出的历史贡献，以及他在考古学、古文字学等领域留下的宝贵文化遗产。

1952年，山西省人民政府文物管理委员会勘察组的建立，标志着山西省内考古科研机构的正式成立，以此为前身，山西省考古研究院已走过70余年。经过几代考古人辛勤耕耘，山西的现代考古学由弱到强，从简单的挖掘和整理，逐渐成长为多学科融合的综合学科。在此期间，涌现出一批以张颔为代表的考古学家，他们从不同的领域，推动山西考古学在展现中华文明起源、发展脉络、灿烂成就和对世界文明的贡献等方面，取得了重大成就。

张颔的一生与古文字研究紧密相连，其治学严谨，上接乾嘉朴学精髓，立字当头。1965年侯马盟书发现以来，他致力于盟书内容的整理考释工作，出版了巨著《侯马盟书》；他搜集先秦古币铭文，加以考释，最终汇编成册，出版了《古币文编》一书。这两部著作后被《儒藏》收录，成为对张颔成就的最高评价。继“大家张颔——侯马盟书发现55周年暨张颔先生诞辰百年特展”“着墨家山——张颔先生与他的家乡介休”展览之后，山西省考古研究院又推出“文耀金泉——张颔先生的古币文世界”这一展览。本次展览分为“披沙拣金释布泉”和“古币文编照九州”两个部分，结合院藏的先秦货币实物，通过张颔积累、辨识古币文的大量手稿，展现了他编纂《古币文编》长期、艰辛的过程及学术成就，见证了张颔严谨周密的治学态度、坚定不移的学术品格以及卓尔超拔的学术水平。

近年来，习近平总书记高度重视历史研究和考古工作，他指出“要通过文物发掘、研究保护工作，更好地传承优秀传统文化”。我们要坚持正确导向，深刻领会习近平总书记关于文物工作的重要论述和指示精神，发扬张颔的治学精神，立足世界考古学发展和需求，奋力开创文化遗产保护新局面，为弘扬中华优秀传统文化、续写山西文物考古工作新篇章注入强大力量。

山西省考古研究院院长　范文谦

张颔，1920 年 11 月 16 日生于山西省介休市，当代著名的历史学家、考古学家、古文字学家、古钱币学家、书法家，兼通音律、经学、训诂学、古代天文学、易学、文学诗词等。曾任山西省文物局副局长兼山西省考古研究所所长（第一任所长），是享受国务院特殊津贴专家，他以代表作《侯马盟书》《古币文编》《张颔学术文集》享誉学林，闻名学界，是山西走进央视《大家》栏目的第一人。

《侯马盟书》《古币文编》都是他在古文字研究方面的突出成就，著名书法家林鹏先生为他撰写的挽联“侯马盟书惊天下，古币文编照九州”，形象地概括了这位文博大家的两大人生亮点。如果说《侯马盟书》还是集体智慧的结晶，那么《古币文编》则是他呕心沥血、不畏艰辛独立完成的实力之作。

《古币文编》是他根据自己对古币文的收集、研究，耗费二十几年的时间辑纂而成的一部古币文字典。此书的出版，全面反映了当时先秦货币文字研究的最高水平，在业界引起了很大的反响。张颔到底是如何成就此书，背后付出了多少，又有着怎样不为人知的故事呢？还是让此书带我们走进他的古币文世界一探究竟吧。

目录

披沙拣金
释布泉

第一部分

张颔曾言，考古最主要就是对出土的器物进行研究，只要上面有文字的，辨识文字便是头一条。铜器的文字少些，最多的还是货币，每个货币上几乎都有字。山西出土了很多东周钱币，字形怪异，辨识更难。在《古币文编》的最后，张颔先生对所引用的货币名称、简称均做了示例表，并手绘出各种形制的古币图形。因此只有认识了解了先秦古币，才更能体会张颔先生收集、辨识、释读古币文之难。

识币释文

所谓先秦货币，就是指秦始皇统一中国以前出现的货币，先秦也是中国古代货币从产生到逐渐成熟的时期。春秋战国时期，金属铸币出现并广泛流通。在农商手工业日益发展的经济体系下，产生了各种货币，战国时期不仅各国自铸货币，而且在一个诸侯国内的各个地区也都自铸货币，因此货币的形制、重量以及文字复杂多样。根据资料和考古发现，春秋战国时期，形成了四个货币流通区域和四大货币体系，即：贝币、布币、刀币和圜钱。“贝币”主要是鲁国和楚国沿用；“布币”主要流行于周王畿与三晋地区，影响力也涉及燕国和楚国；“刀币”主要流行于齐国，并影响了后来赵、魏、燕三国；“圜钱”的时代最晚，流行于战国晚期的秦魏地区，后来的“方孔圆钱”就是由它发展而来。

币文，亦称“泉文”“钱文”，是古代铸币上的文字，多见于金属铸币，内容以地名、币值为常。

战国货币地域分布图

布币

布币是由一种铲形工具演变而来的。在春秋早期原始布币上，依然保留着铲的使用特征。

1. 空首布　空首布是我国最早的金属铸币之一，盛行于春秋战国时期。清代李佐贤《古泉汇·空首布》载“布形类铲，故俗呼铲布，其首中空”，就是一种从青铜农具“镈”演变而来的钱币。发现区域主要在今天的山西中南部和河南洛阳地区，也就是当时主要的农业区。其面文相当复杂，自一至四字达100多种，春秋时期，空首布币文以“武”“松”“田”“宋”等字为最多，还有纪数、干支、天象、事物、城邑名的一些内容。

上图　战国空首铜布币　长子鲍店1号墓出土

中图　战国空首铜布币　长子鲍店1号墓出土

下图　战国空首铜布币　长子鲍店1号墓出土

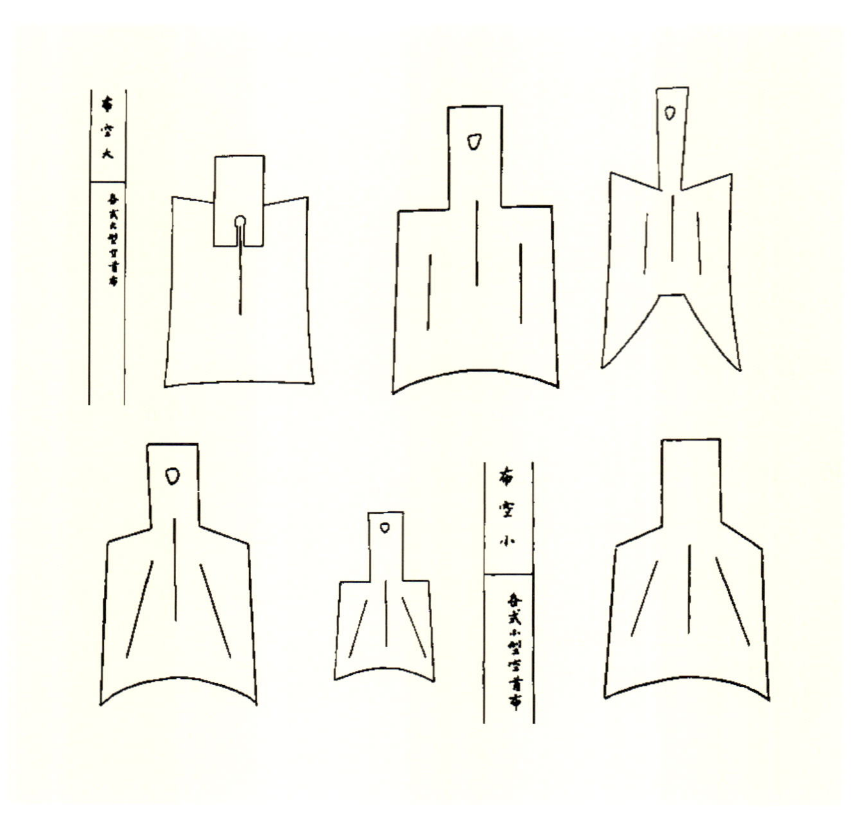

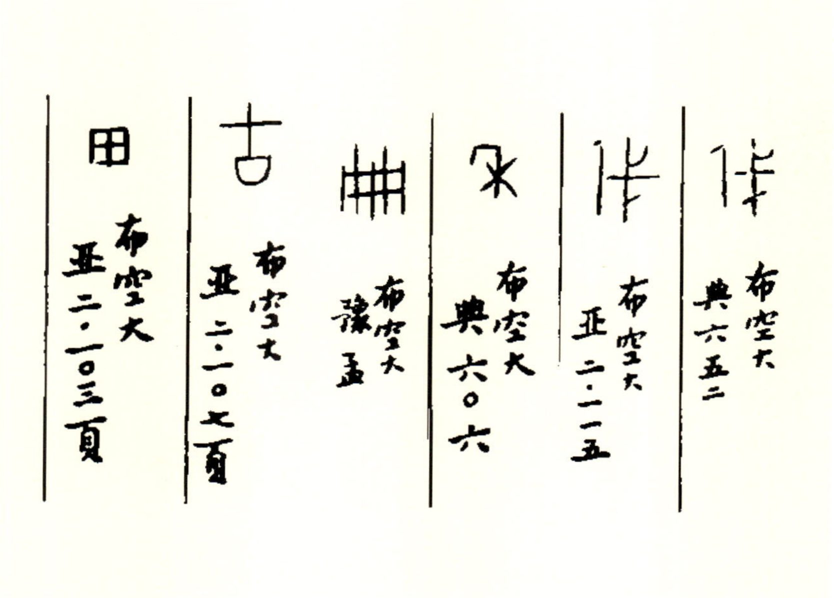

上图　《古币文编》中空首布币形示例

下图　《古币文编》中空首布币文字示例

2. 平首布 空首布以后逐渐被平首布取代。平首布又分为尖足布和方足布。币文主要是三晋地区的地名。目前已发现的币文有“甘丹”“大阴”“兹氏”“晋阳”“邪山”“蔺”“榆即”“虑虒”“阳曲”等。小型尖足布种类繁多，其中“兹氏半”“邪山”“大阴（半）”“蔺（半）”“平周”“平州”“武平”“武安”“晋阳（半）”等最为常见。

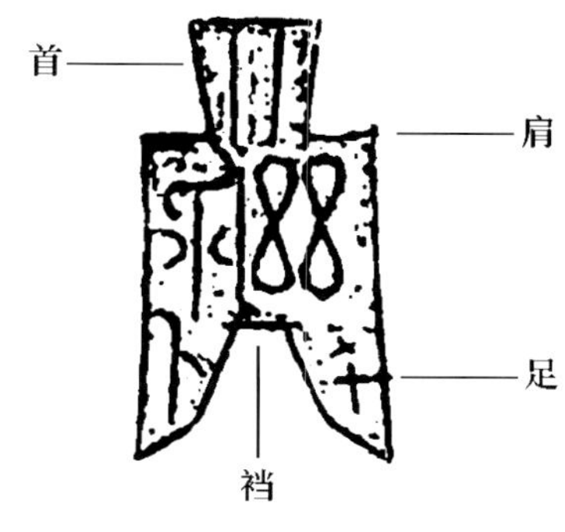

布币各部位名称图

（1）尖足布 由于它两足尖尖，所以称为尖足布。尖足布是战国早、中期所铸布币，分大小两种。大型尖足布多为耸肩，是由耸肩尖足空首布演变而来。流通区域主要在赵国境内。

战国铜平州平首尖足布币（高 5.5cm× 宽 3.05cm） 左云县文化馆收藏

左图　战国大阴铜平首尖足布币（高 5.6cm× 宽 2.95cm）左云县文化馆收藏
右图　战国武安铜平首尖足布币（高 5.6cm× 宽 2.9cm） 朔州沙楞河出土

左图　战国郛铜平首尖足布币（高 5.4cm× 宽 3.0m） 朔州沙楞河出土
右图　战国晋阳铜平首尖足布币（高 5.4cm× 宽 3.0cm） 朔州沙楞河出土

左图　*战国閃铜平首尖足布币（高 5.4cm× 宽 3.0cm） 朔州沙楞河出土*

右图　*战国藿八铜平首尖足布币（高 5.2cm）朔州沙楞河出土*

左图　*战国赵晋阳铜平首尖足布币（高 5.5cm× 宽 3.2cm） 忻州市文化局收藏*

右图　*战国赵寿阴铜平首尖足布币（高 5.7cm× 宽 3.2cm） 忻州市文化局收藏*

左图　战国中阳铜平首尖足布币（高 8.6cm× 宽 4.5cm） 忻州文化局收藏

右图　战国大阴半铜平首尖足布币（高 5.7cm× 宽 3.05cm）盂县文化馆收藏

左图　战国平周铜平首尖足布币（高 5.5cm× 宽 3.0cm）盂县文化馆收藏

右图　战国兹氏半铜平首尖足布币（高 5.35cm× 宽 3.0cm）盂县文化馆收藏

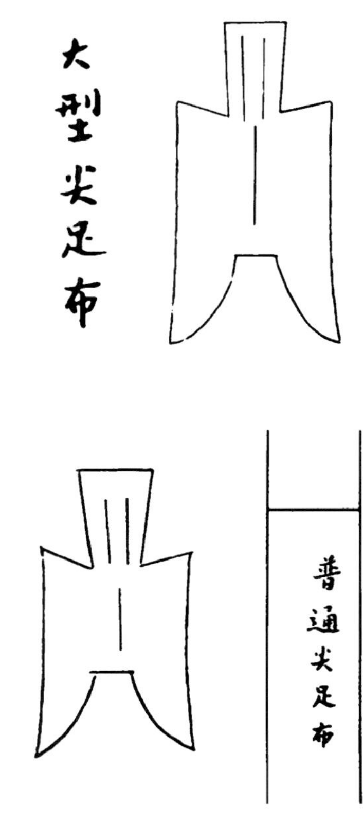

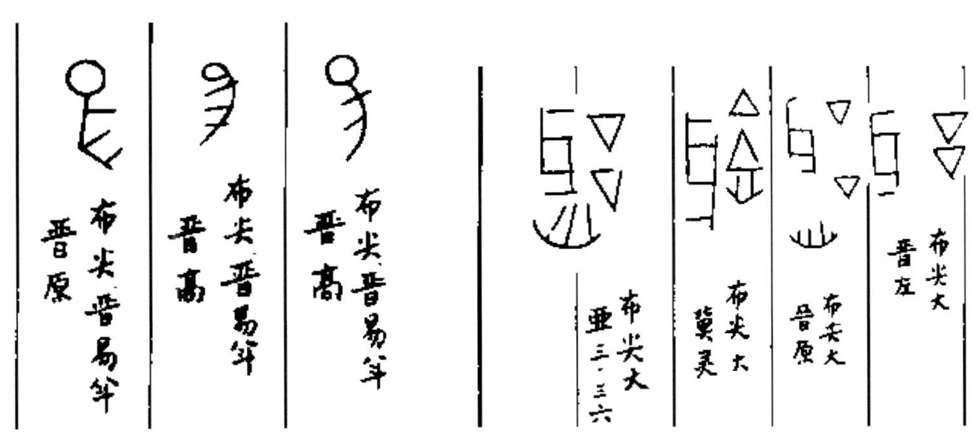

上图　《古币文编》中尖足布币形示例

下图　《古币文编》中尖足布币文字示例

（2）**方足布**　是指“布币”的裤足较为平直方正，所以被称为方足布。方足布是铸行地域最广的战国布币，也是存世数量最多的一种古代布币，在战国中、晚期，广泛流通于魏、韩、赵等国。

战国安阳铜平首方足布币（高 4.42cm× 宽 2.9cm）左云县文化馆收藏

左图　战国安阳铜平首方足布币（高 4.6cm× 宽 2.92cm）左云县文化馆收藏

右图　战国安阳铜平首方足布币（高 4.62cm× 宽 2.85cm）左云县文化馆收藏

左图　战国宅阳铜平首方足布币（高 4.7cm× 宽 2.8cm）　左云县文化馆收藏

右图　战国□垣铜平首方足布币（高 4.52cm× 宽 2.78cm）　左云县文化馆收藏

左图　战国中都铜平首方足布币（高 4.55cm× 宽 2.7cm）　左云县文化馆收藏

右图　战国郛氏铜平首方足布币（高 4.5cm× 宽 2.8cm）　左云县文化馆收藏

左图　战国閔铜平首方足布币（高 4.6cm× 宽 2.75cm） 左云县文化馆收藏

右图　战国屈北铜平首方足布币（高 4.65cm× 宽 2.8cm） 左云县文化馆收藏

左图　战国易安铜平首方足布币（高 4.63cm× 宽 3.1cm）左云县文化馆收藏

右图　战国文贝铜平首方足布币（高 4.7cm× 宽 2.7cm）左云县文化馆收藏

左图　战国平阳铜平首方足布币（高 4.45cm× 宽 2.7cm）朔州沙楞河出土
右图　战国平阳铜平首方足布币（高 4.55cm× 宽 2.72cm）朔州沙楞河出土

左图　战国长子铜平首方足布币（高 4.8cm× 宽 2.85cm）朔州沙楞河出土
右图　战国閔铜平首方足布币（高 4.45cm× 宽 2.7cm）朔州沙楞河出土

左图　战国戈邑铜平首方足布币（高 5.15cm× 宽 3.2cm）朔州沙楞河出土

右图　战国魏安邑一釿铜平首方足布币（高 5.2cm× 宽 3.45cm）五台县文化馆收藏

左图　战国魏安邑二釿铜方足布币（高 6.6cm× 宽 4.4cm）右玉县文化馆收藏

右图　战国平阴铜平首方足布币（高 4.87cm× 宽 2.95cm）盂县文化馆收藏

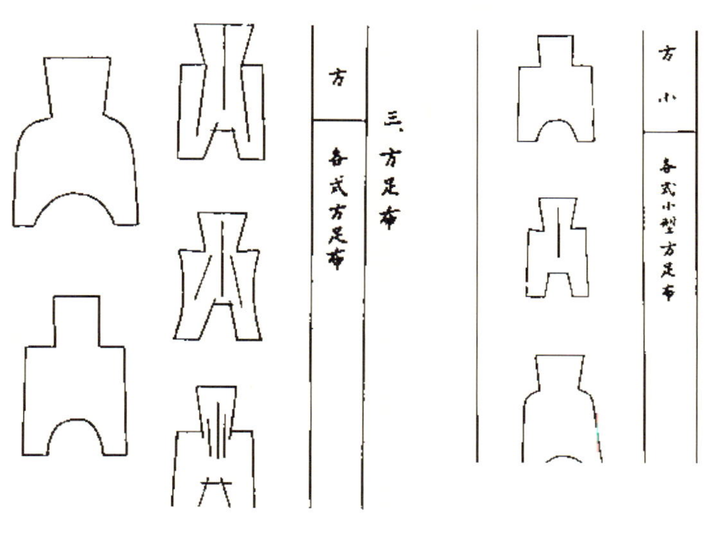

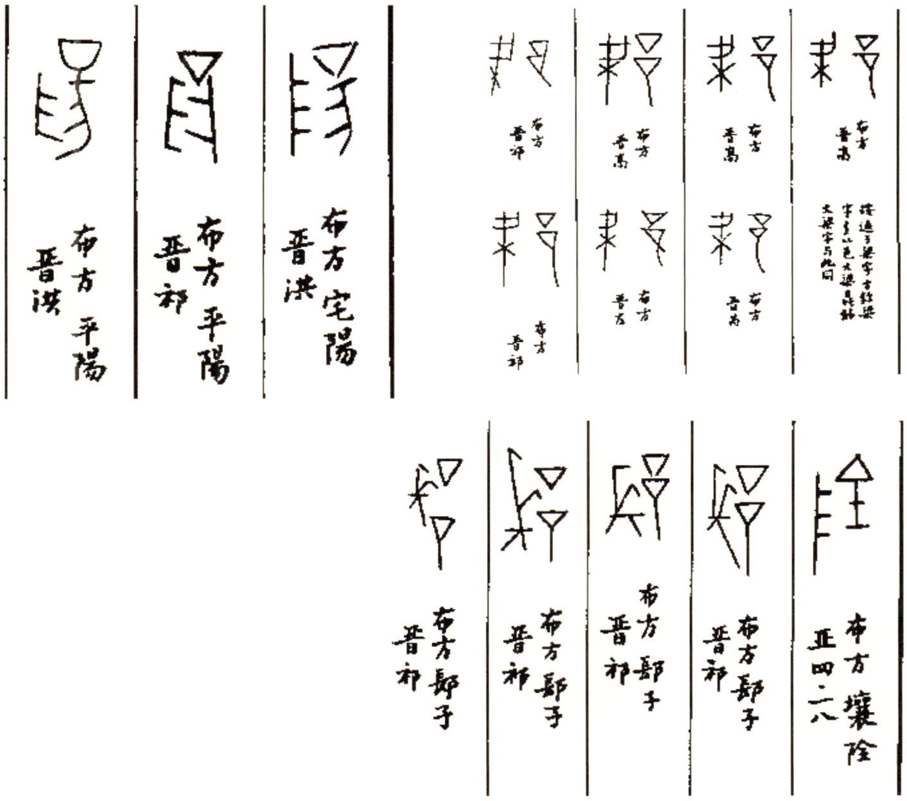

上图　《古币文编》中方足布币形示例

下图　《古币文编》中方足布币文字示例

刀币

刀币由古代一种叫“削”的刀形工具演变而来，币文内容不一，流行于春秋晚期至战国时期以齐国为中心的一个区域。其造型独特，由刀首、刀身、刀柄和刀环四个部分组成，主要分为齐刀、燕刀、赵刀三大类。齐刀厚大精美，燕刀按刀型和面文分为两种。尖首刀是燕国的早期铸币，体型肥大而柄部细小，刀面上多为单字。明刀是燕国的晚期铸币，形制有圆折、磬折两种。博山刀正面有一明字，但字体与燕刀不同。赵刀的刀首圆，刀身直，体型轻薄，面文有“甘丹、白人”等，为赵国地名。

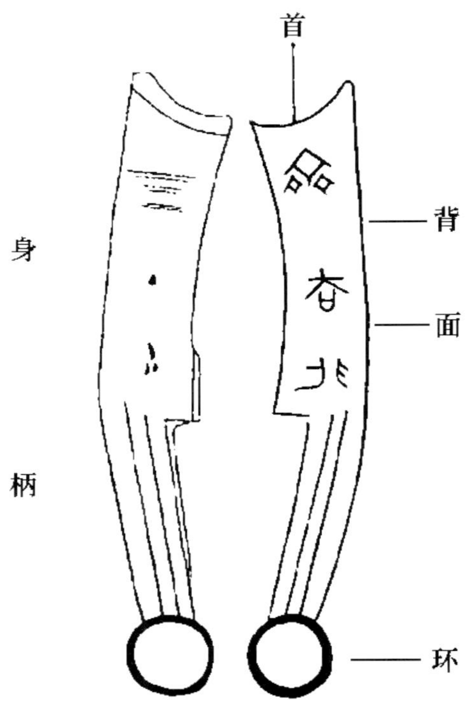

刀币各部分名称

左图　战国赵铜刀币（高 14.0cm× 宽 1.6cm）朔县（今朔州市）崇福寺文管会收藏
中图　战国燕明右廿铜刀币（高 13.7cm× 宽 1.7cm）朔县（今朔州市）崇福寺文管会收藏
右图　战国燕明行铜刀币（高 13.62cm× 宽 1.8cm）朔县（今朔州市）崇福寺文管会收藏

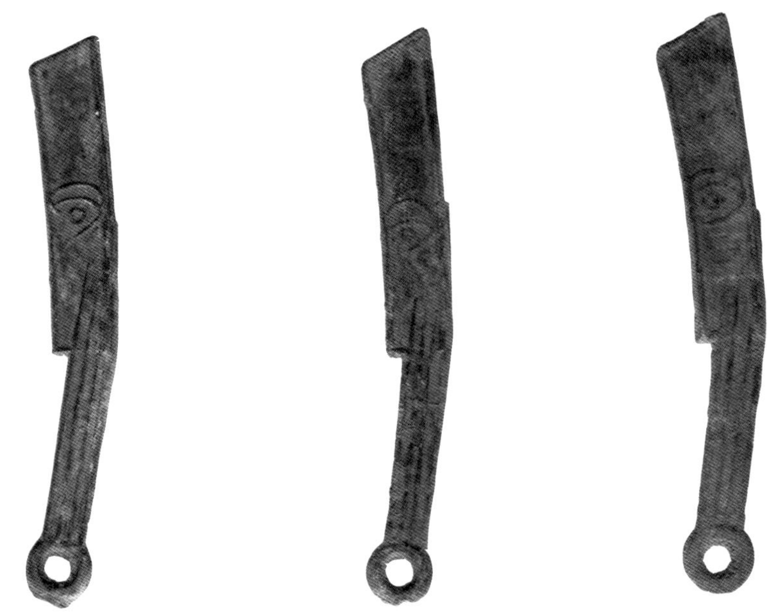

左图　战国燕明左一铜刀币（高 13.72cm× 宽 1.8cm）朔县（今朔州市）崇福寺文管会收藏
中图　战国燕明右一铜刀币（高 13.9cm× 宽 1.8cm）朔县（今朔州市）崇福寺文管会收藏
右图　战国燕铜折背刀币（高 13.8cm× 宽 1.8cm）朔县（今朔州市）崇福寺文管会收藏

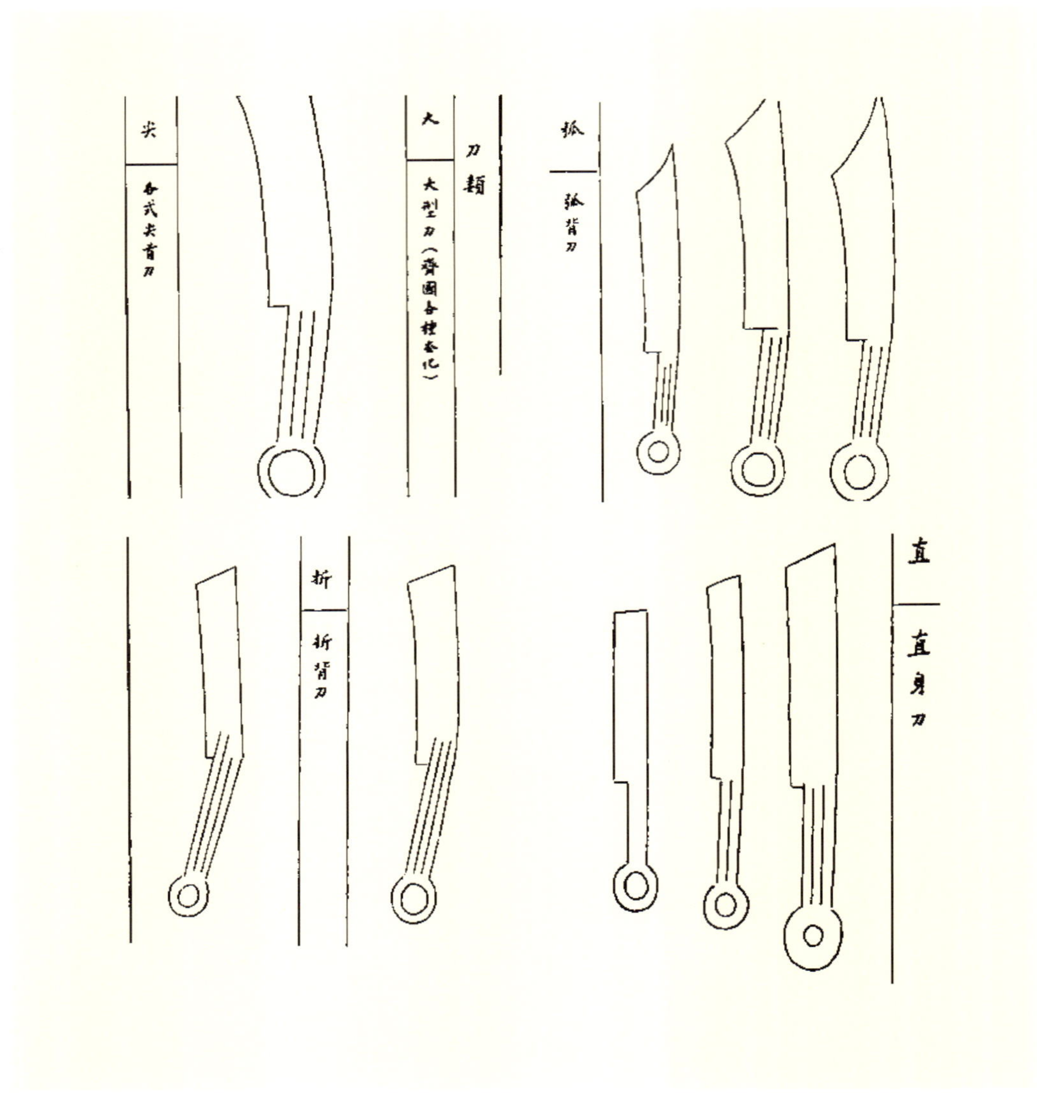

《古币文编》中刀币种类示例

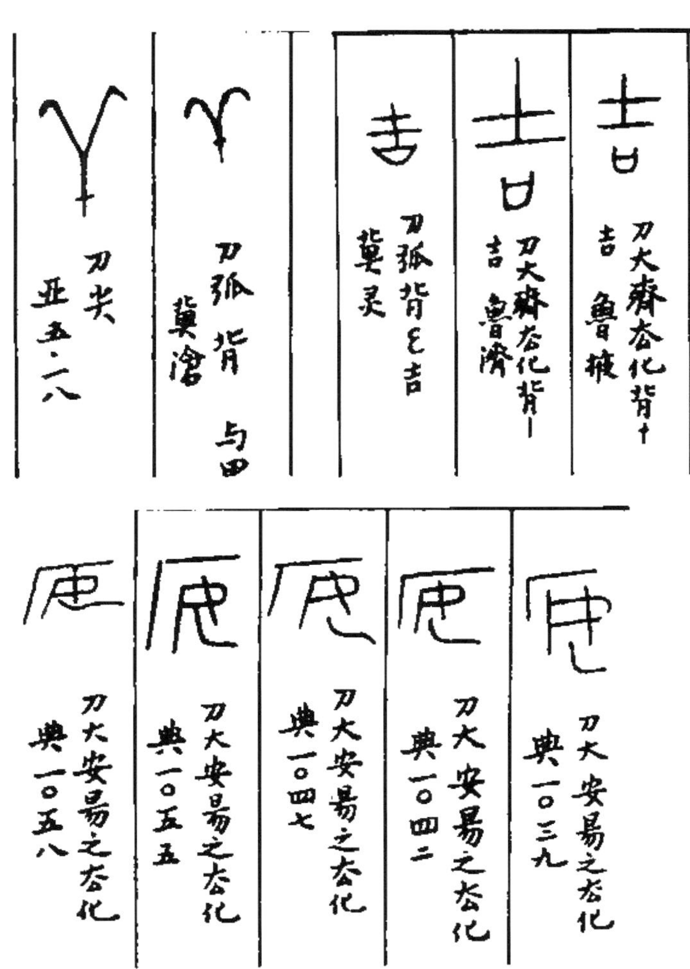

《古币文编》中刀币文字示例

圜币

圜钱也称圜金、环钱，战国时期出现，主要流通于魏国和秦国，是由玉璧、纺轮演变而来。早期的圜钱体型较大，圆孔，孔无廓边。面文多见“垣、共”等字。晚期的圜钱体型较小，方孔，孔有廓边，是一种进步的铸币形式，和刀币、布币相比，其中孔用绳系扎后具有方便携带、便于清点等优点，符合商品交换发展的需要。在中国流通了两千年的“方孔钱”，即由此而来。

由上至下依次为:

战国魏“垣”铜圜钱（直径 4.1cm）太原冶炼厂收藏

战国魏“垣”铜圜钱（直径 4.3cm）太原冶炼厂收藏

战国魏“共”铜圜钱（直径 4.6cm）太原冶炼厂收藏

战国魏“共”铜圜钱（直径 4.7cm）太原冶炼厂收藏

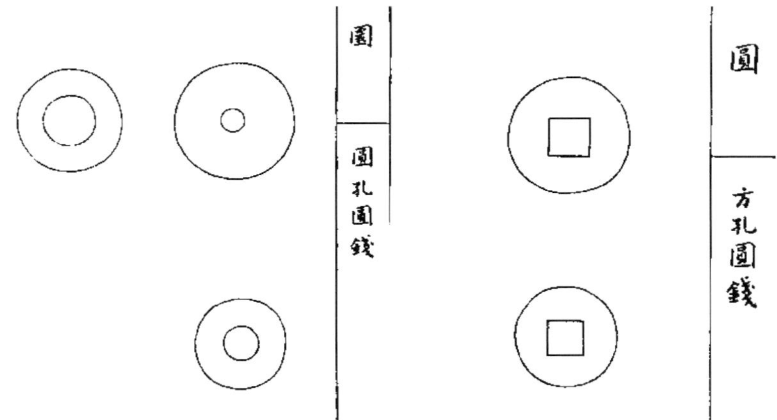

上图　《古币文编》中圜钱种类示例

下图　《古币文编》中圜钱文字示例

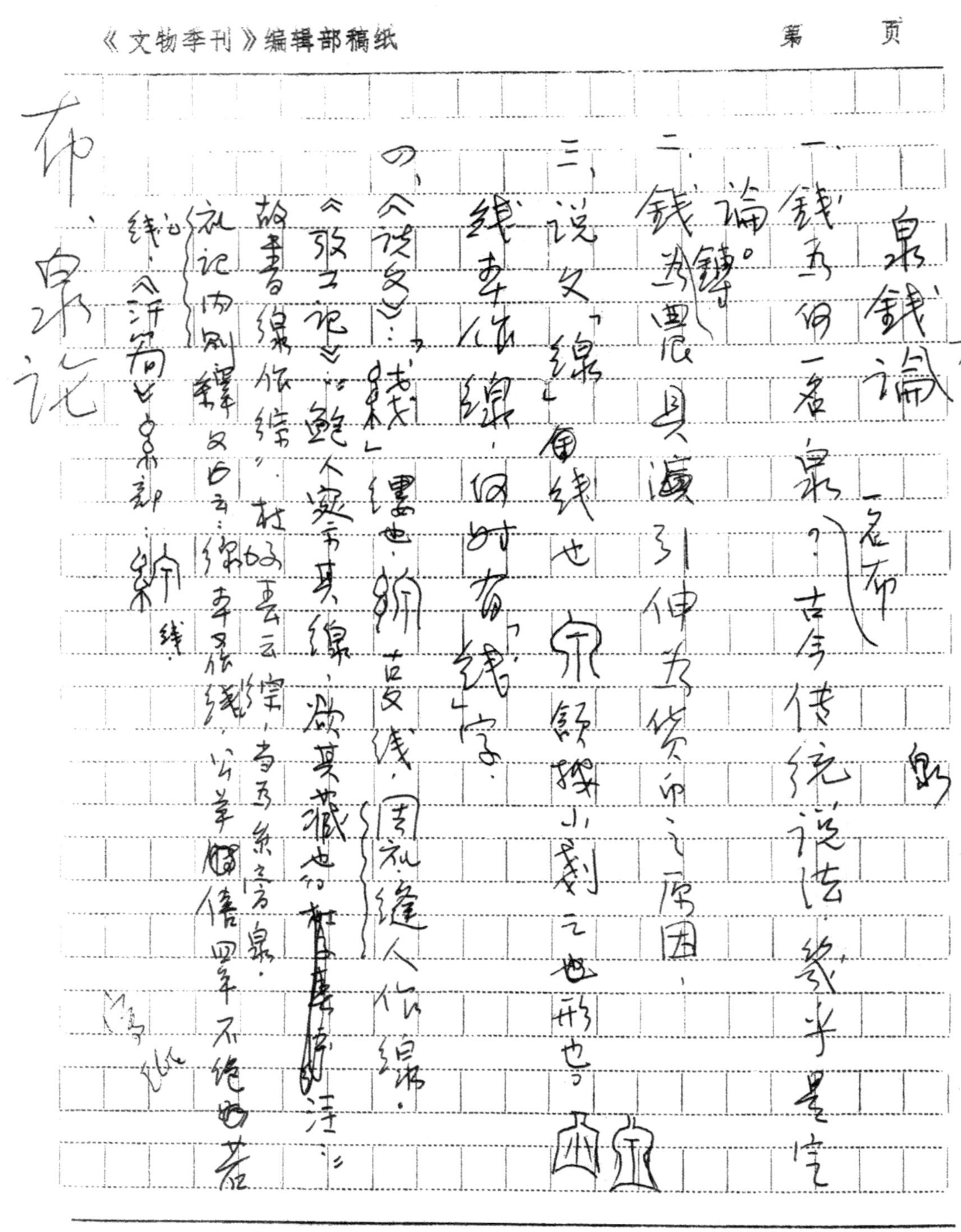

张颔《泉钱论》手稿

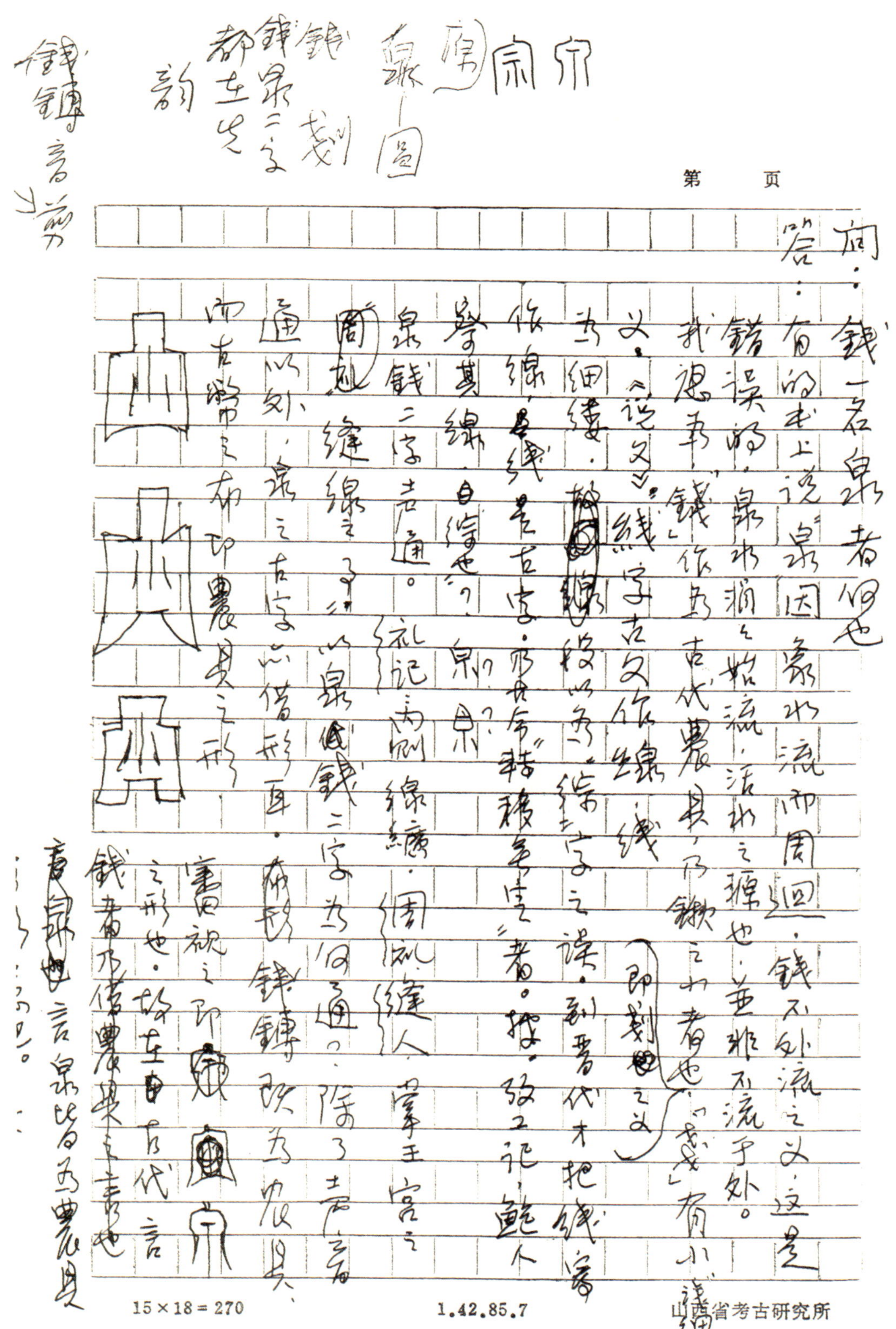

币路苦行

从二十世纪六十年代初，张颔就开始有意识地收集古币文资料了，他有一本古文字登记的剪贴本，是以 1964 年第 5 期《收获》文学杂志为载体，这也佐证了他开始做这项工作的大致时间。杂志的上下两边都刻成了层叠的锯齿状，初看不明所以，一翻开便立即明白，这些锯齿是用来标记笔画页的，是为了便于查找。厚厚的一本，虽然已被翻阅、摩挲得破旧不堪，但那发黄的纸张、满卷古朴的文字以及密密麻麻的临摹释解，无一不是在述说着他的默默耕耘！

古文字登记本（《收获》文学杂志）

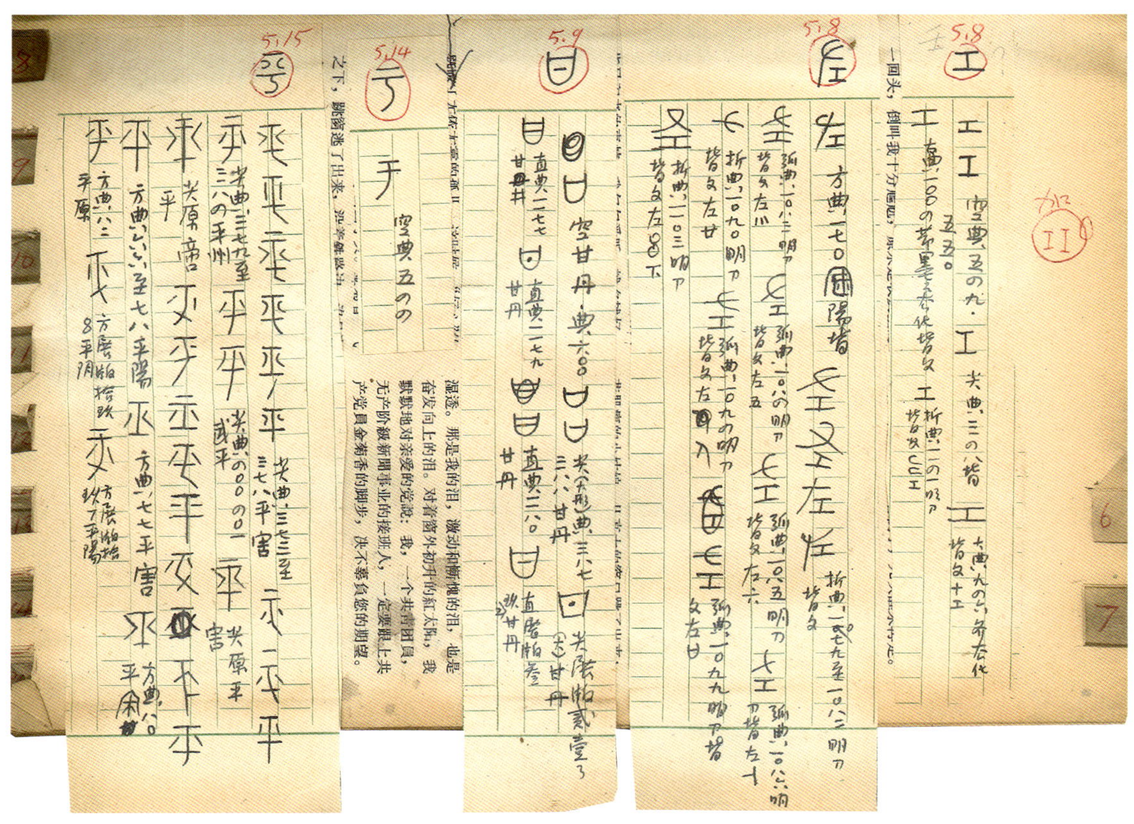

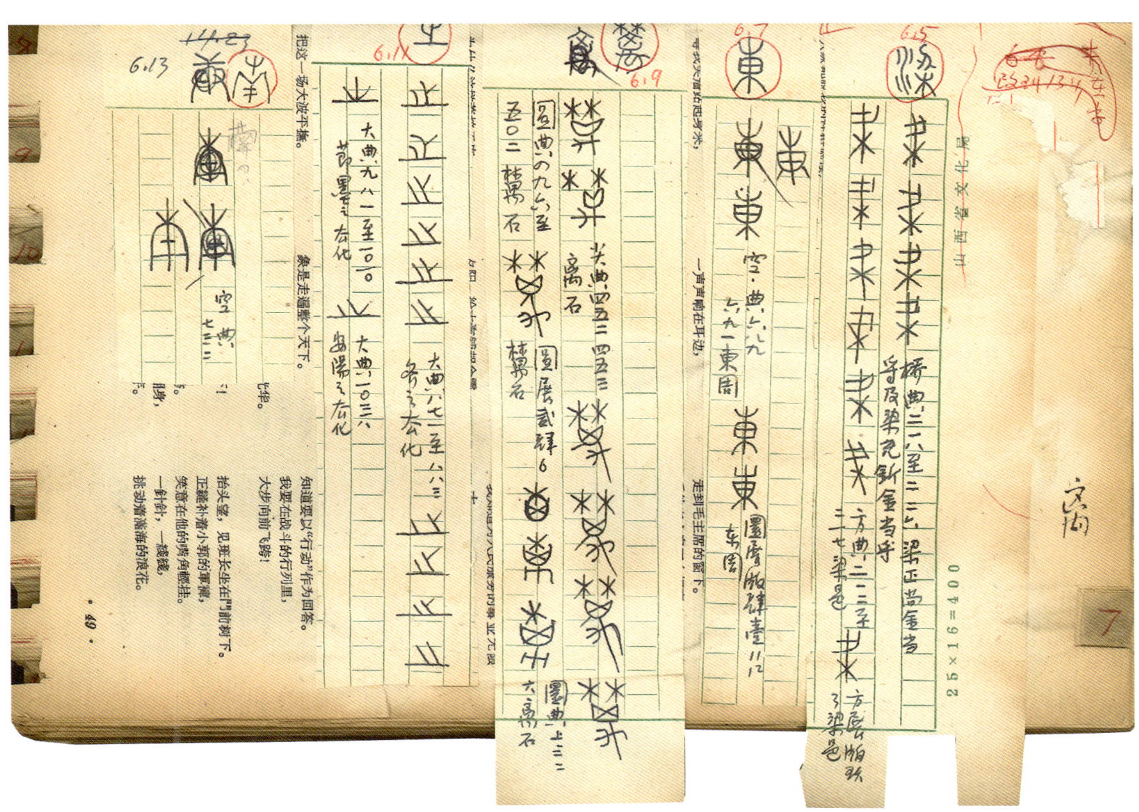

古文字登记内页

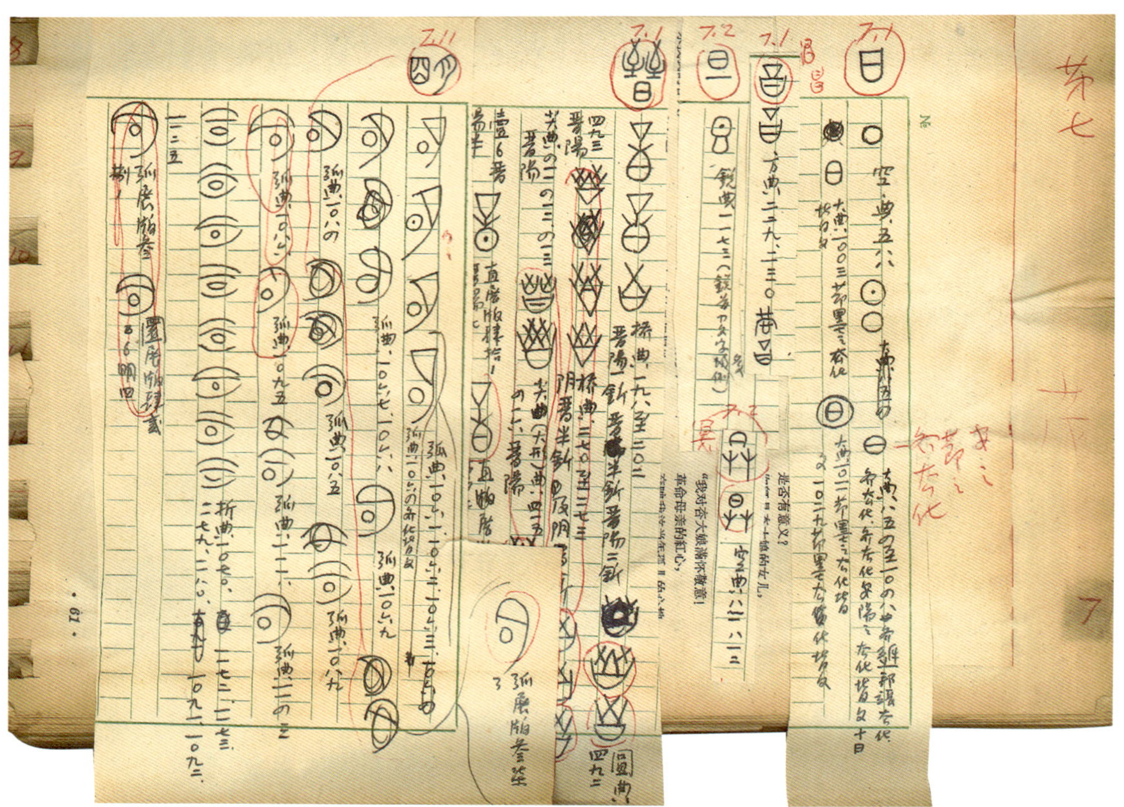

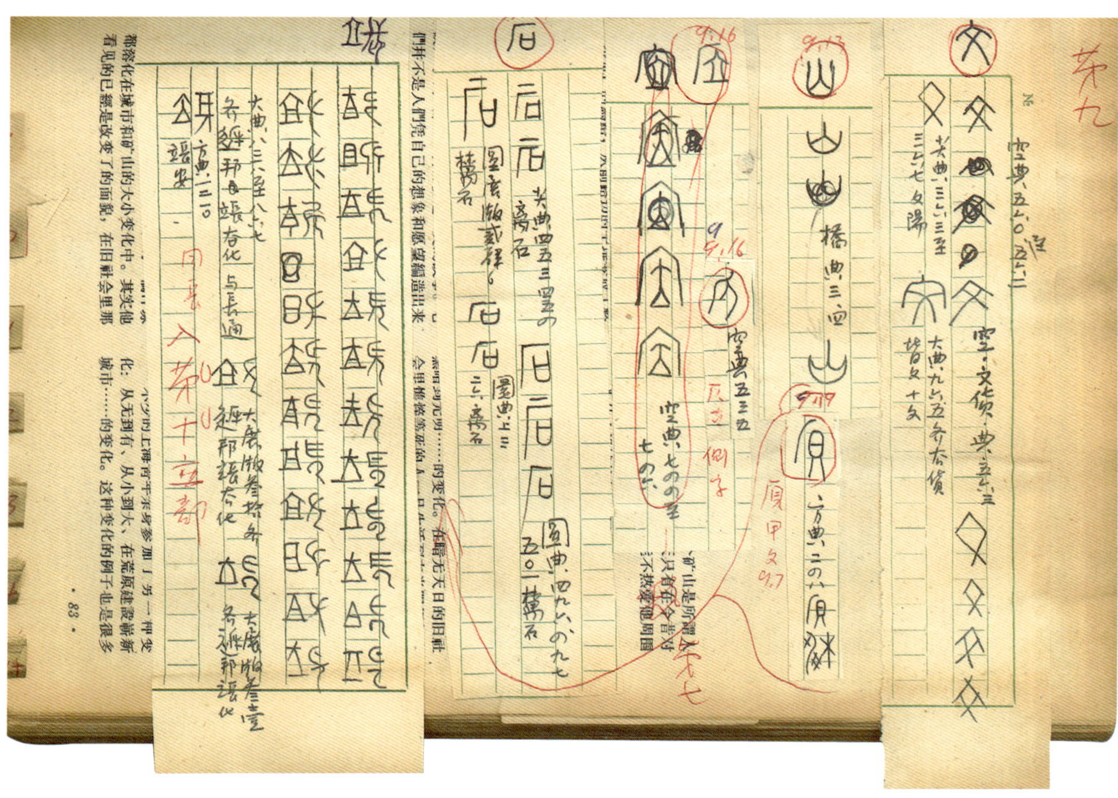

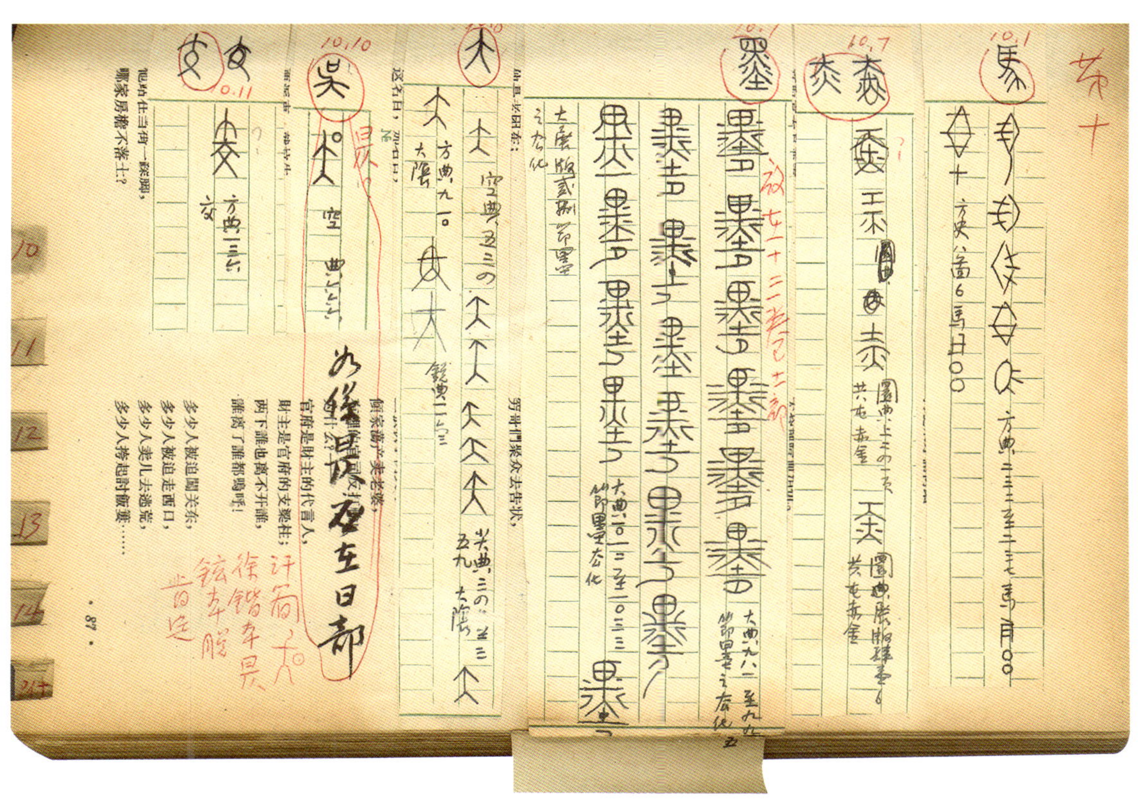

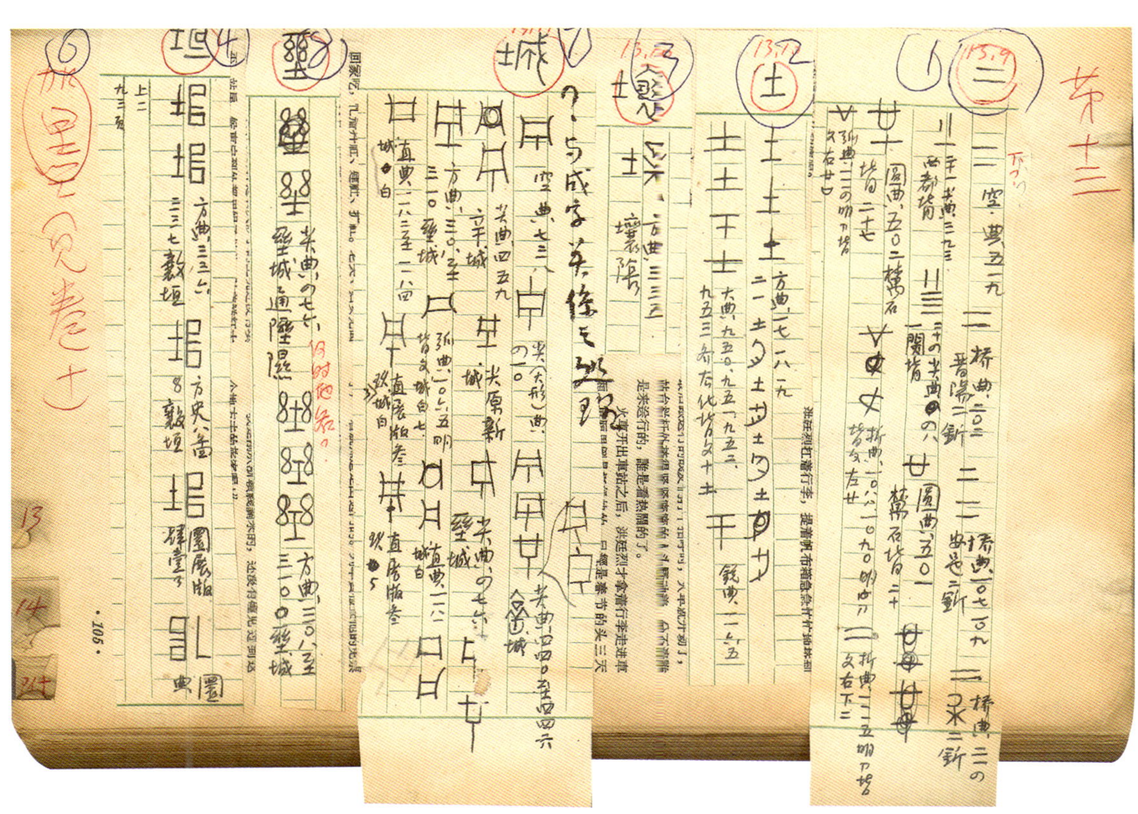

再看张颔那厚厚的一摞按笔画收集的古币文的拓片手稿，震撼的同时敬佩之情会油然而生！手稿共 16 本近 300 页，从一画到二十三画，包括目录，每个字又有各种不同写法和形状；每一页上面都写满不同的标注——铅笔、油笔、钢笔，红色、蓝色、黑色都有；有剪切掉的，有贴补上去的。这是他花费十多年的精力日积月累收集到的最珍贵的第一手资料。这些手稿透出的另外一个信息就是，他做学问讲究方法，既透着聪明，更彰显着其严谨。即便原本的初衷只是为了方便研究收集自用的，却是包括目录、索引笔画、原拓等，丝毫没有敷衍，并且对每个字都做了详尽的考释,俨然就是一本自制的古币文字典。关键是这样的工作一做就是十几年，仅是这份坚持，就绝非常人所及。这也完全证实了他所说的，做学问无它，就是靠着“苦功夫、硬功夫、死功夫”。

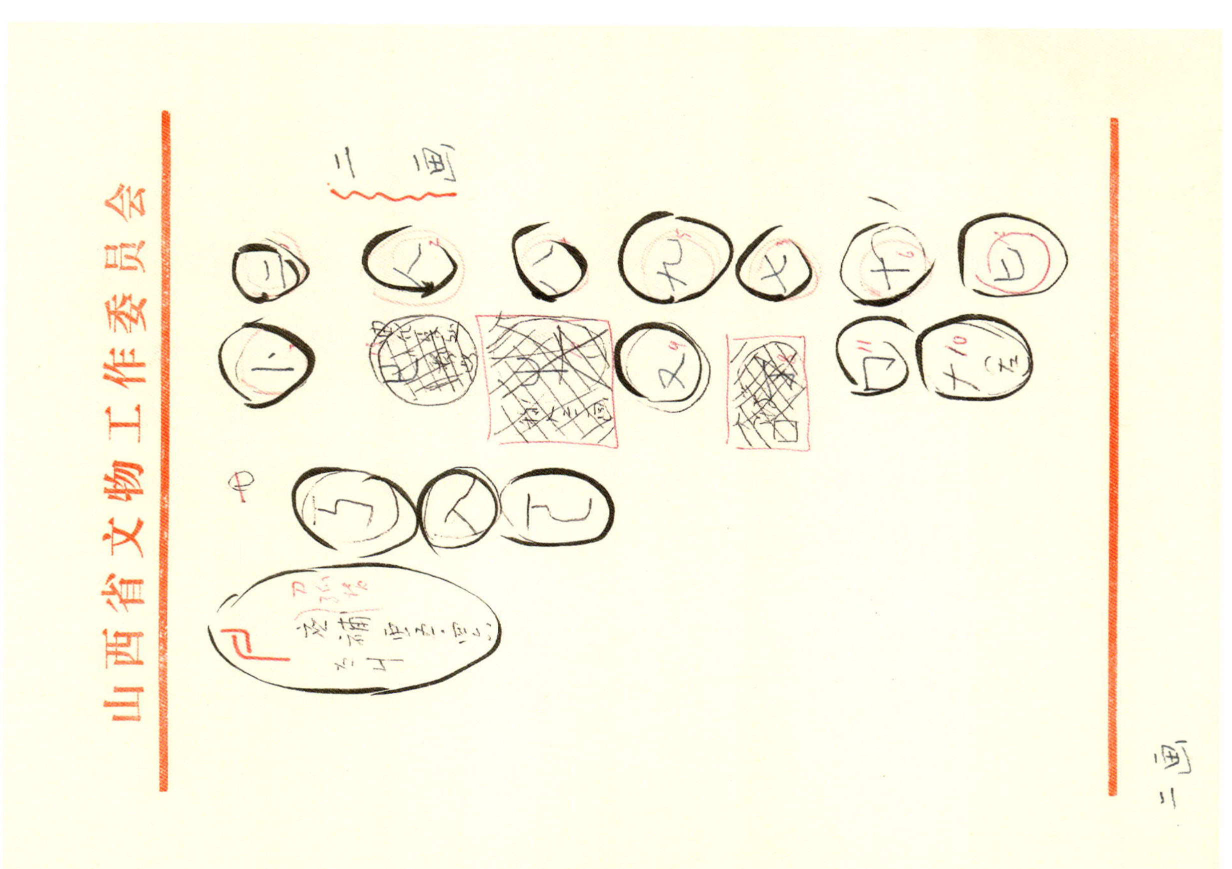

古币文拓片手稿

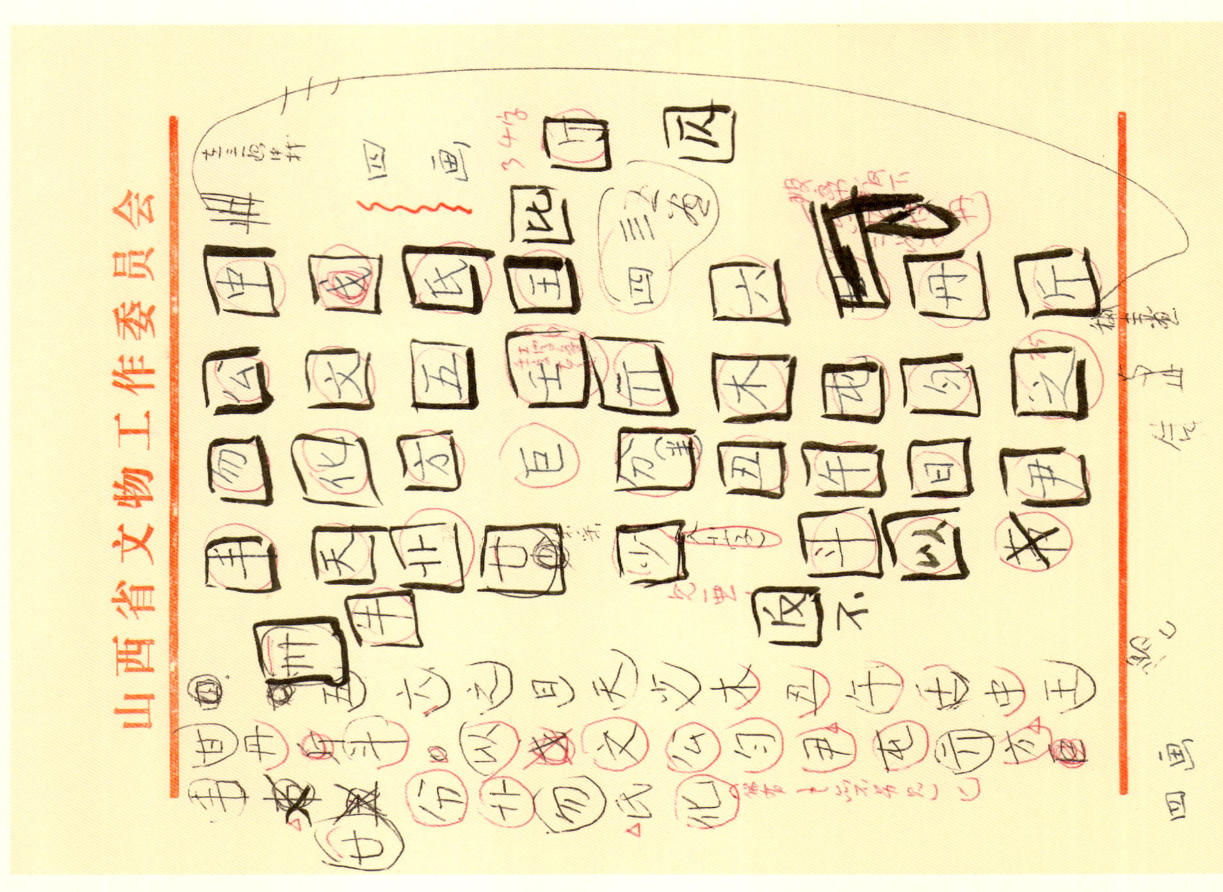
山西省文物工作委员会
四画

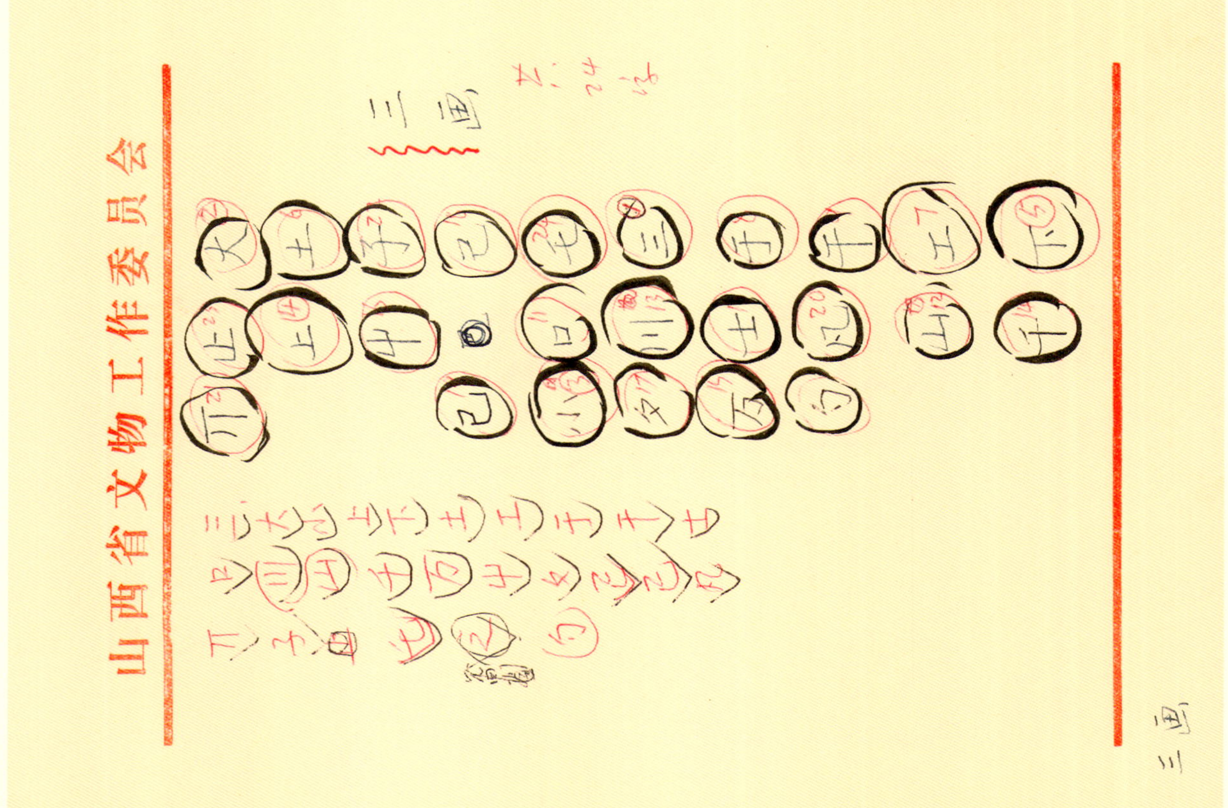
山西省文物工作委员会
三画

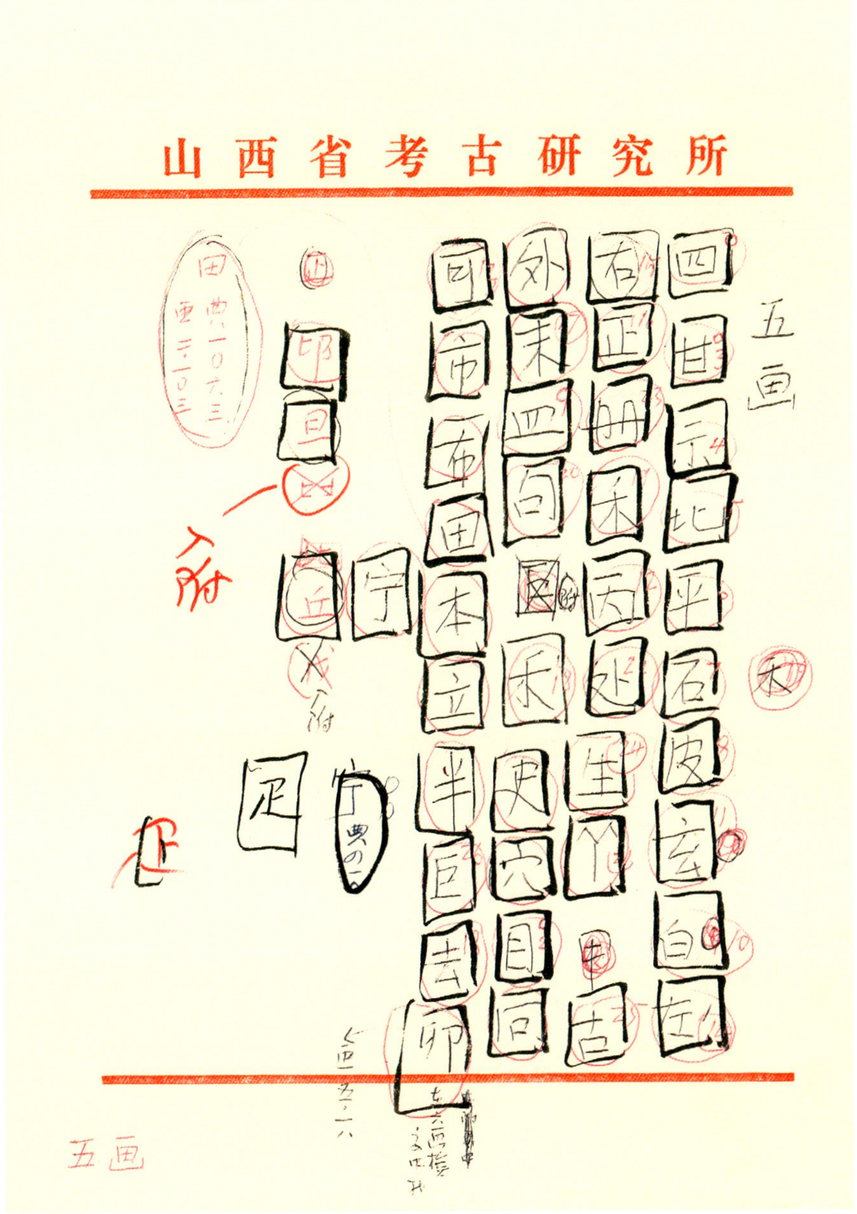
山西省考古研究所
五画
五画

山西省文物工作委员会
六画
六画

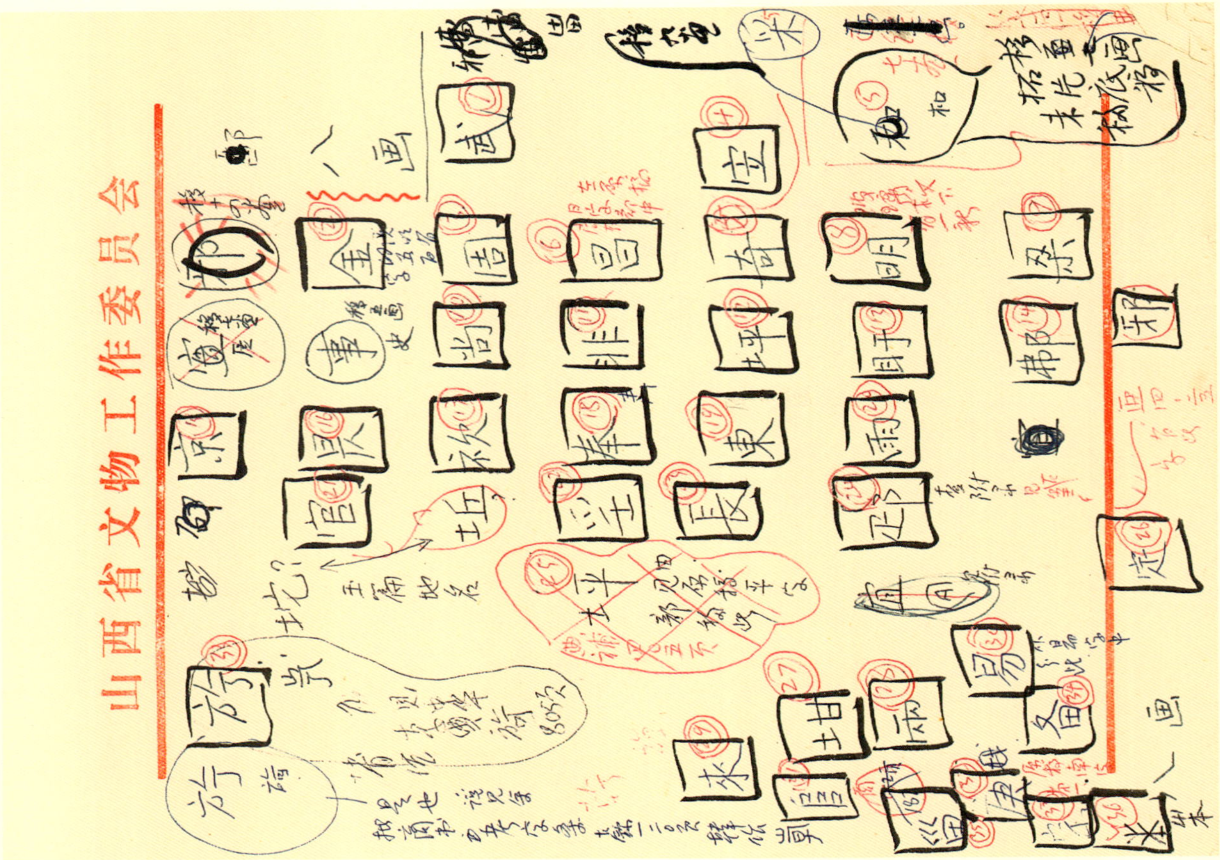

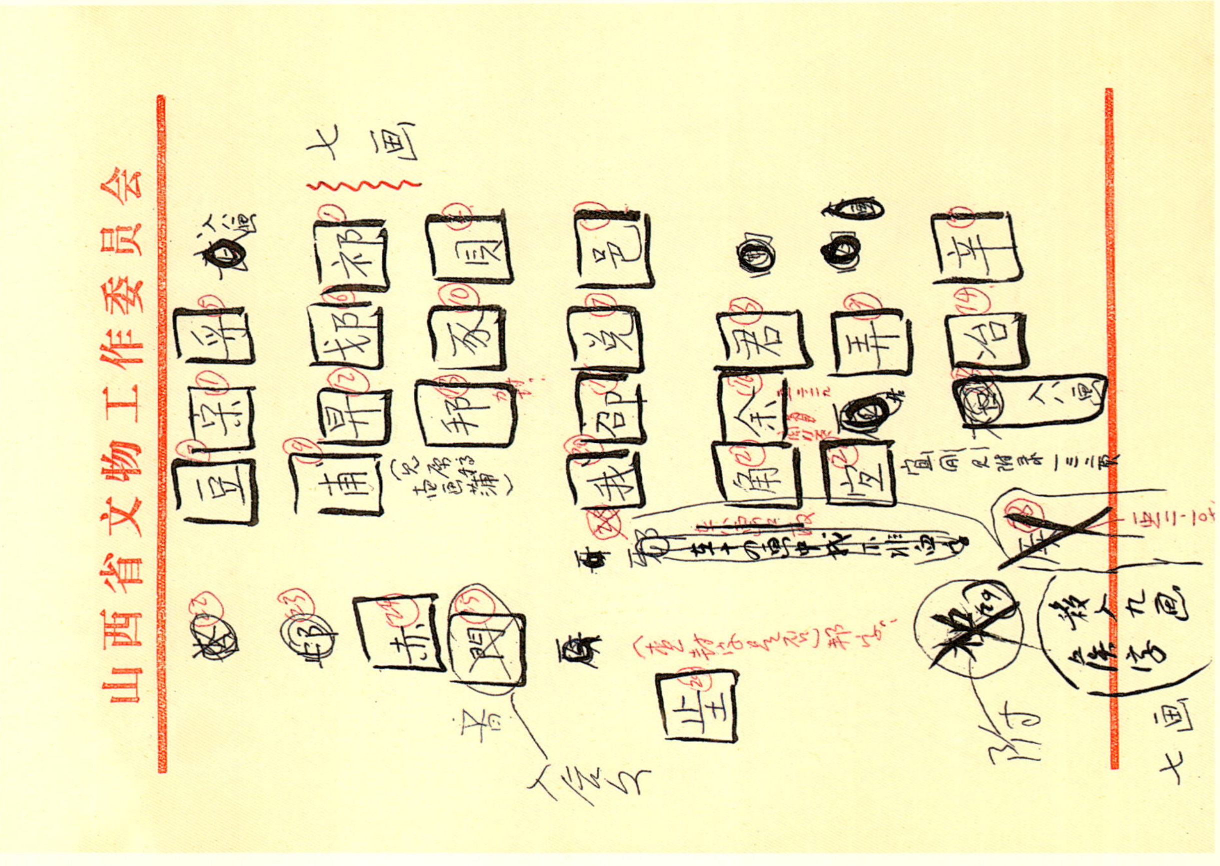
山西省文物工作委员会

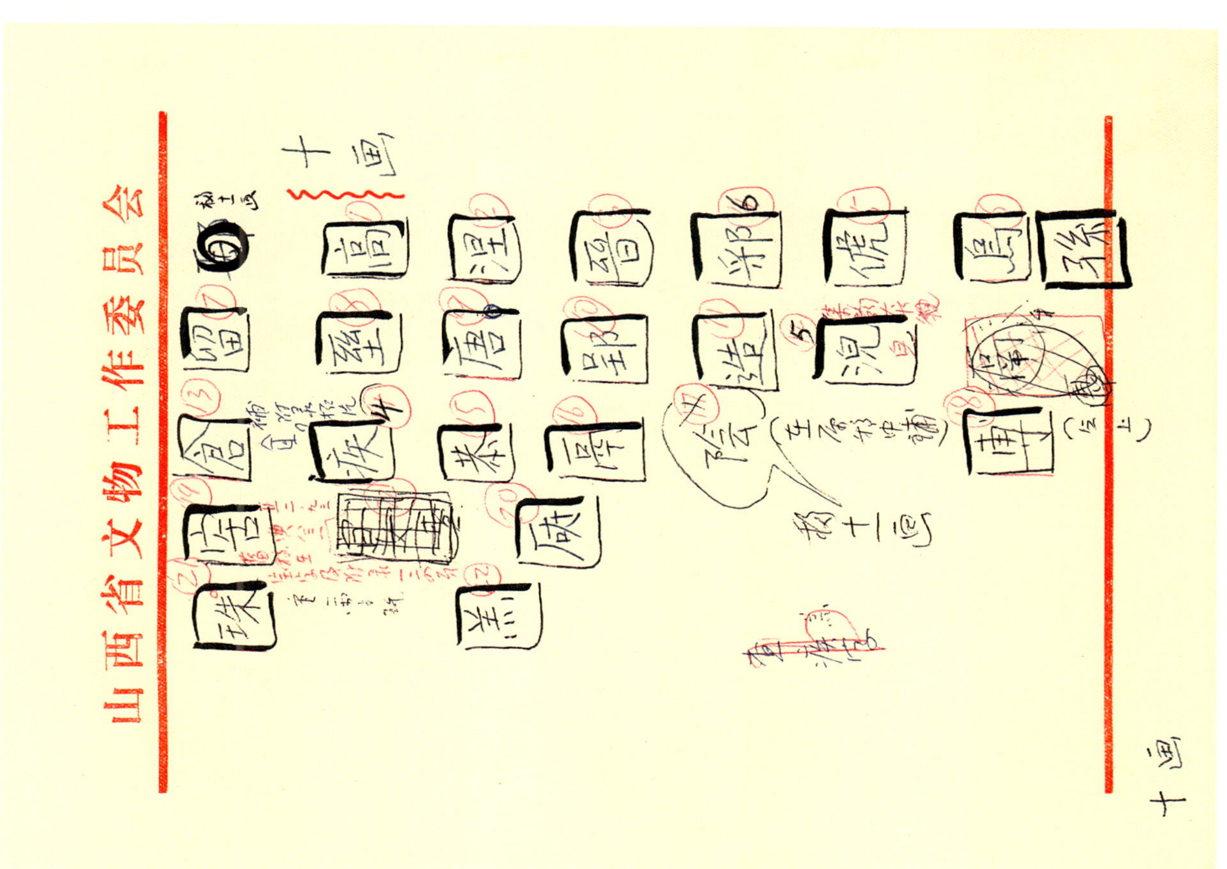
山西省文物工作委员会
十画

山西省文物工作委员会
九画

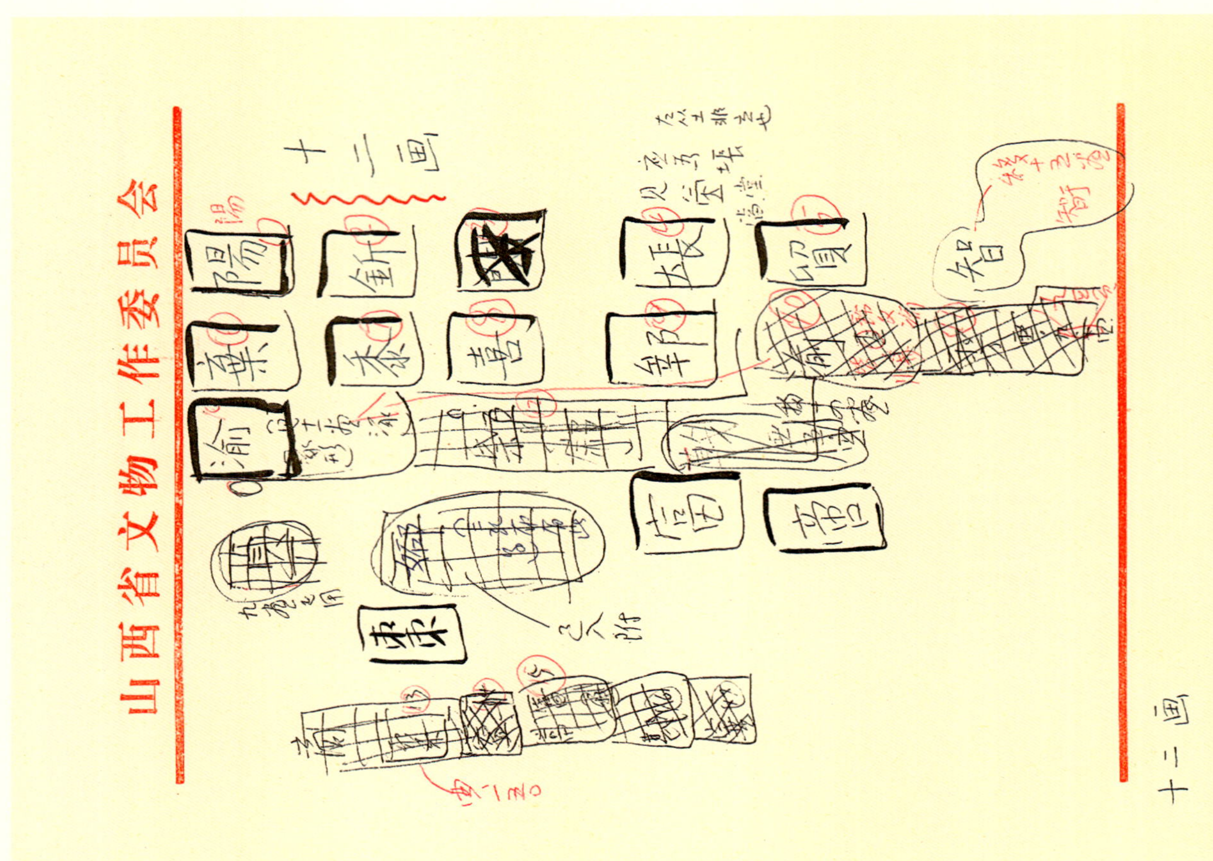
山西省文物工作委员会
十二画

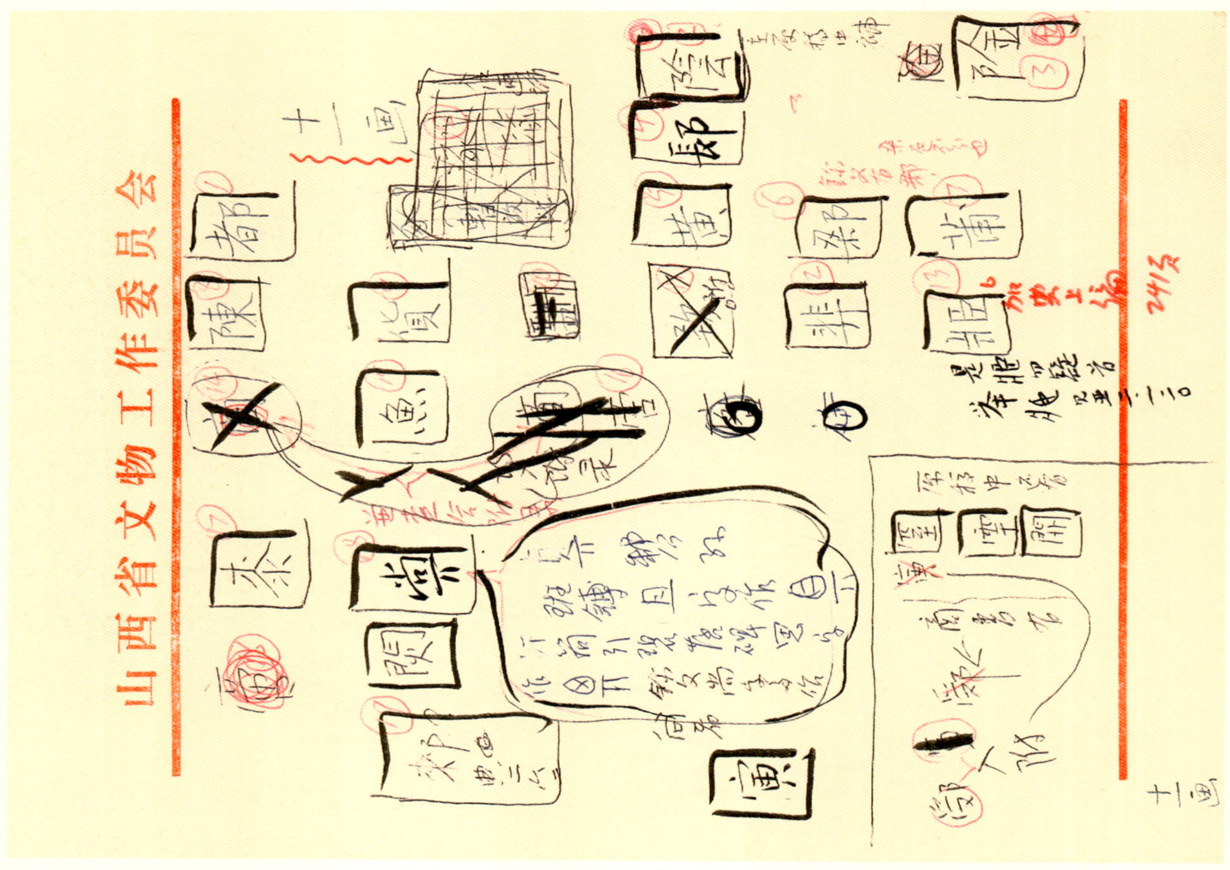
山西省文物工作委员会
十二画

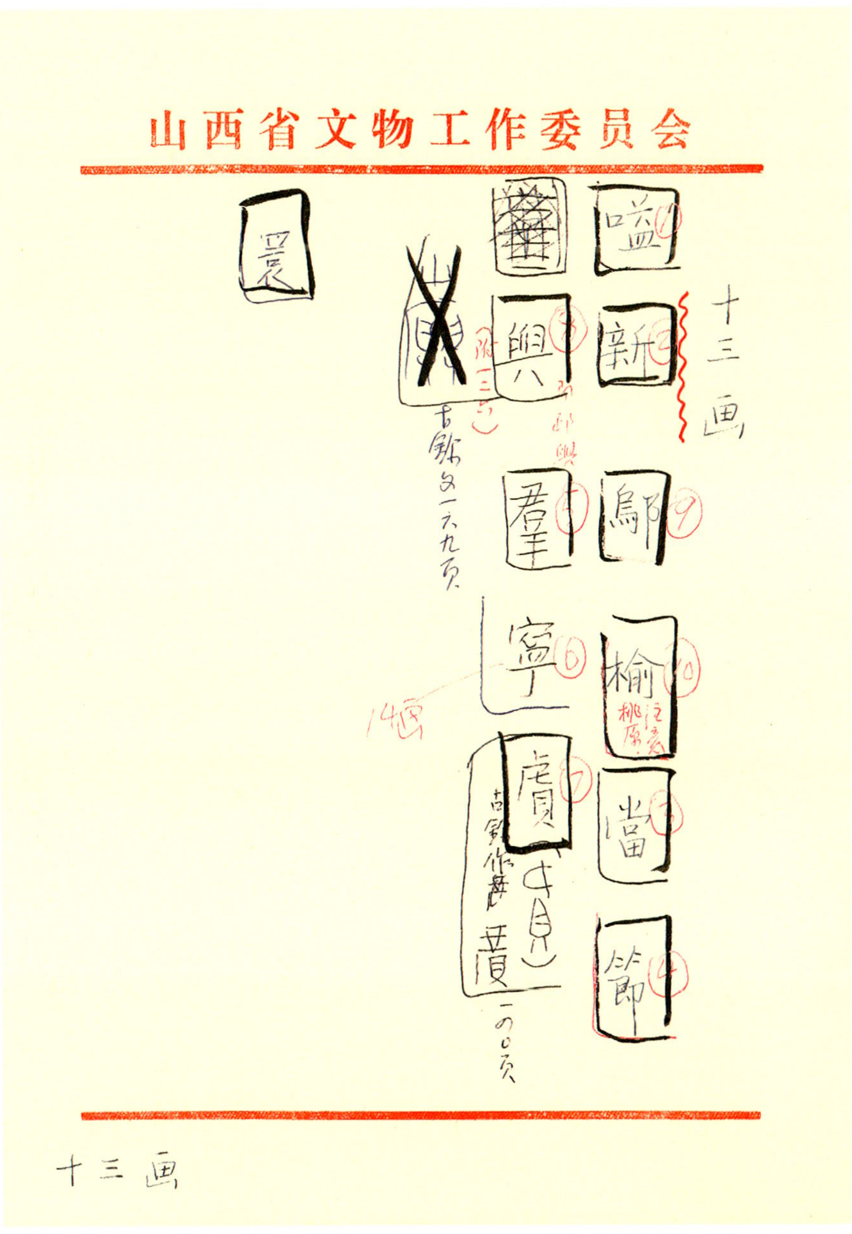
山西省文物工作委员会
十三画
十三画

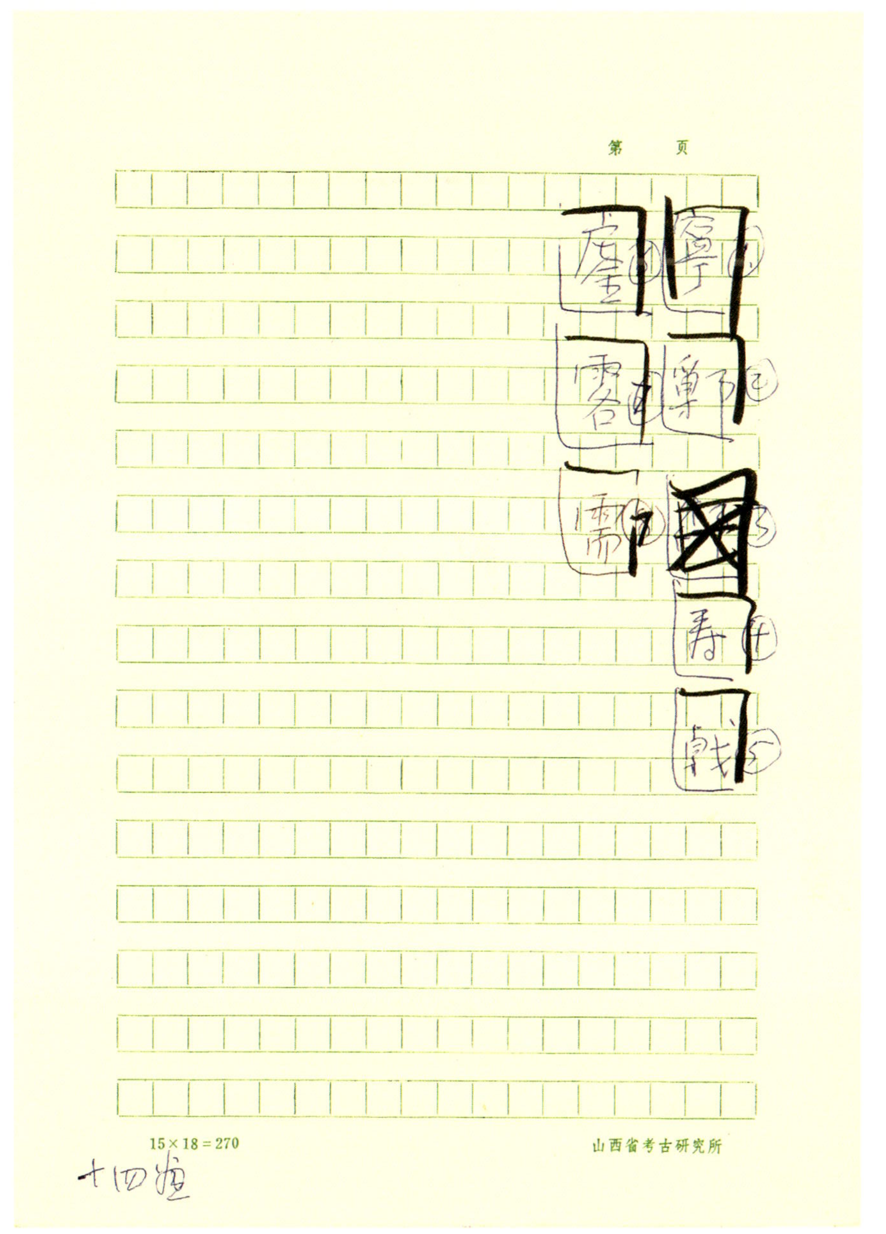
第 页
15×18=270
山西省考古研究所
十四画

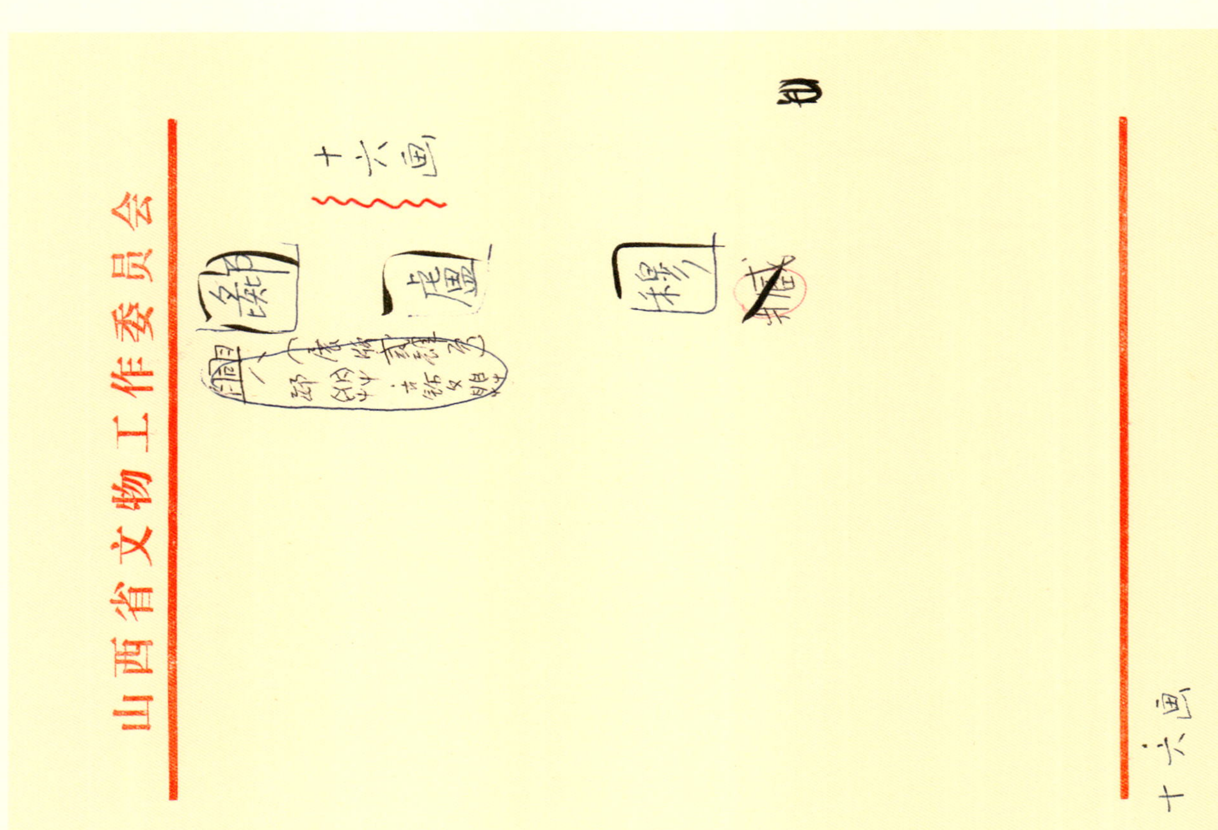
山西省文物工作委员会
十六画
十六画

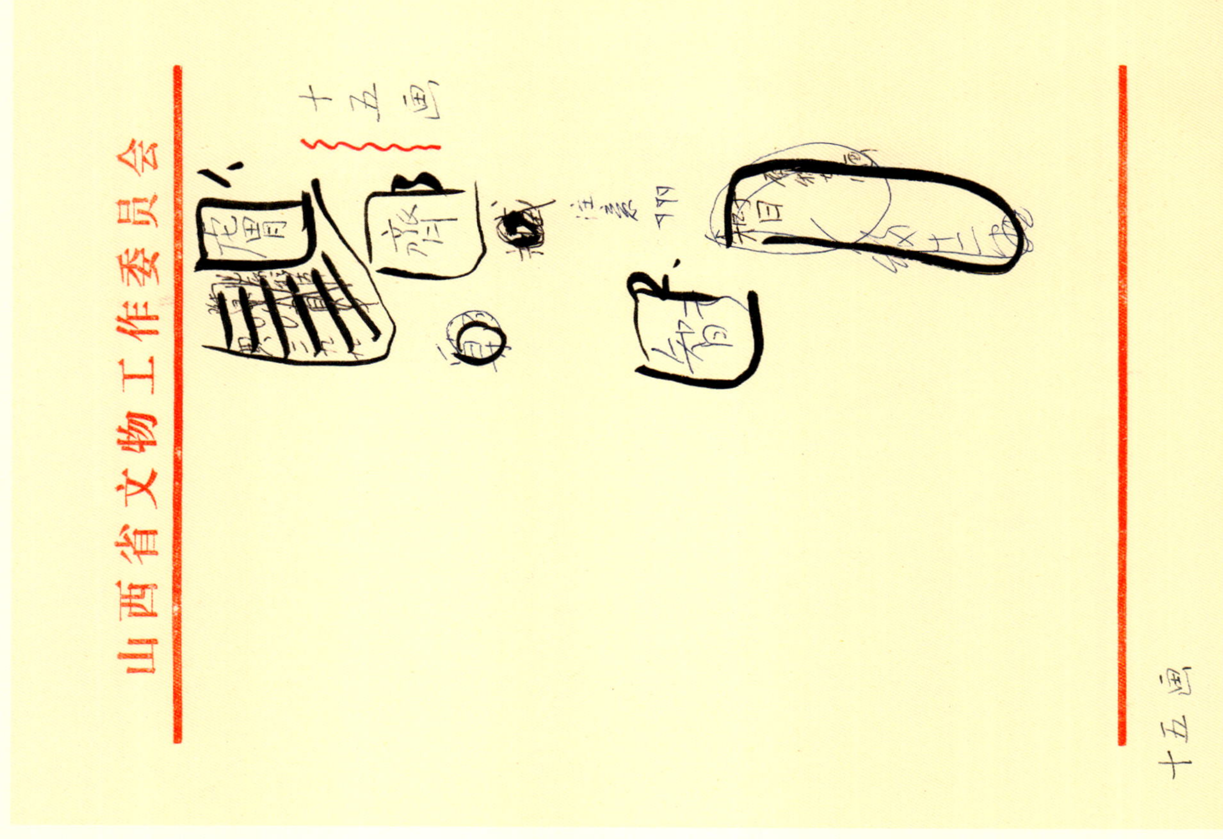
山西省文物工作委员会
十五画
十五画

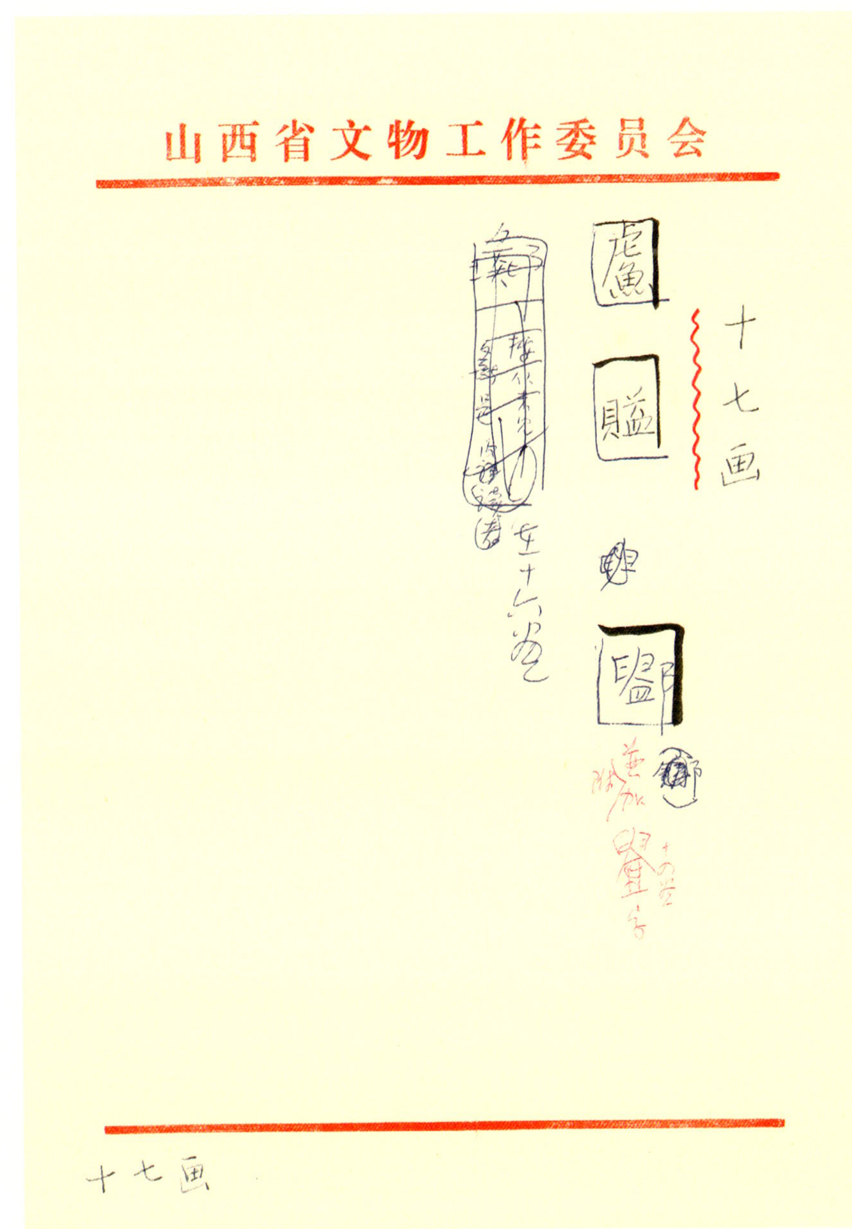
山西省文物工作委员会
十七画
十七画

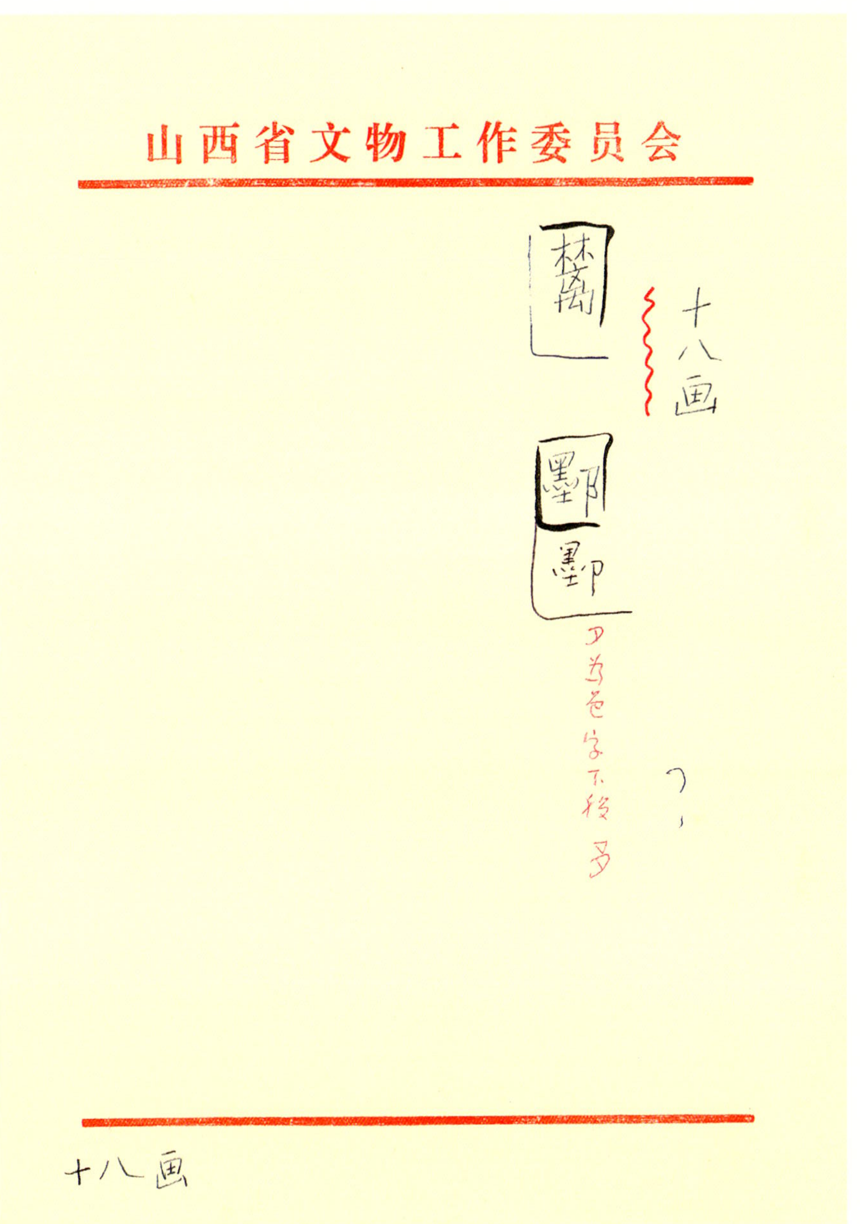
山西省文物工作委员会
十八画
十八画

山西省文物工作委员会
二十画
二十画

山西省文物工作委员会
十九画
20画

山西省文物工作委员会
二十一画
二十一画

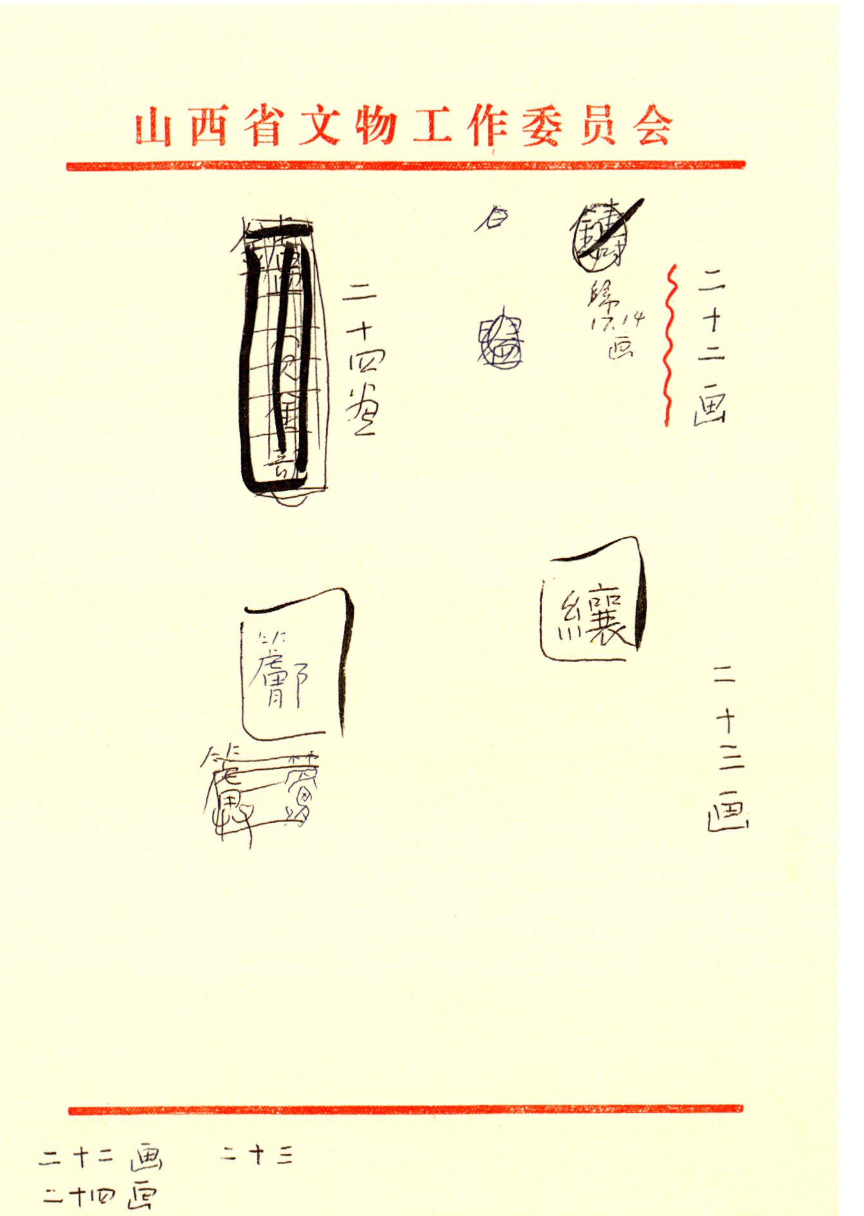
山西省文物工作委员会
二十二画
二十四画
二十三画
二十二画 二十三
二十四画

山西省考古研究所

一万	一匕	六万	六匕	七万	八万				
十一	十二	十三	十四	十五	十六	十七	十八	十九	二十
二十一	二十二	二十三	二十四	二十五	二十六	二十七	○○○	二十九	三十
三十一	三十二	三十三	三十四	三十五	三十六	三十七	三十八	三十九	四十
四十一	○○○	四十三	四十四	四十五	○○○	○○○	四十八	四十九	五十
○○○	五十二	五十三	○○○	五十五	○○○	○○○	○○○	五十九	六十
六十一	○○○	○○○	六十四	六十五					八十

合文目录（上）

山西省考古研究所

公釿	氏半	平州	平窑	長子	行昜	榆即
膚俿	北九门	北亓	大化	大王	左乇	左台

合文目录（下）

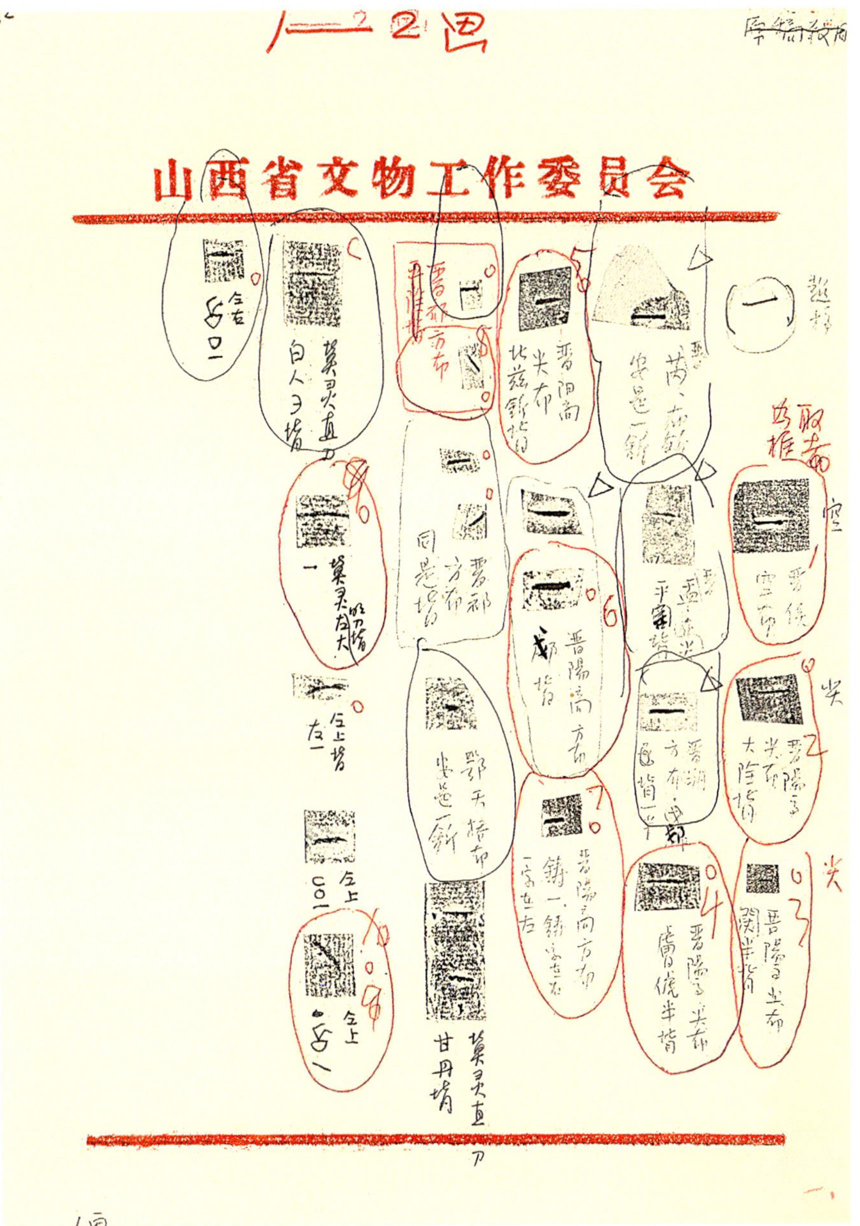
山西省文物工作委员会

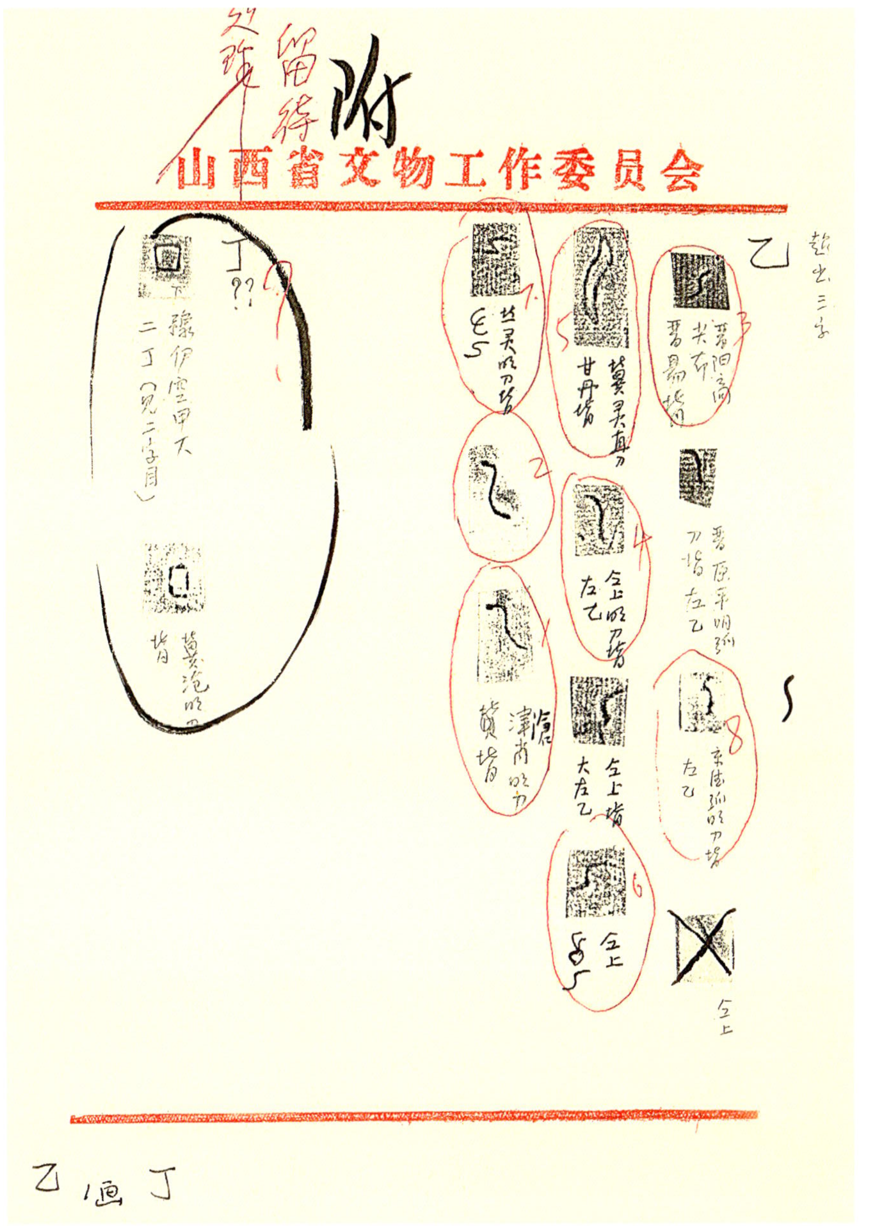
山西省文物工作委员会

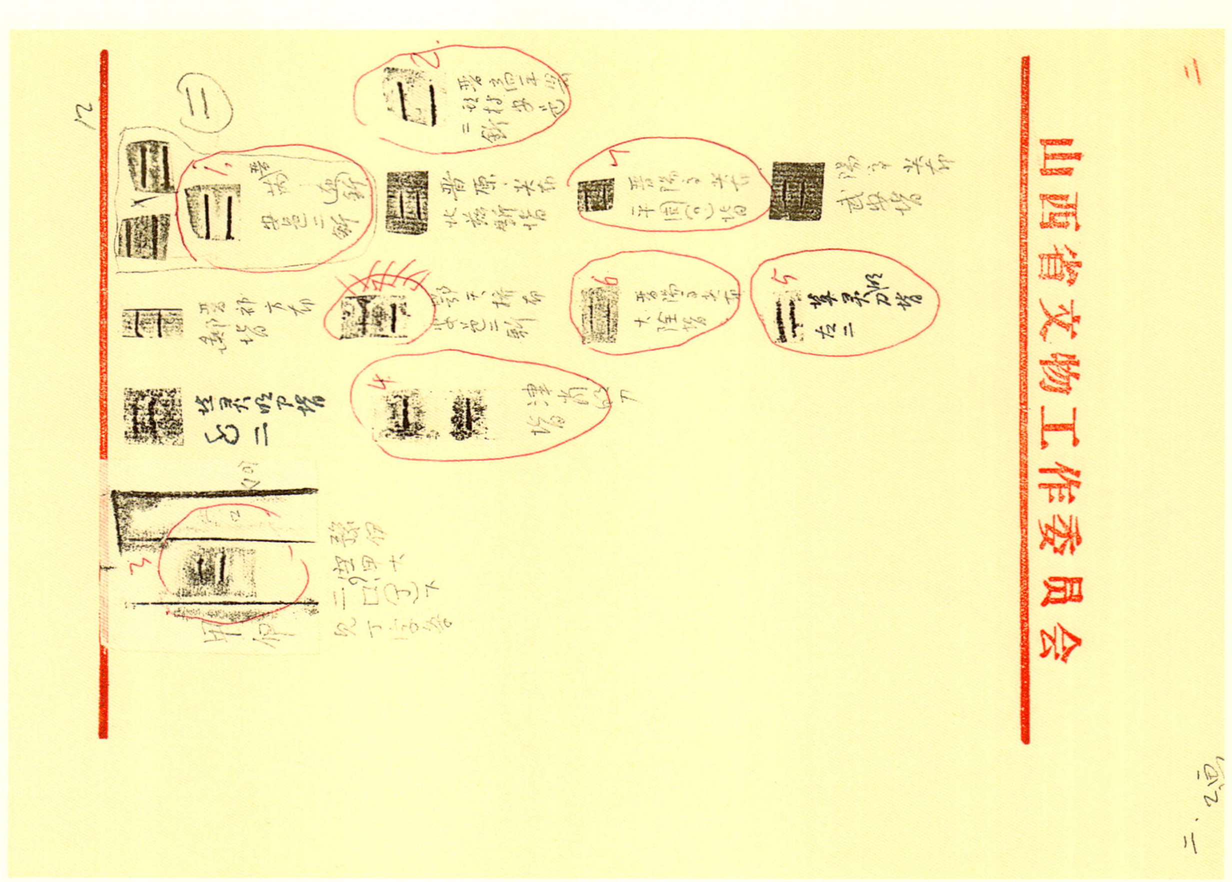
山西省文物工作委员会

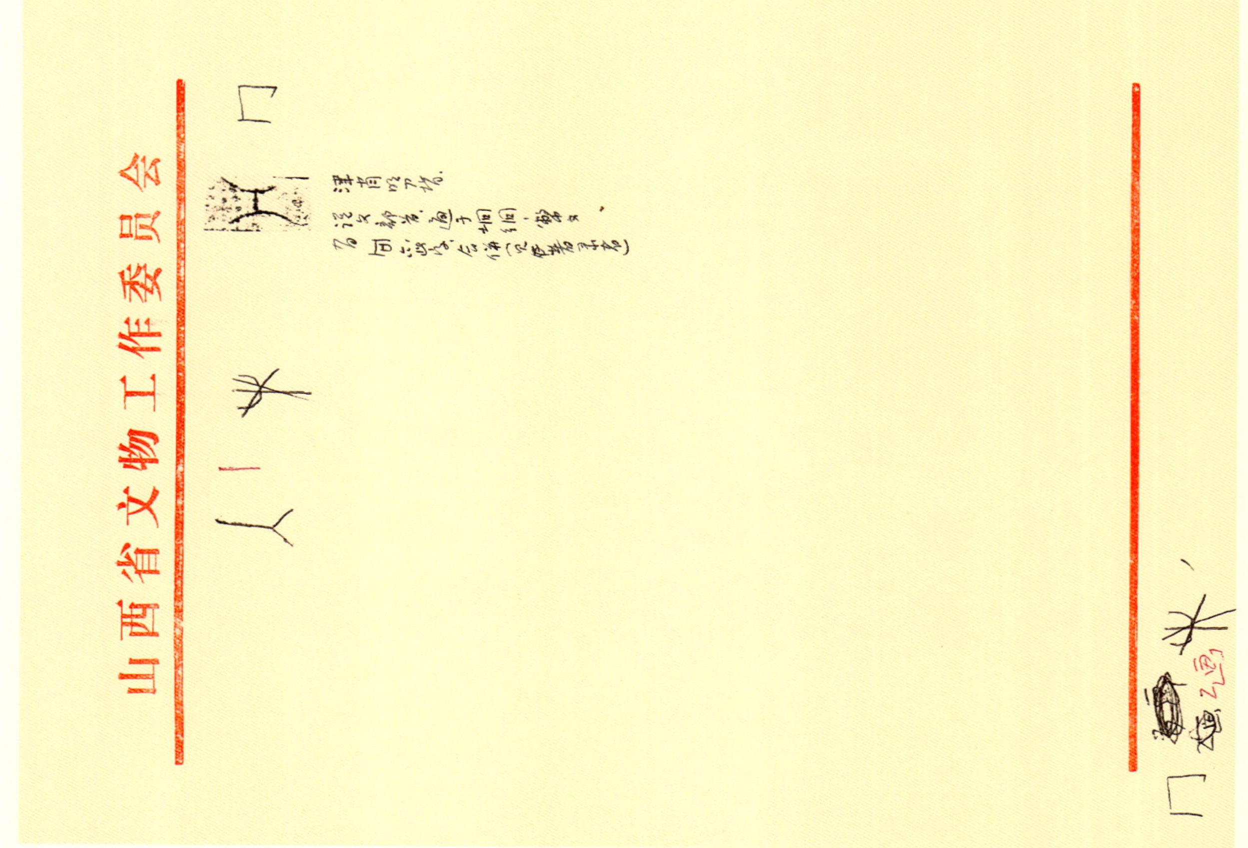
山西省文物工作委员会

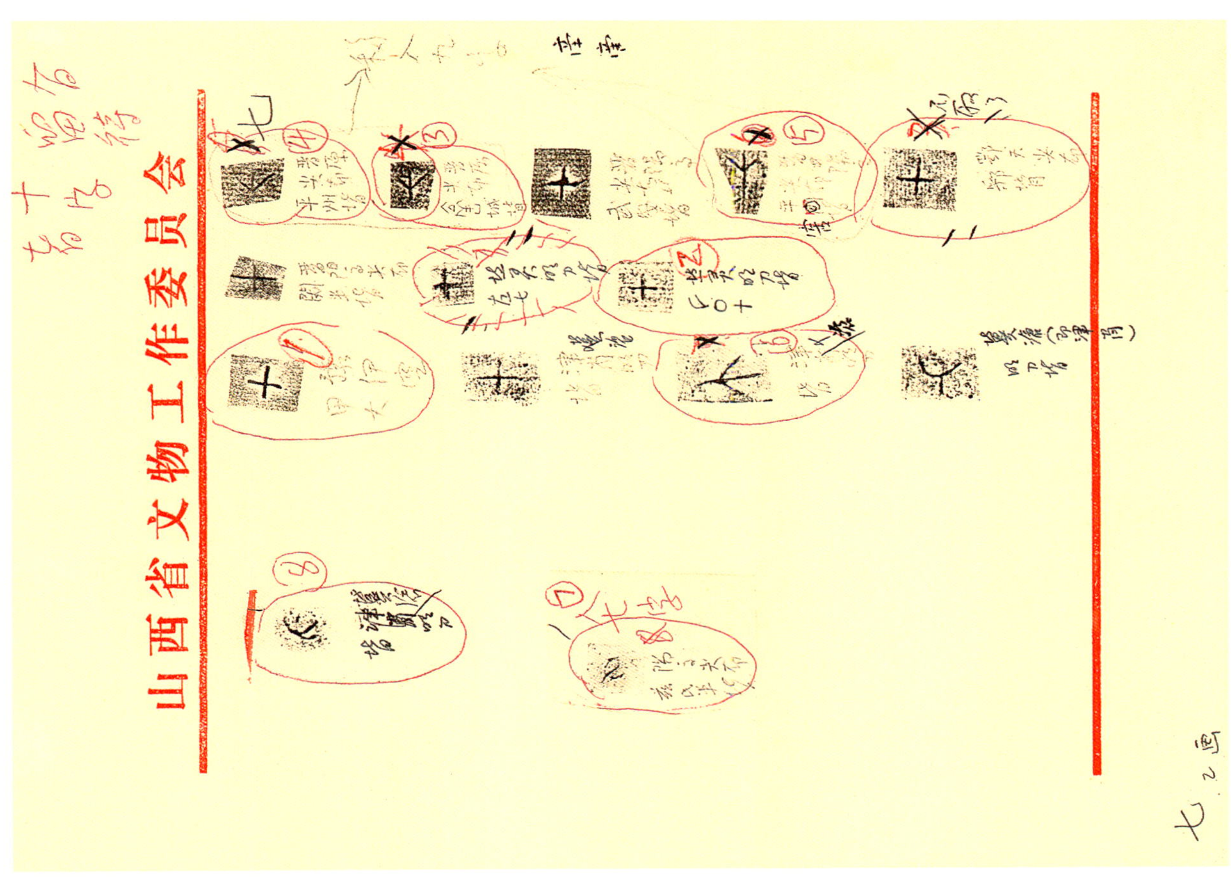
山西省文物工作委员会

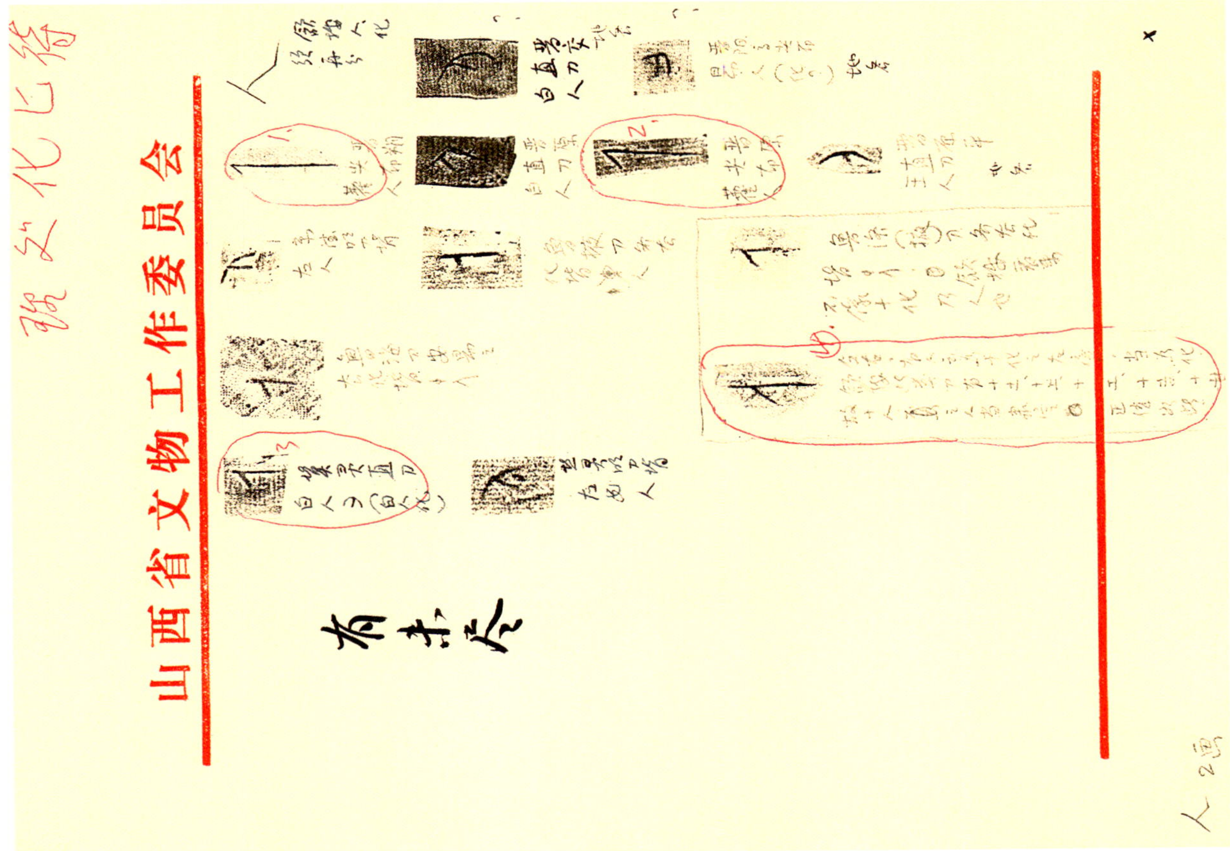
山西省文物工作委员会

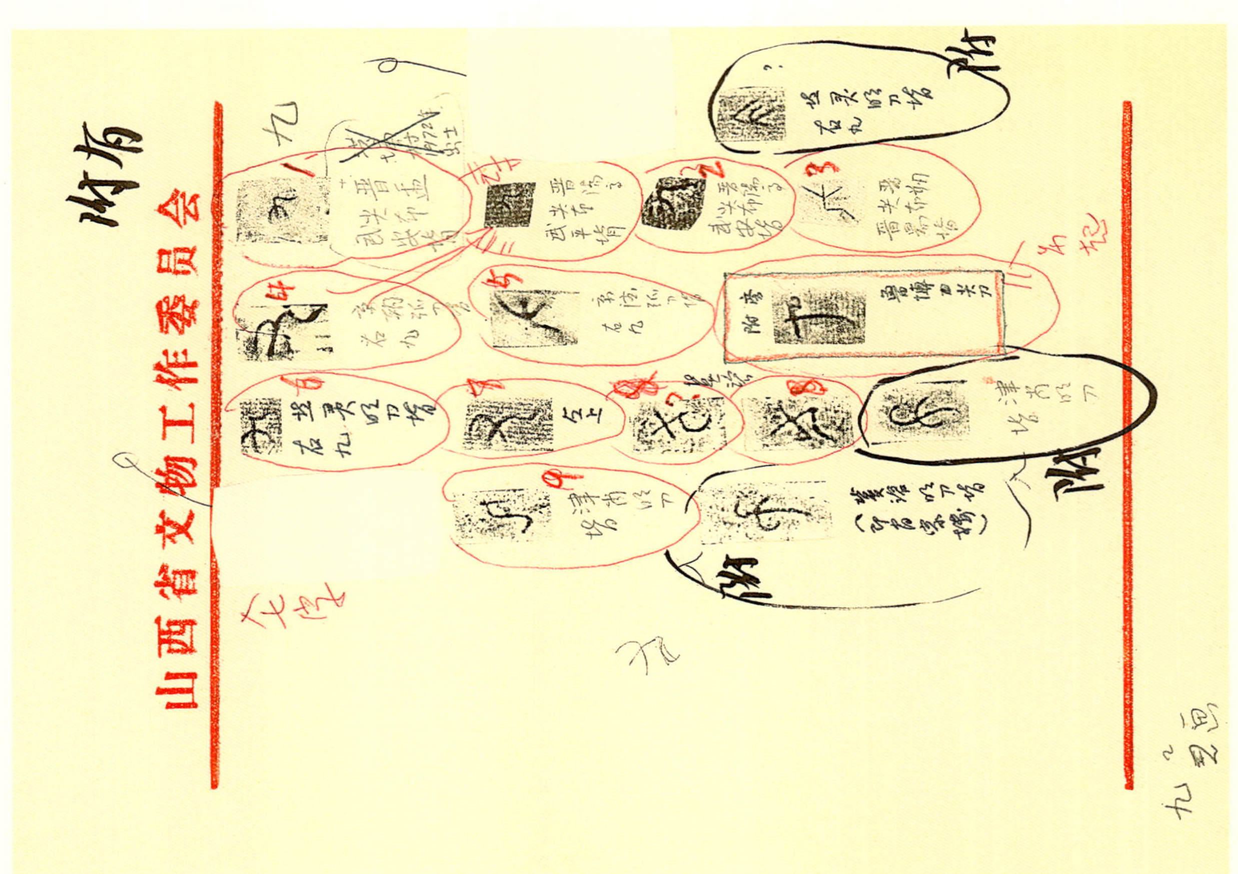
山西省文物工作委员会

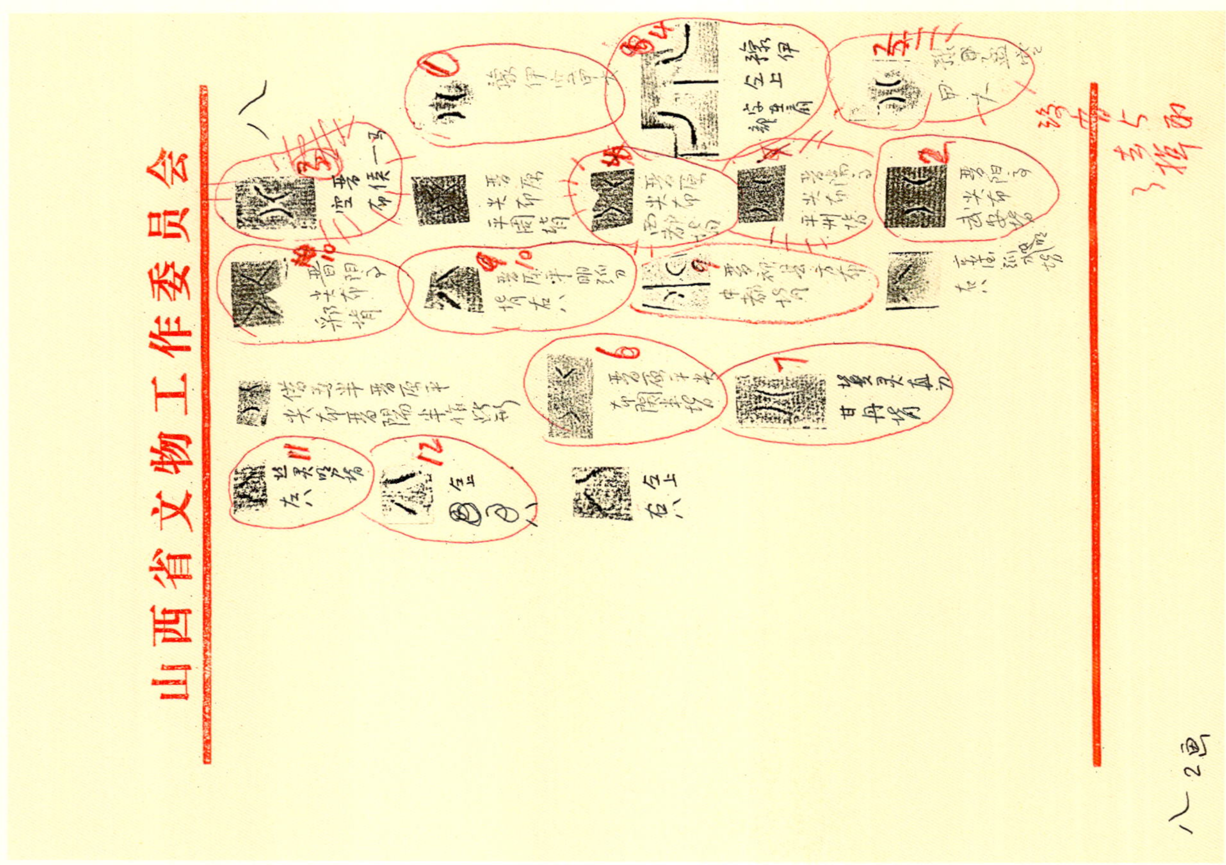
山西省文物工作委员会

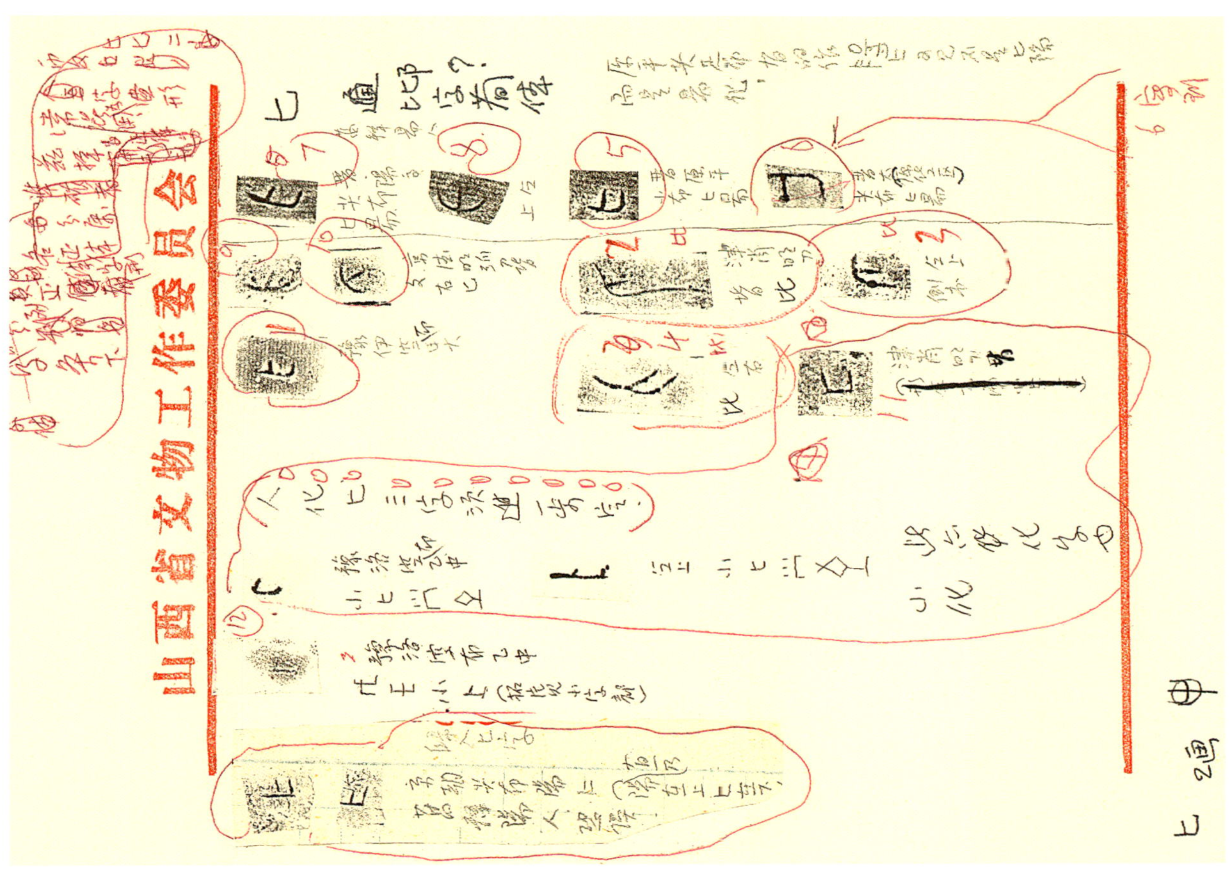
山西省文物工作委员会

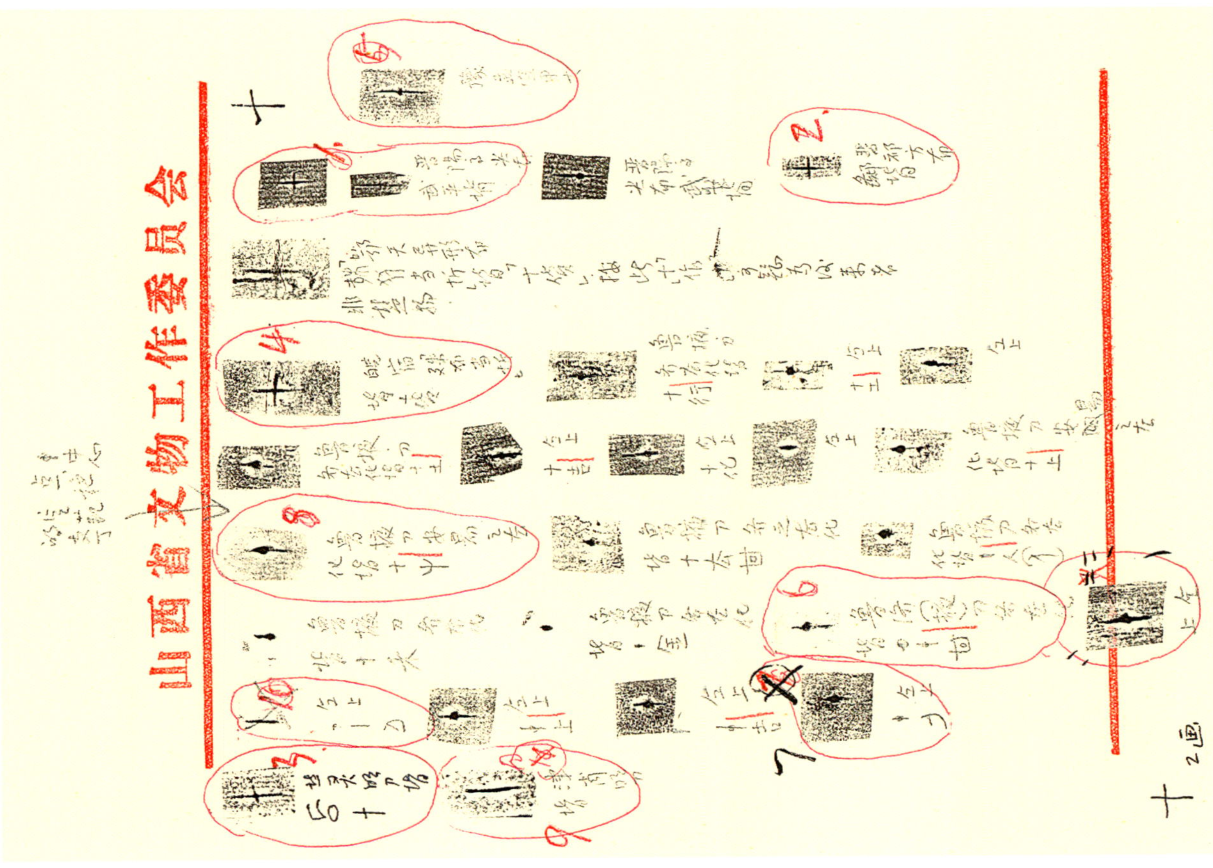
山西省文物工作委员会

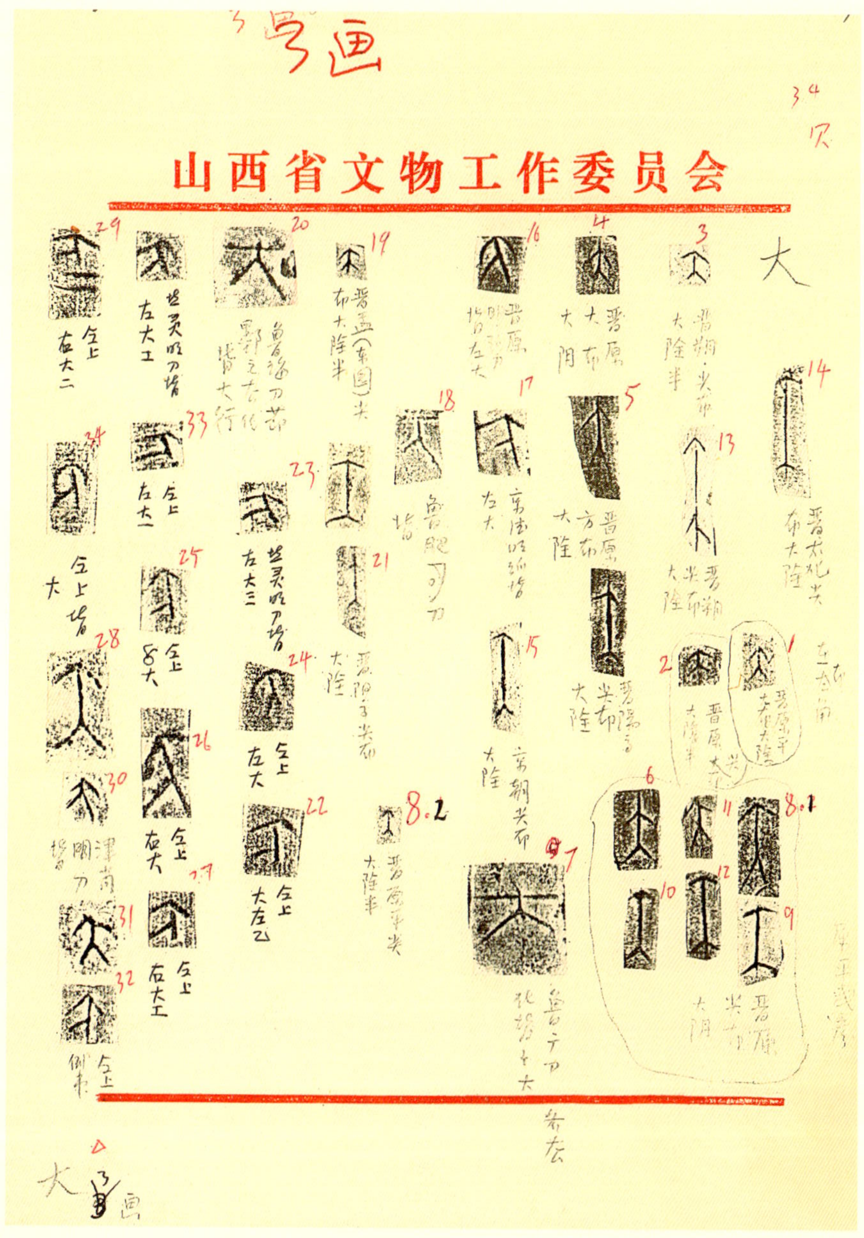
山西省文物工作委员会

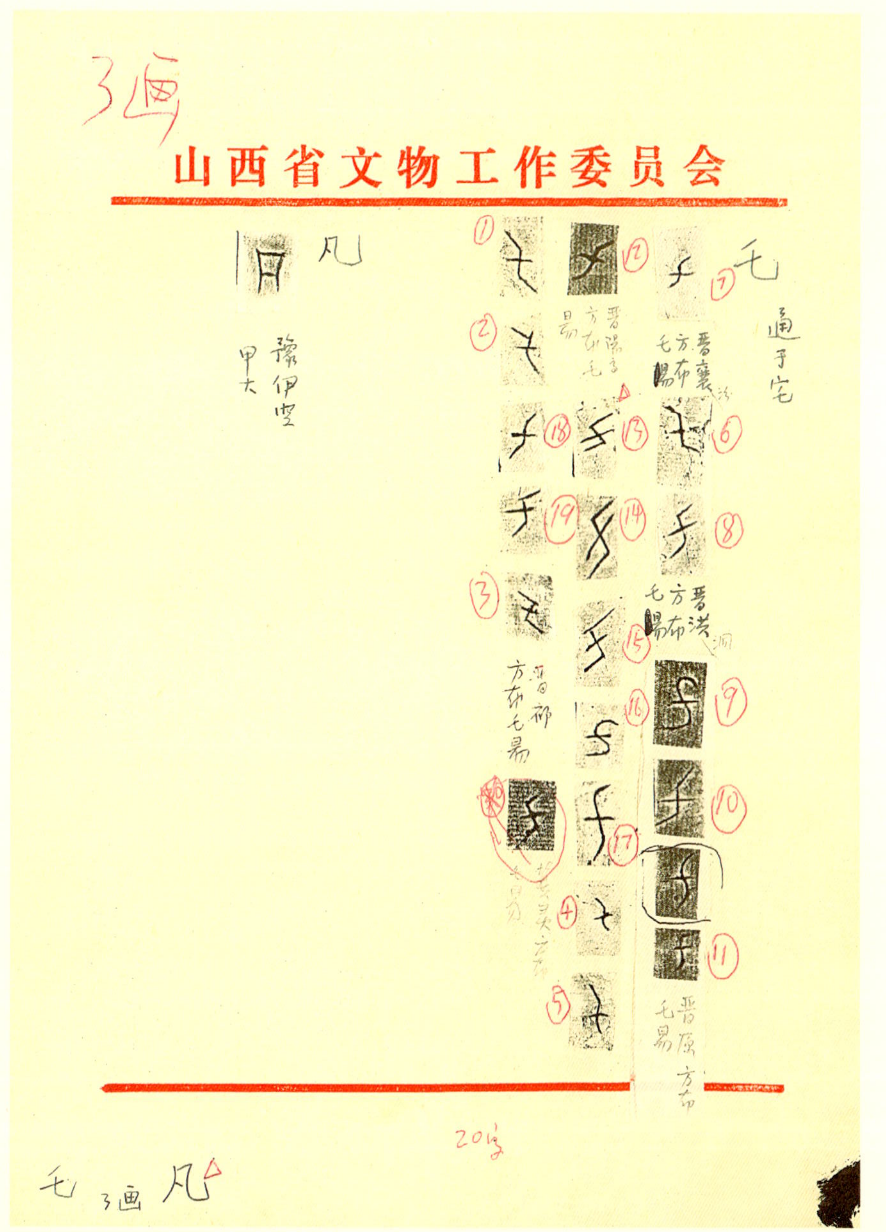
山西省文物工作委员会

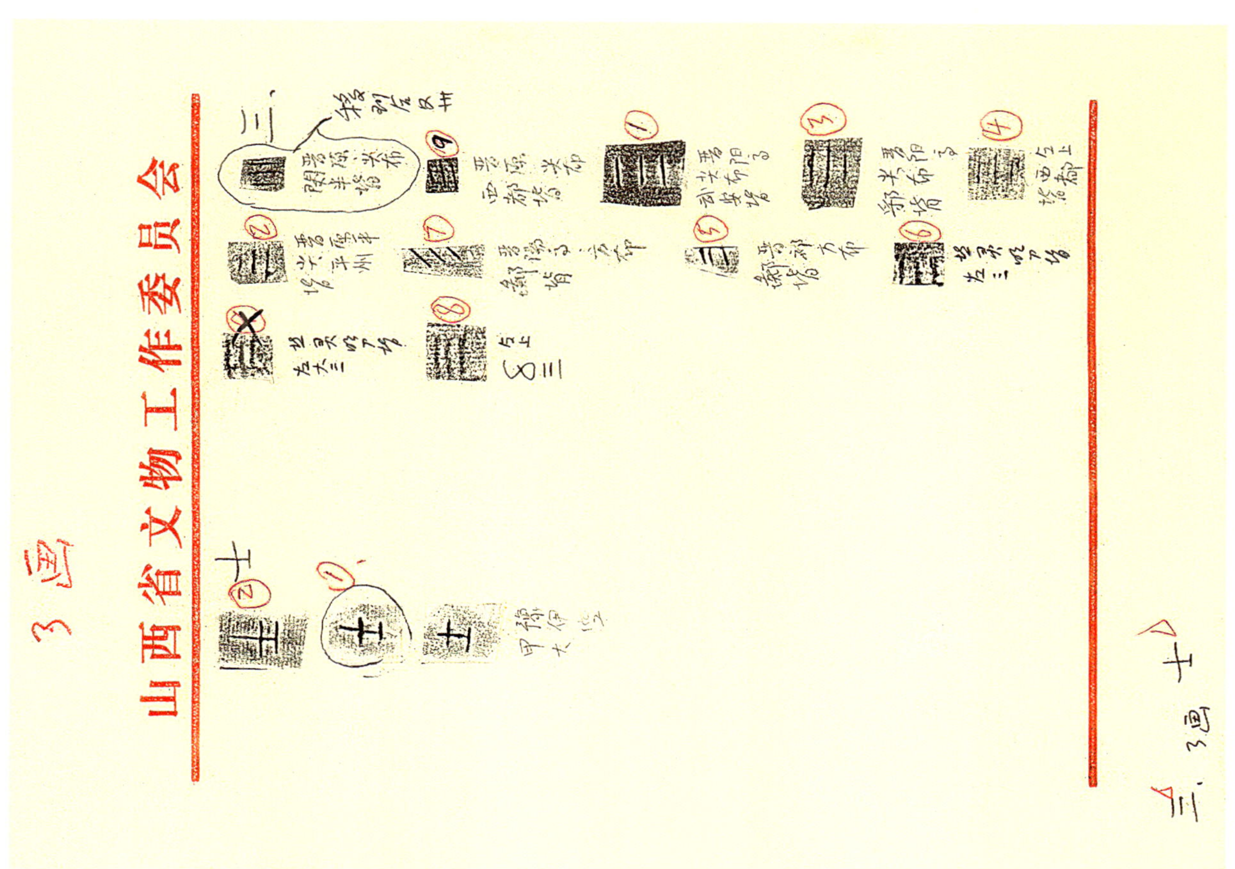
山西省文物工作委员会

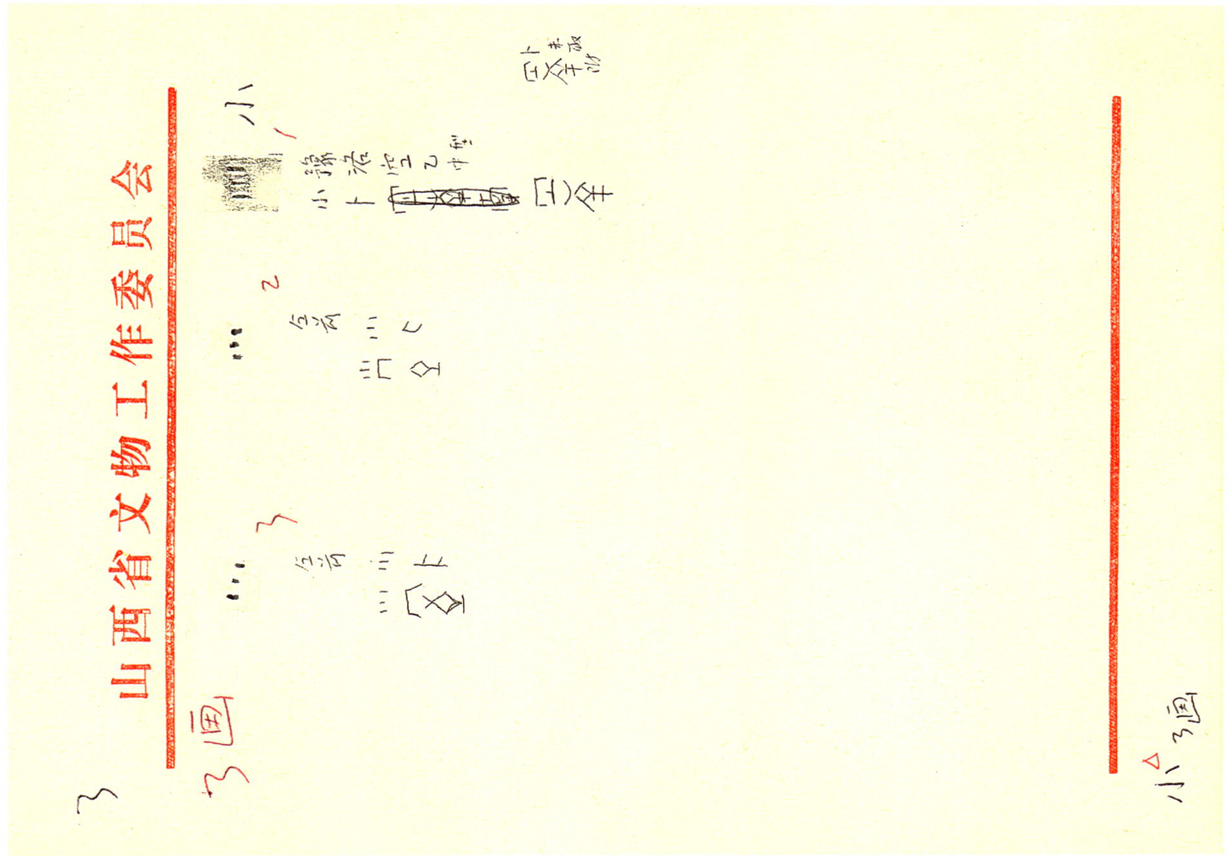
山西省文物工作委员会

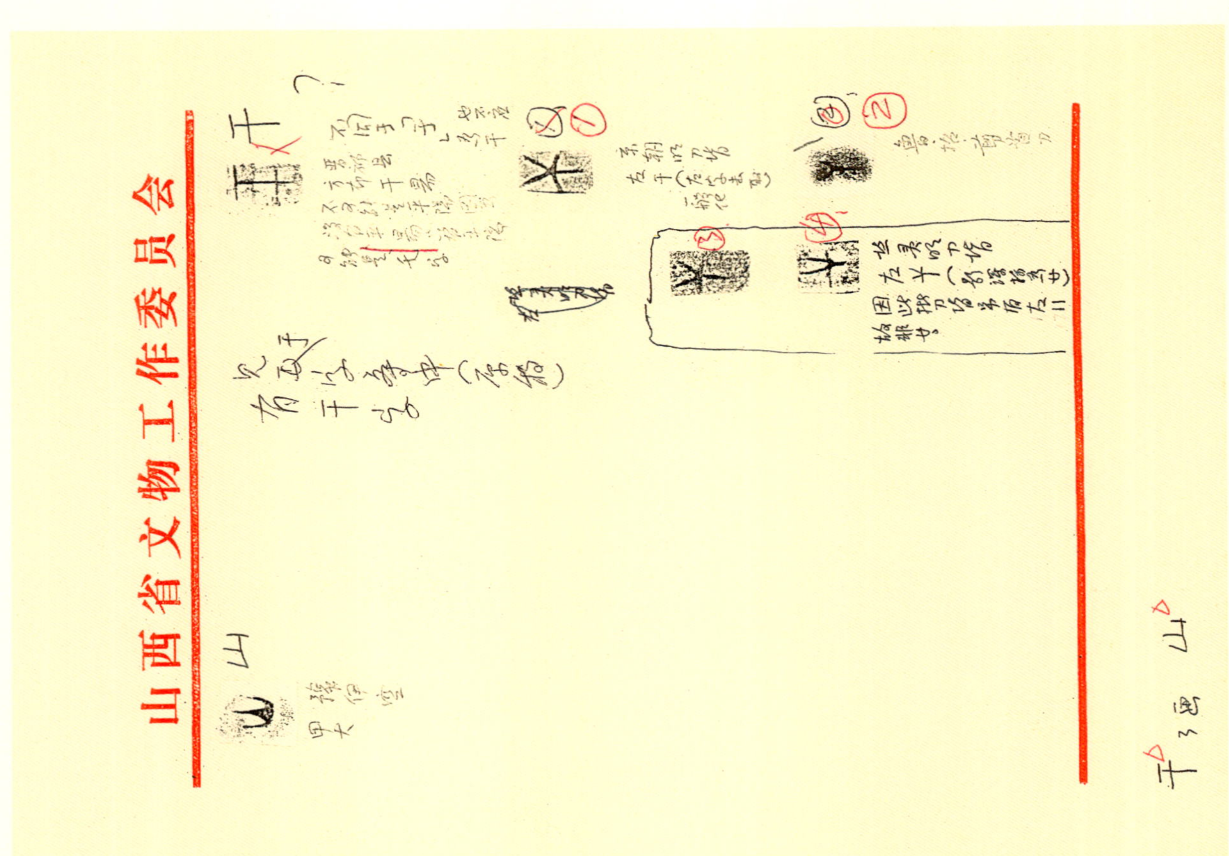
山西省文物工作委员会

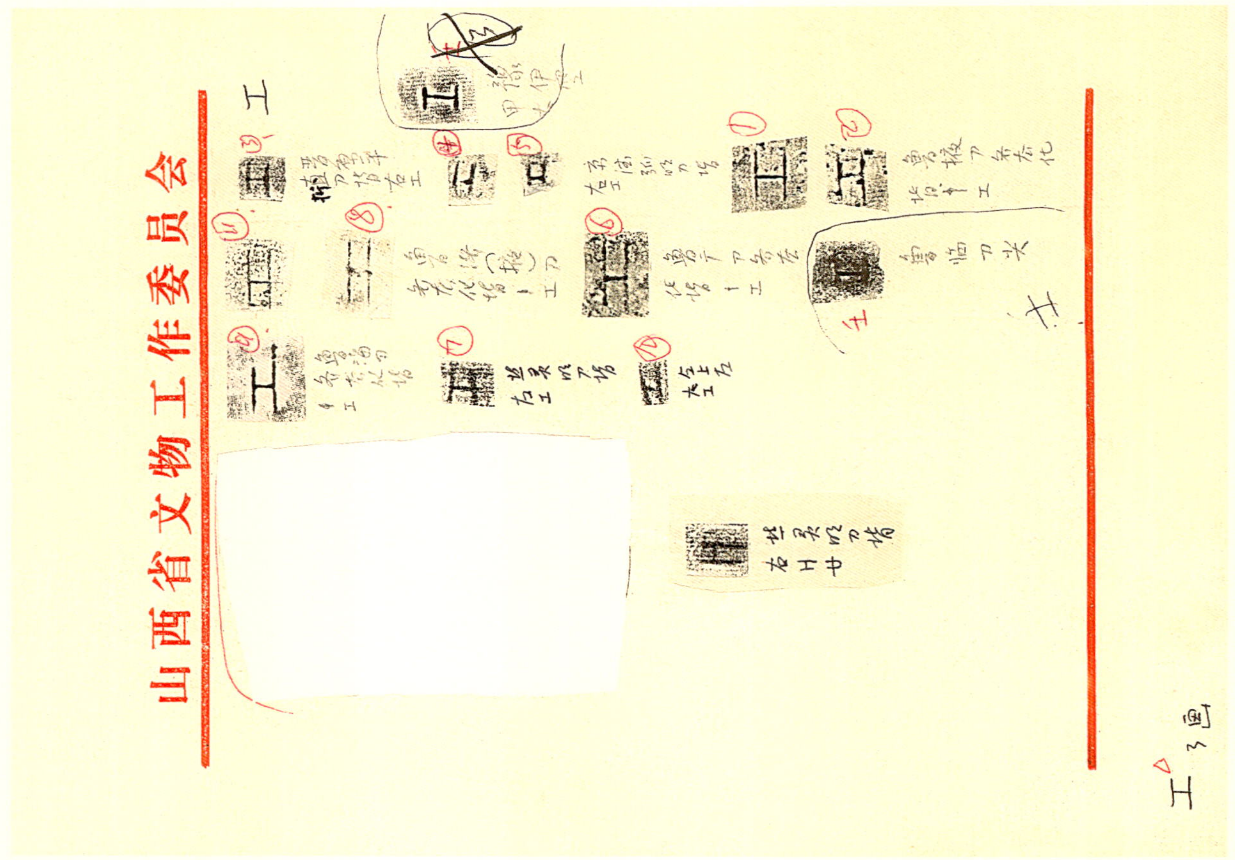
山西省文物工作委员会

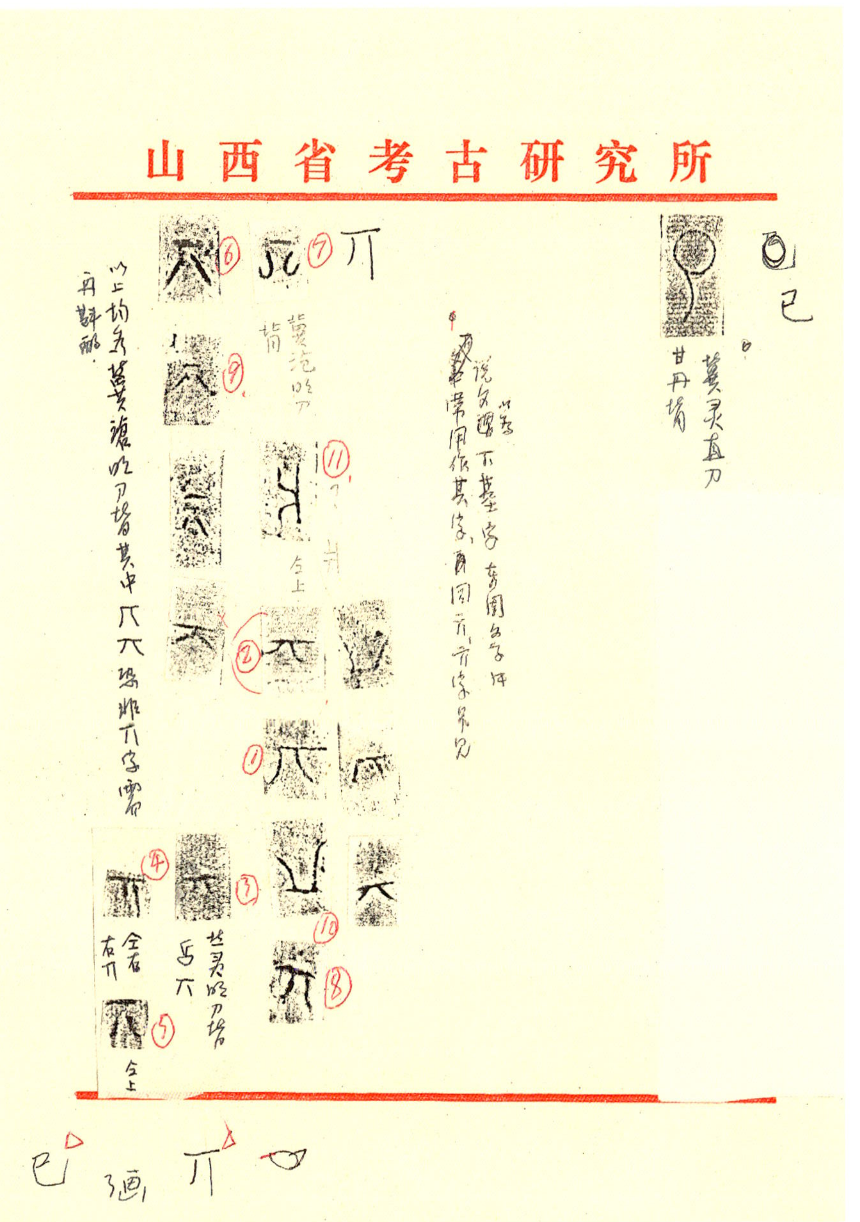
山西省考古研究所

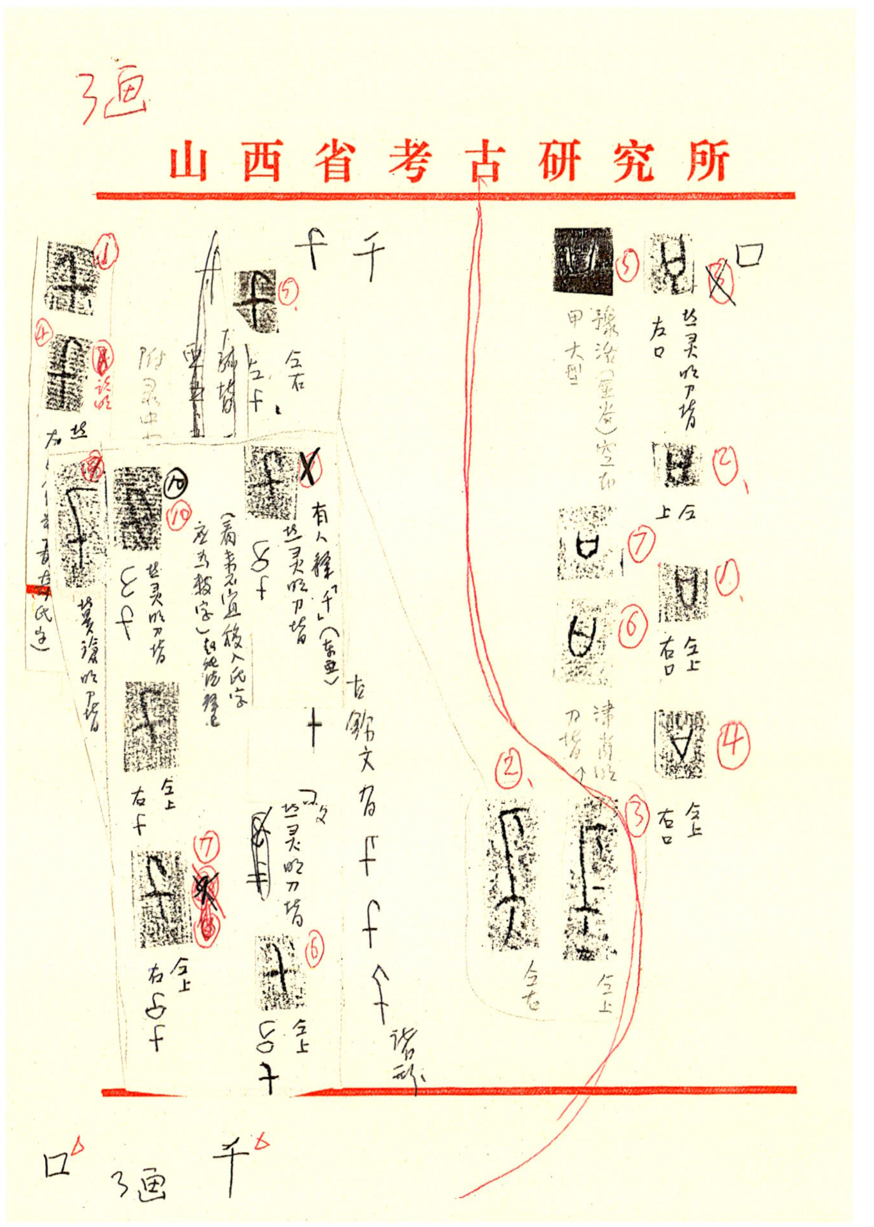
山西省考古研究所

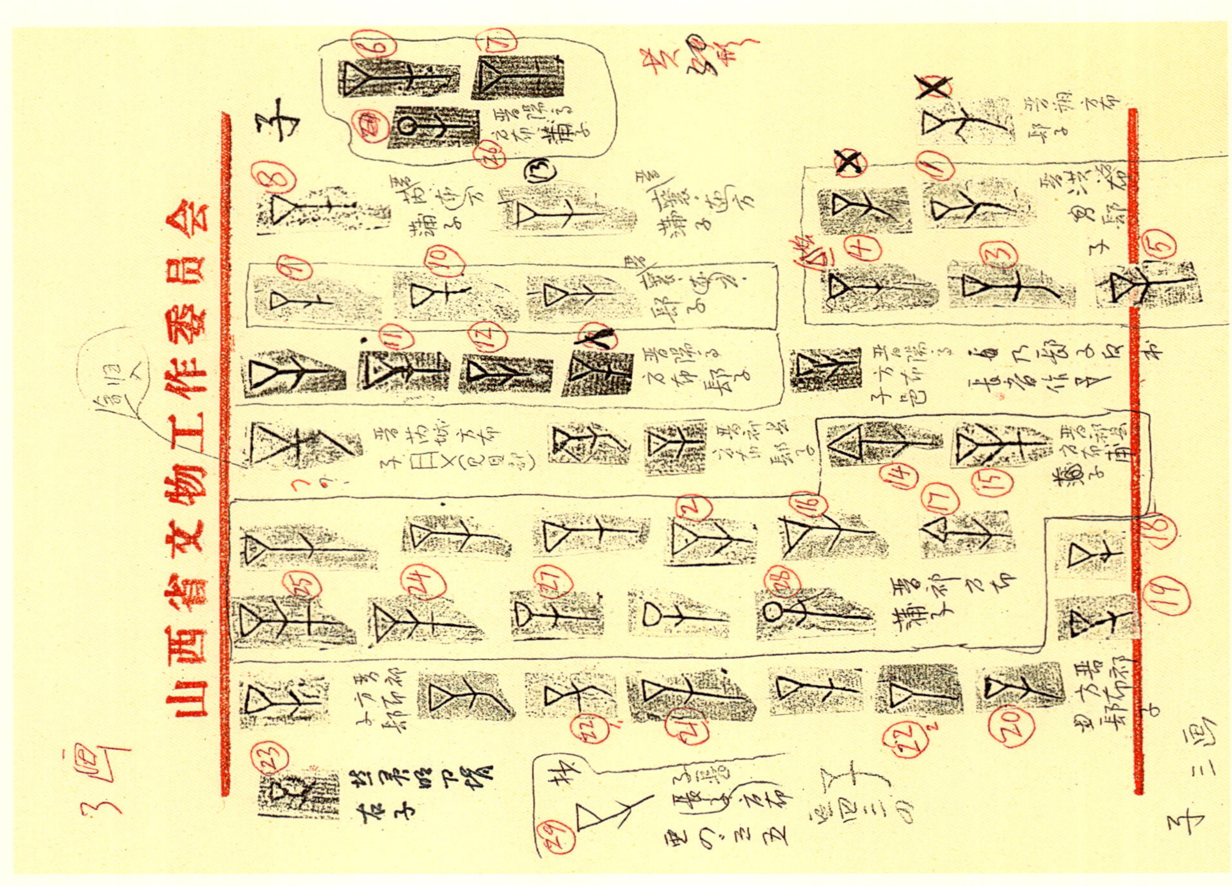
山西省文物工作委员会

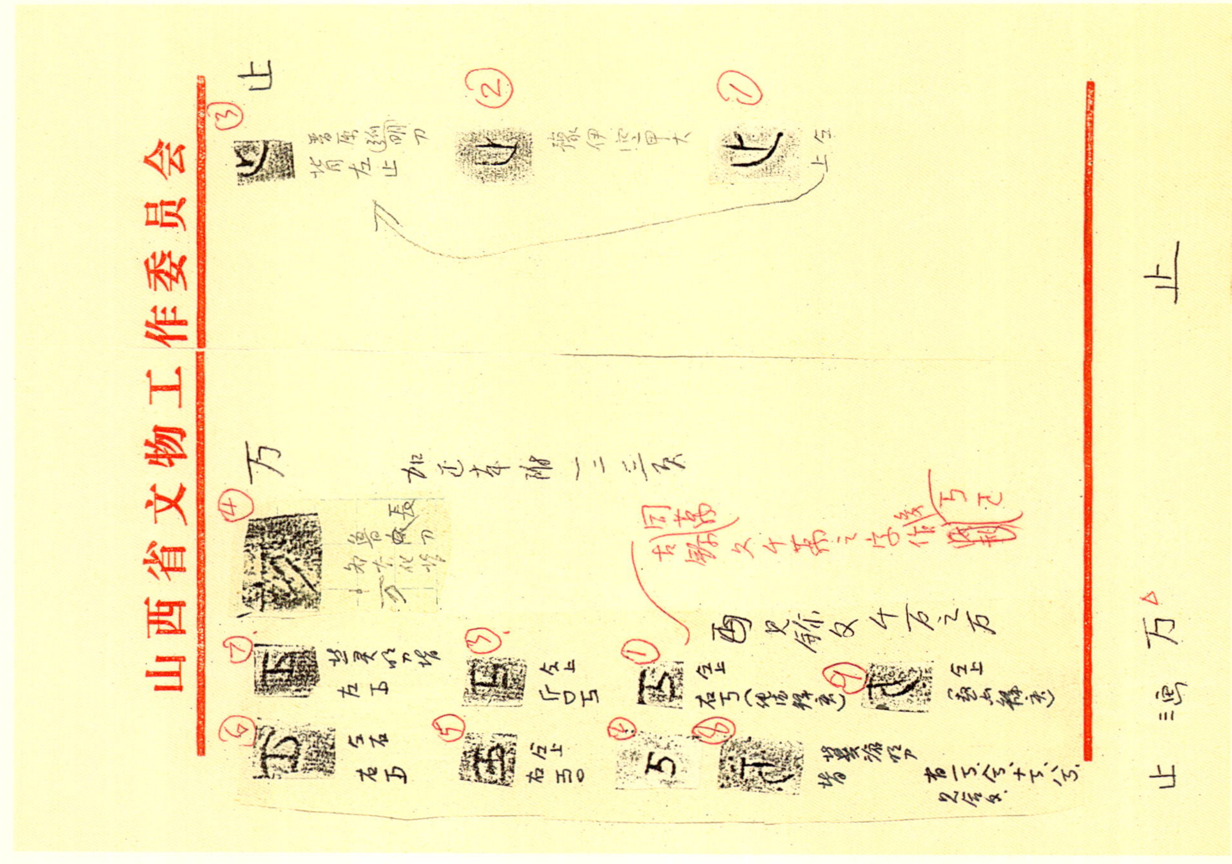
山西省文物工作委员会

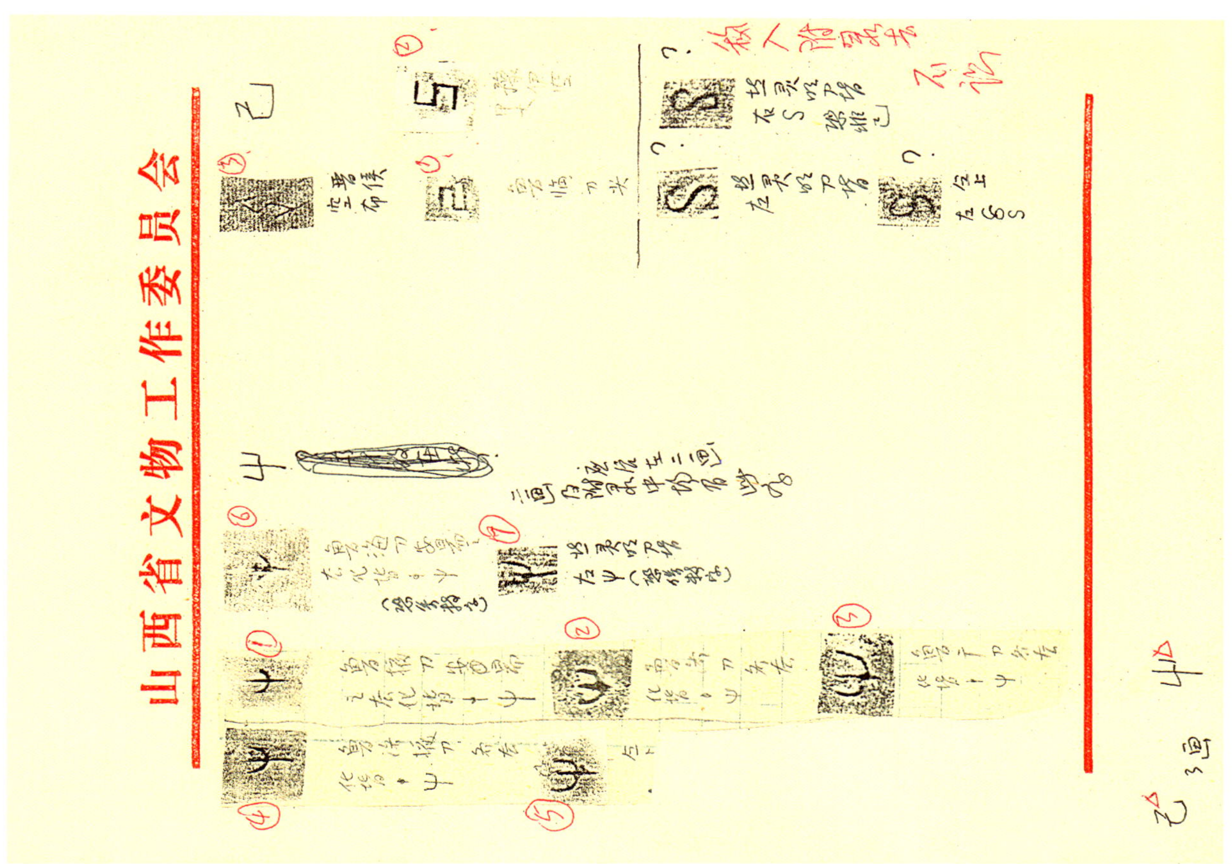
山西省文物工作委员会

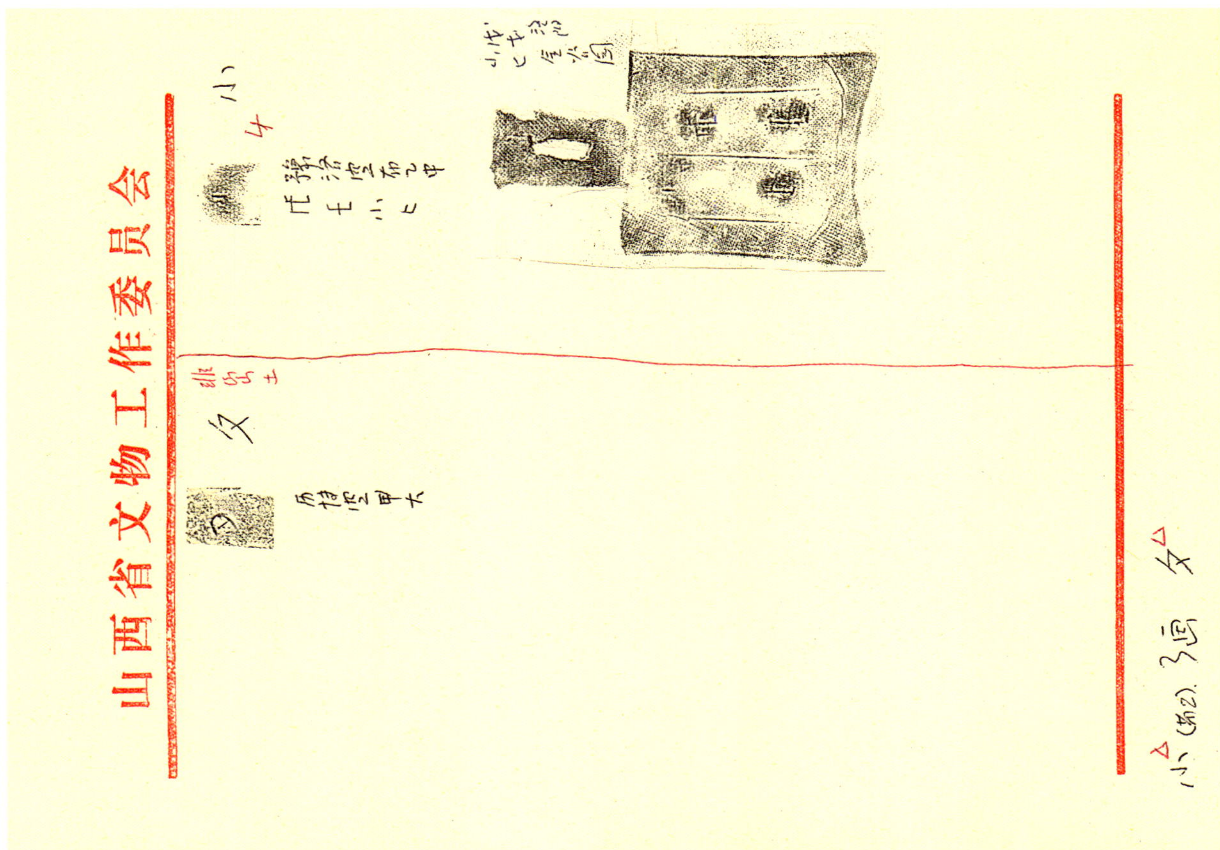
山西省文物工作委员会

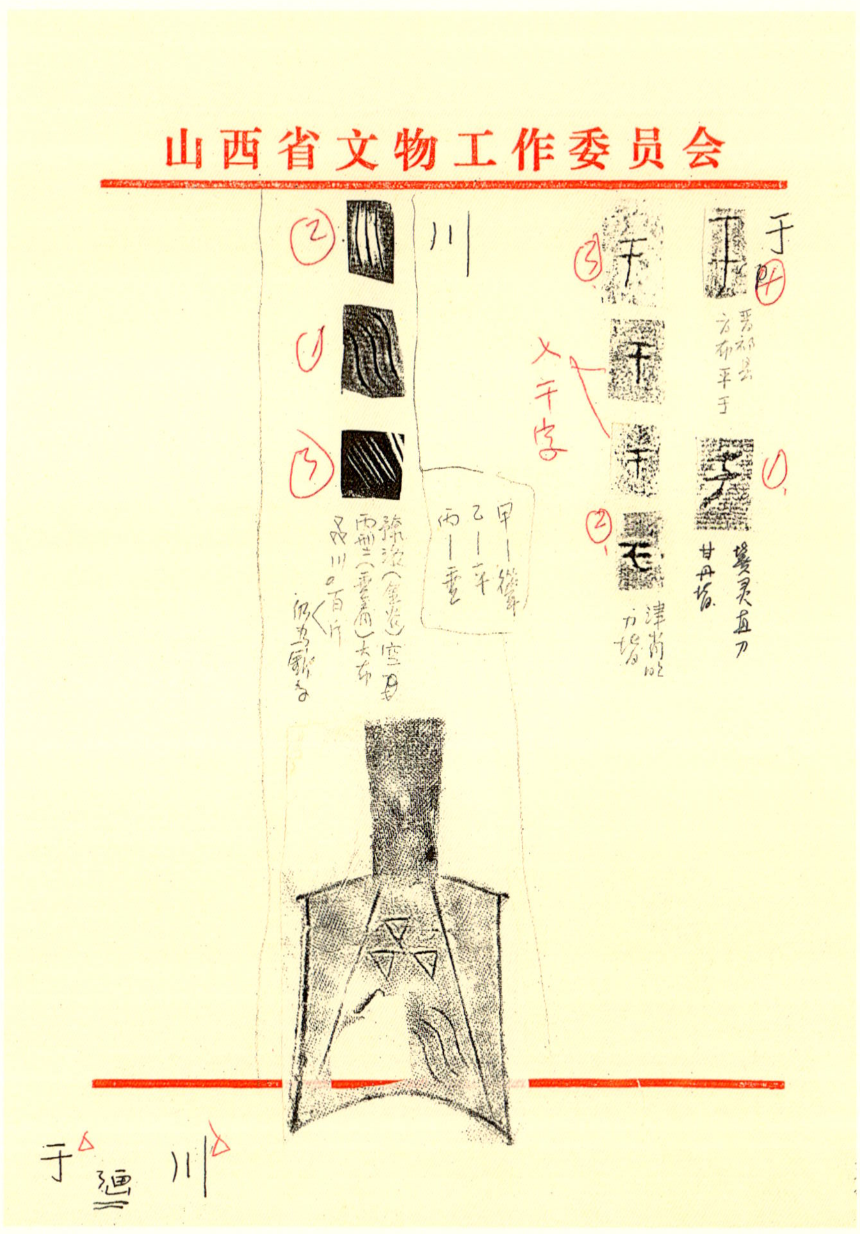
山西省文物工作委员会

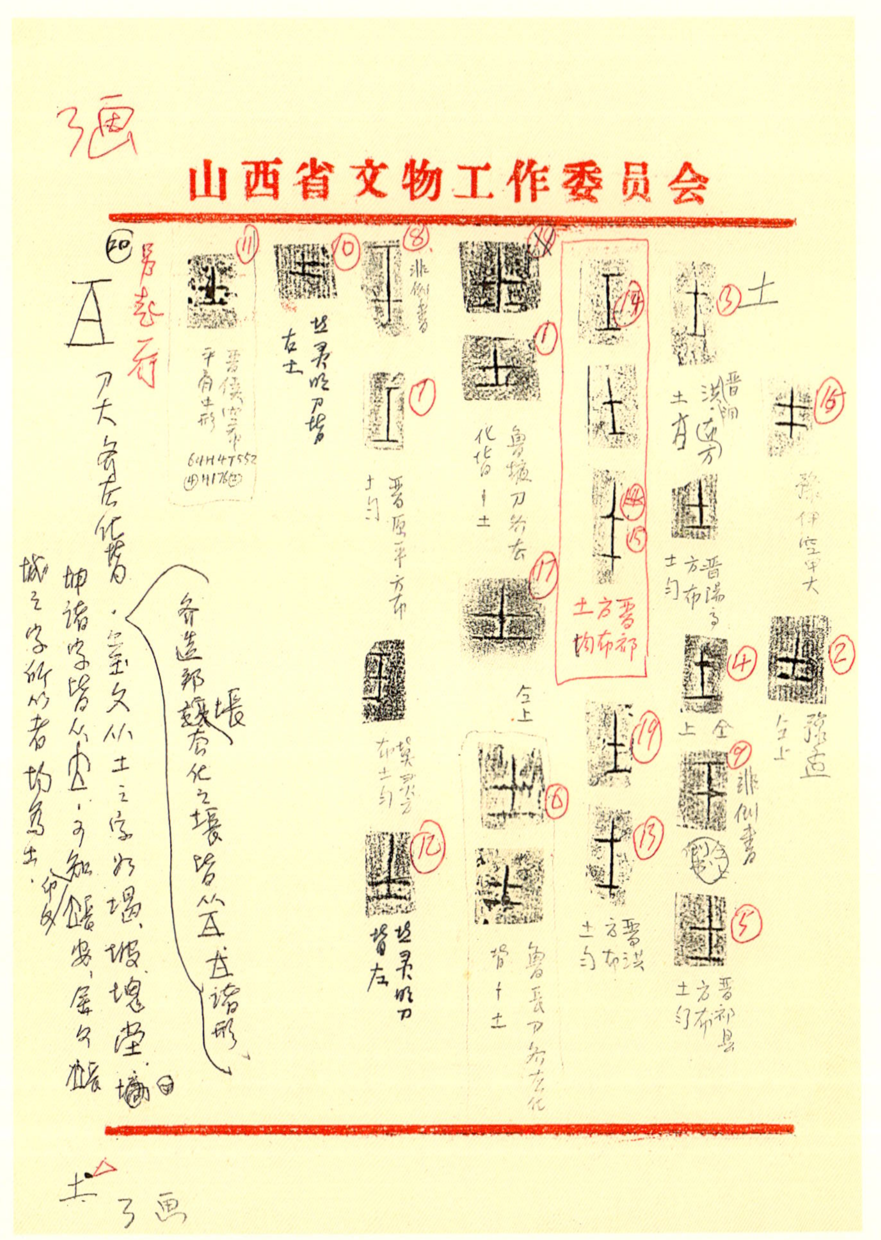
山西省文物工作委员会

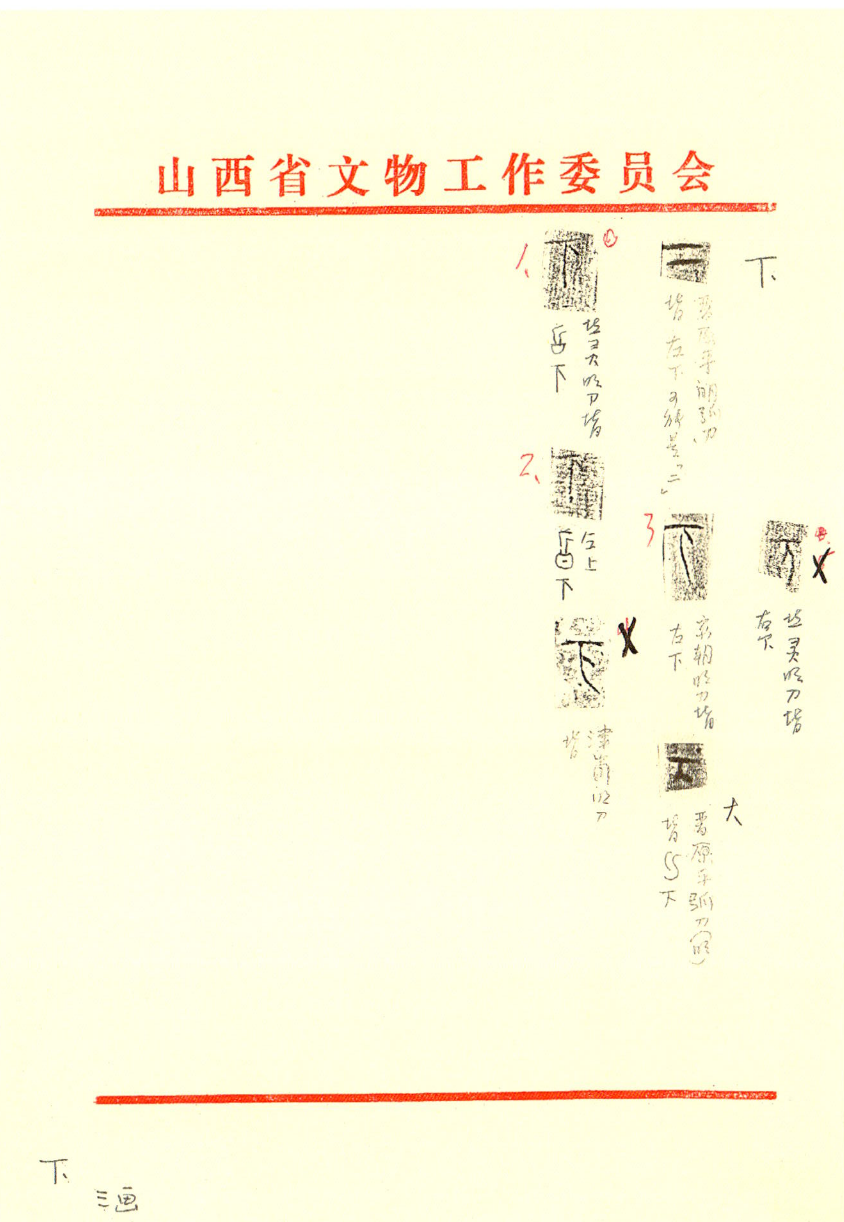
山西省文物工作委员会

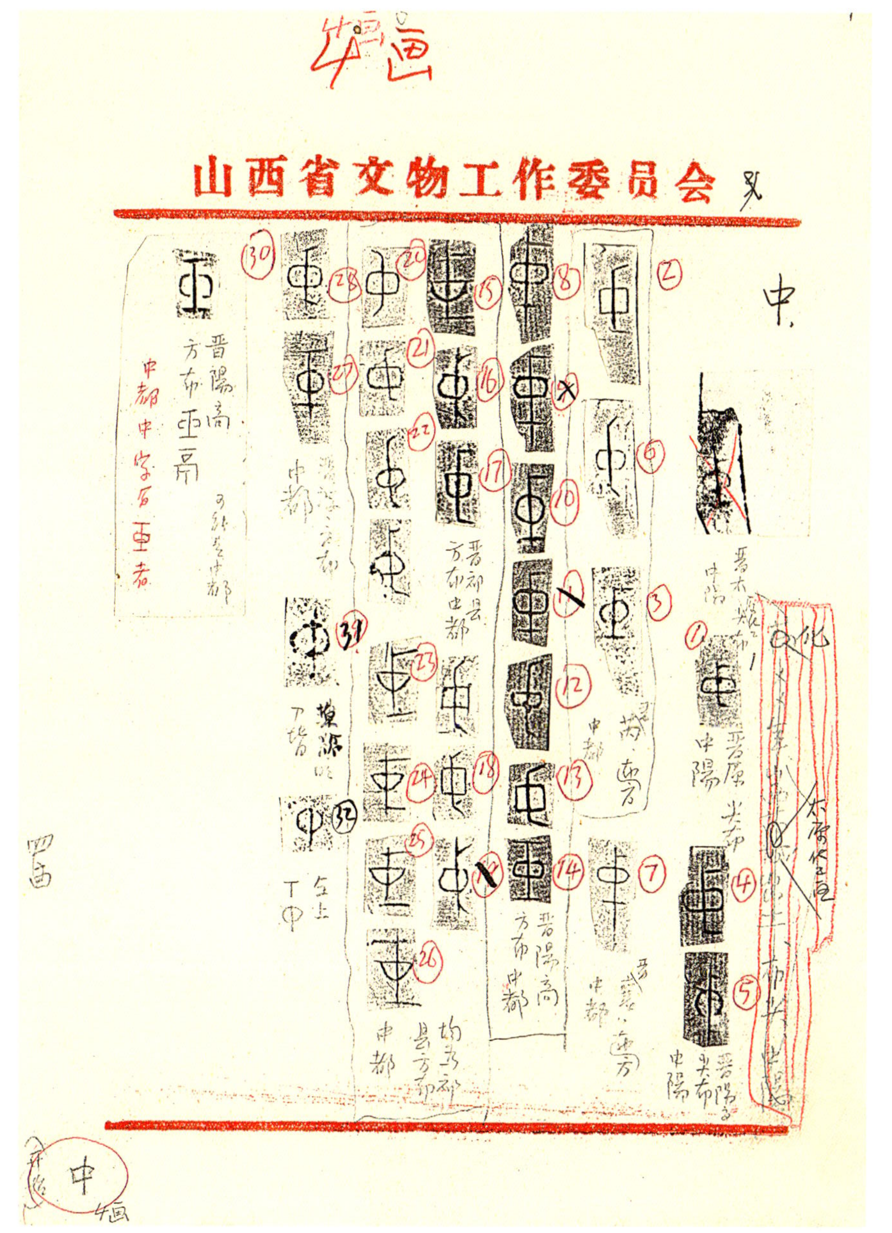
山西省文物工作委员会

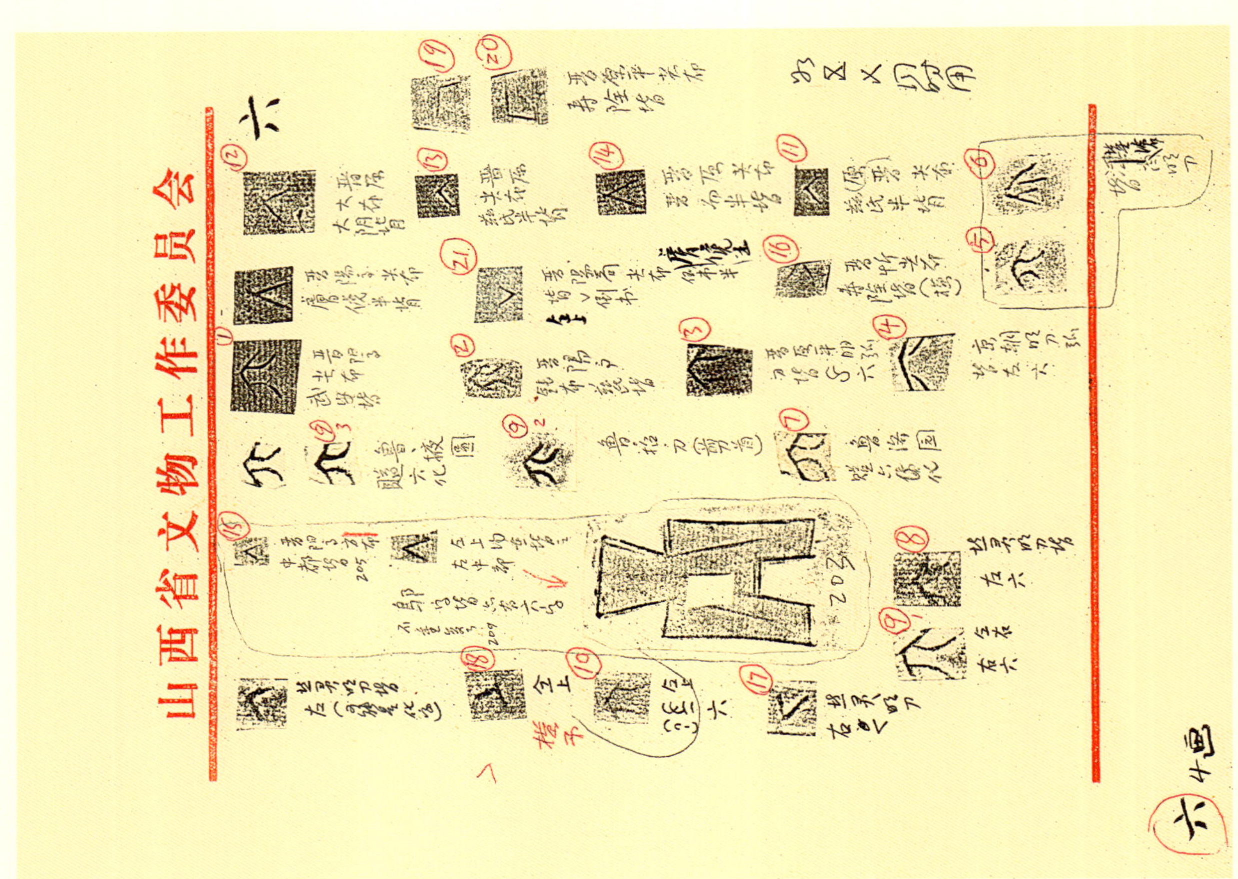
山西省文物工作委员会

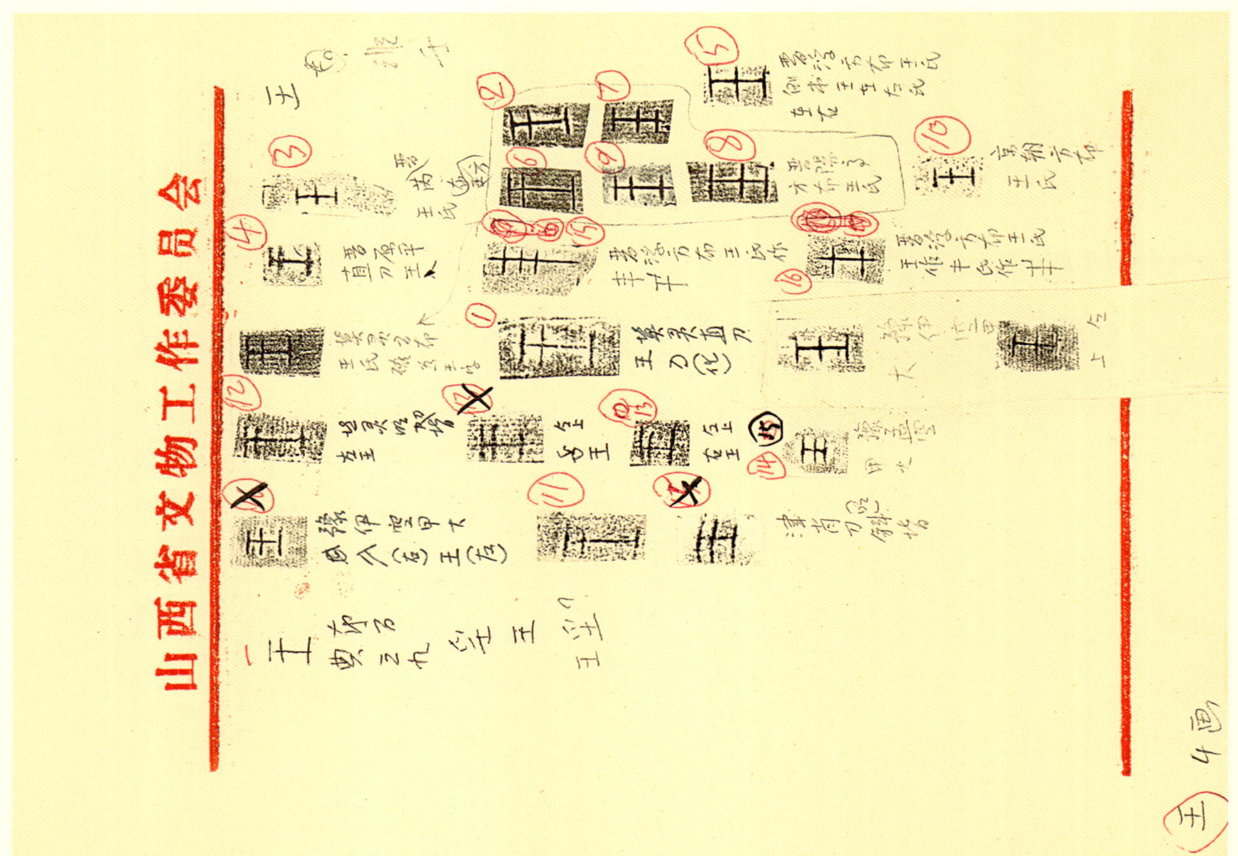
山西省文物工作委员会

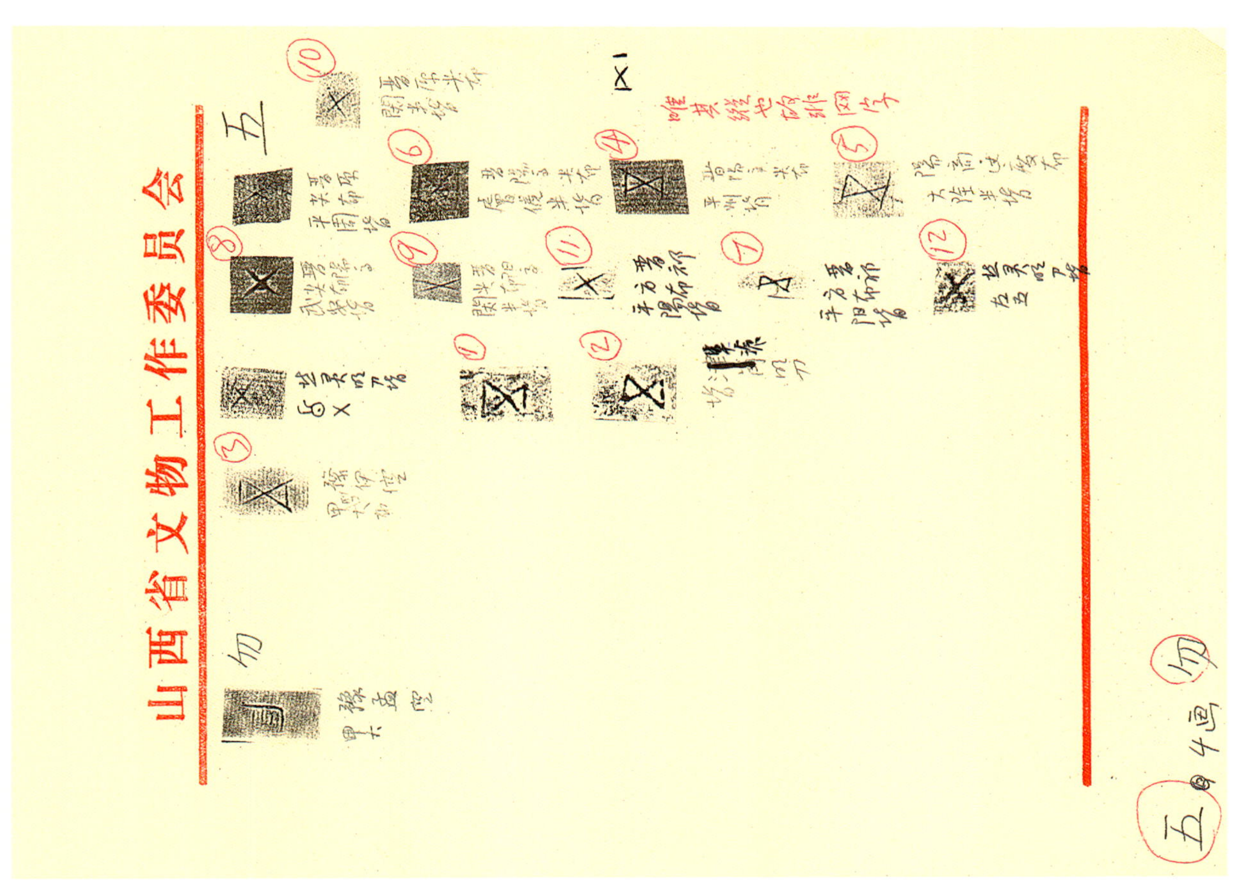
山西省文物工作委员会

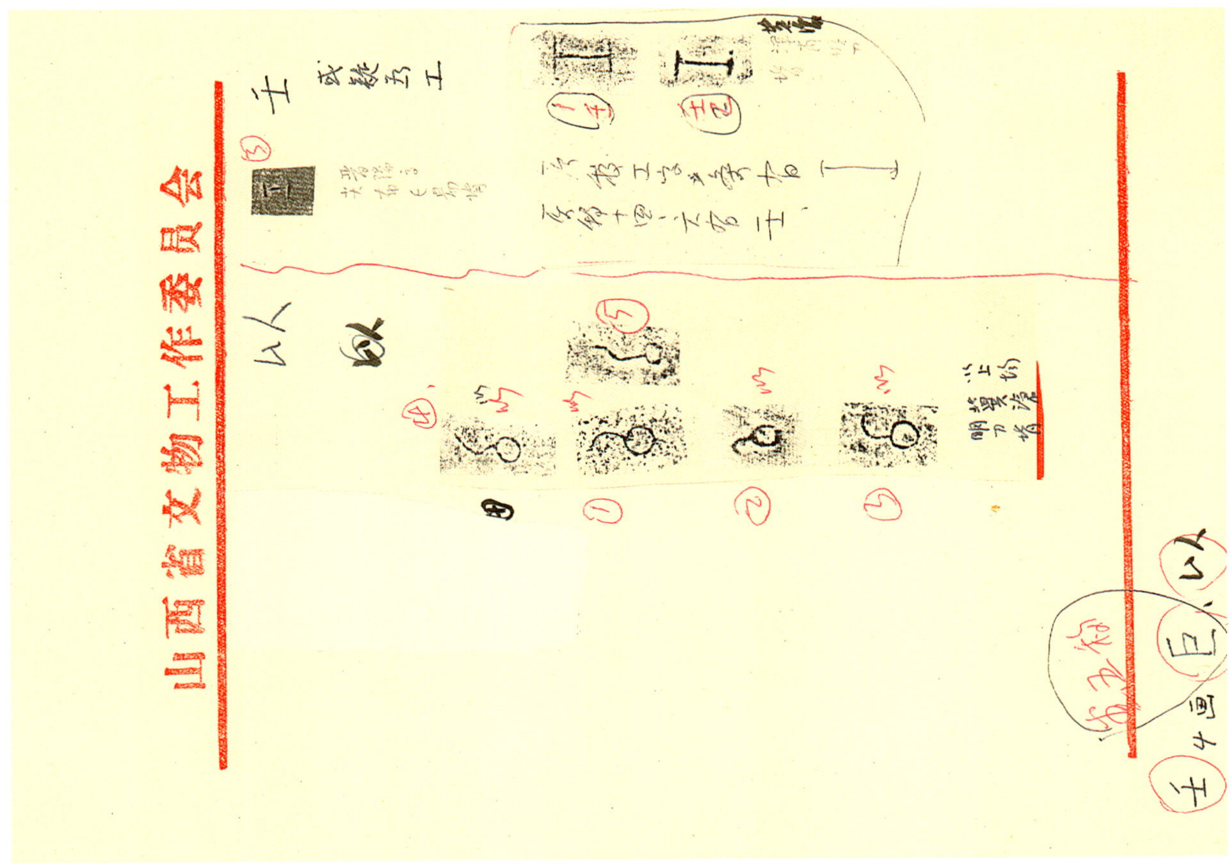
山西省文物工作委员会

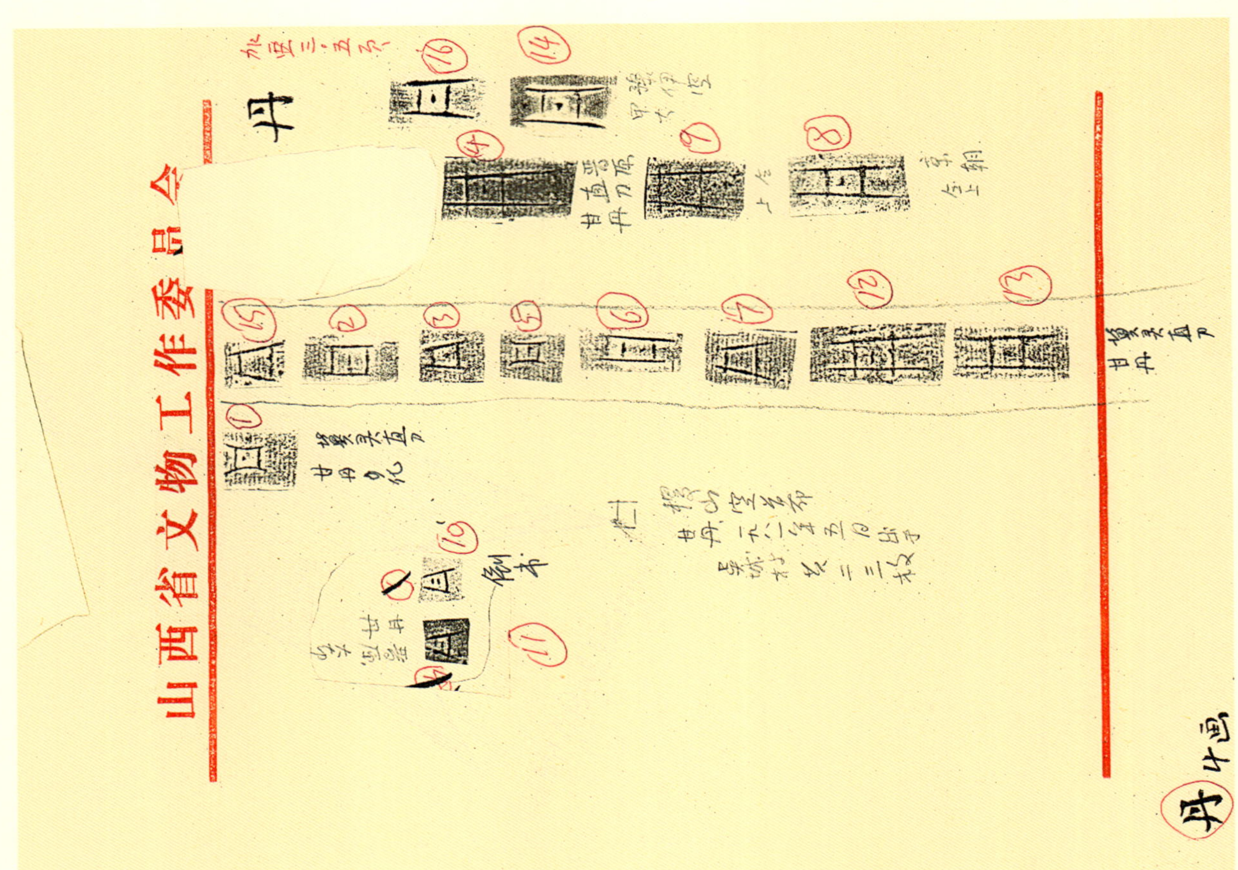
山西省文物工作委员会

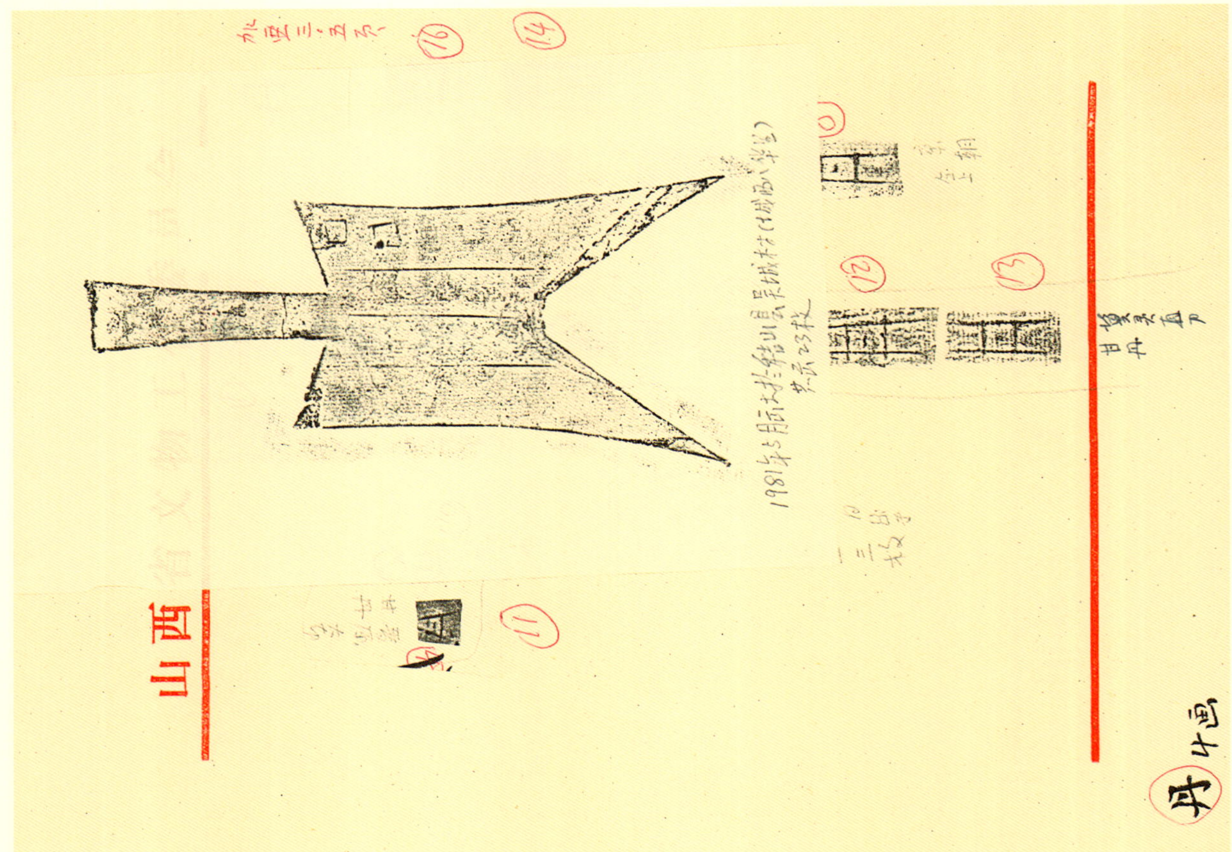
山西

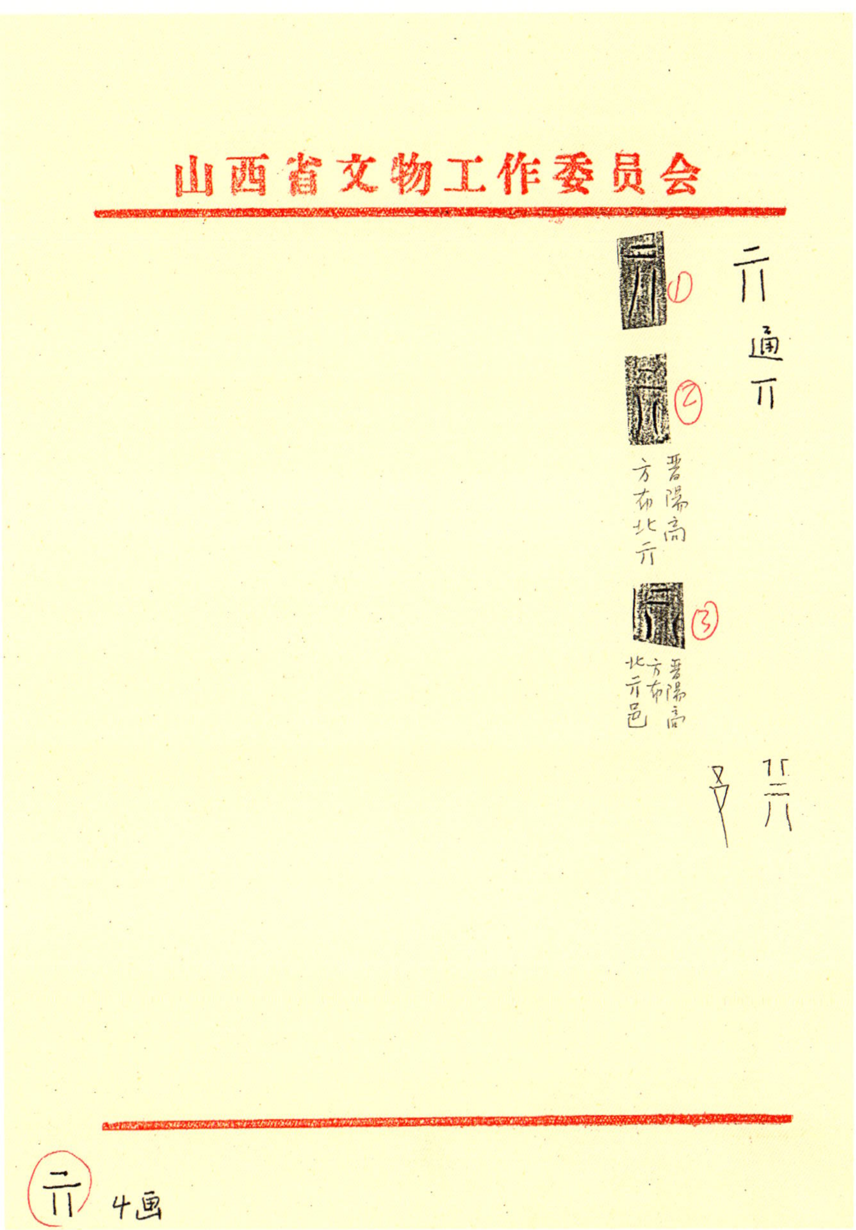
山西省文物工作委员会

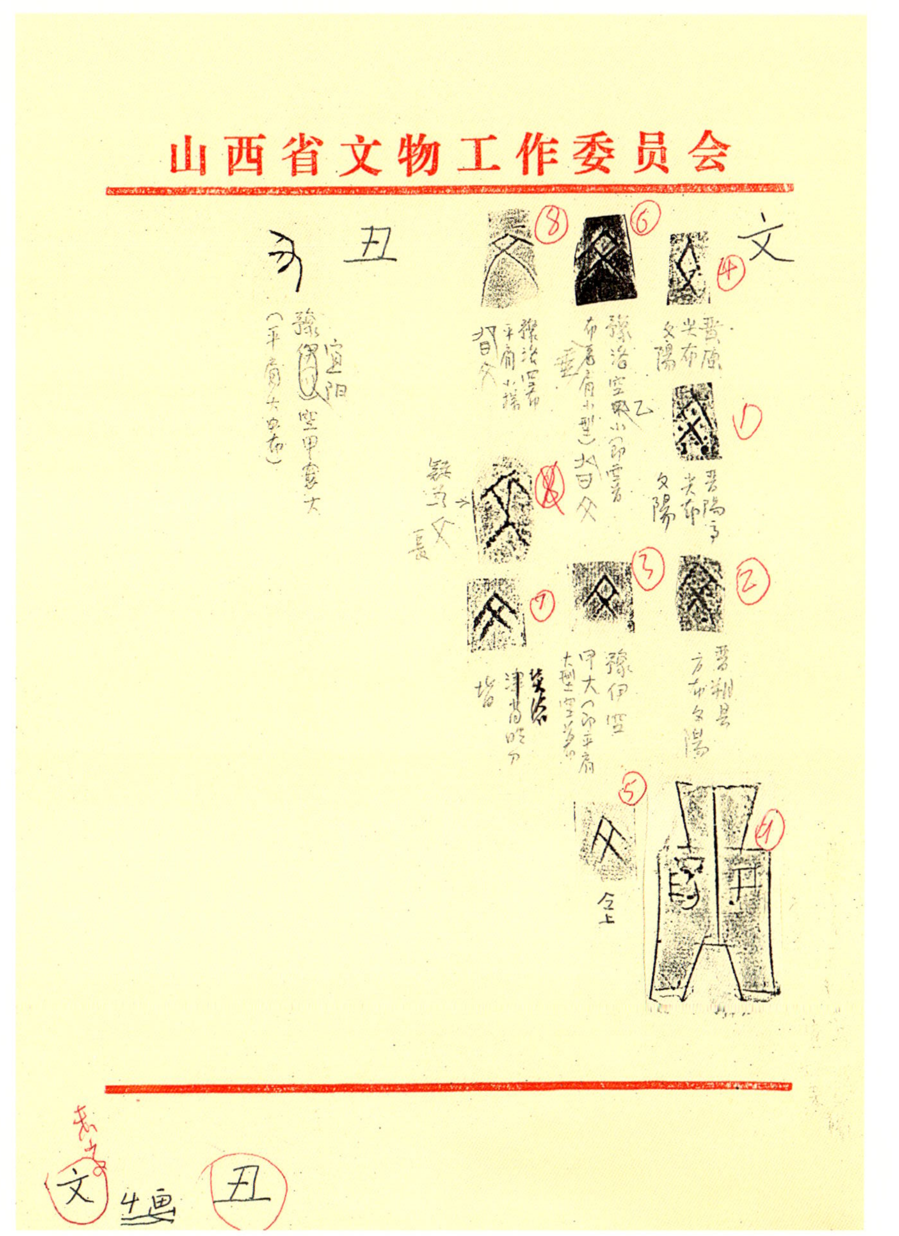
山西省文物工作委员会

山西省文物工作委员会

山西省文物工作委员会

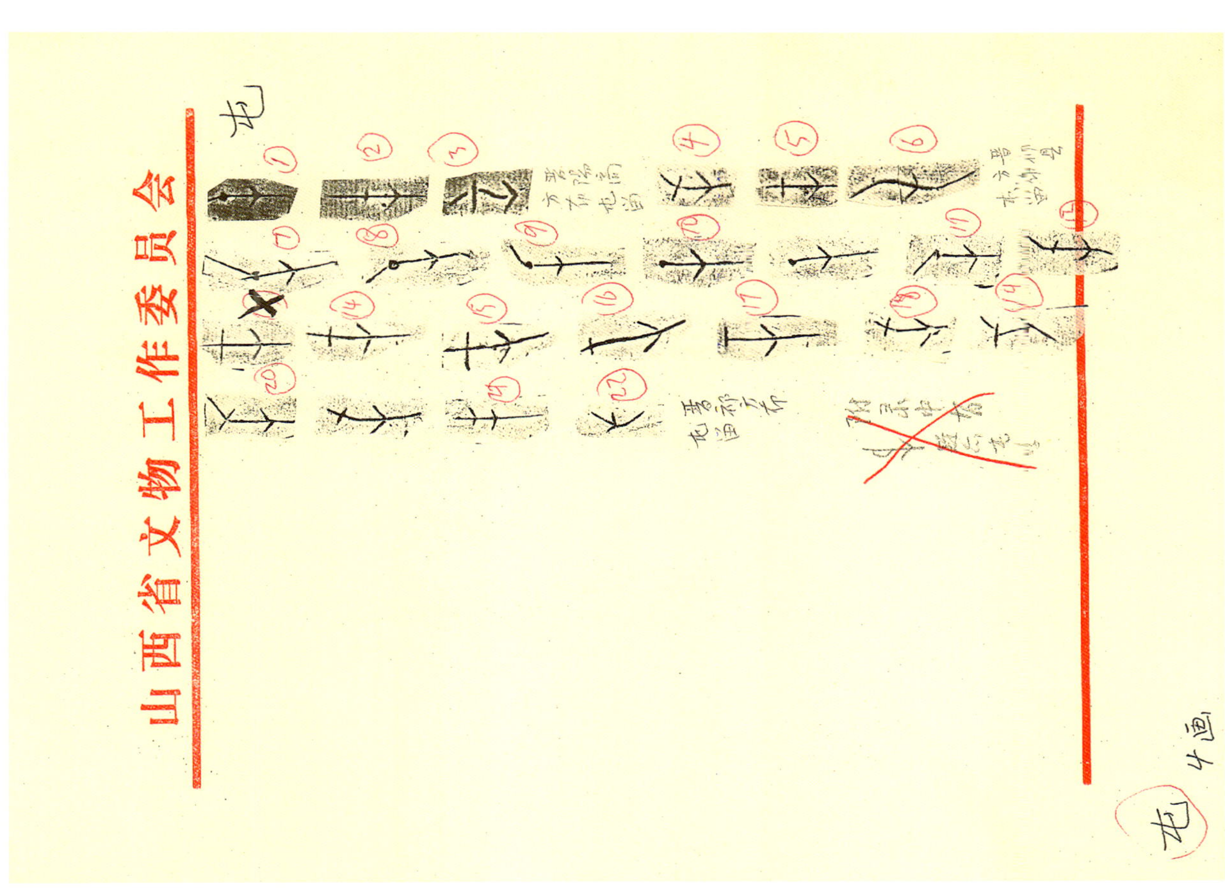
山西省文物工作委员会

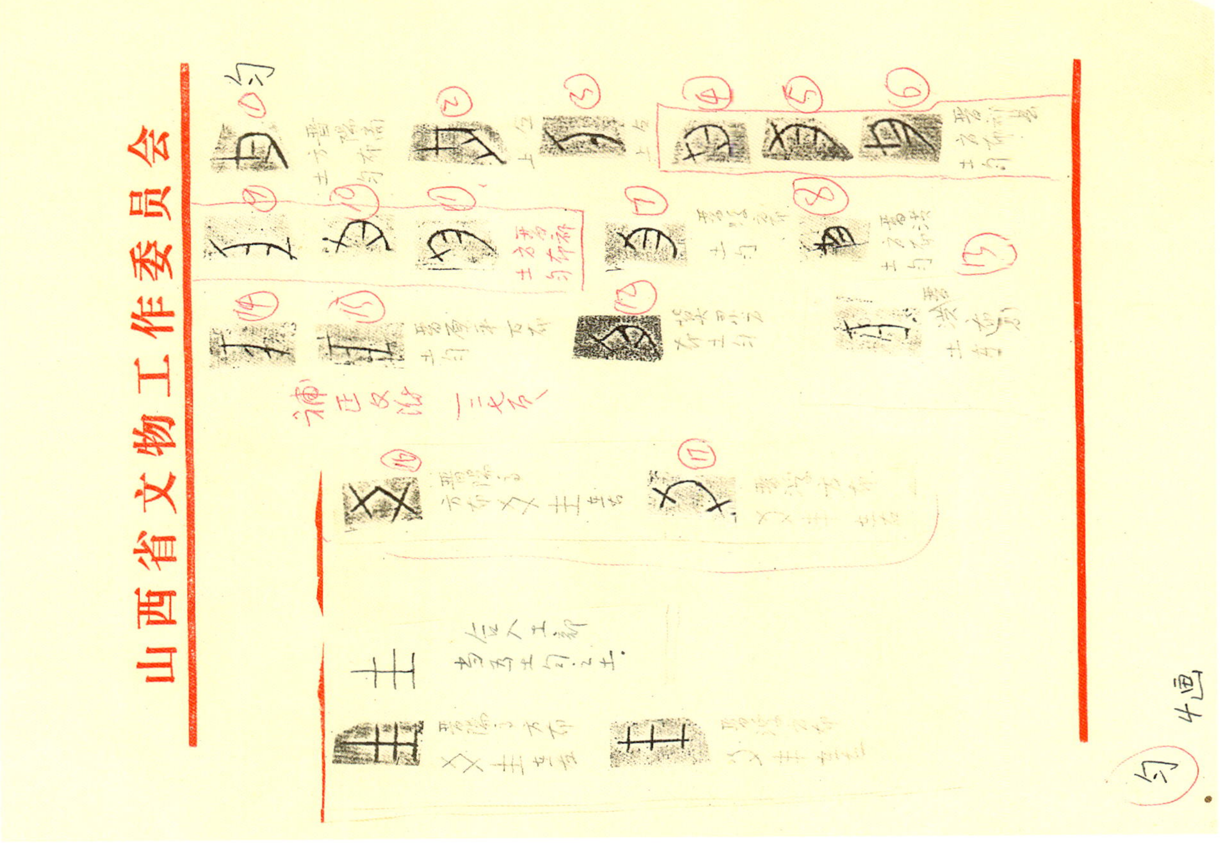
山西省文物工作委员会

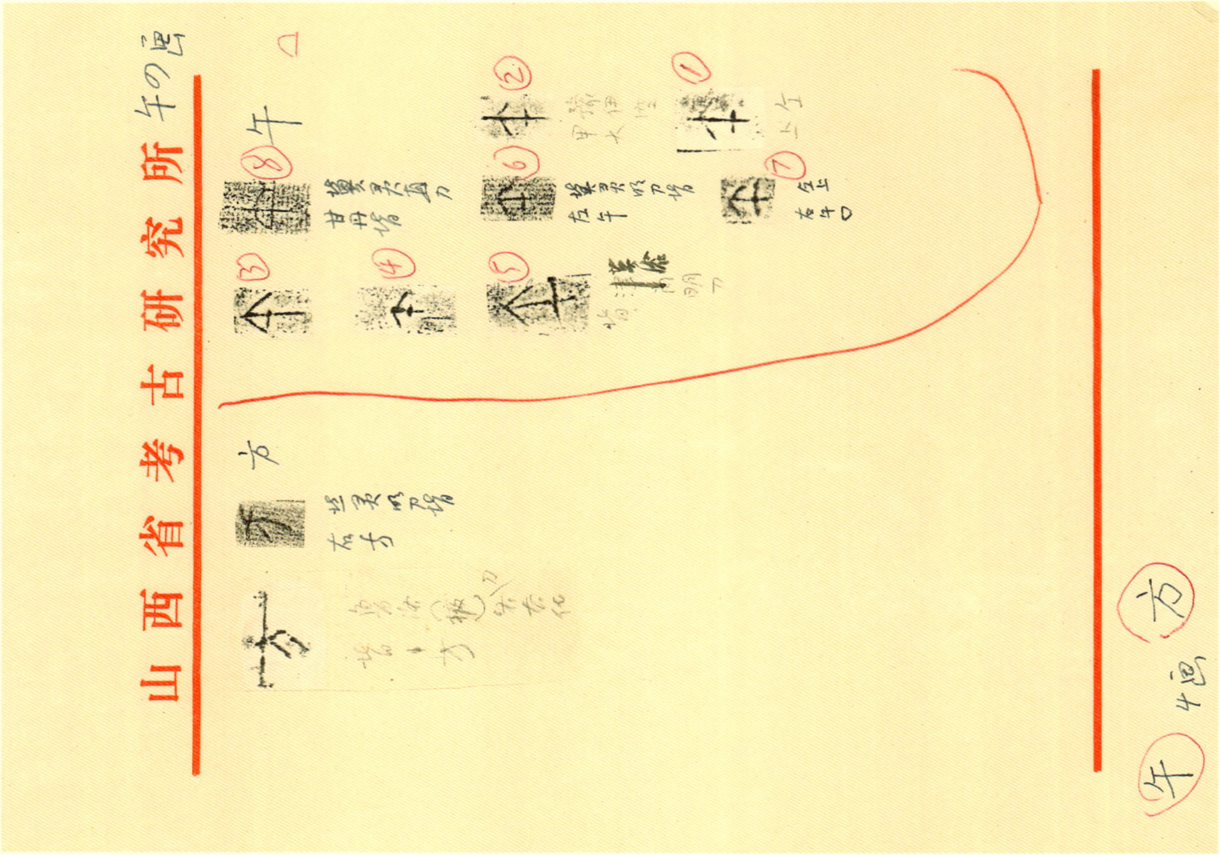

山西省考古研究所

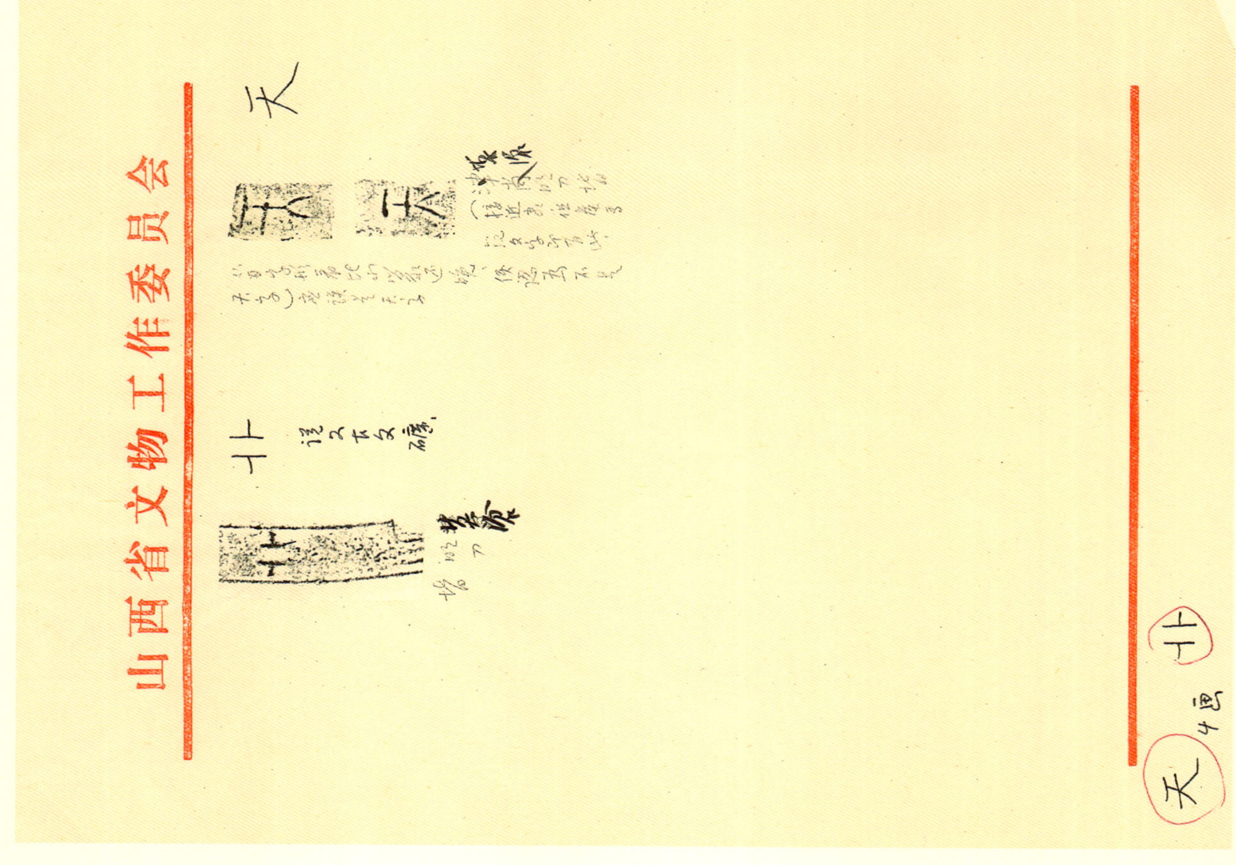

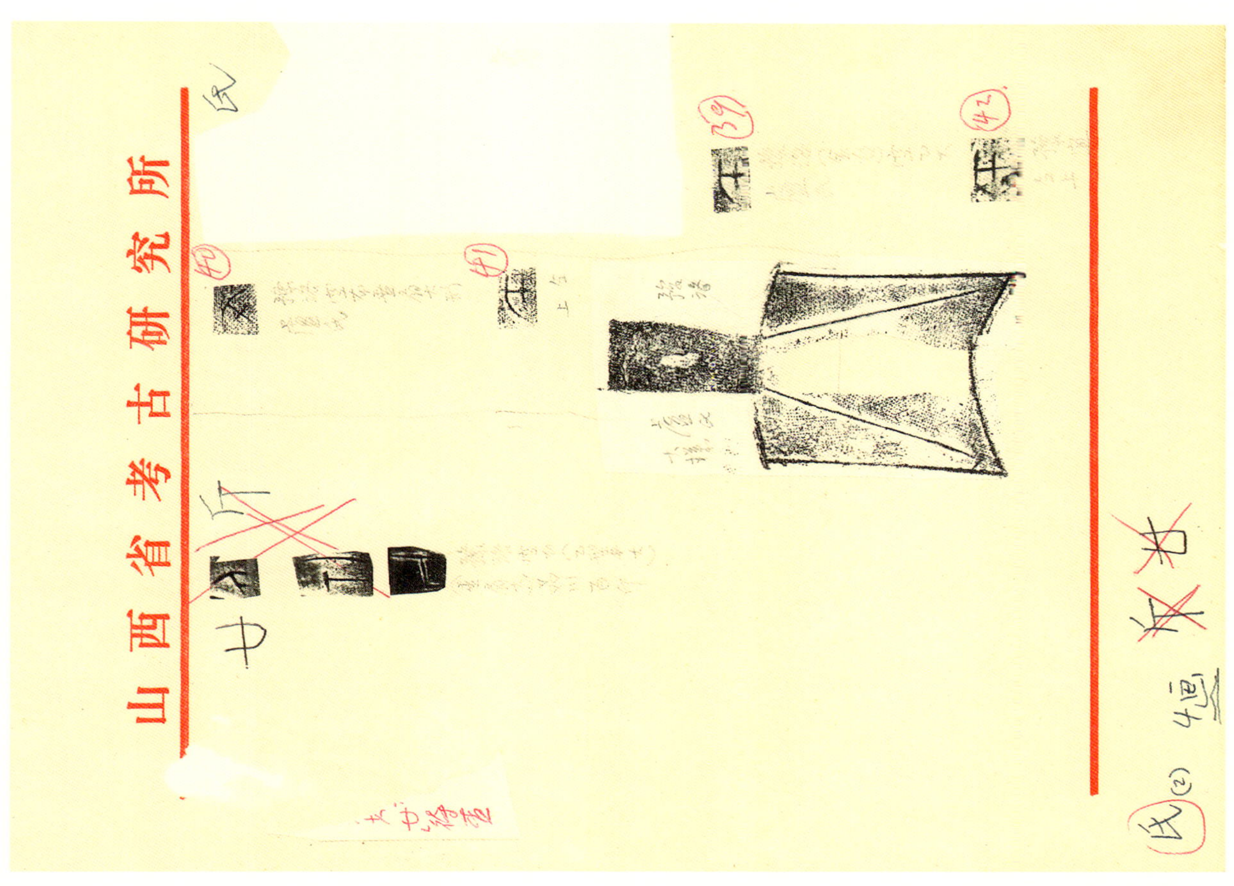
山西省考古研究所

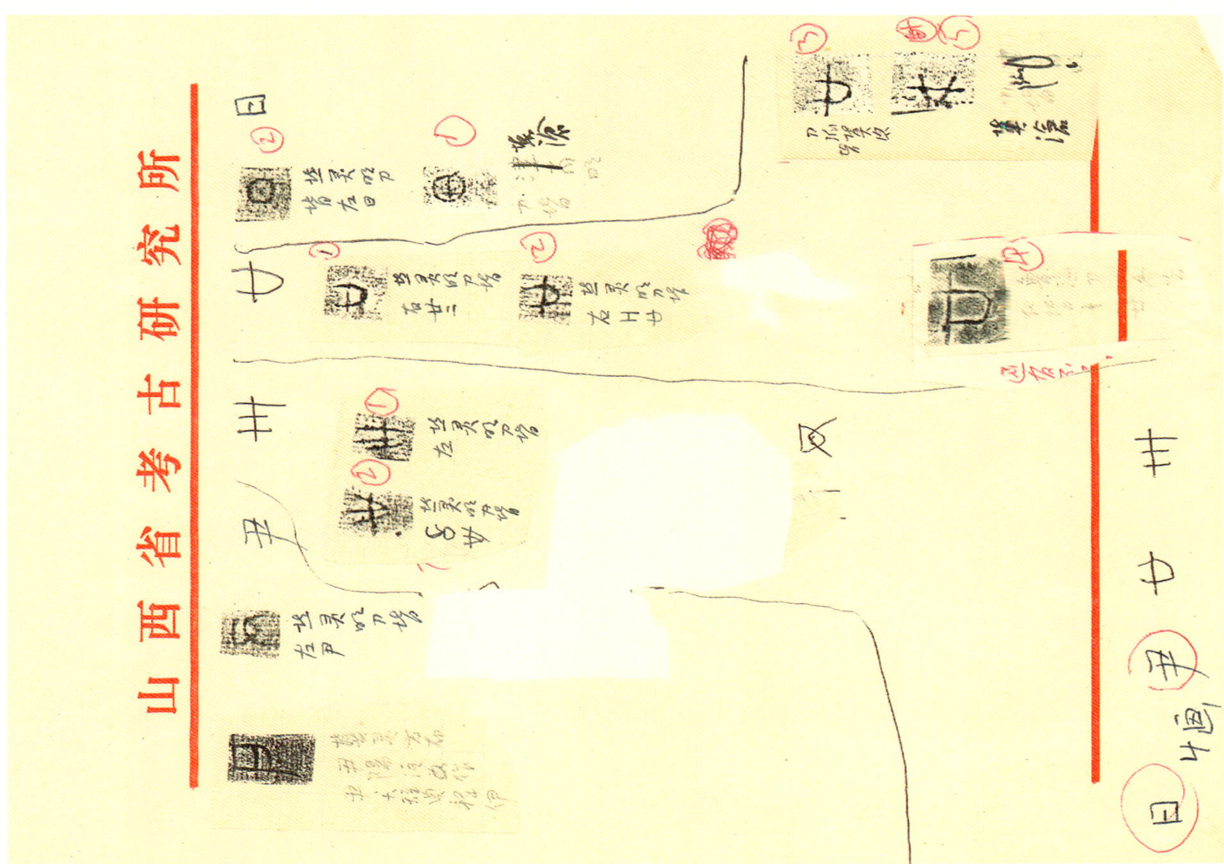
山西省考古研究所

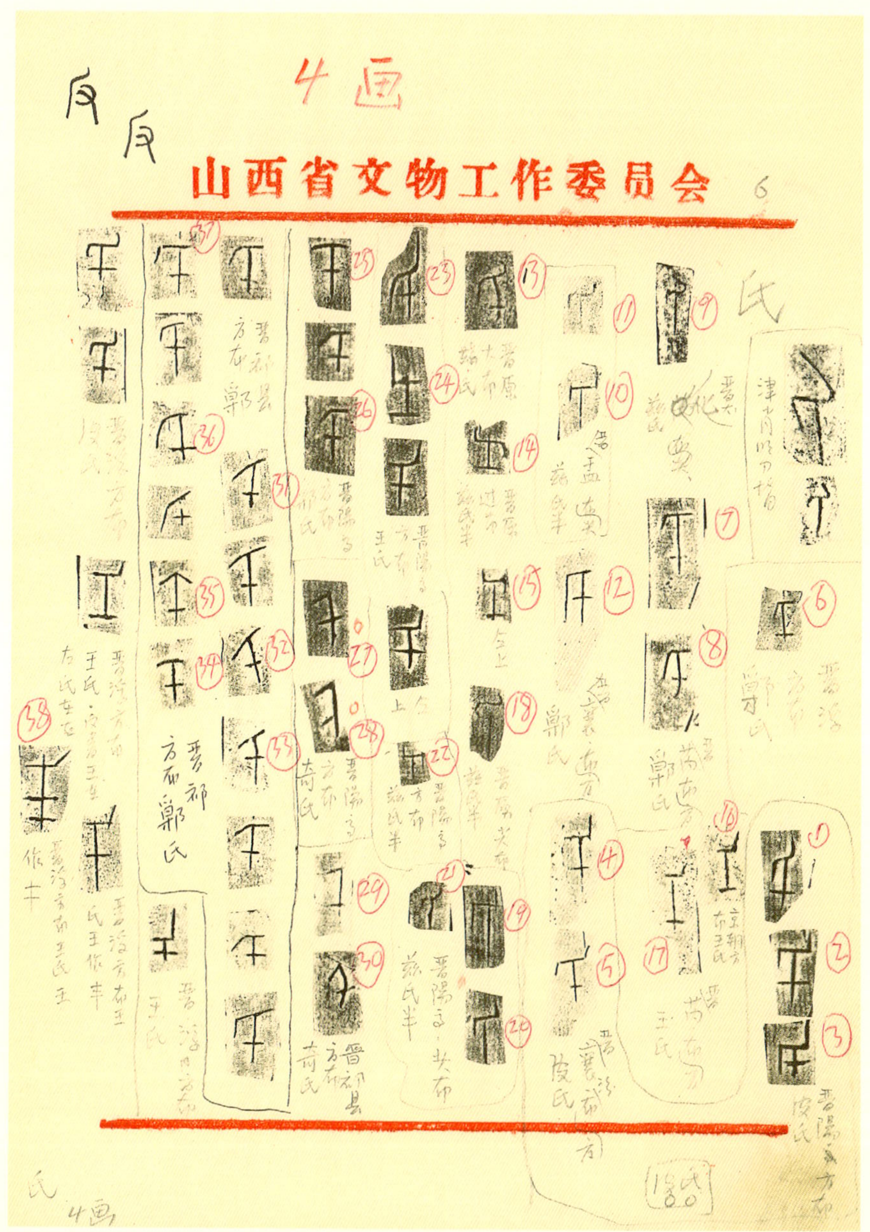
4画
山西省文物工作委员会

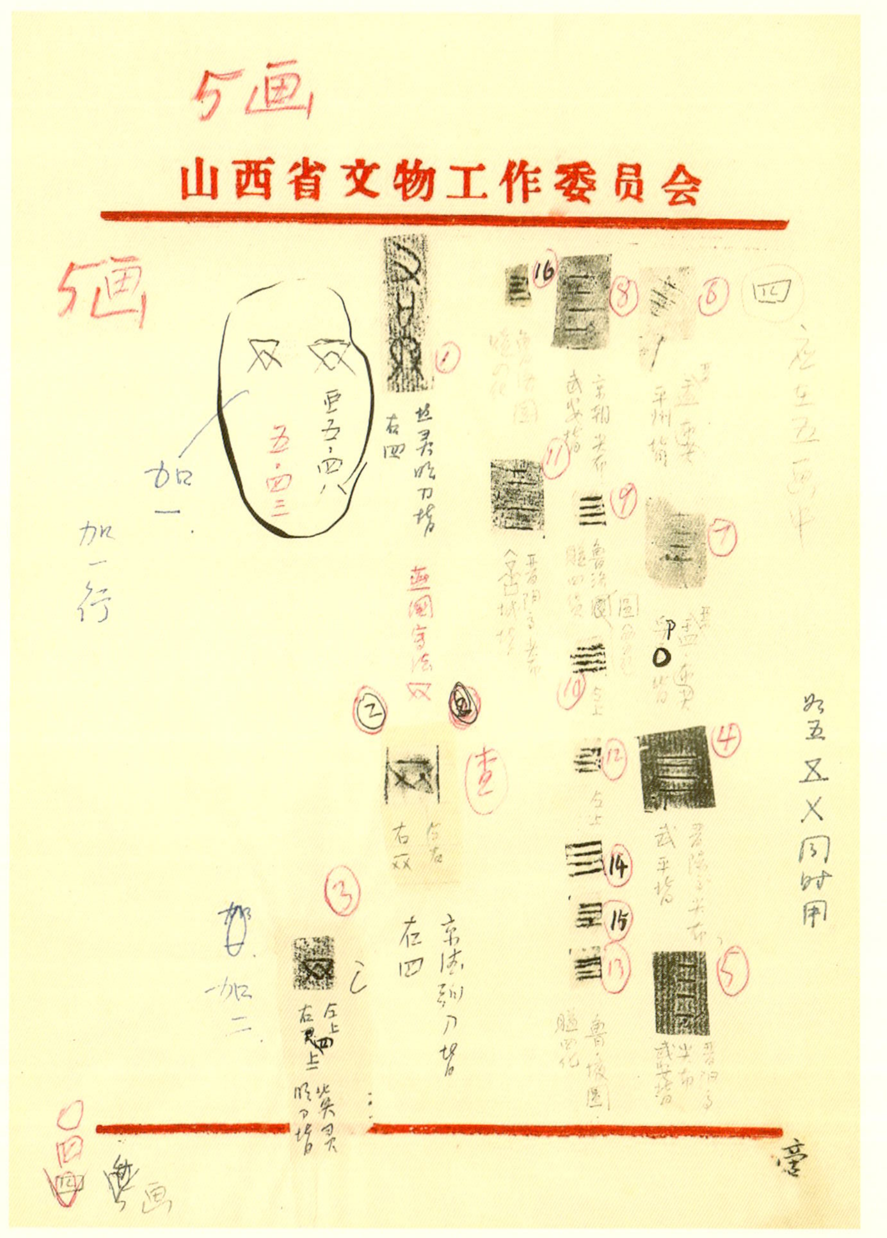
5画
山西省文物工作委员会

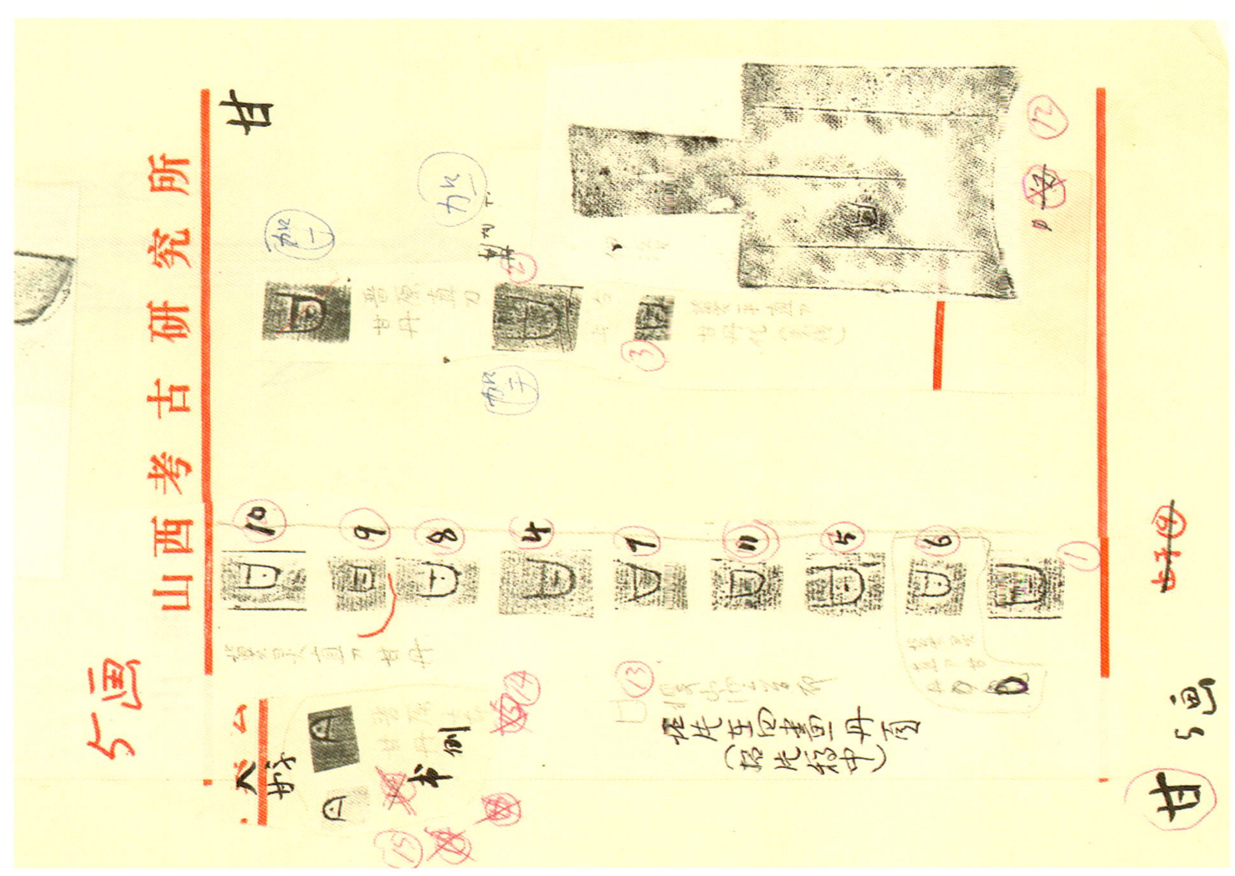
山西考古研究所

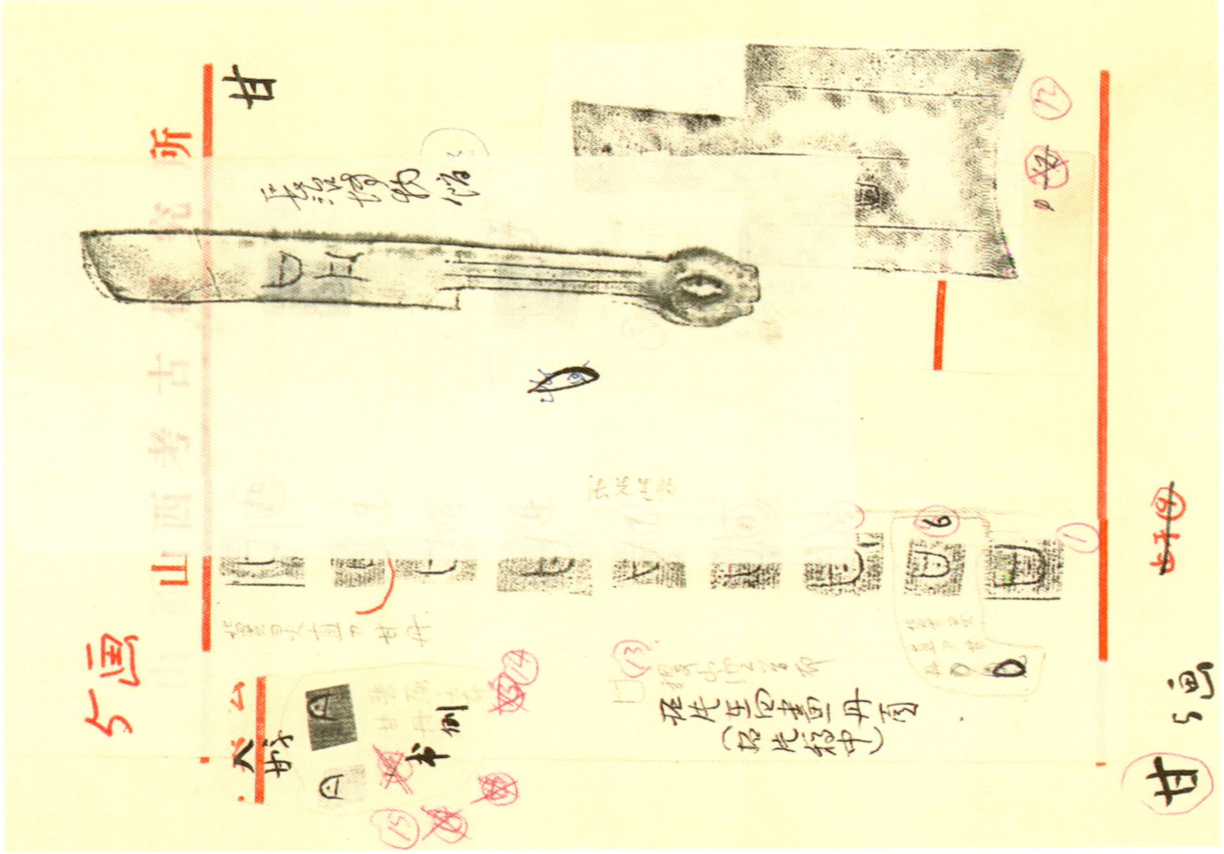

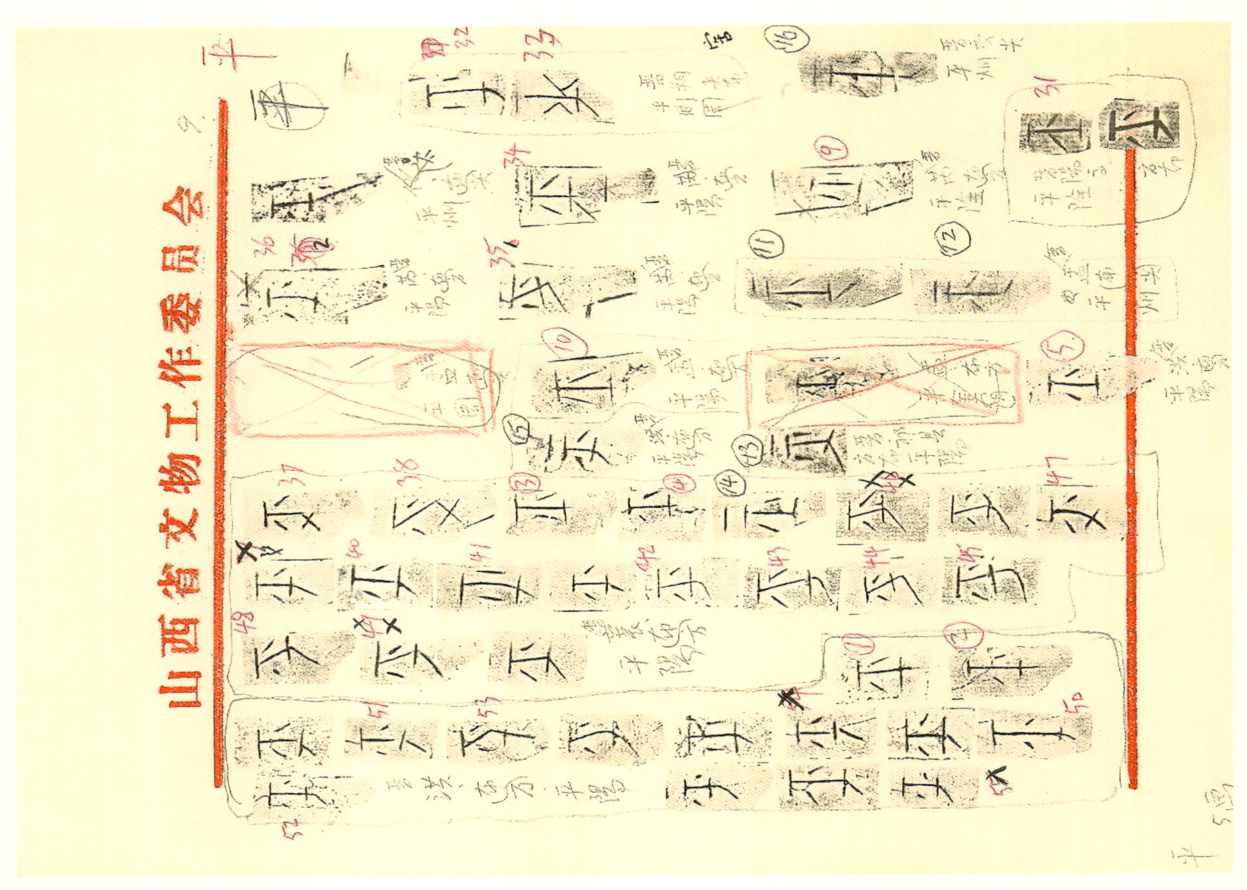
山西省文物工作委员会

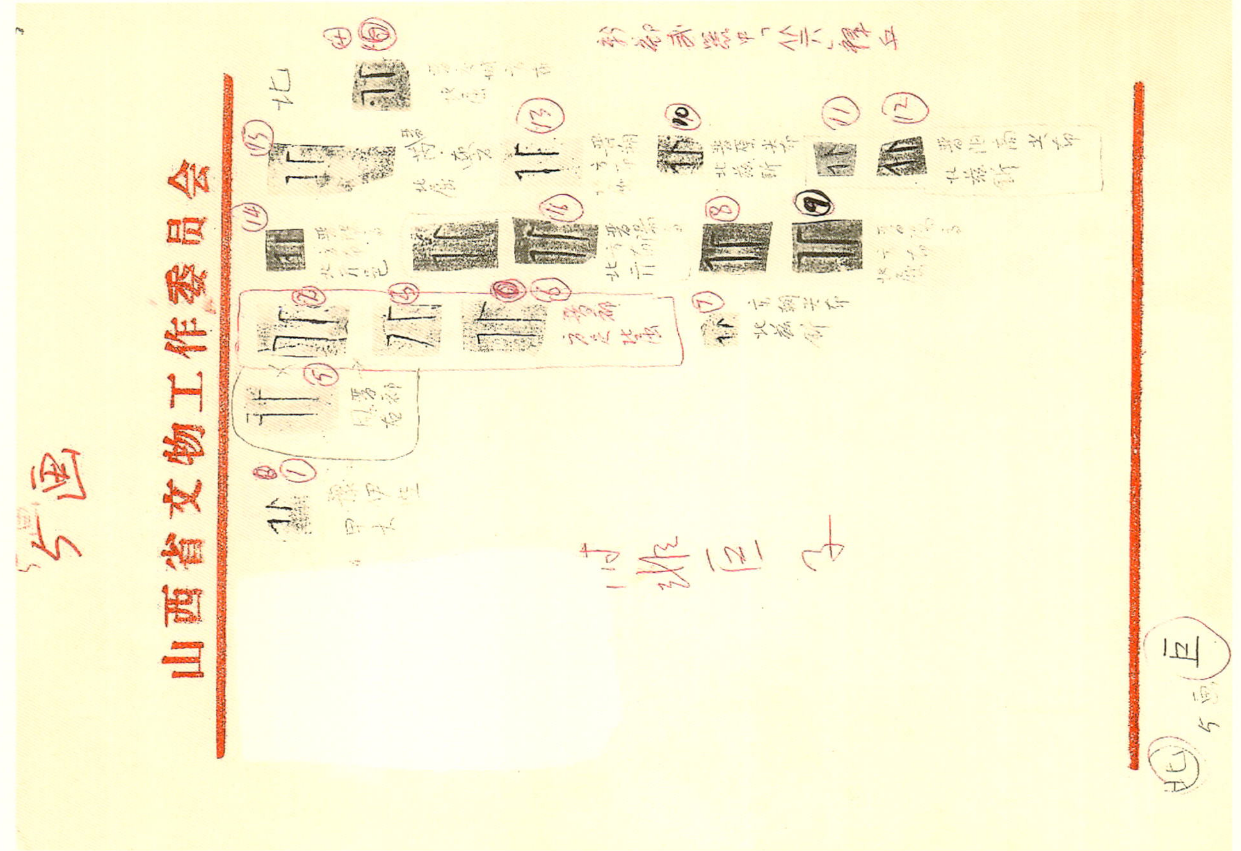
山西省文物工作委员会

山西省文物工作委员会

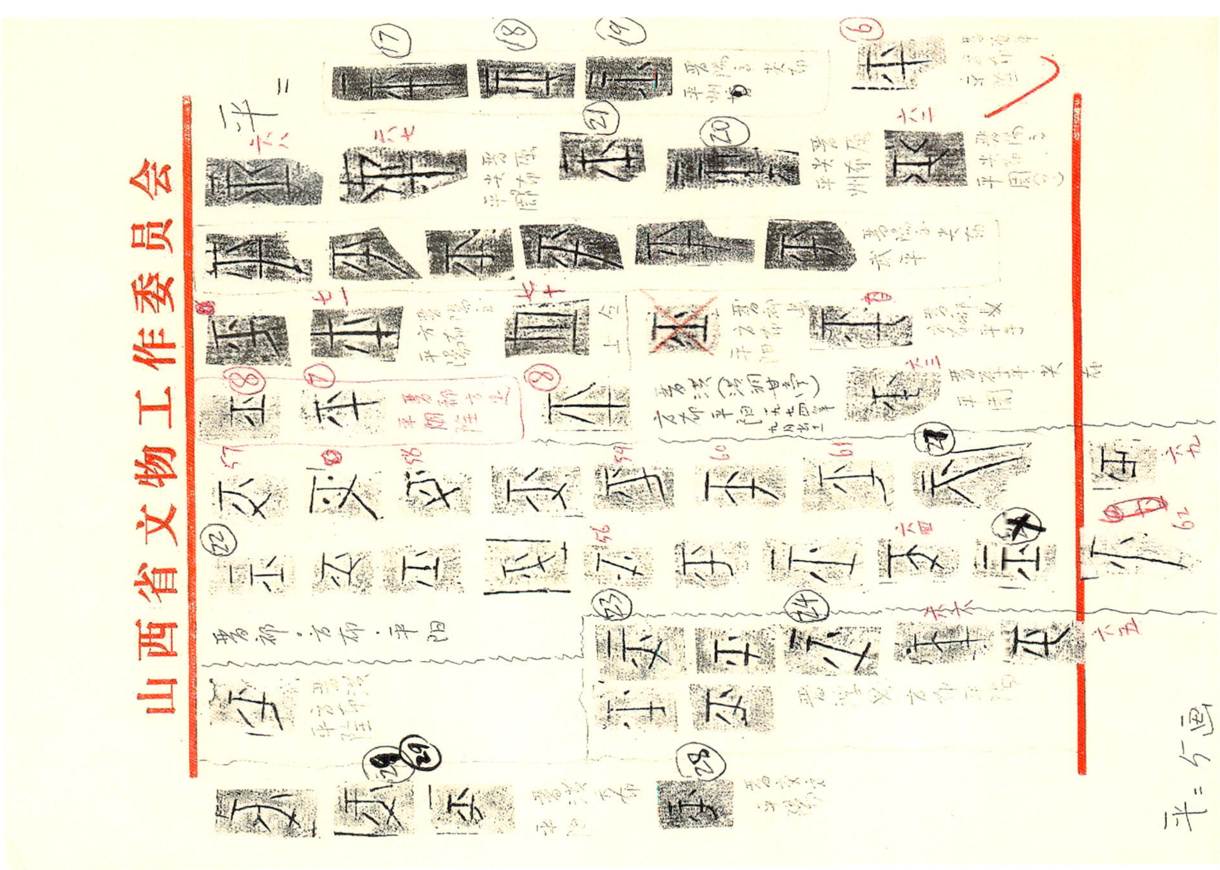
山西省文物工作委员会

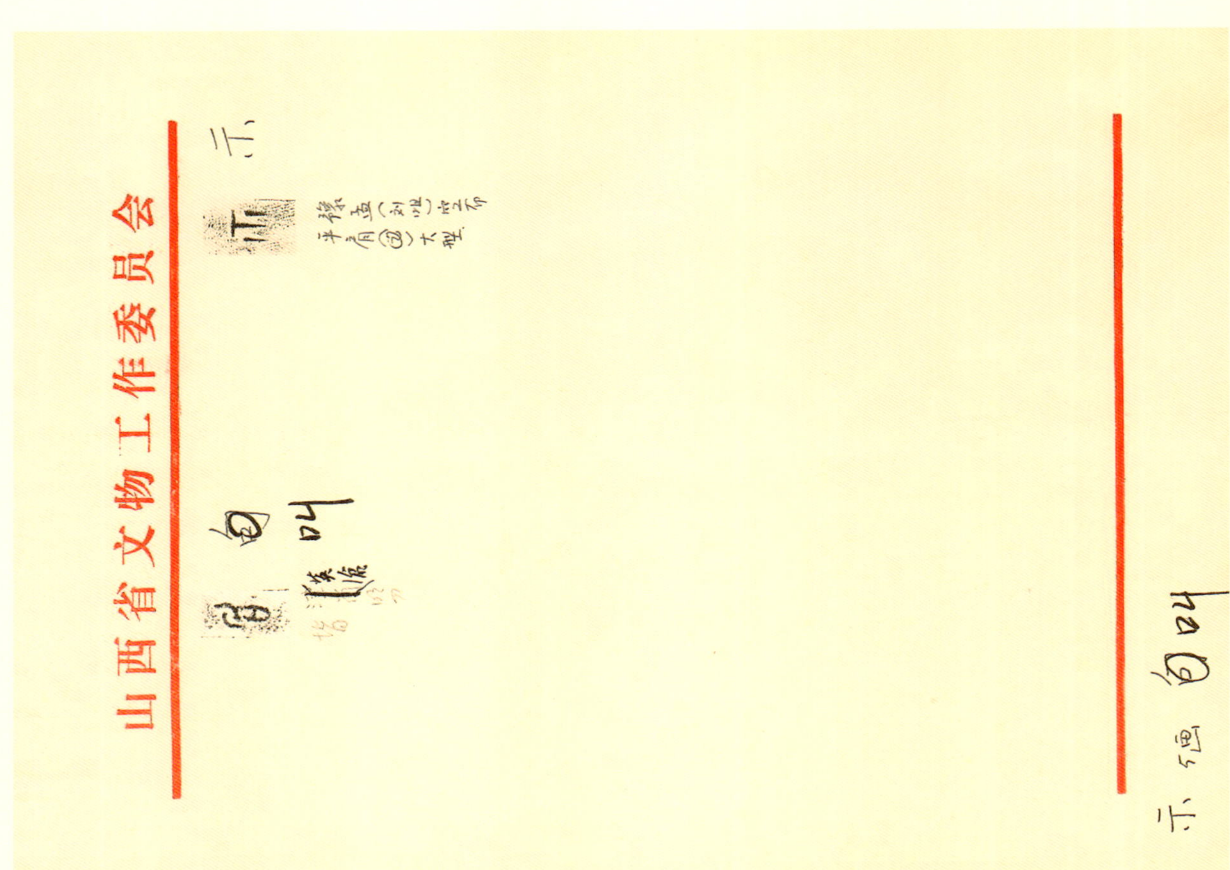
山西省文物工作委员会

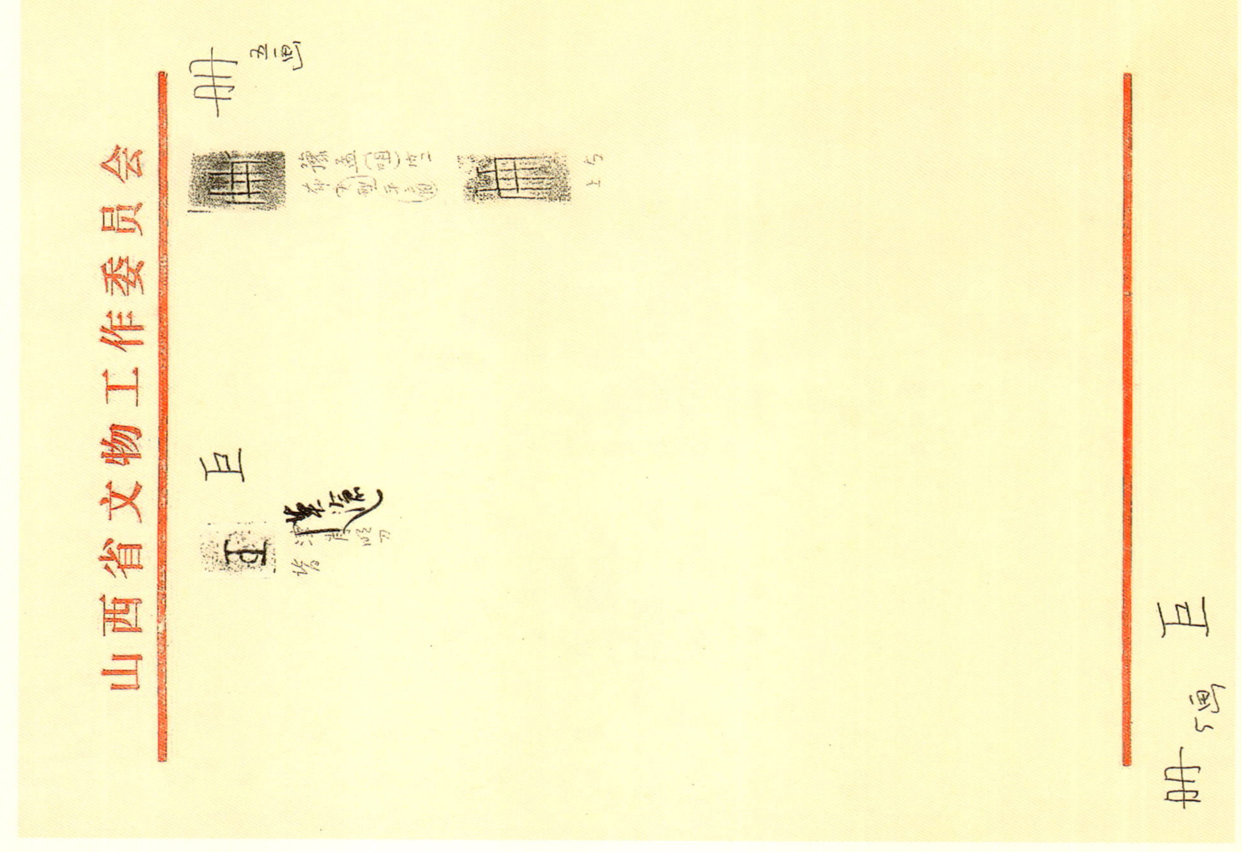
山西省文物工作委员会

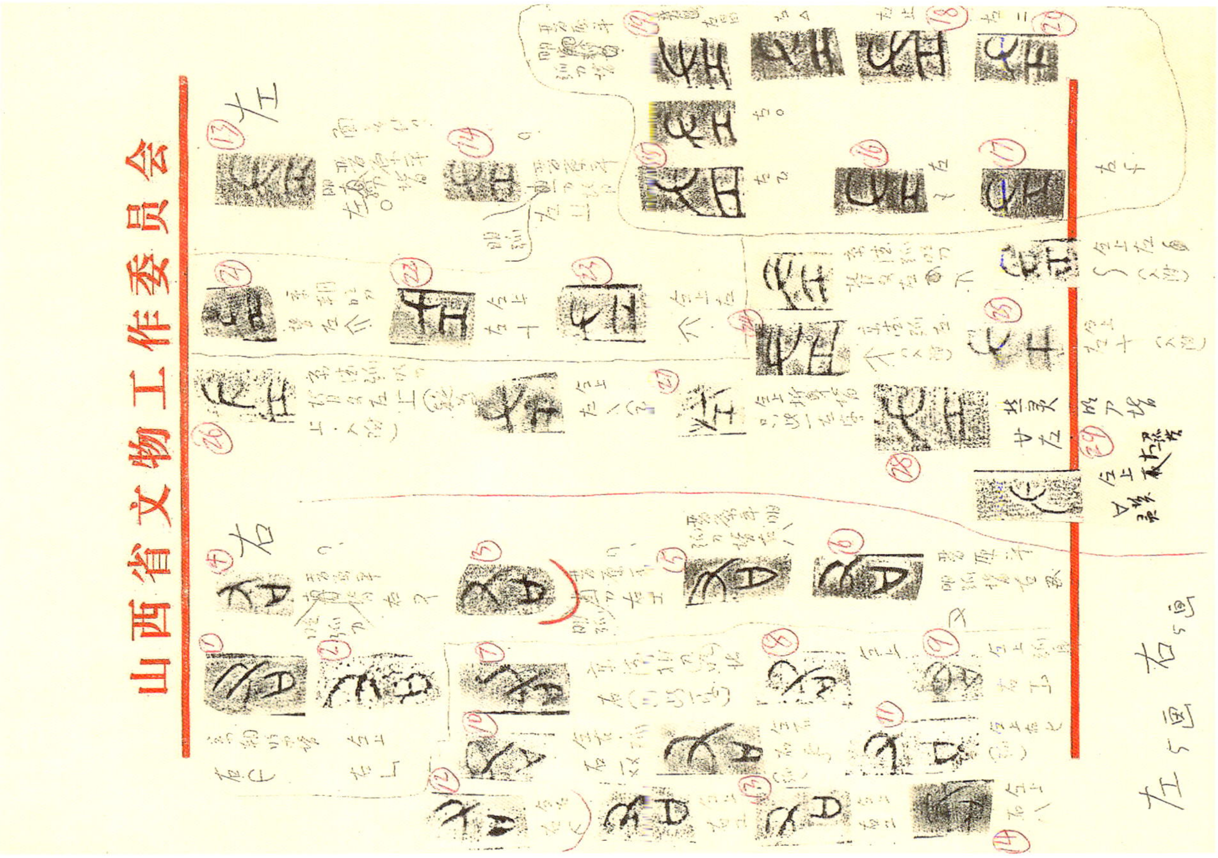

山西省文物工作委员会

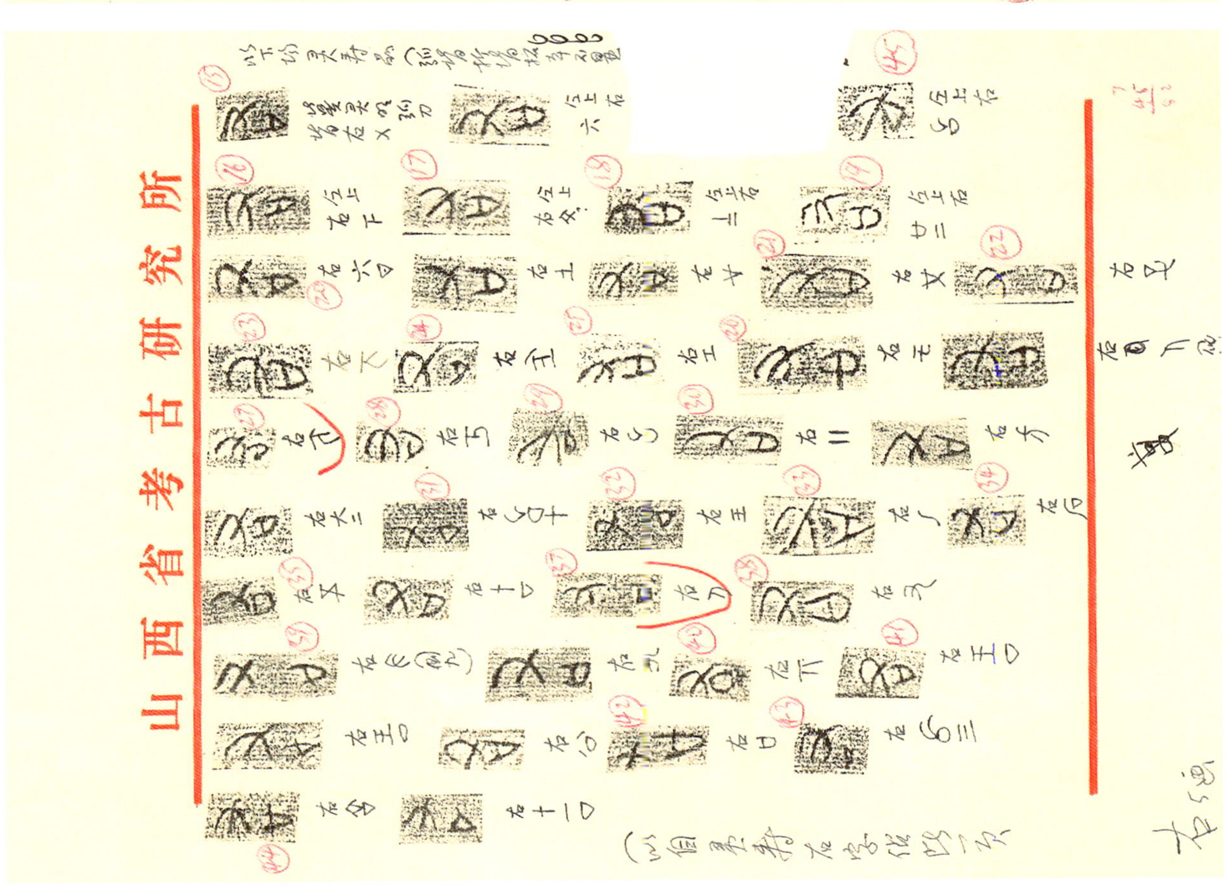
山西省考古研究所

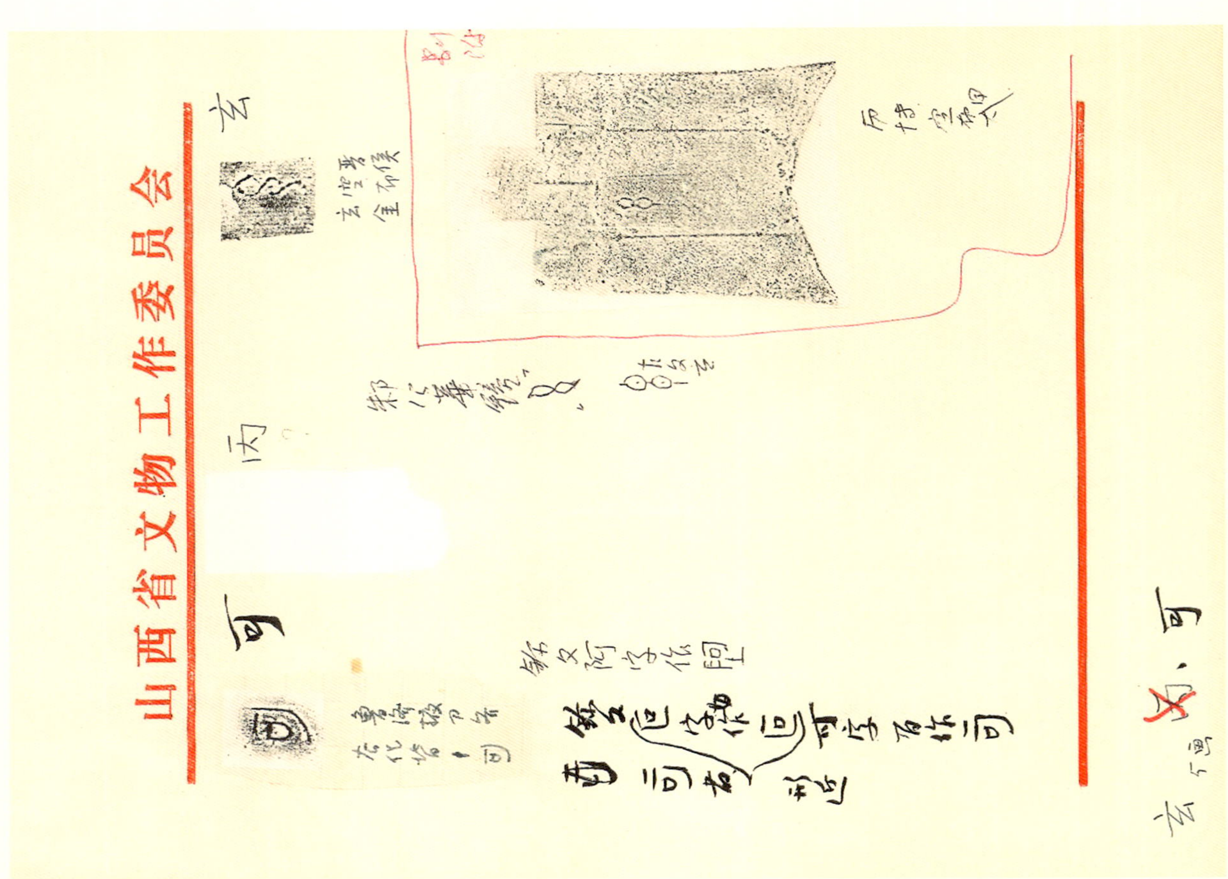
山西省文物工作委员会

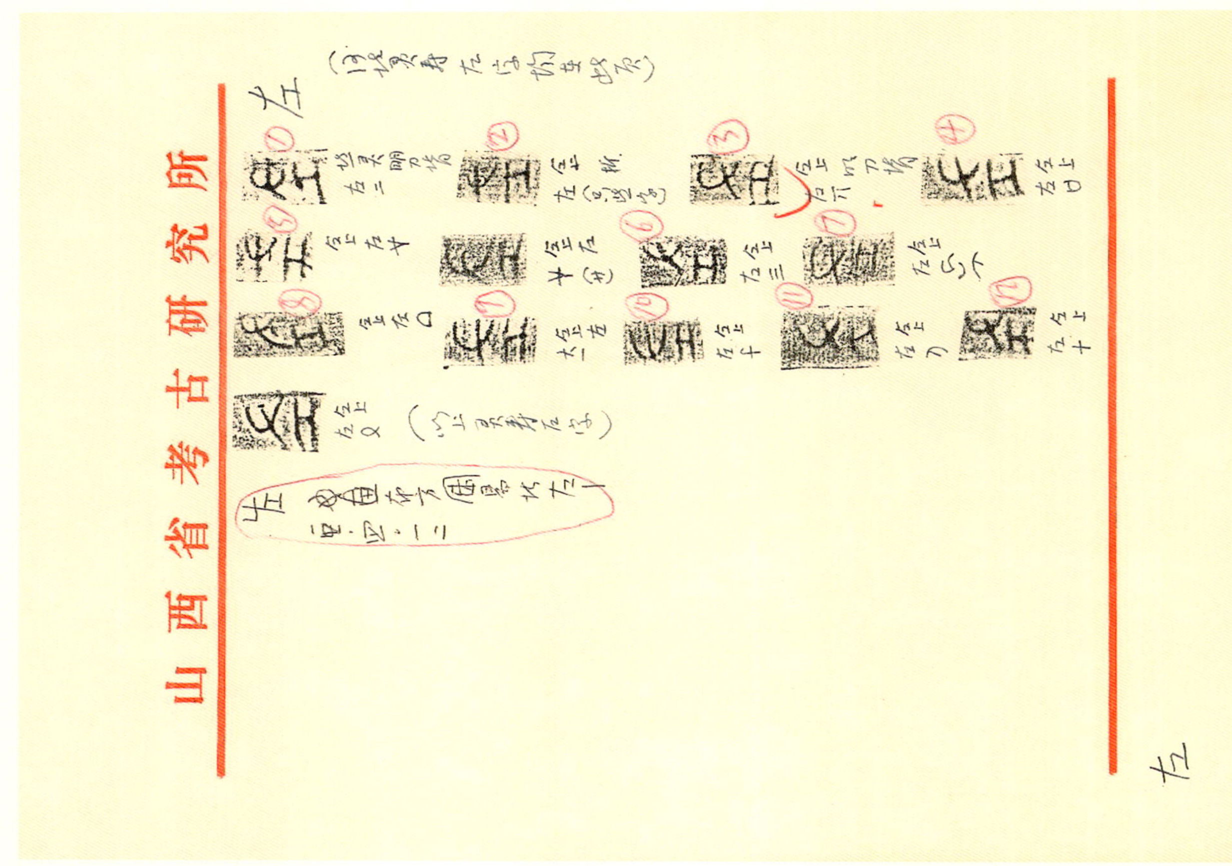
山西省考古研究所

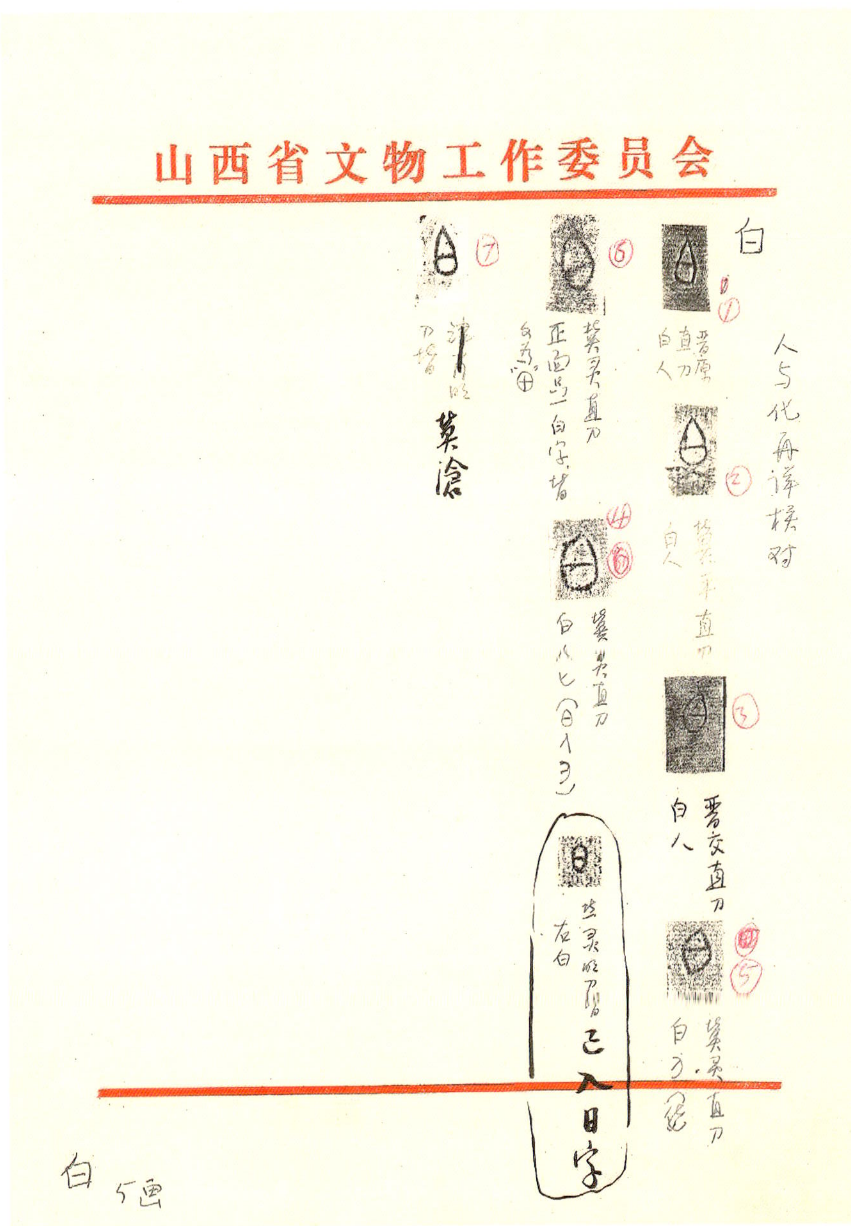
山西省文物工作委员会
白
白 5画

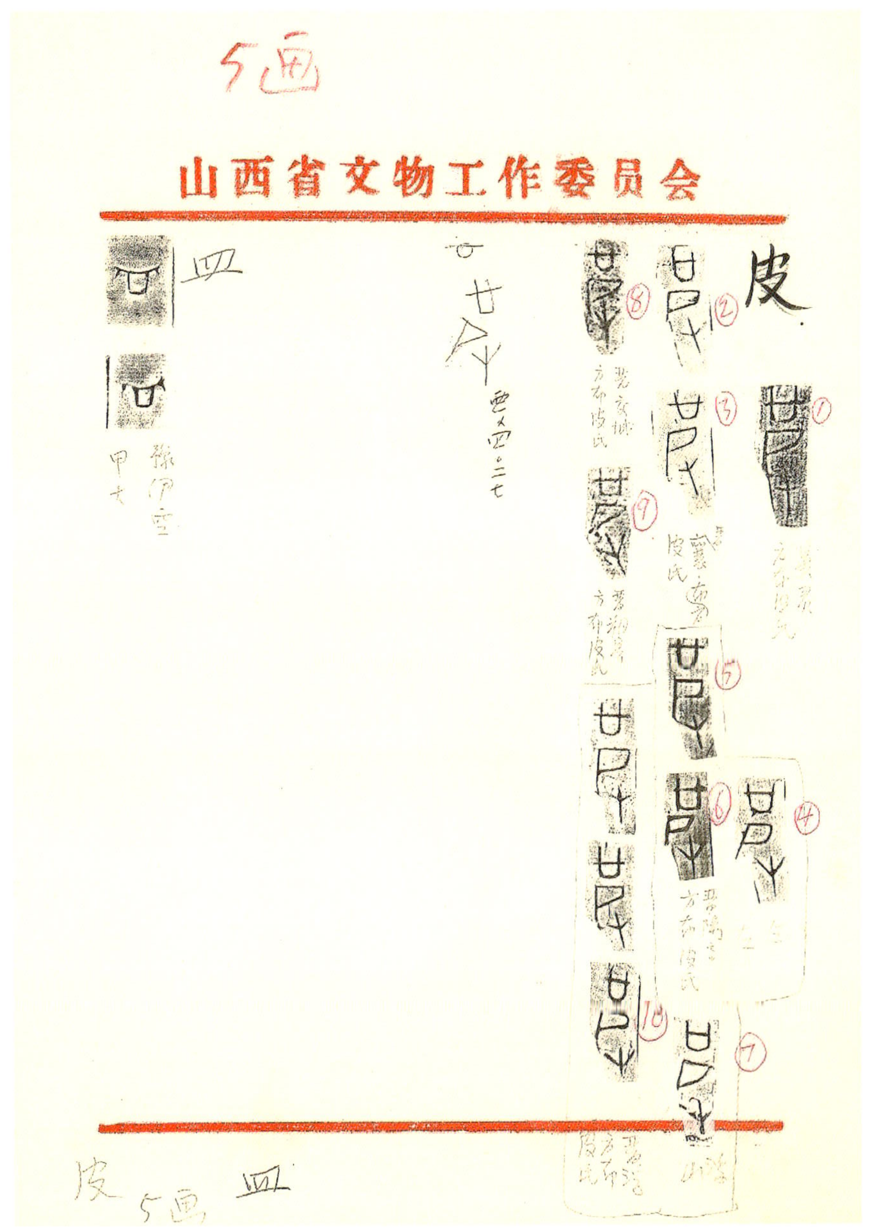
5画
山西省文物工作委员会
皮
皮 5画 四

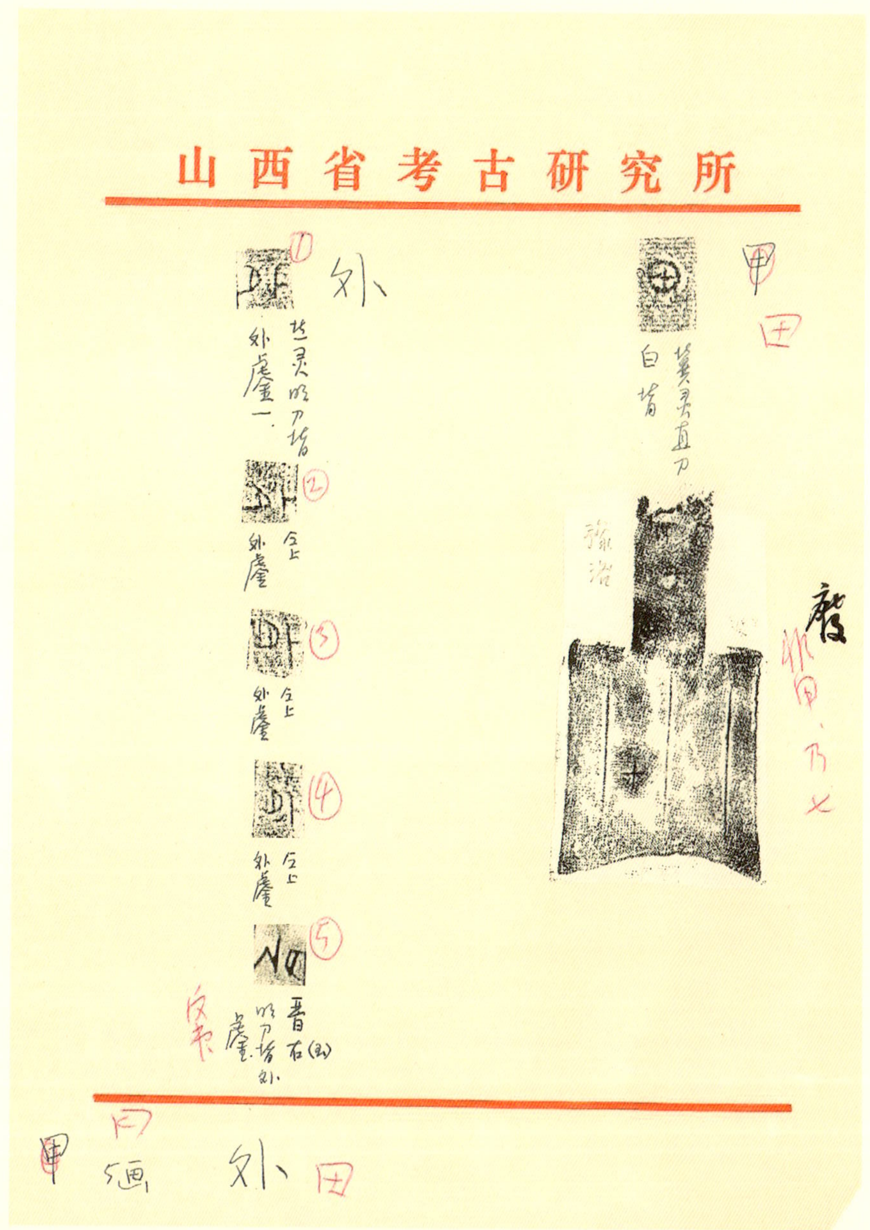
山西省考古研究所

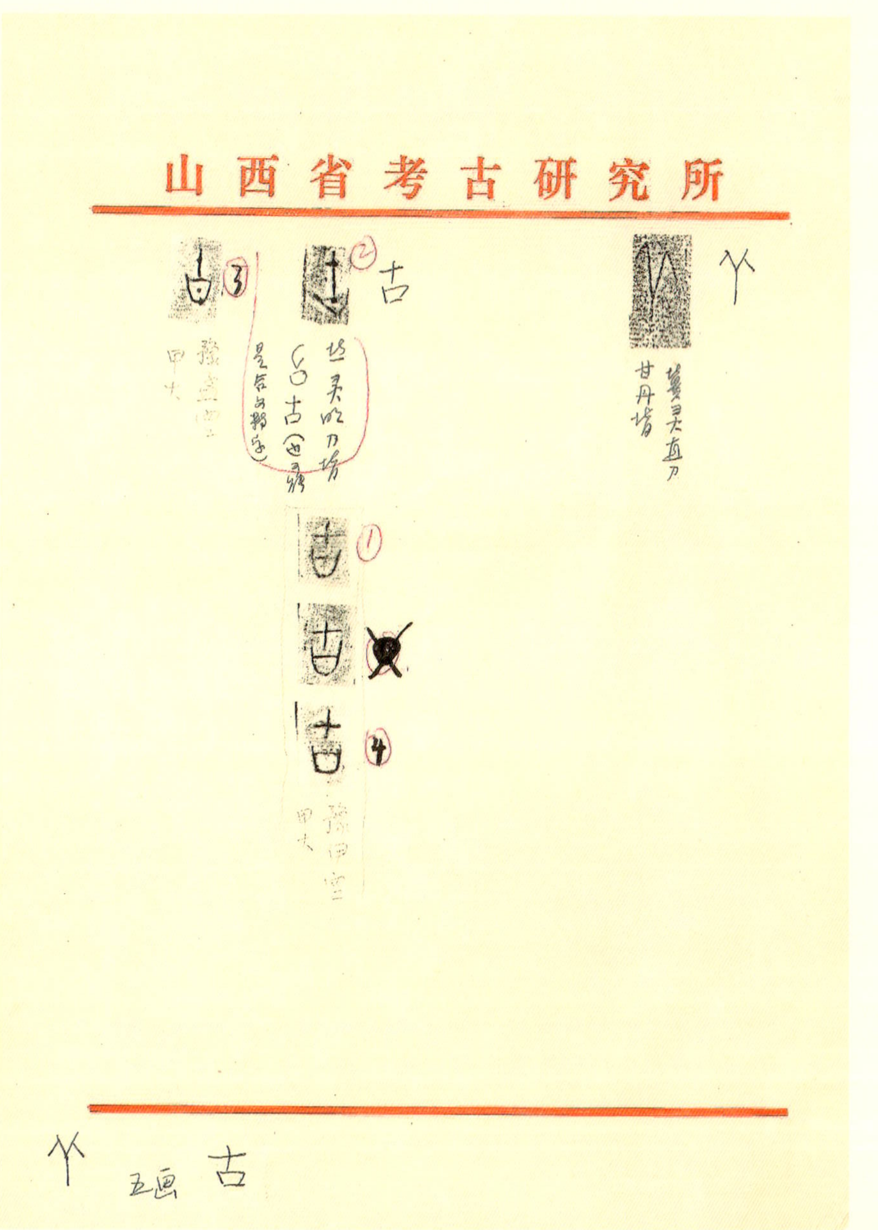
山西省考古研究所

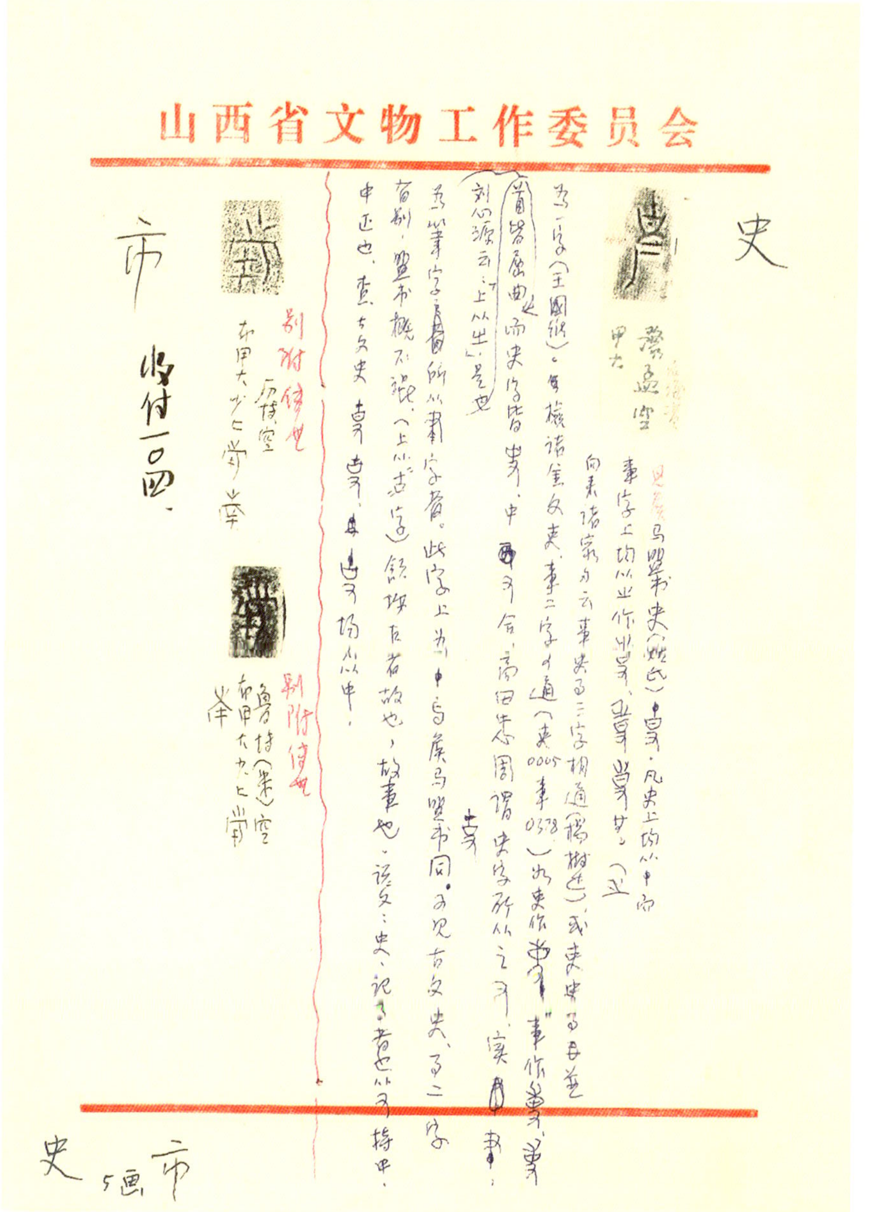
山西省文物工作委员会
史
市
收付一函
史 5画 市

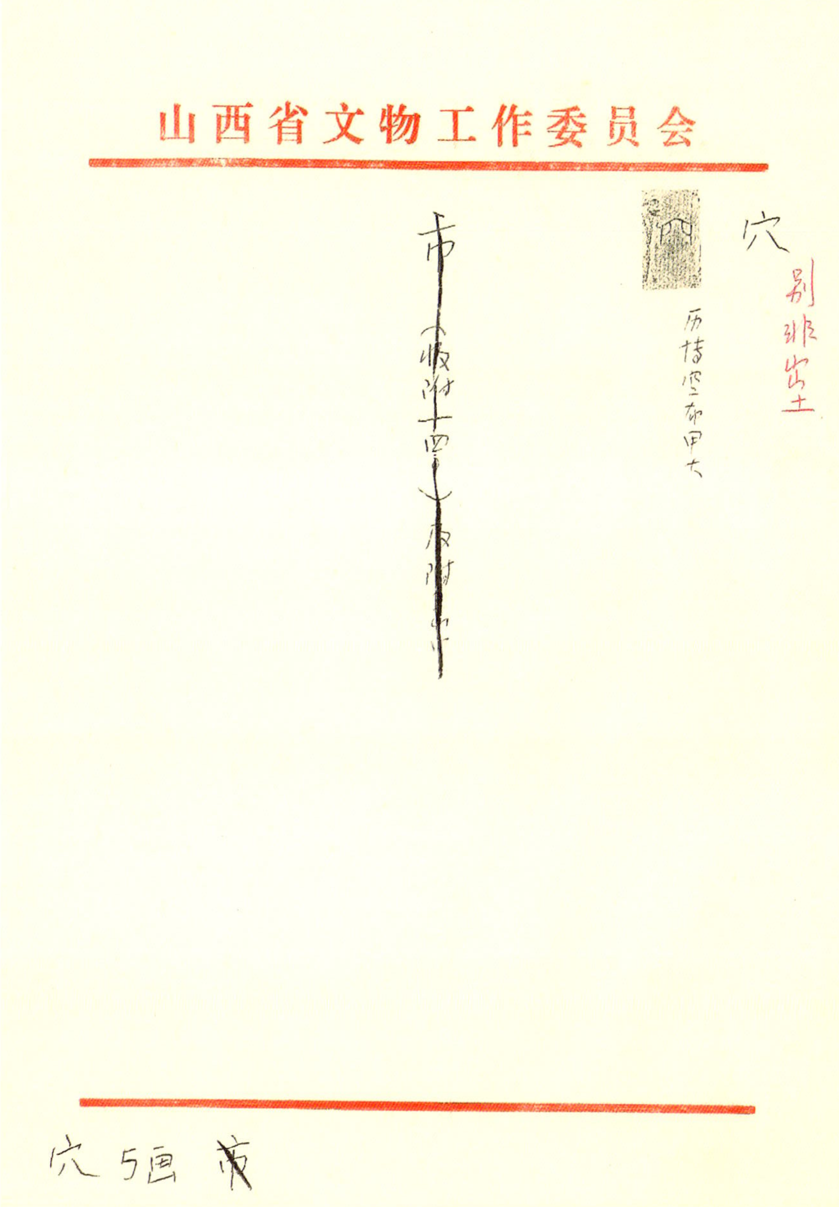
山西省文物工作委员会
穴
别非出土
穴 5画 市

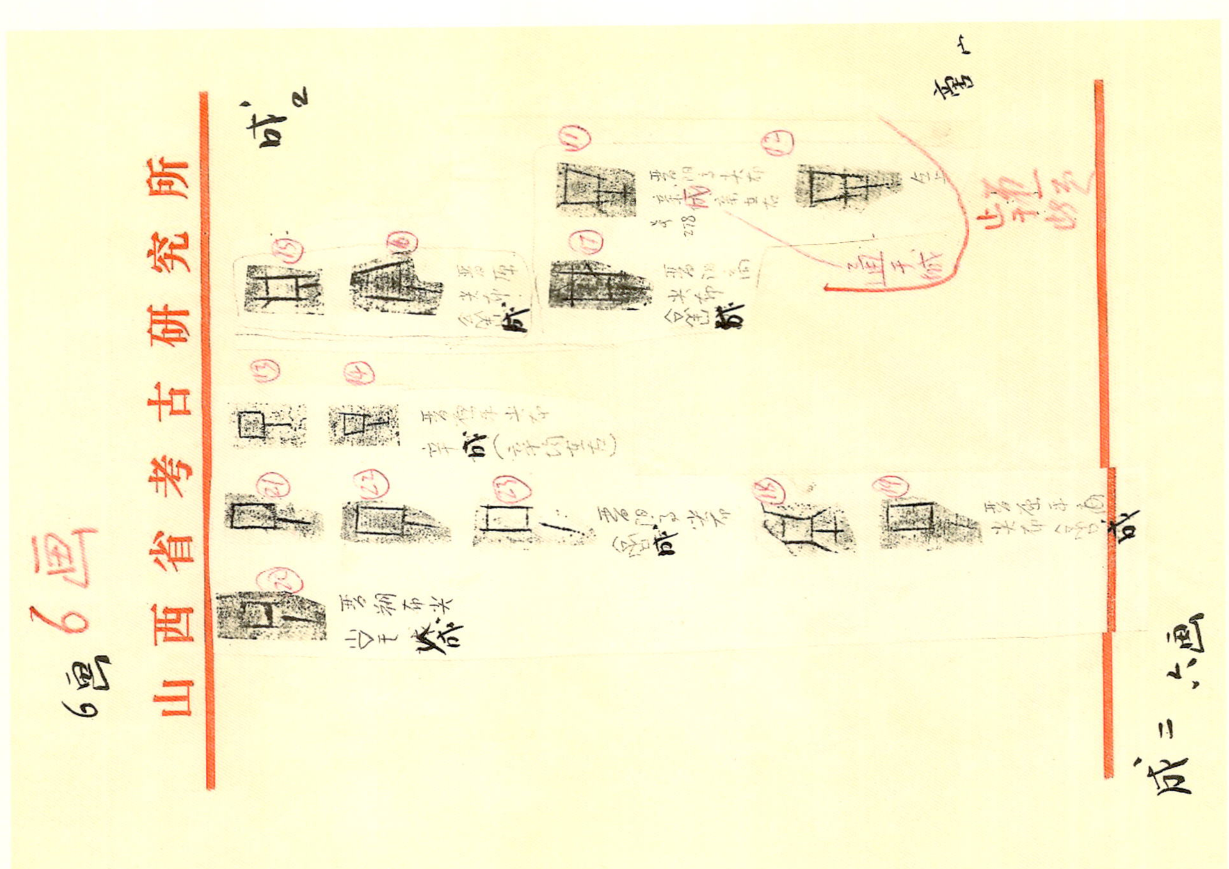
山西省考古研究所

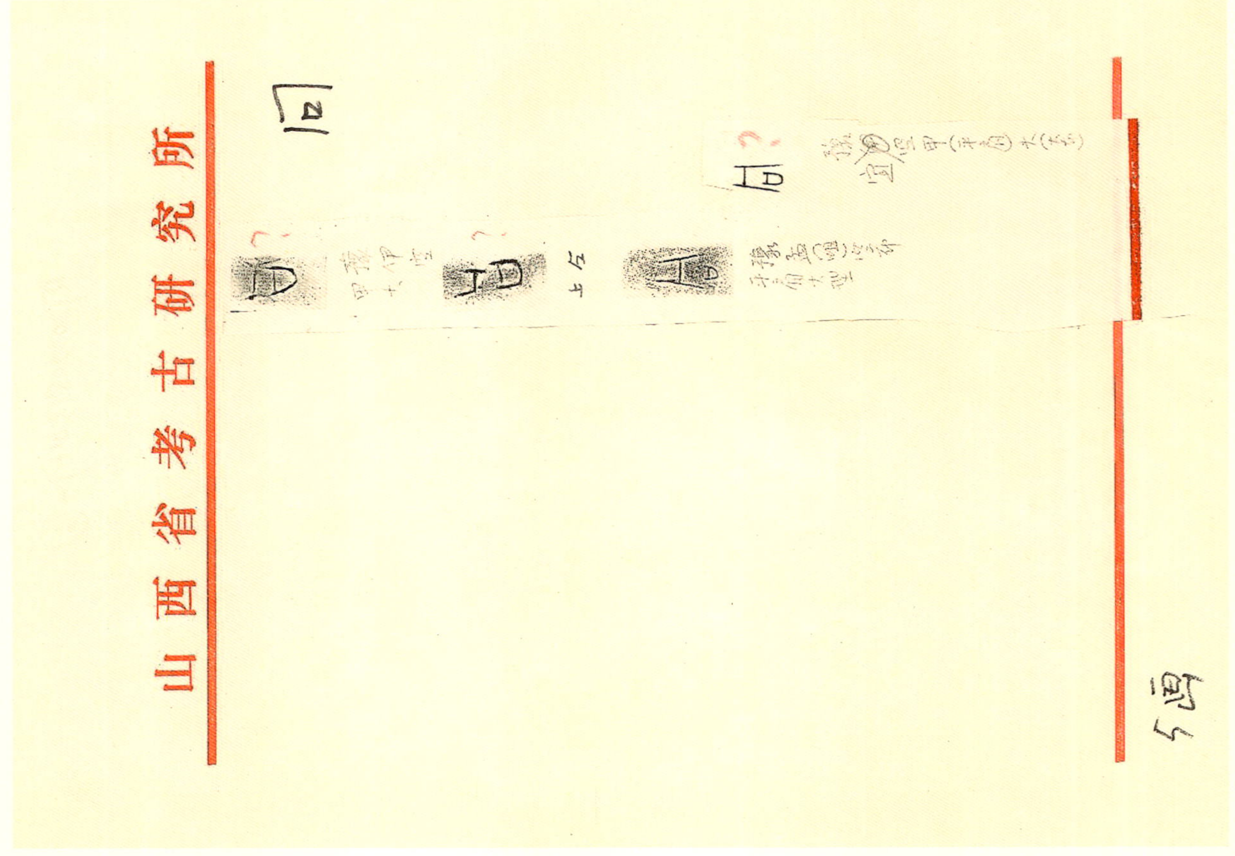
山西省考古研究所

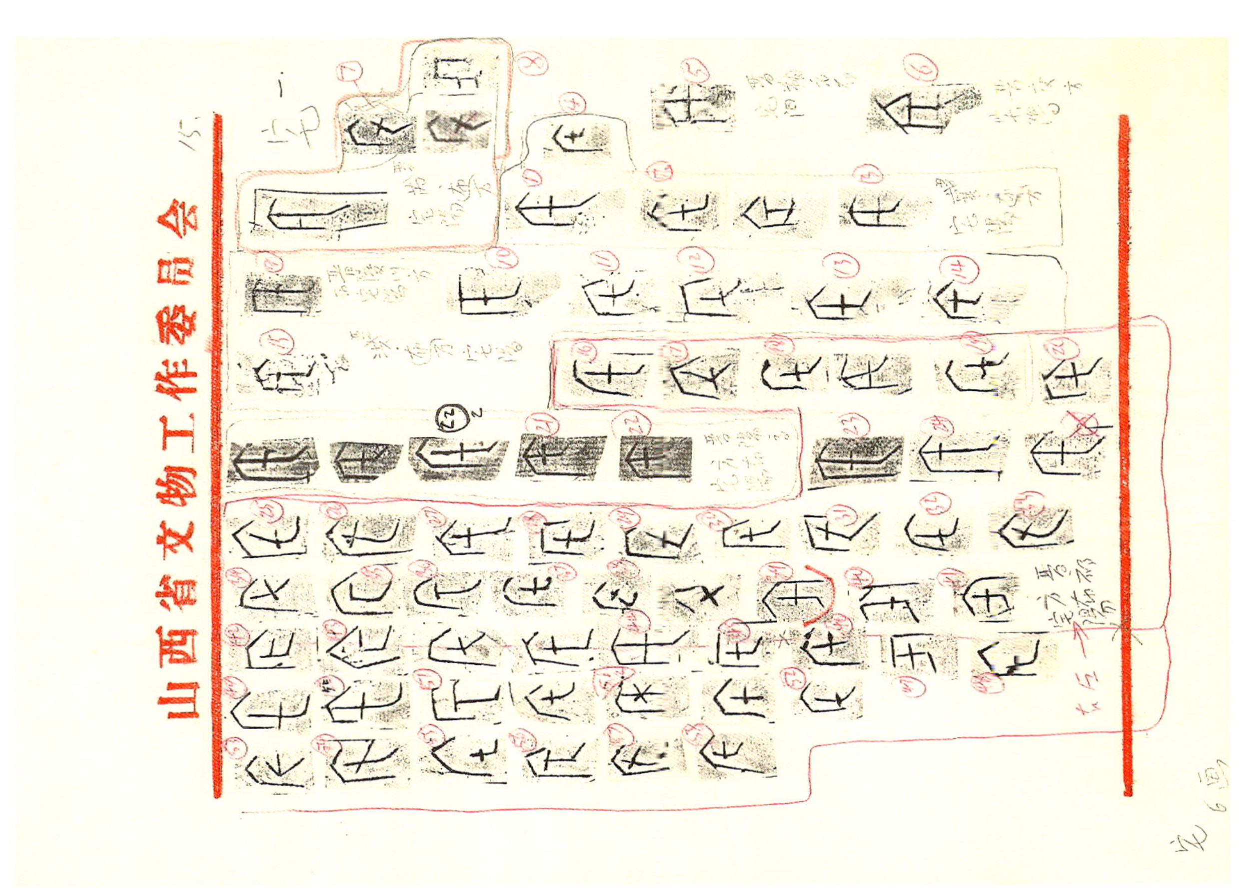
山西省文物工作委员会

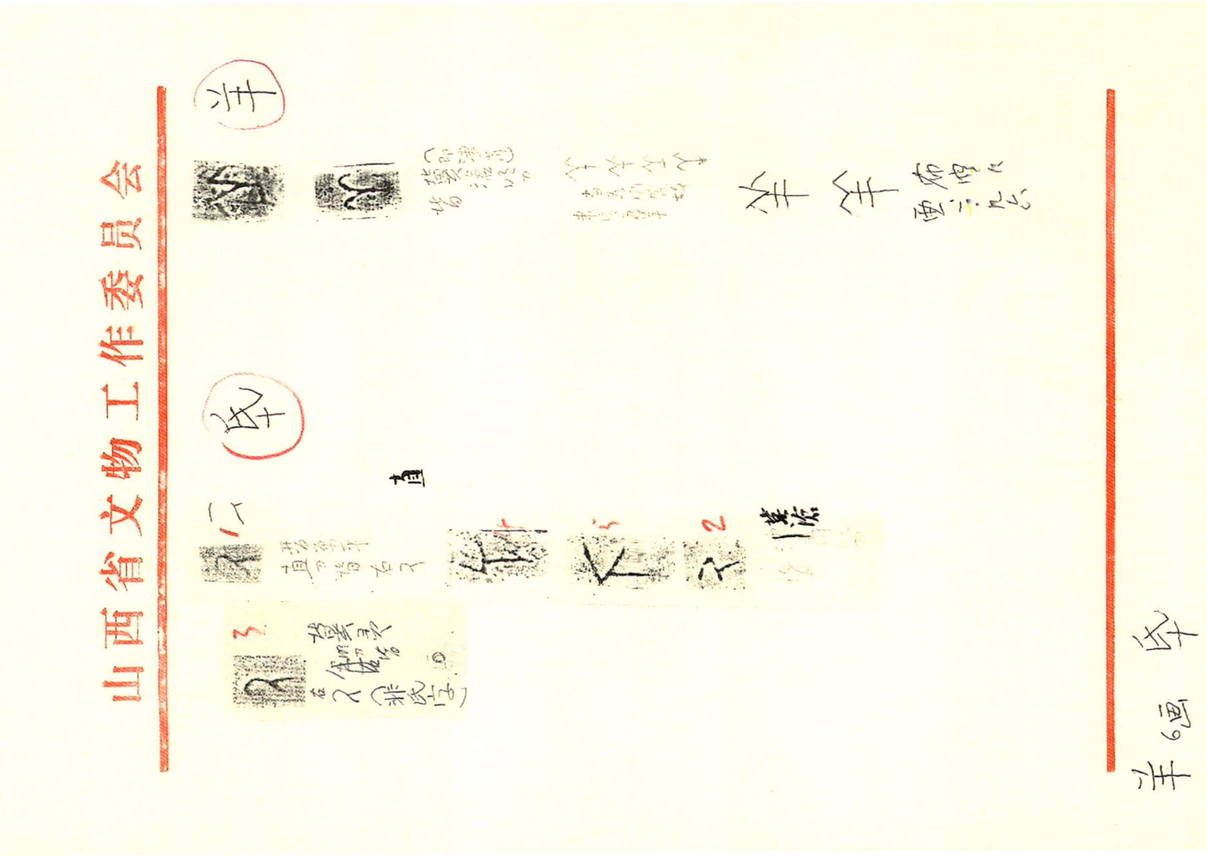
山西省文物工作委员会

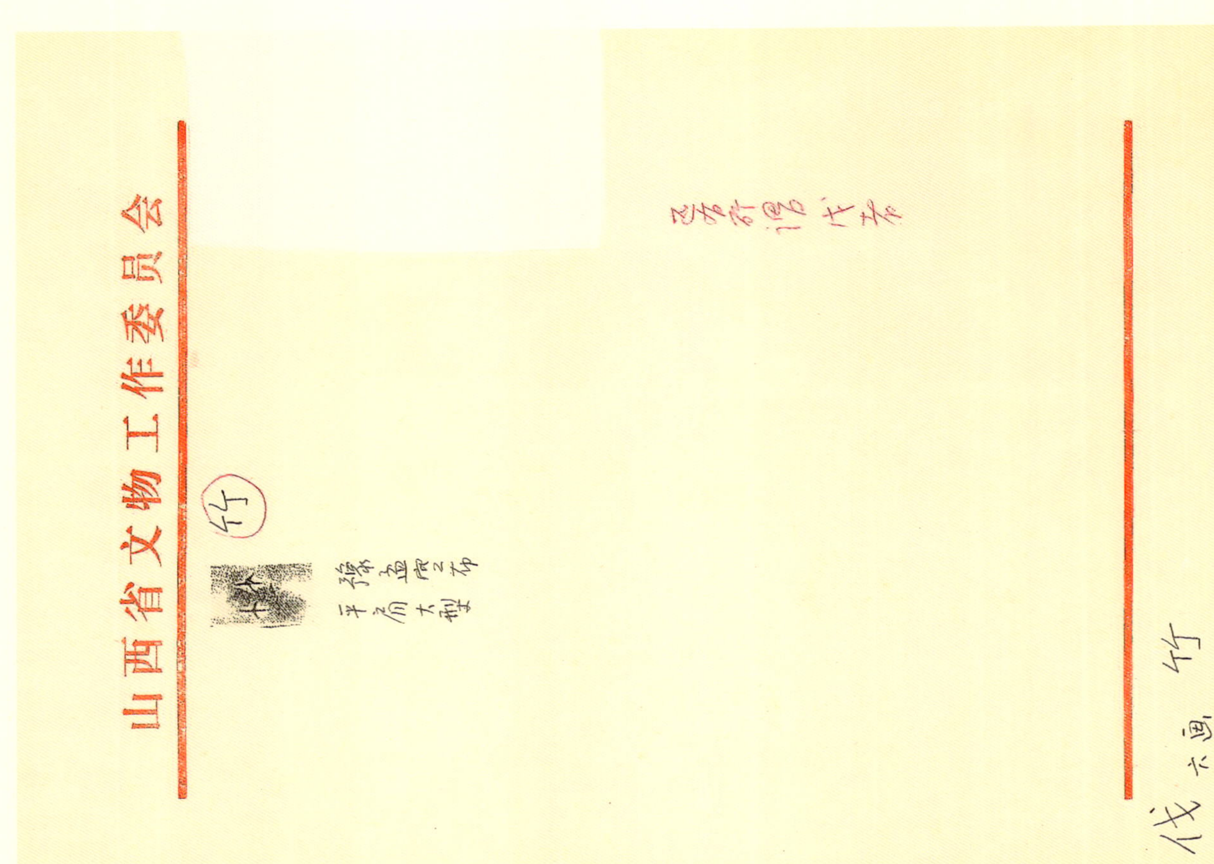
山西省文物工作委员会

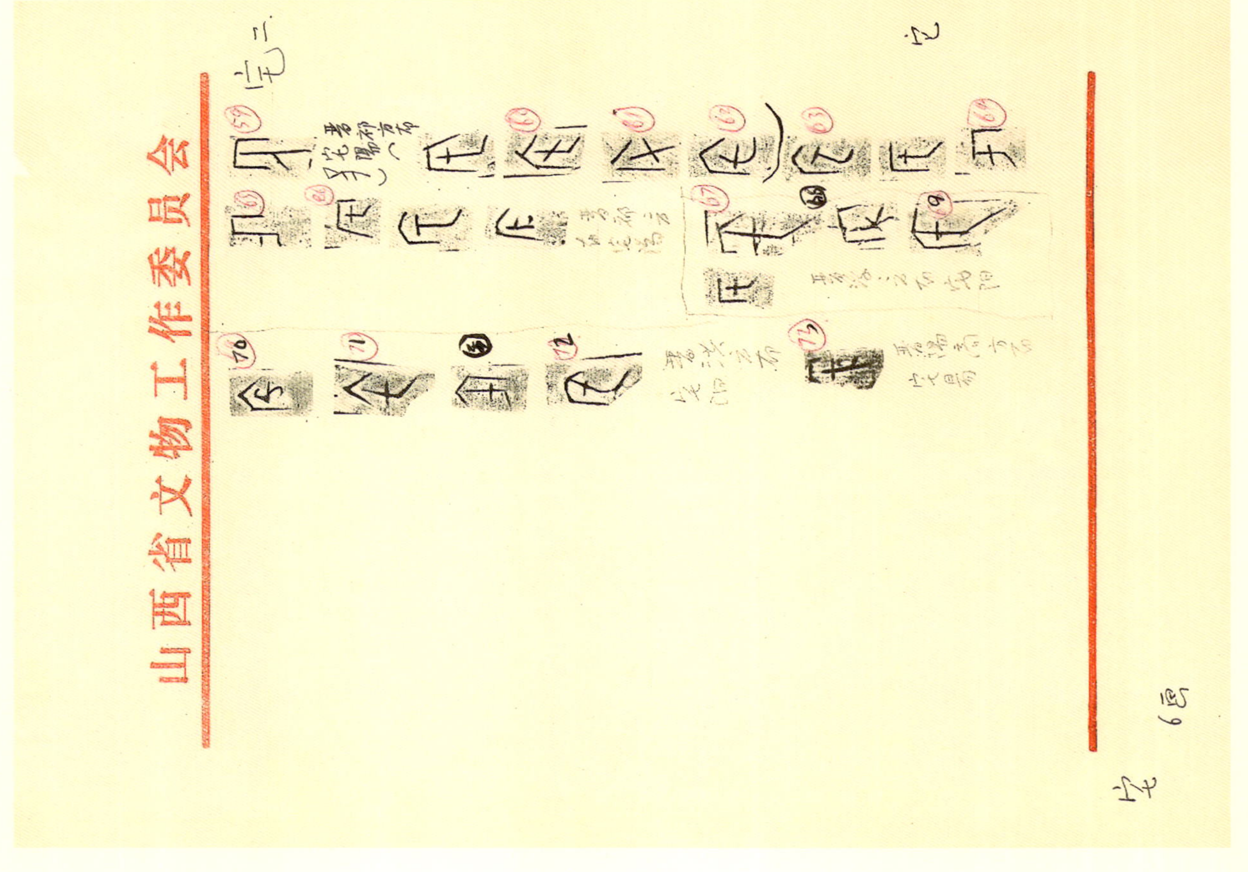
山西省文物工作委员会

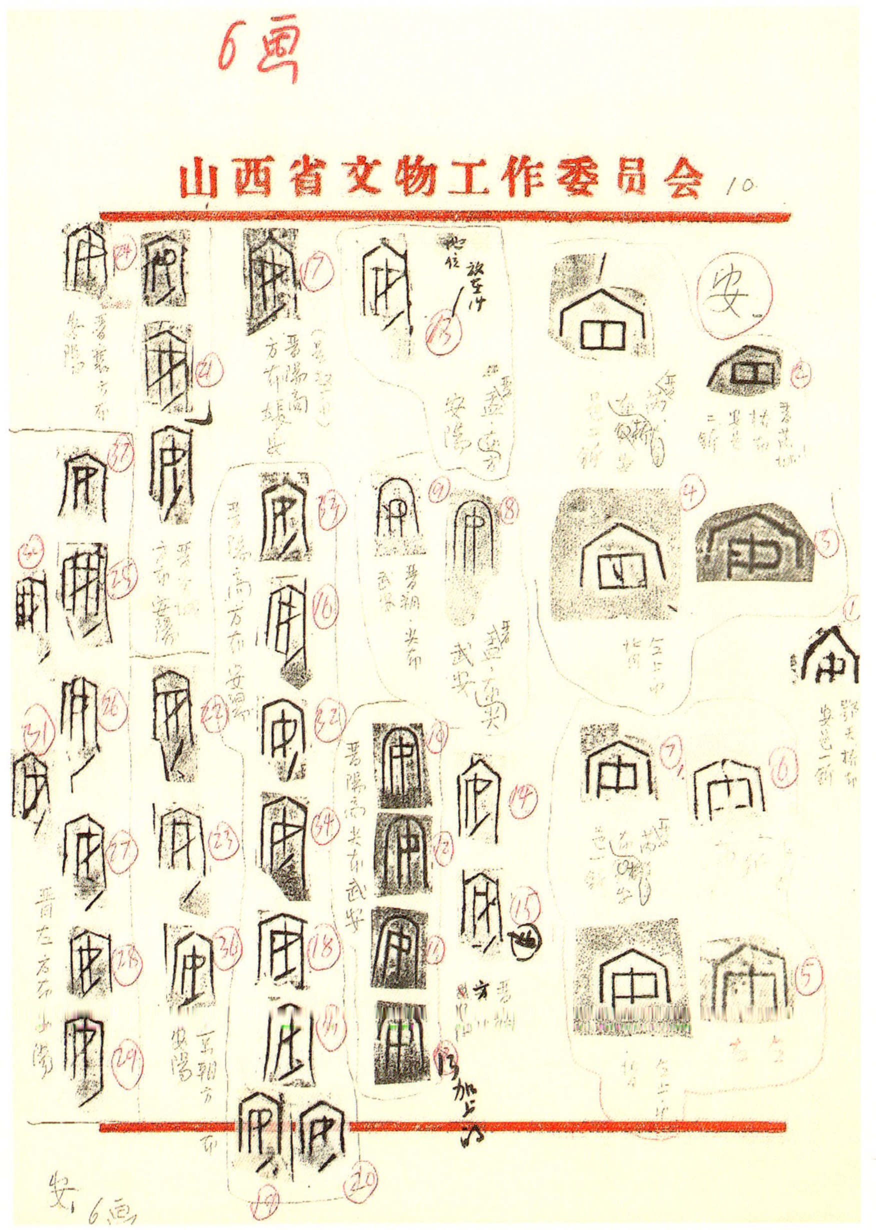
山西省文物工作委员会

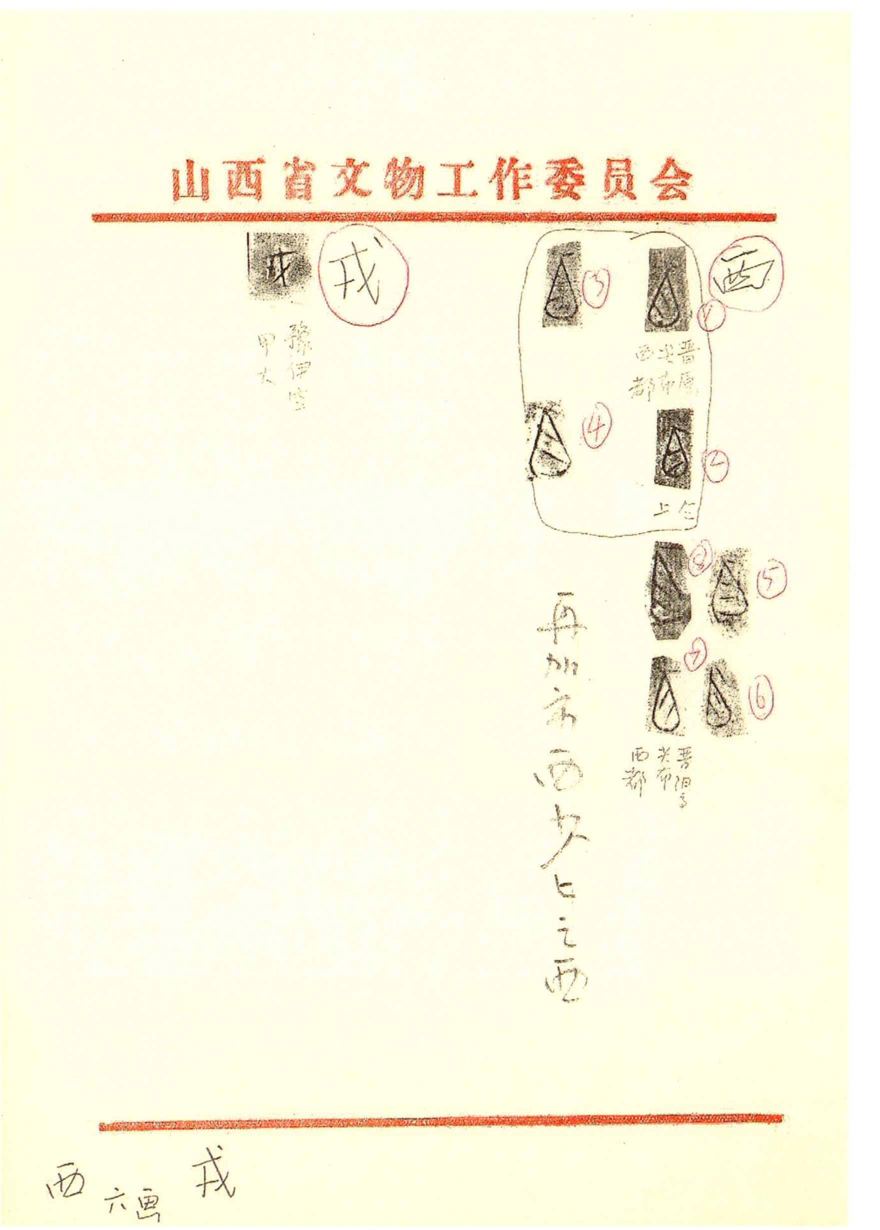
山西省文物工作委员会

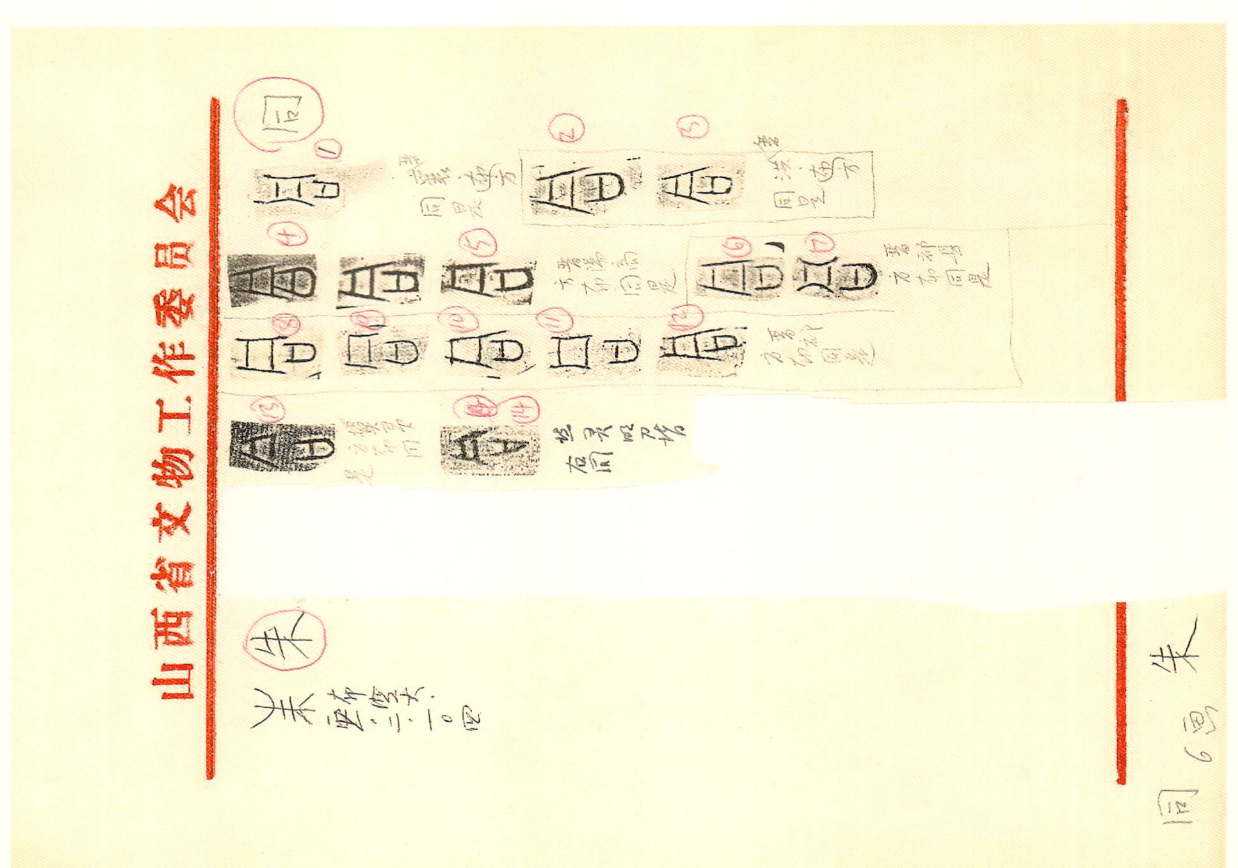
山西省文物工作委员会

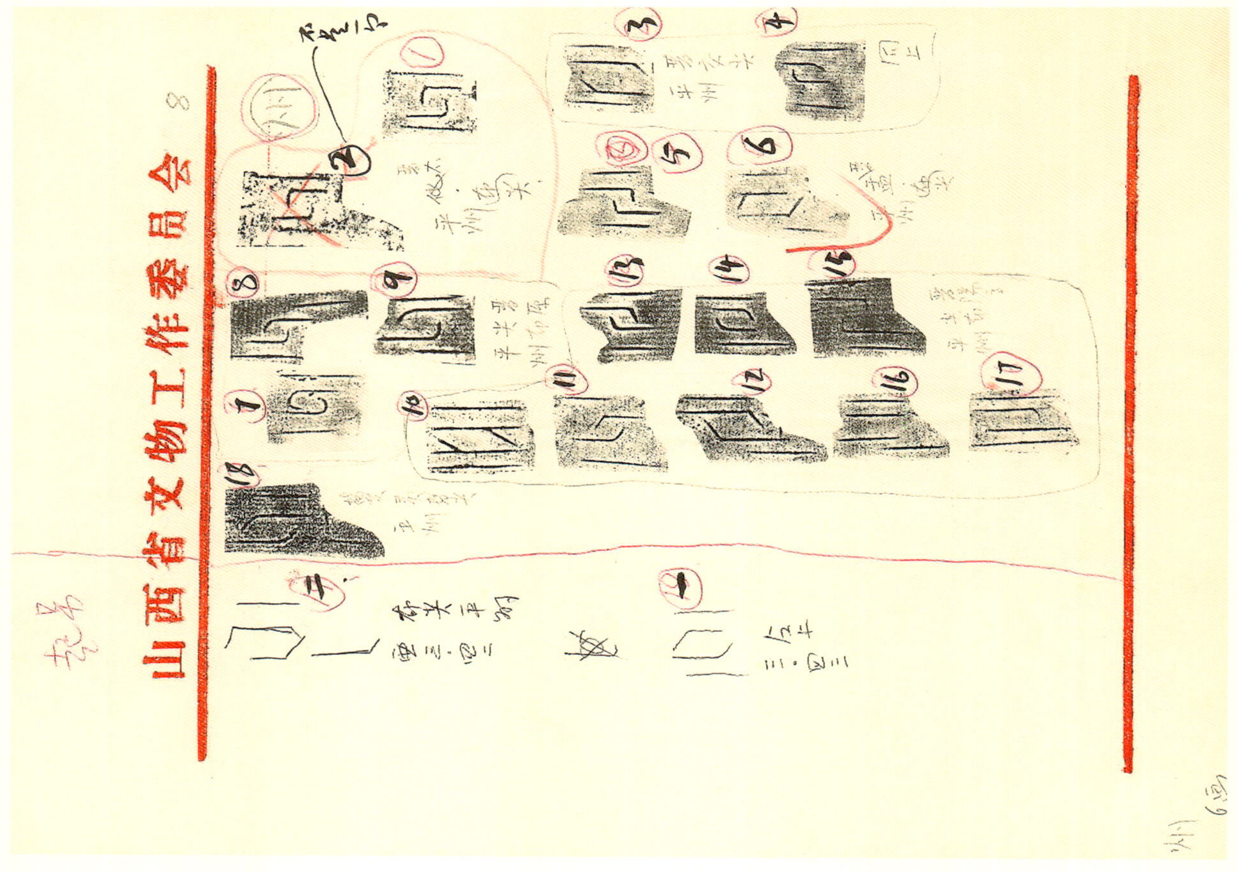
山西省文物工作委员会

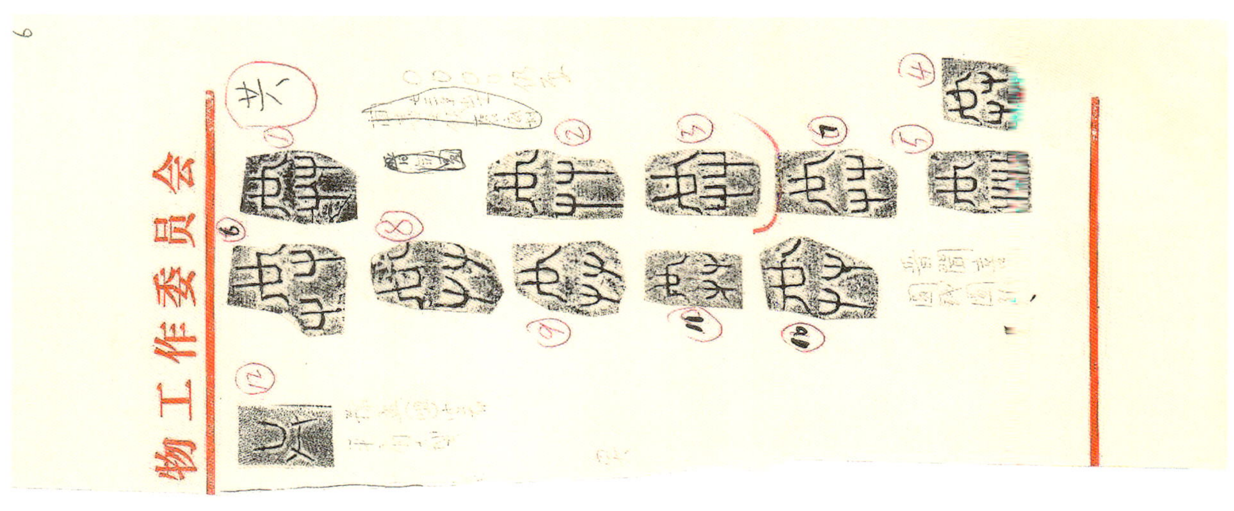
物工作委员会

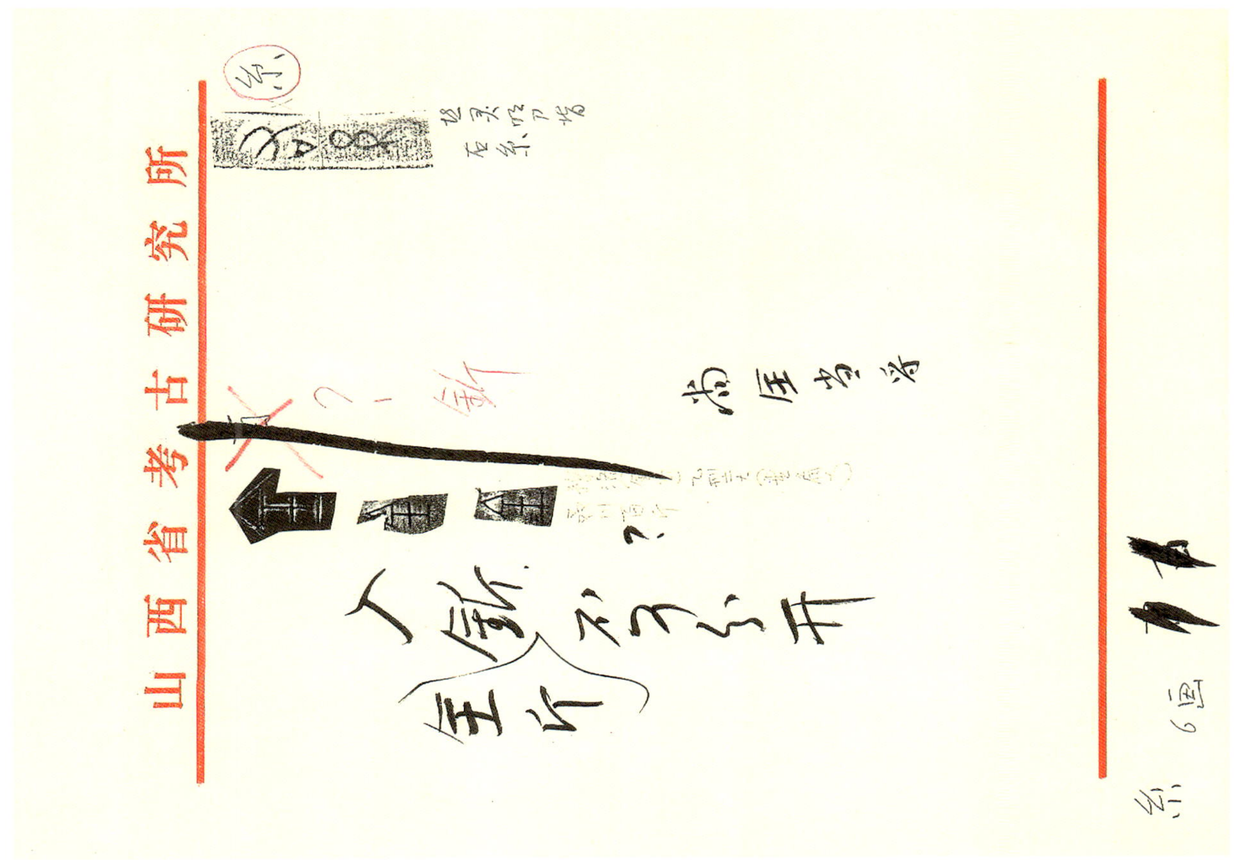
山西省考古研究所

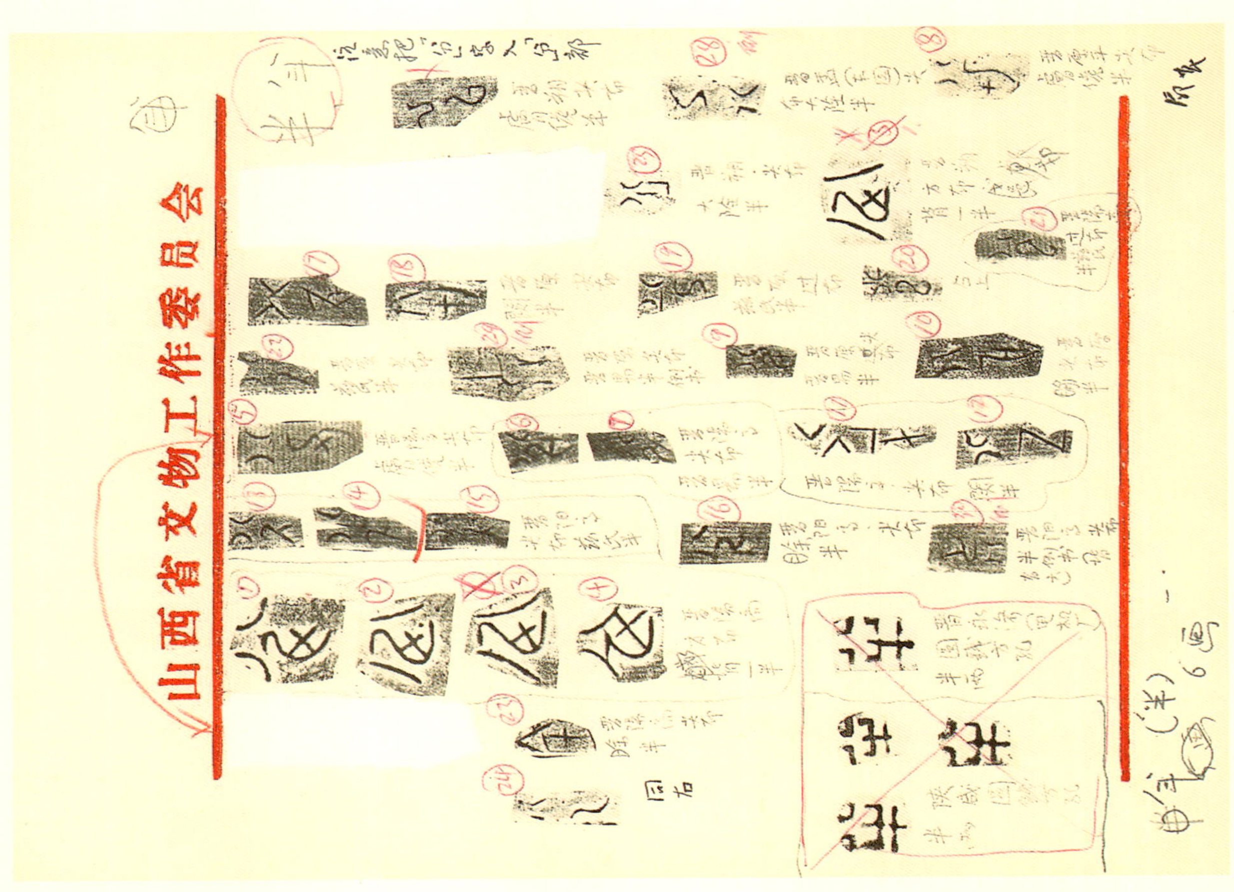
山西省文物工作委员会

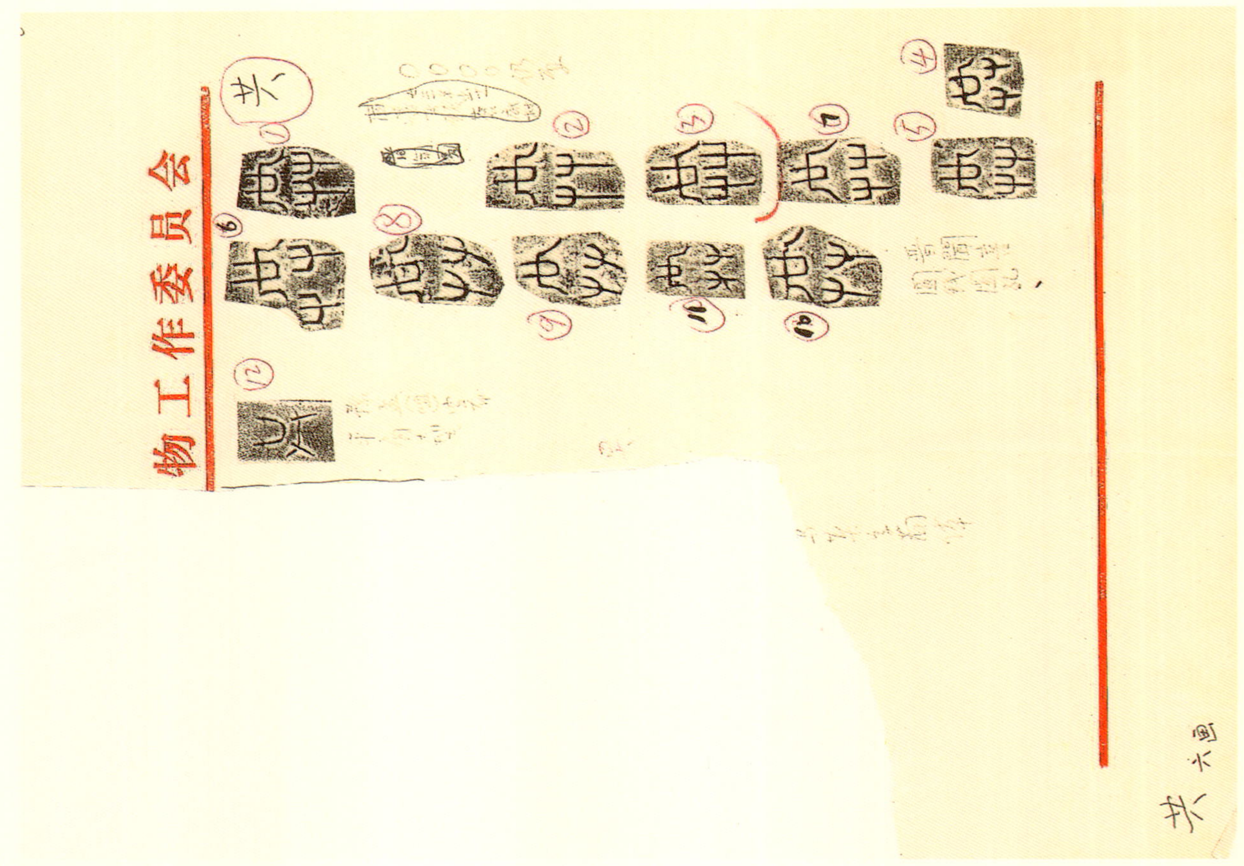
物工作委员会

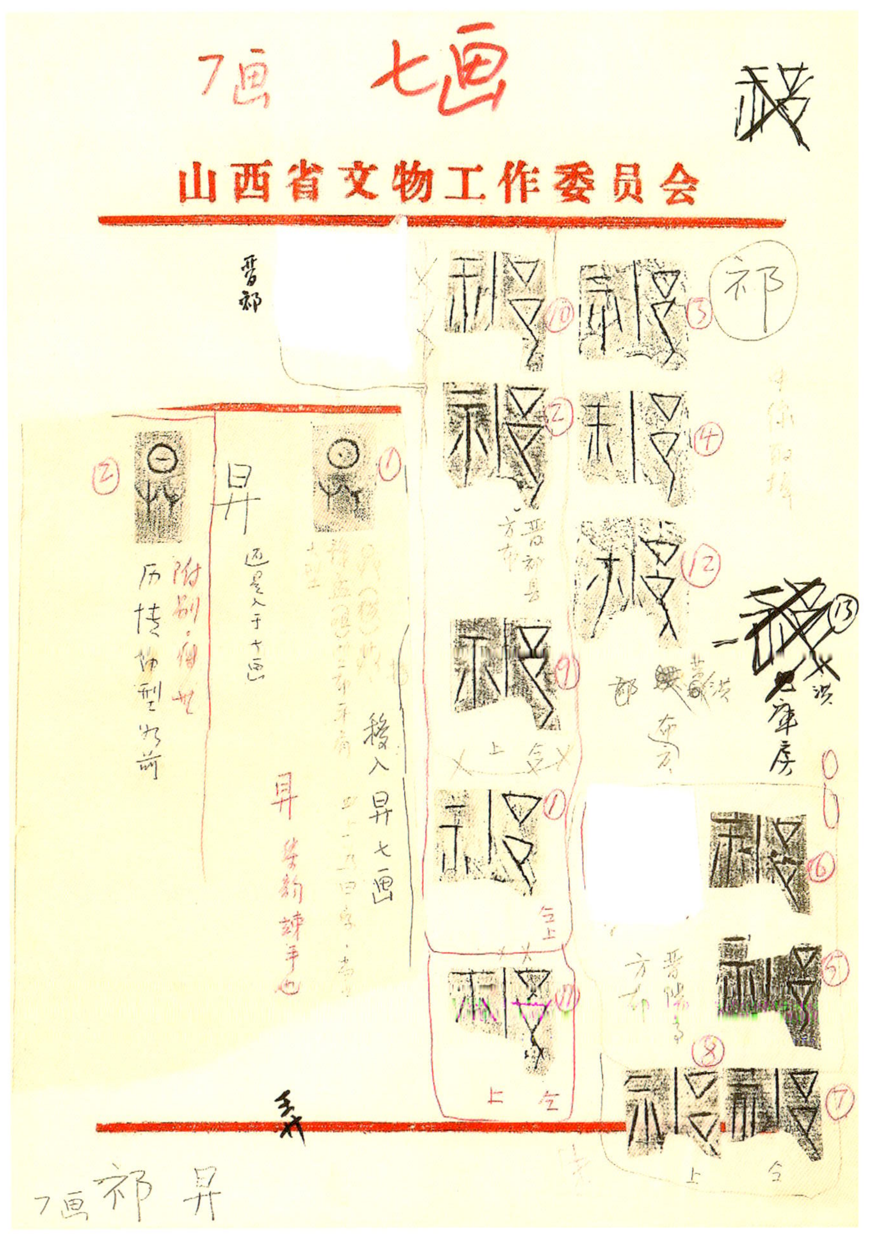

7画 七画
山西省文物工作委员会
7画 祁 昇

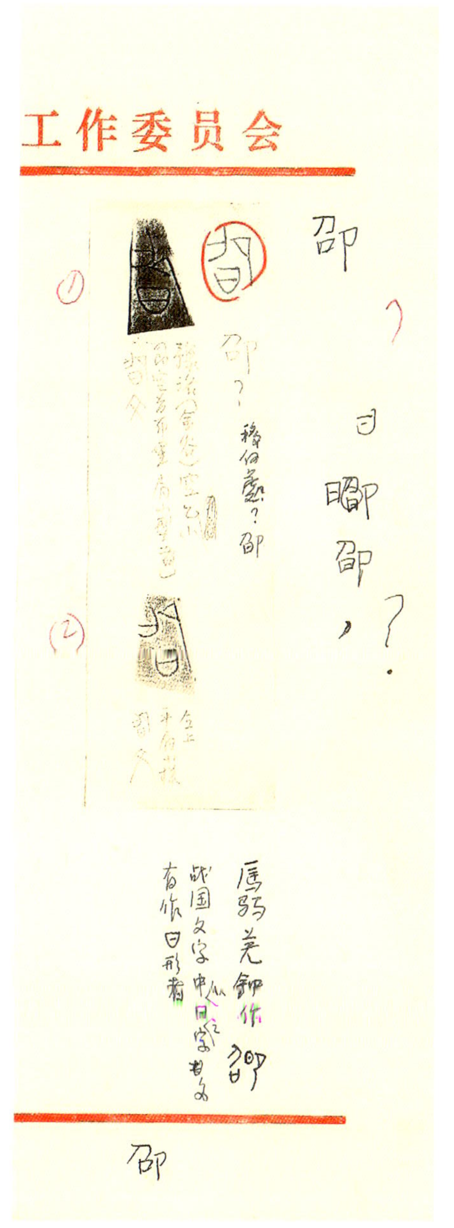

工作委员会

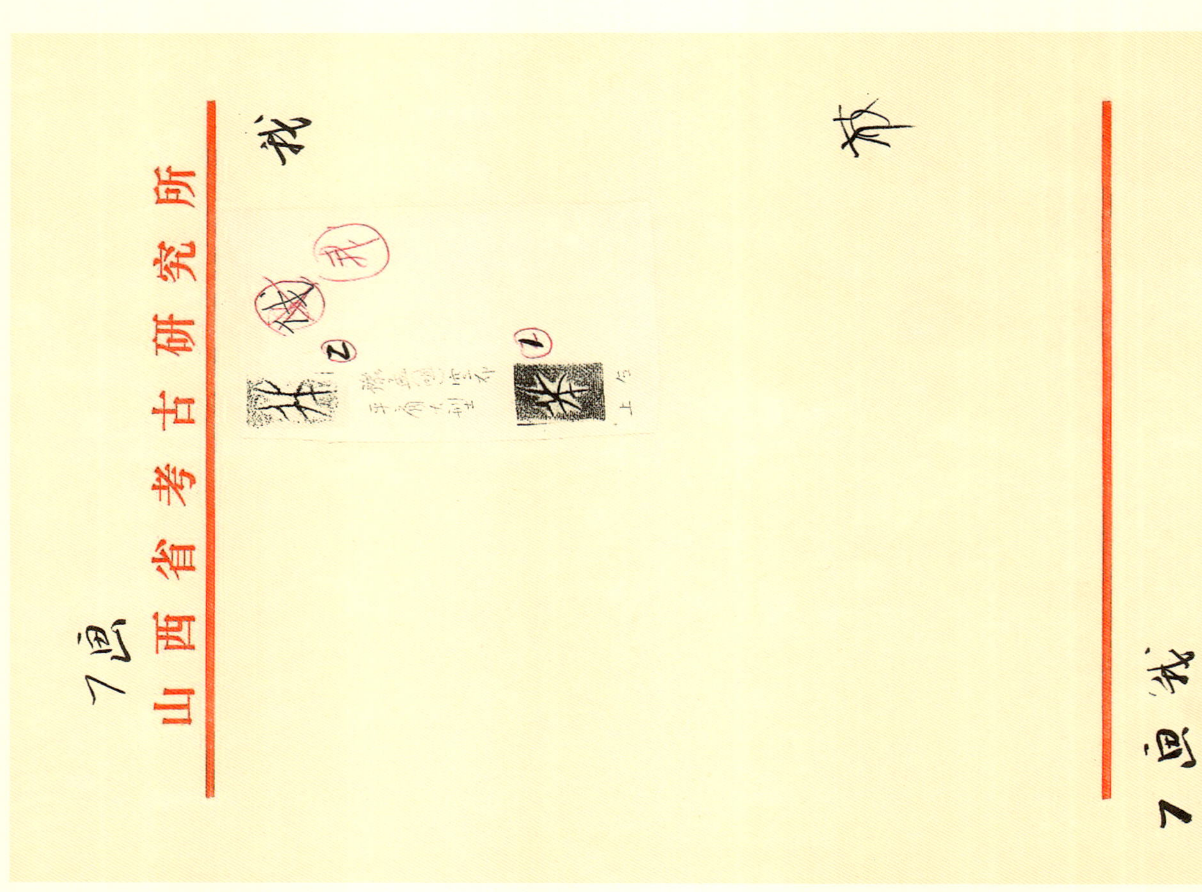
山西省考古研究所

山西省考古研究所

山西省文物工作委员会

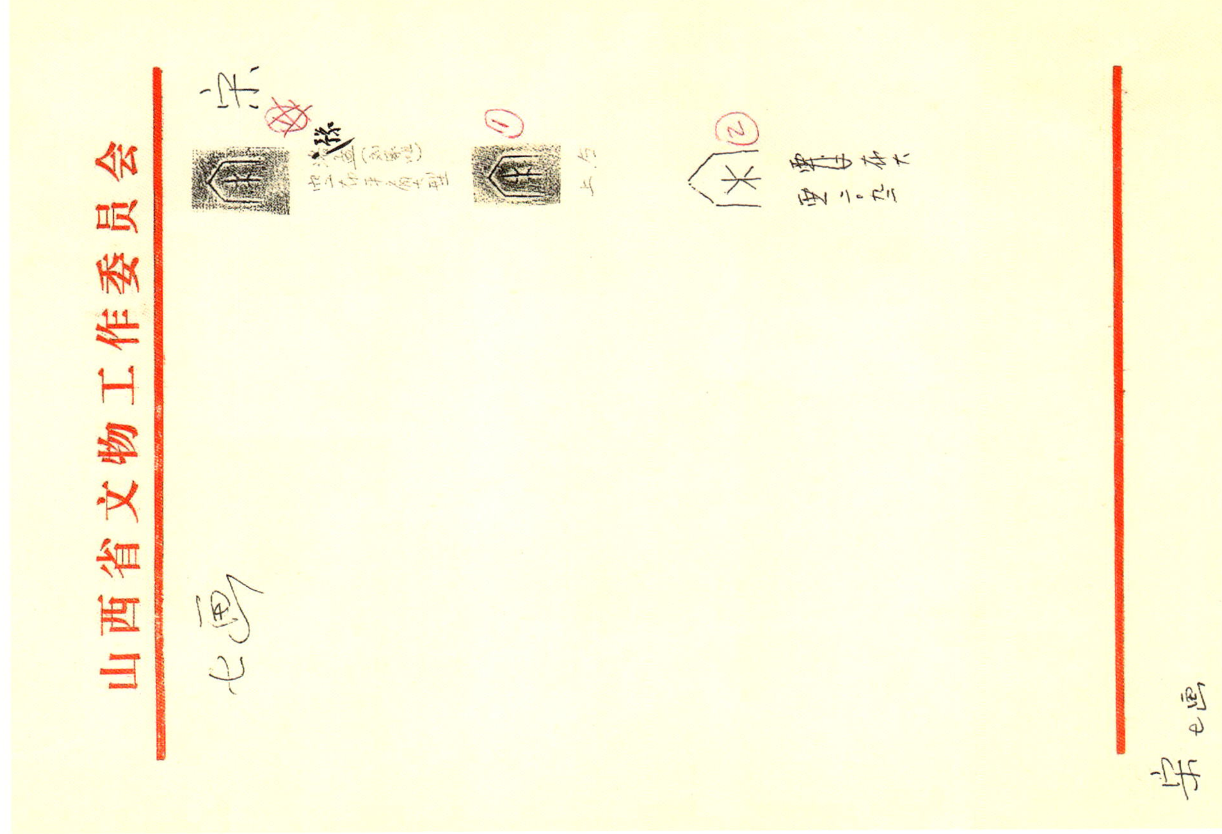

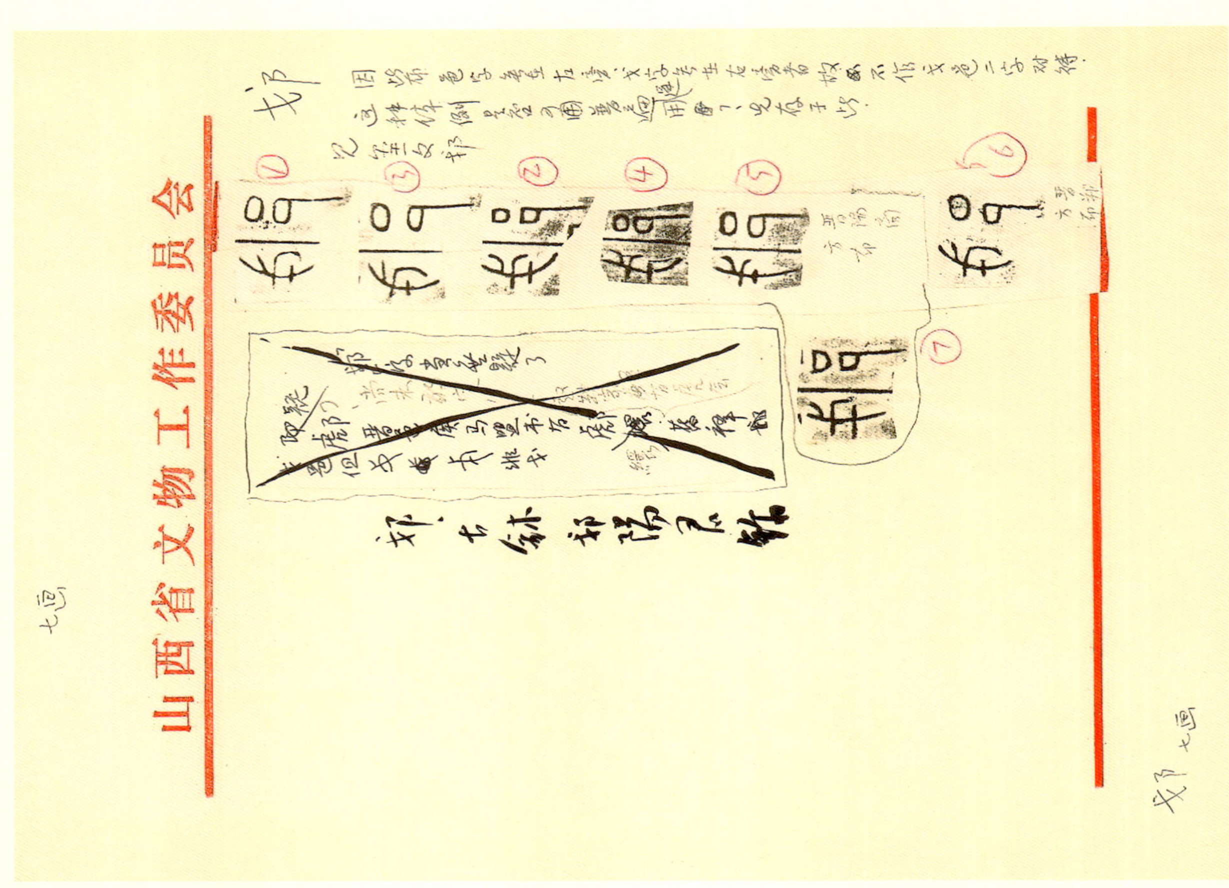
山西省文物工作委员会

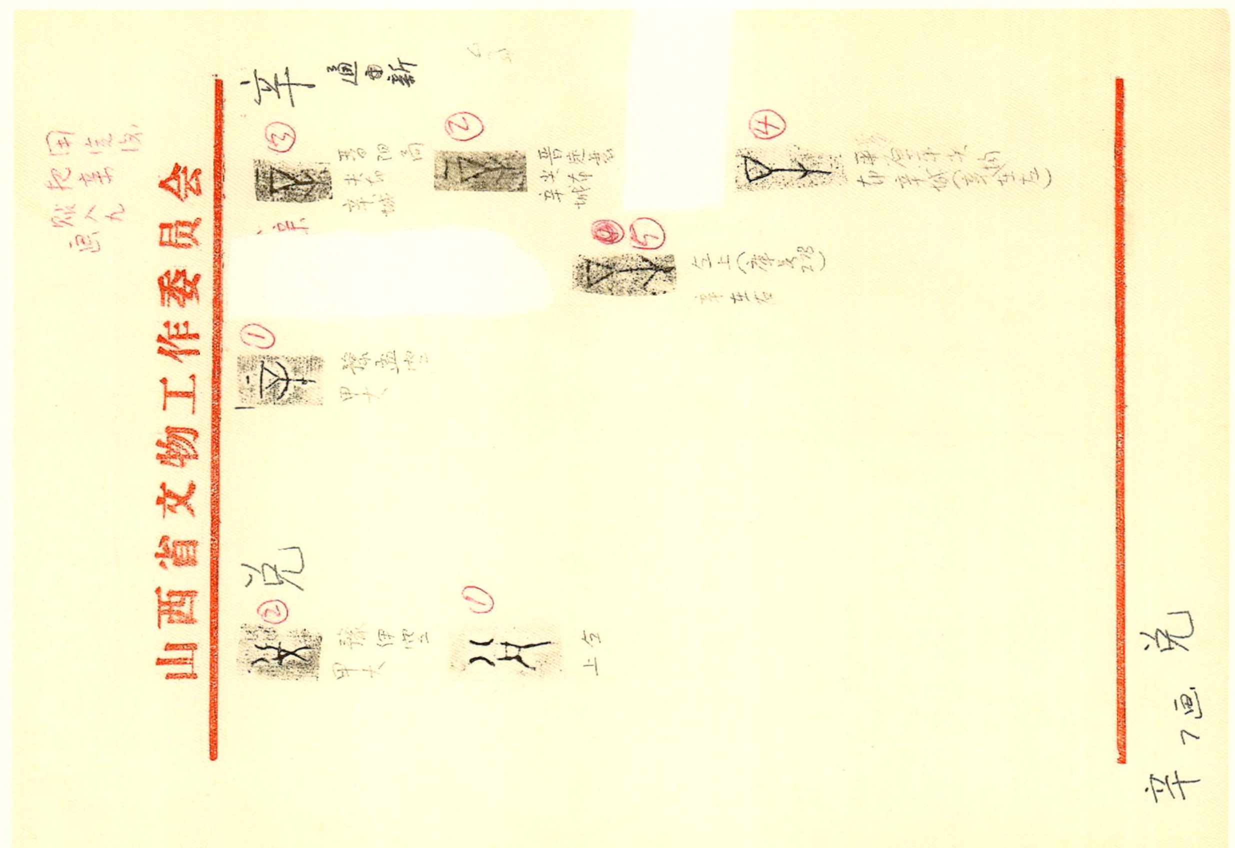
山西省文物工作委员会

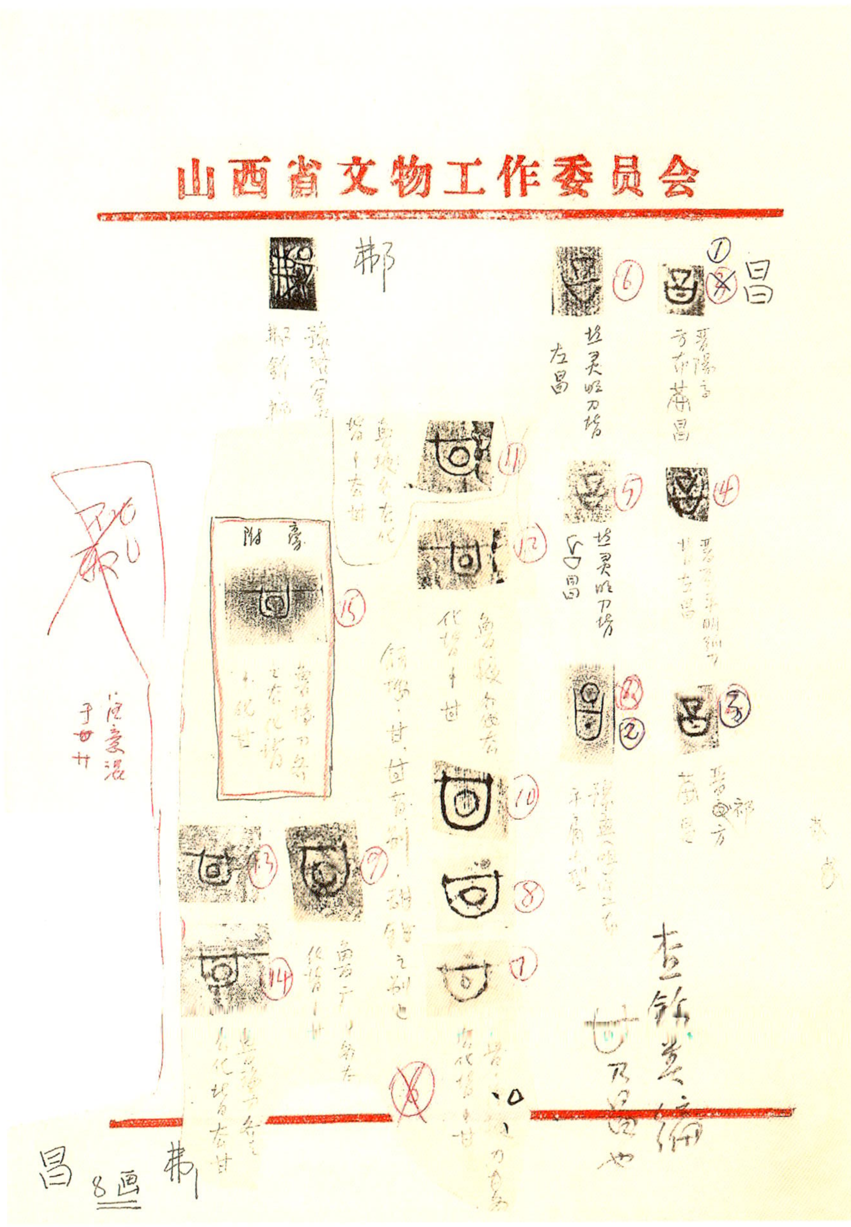
山西省文物工作委员会

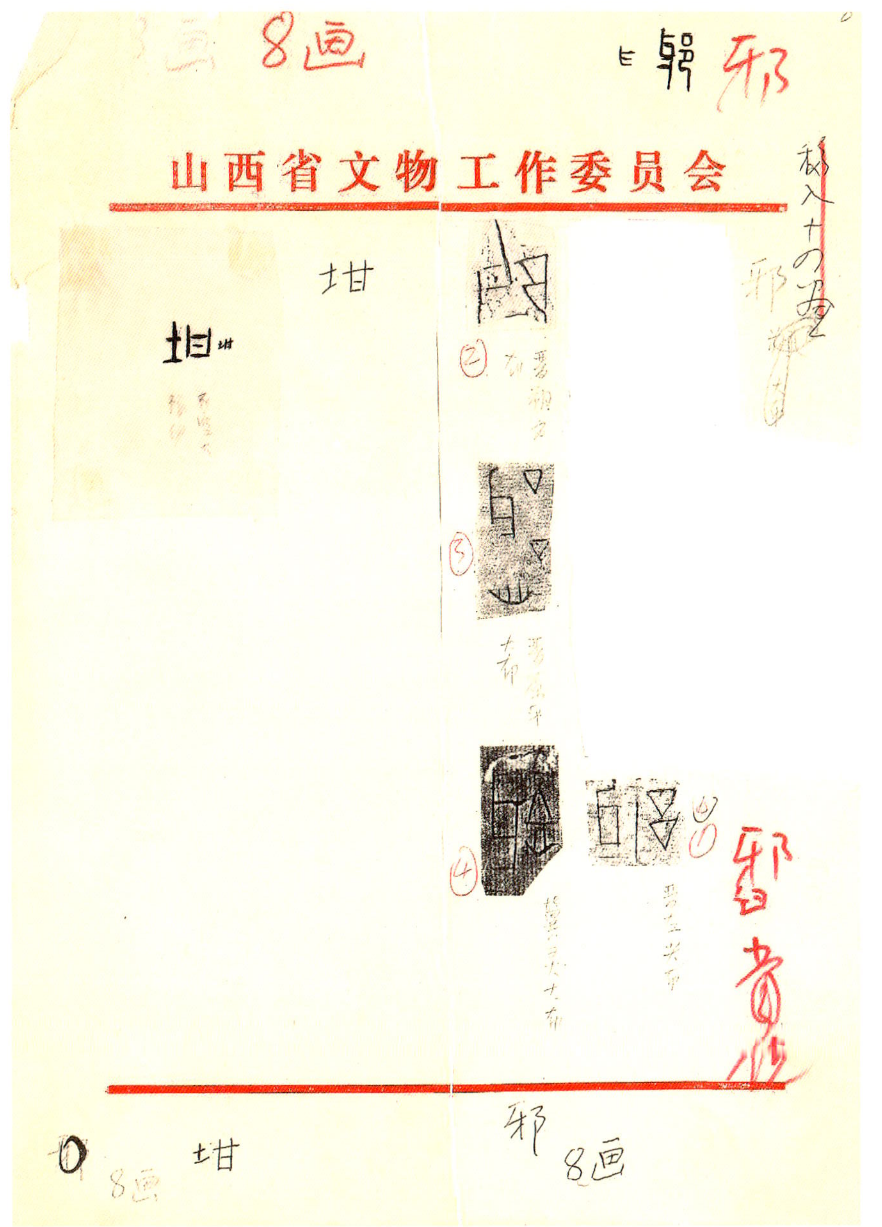
山西省文物工作委员会

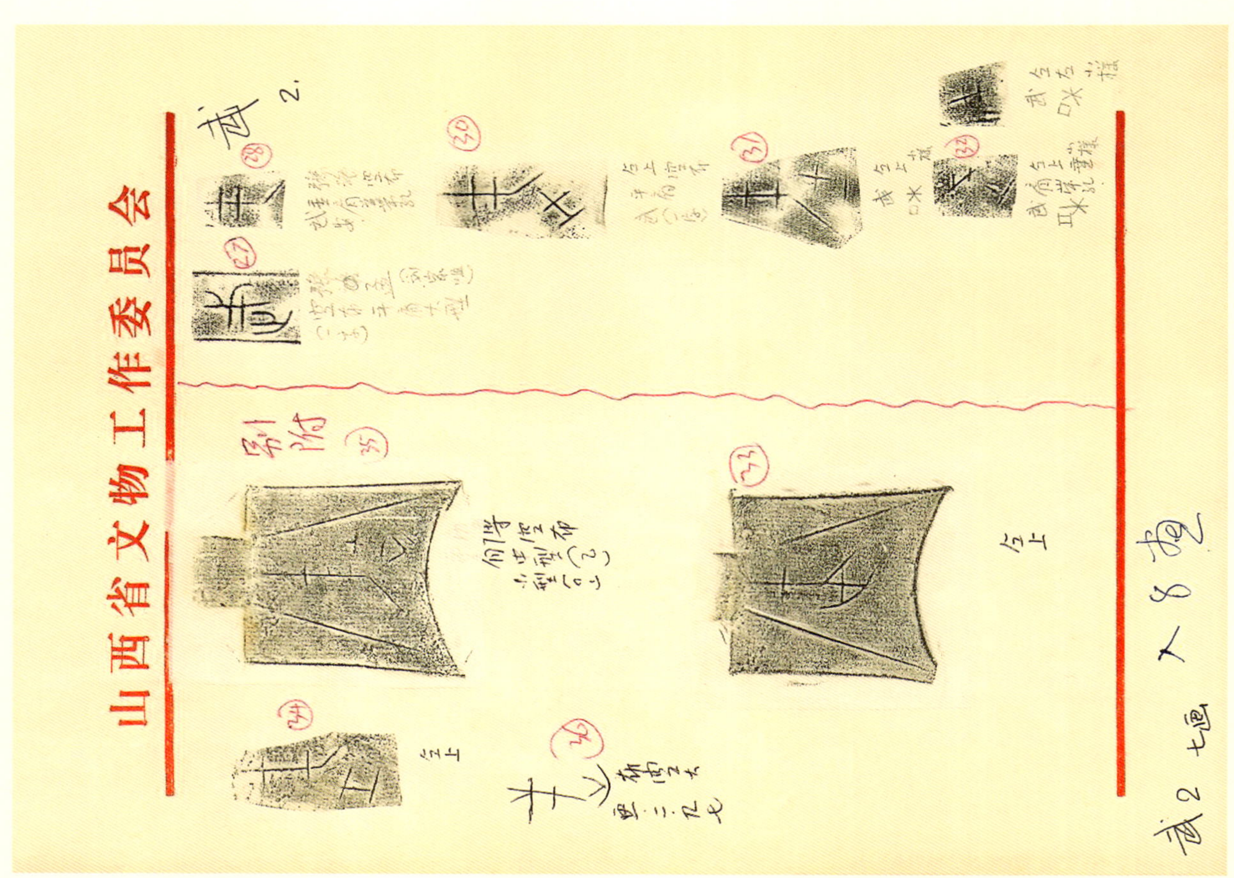
山西省文物工作委员会

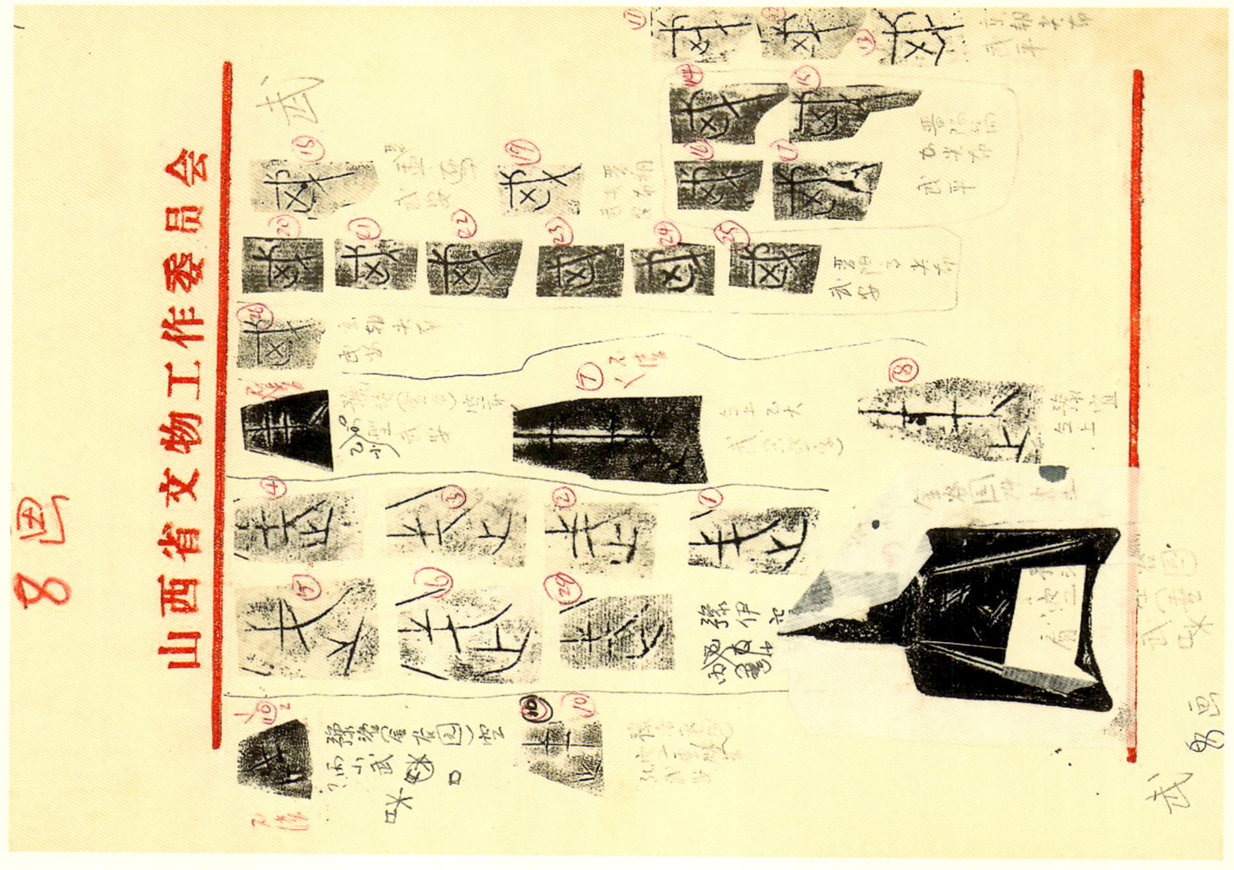
山西省文物工作委员会

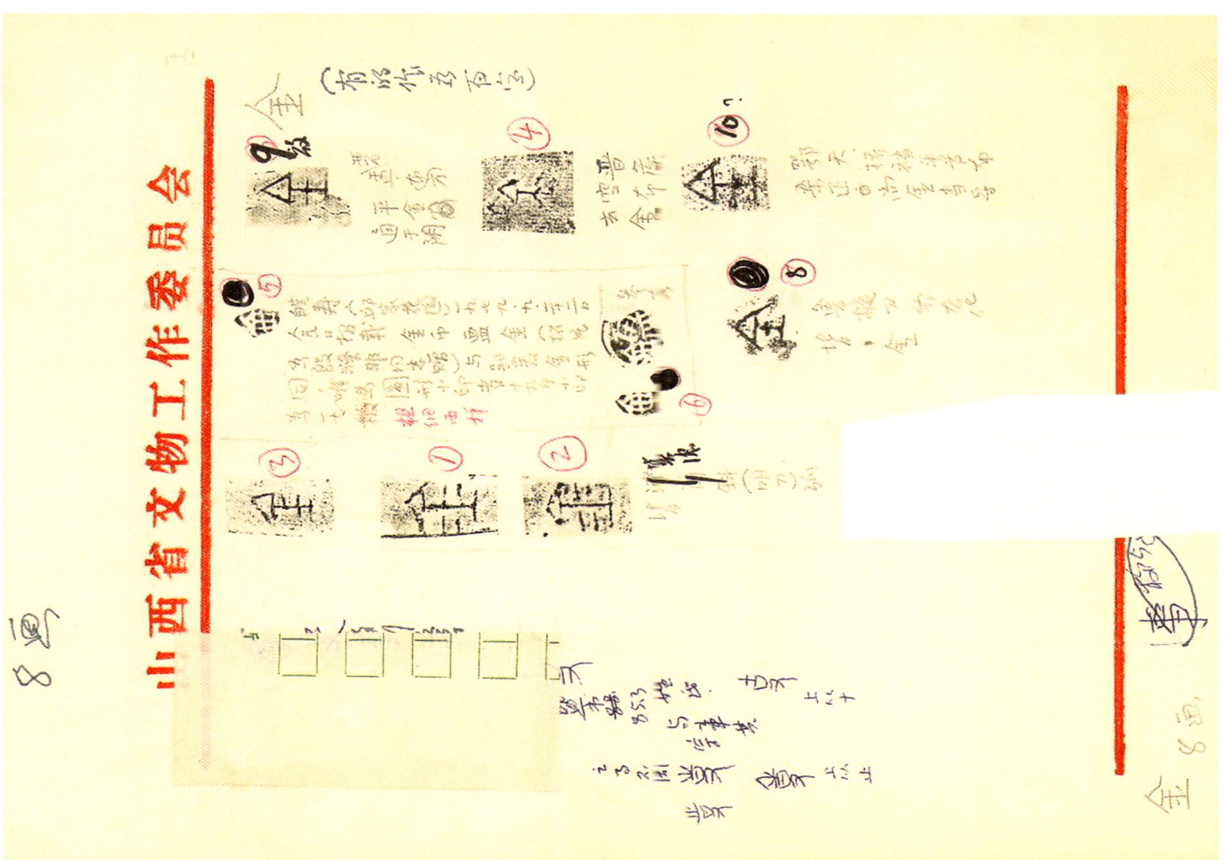
山西省文物工作委员会

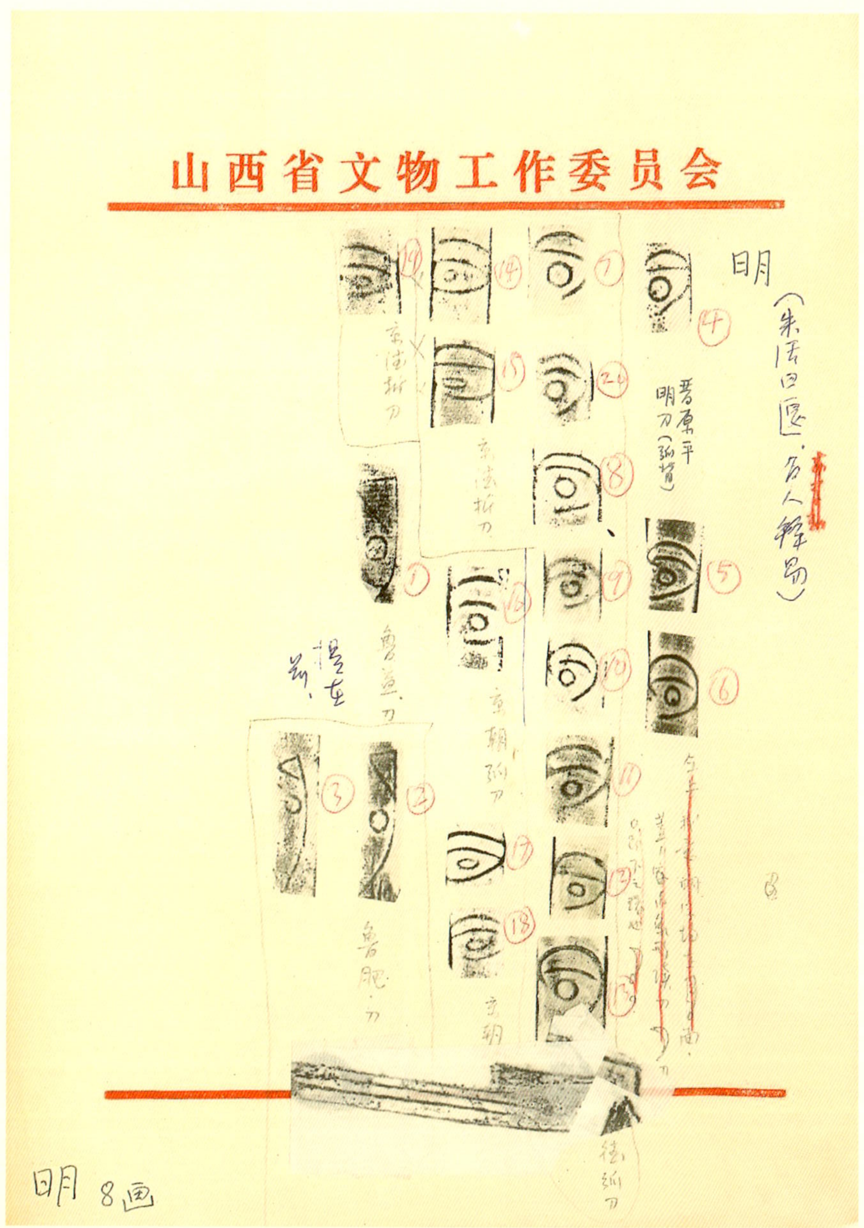
山西省文物工作委员会
明 8画

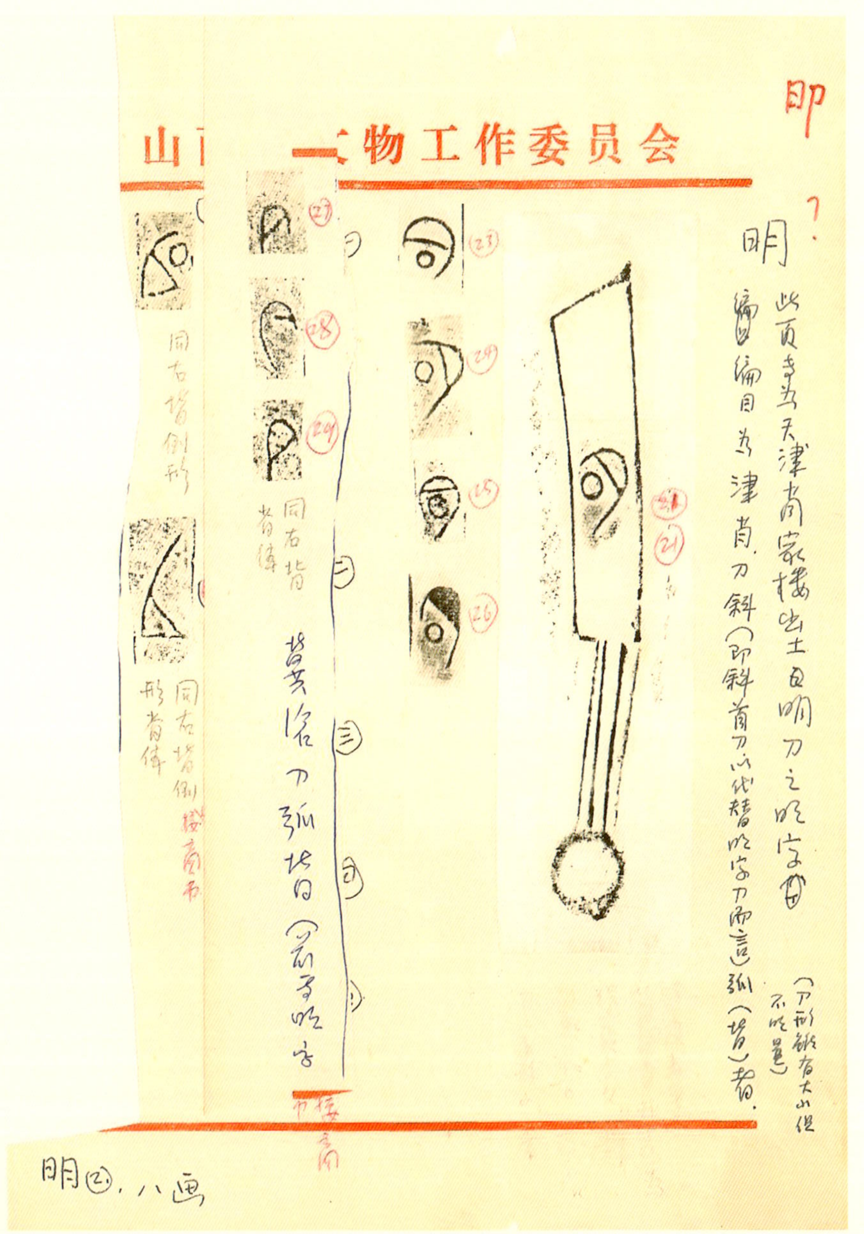
一物工作委员会
明
明㊁. 八画

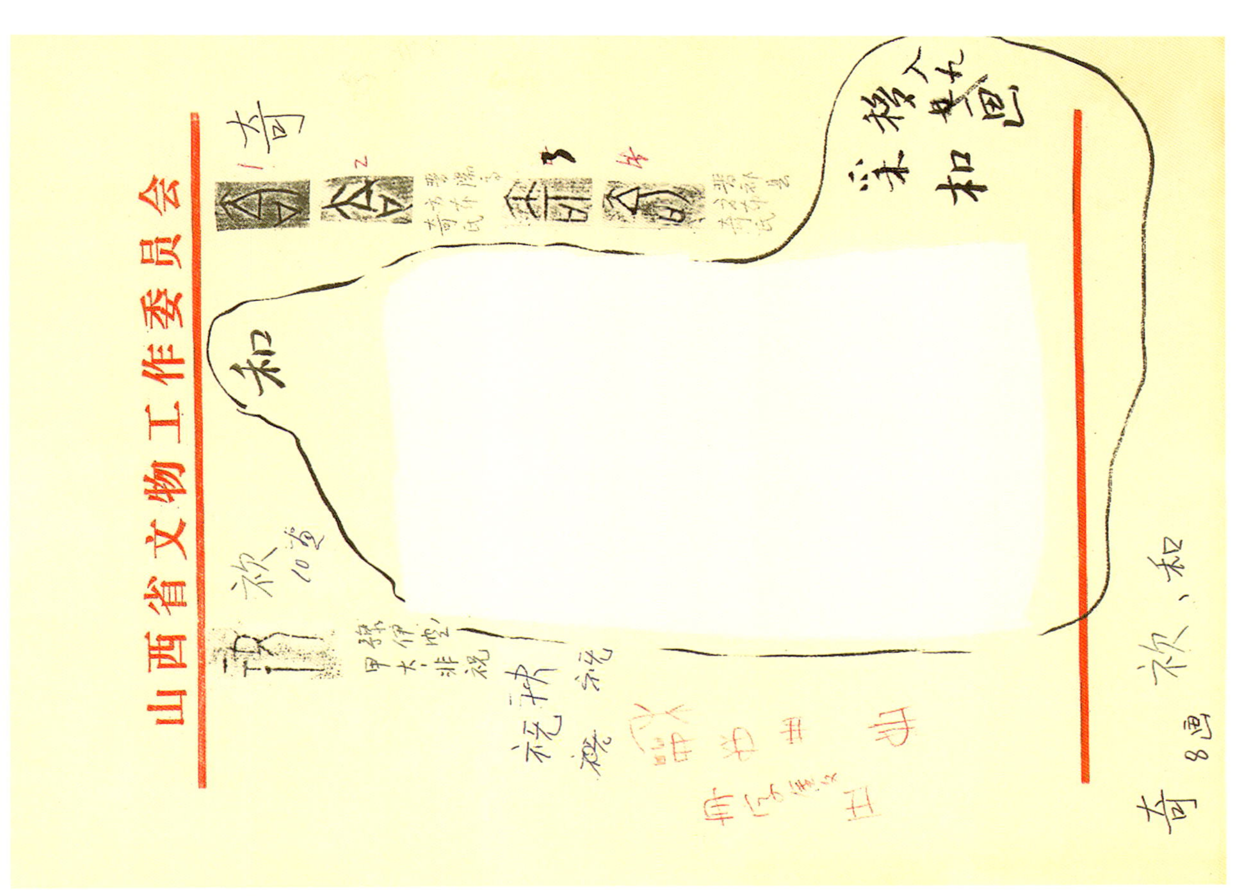
山西省文物工作委员会

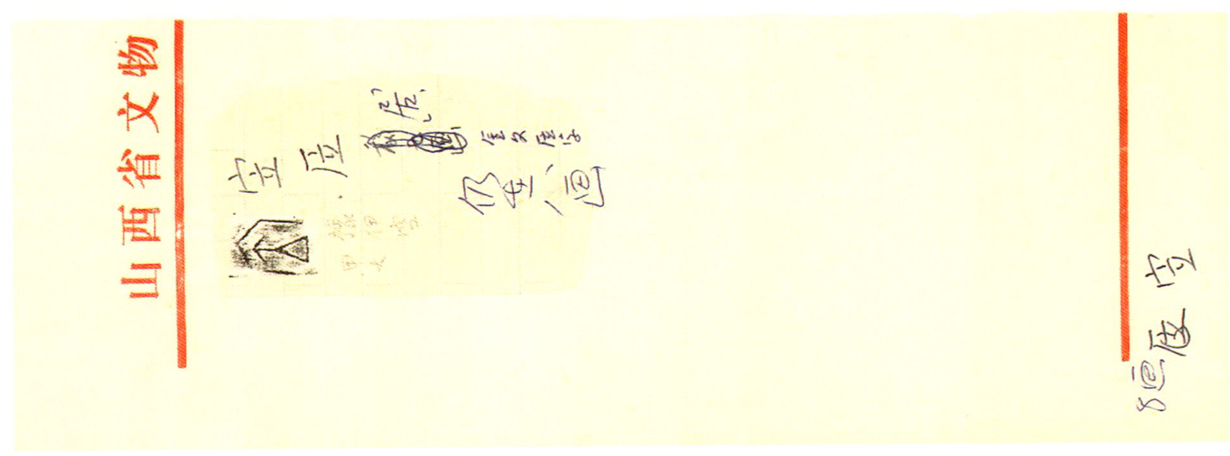
山西省文物

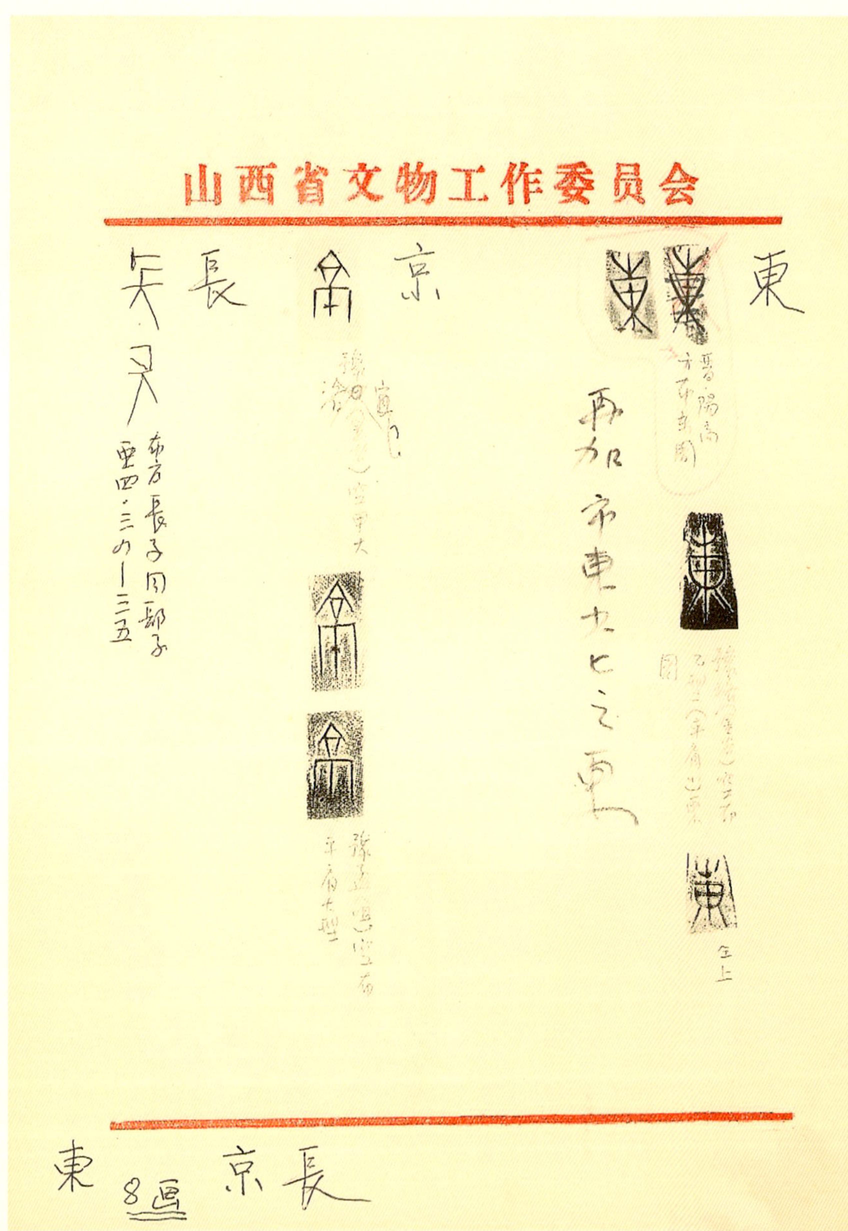
山西省文物工作委员会
東 8画 京長

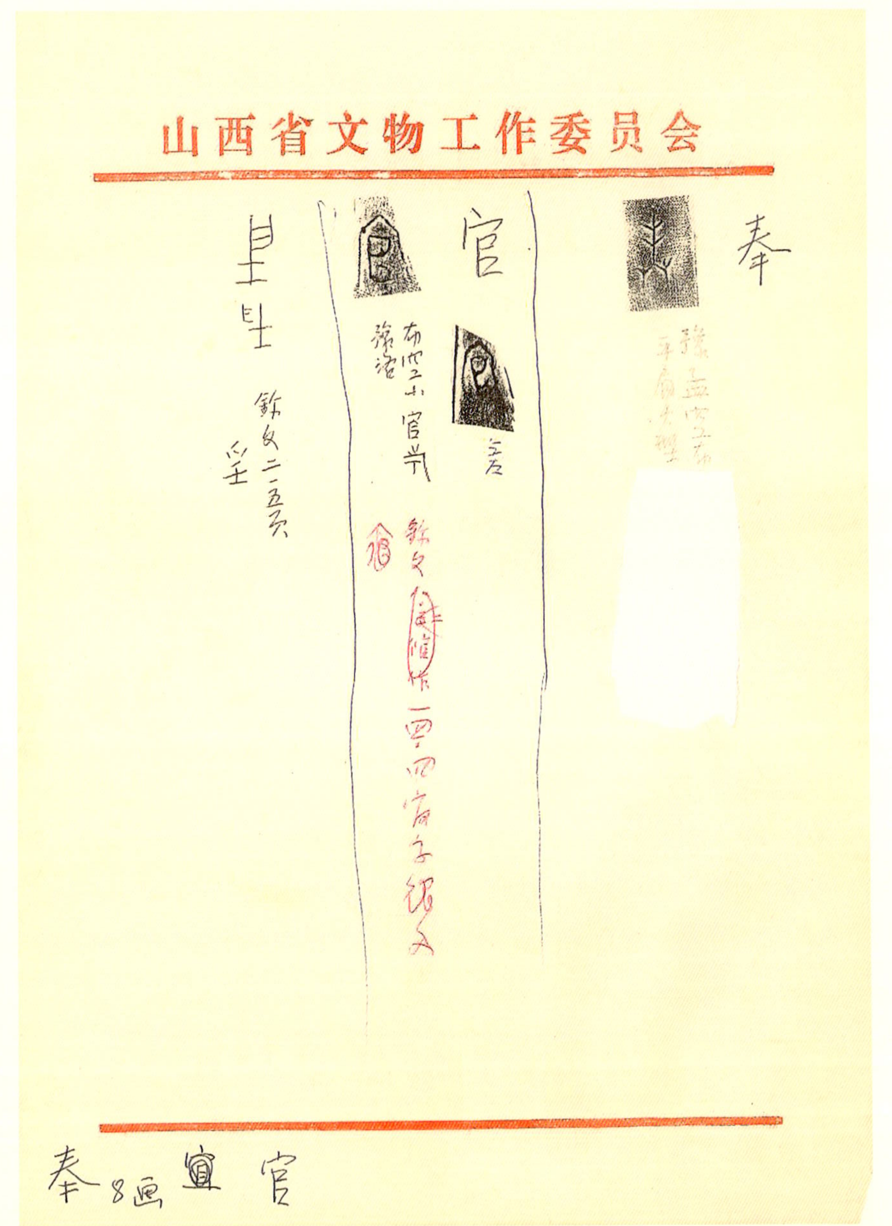
山西省文物工作委员会
奉 8画 宣官

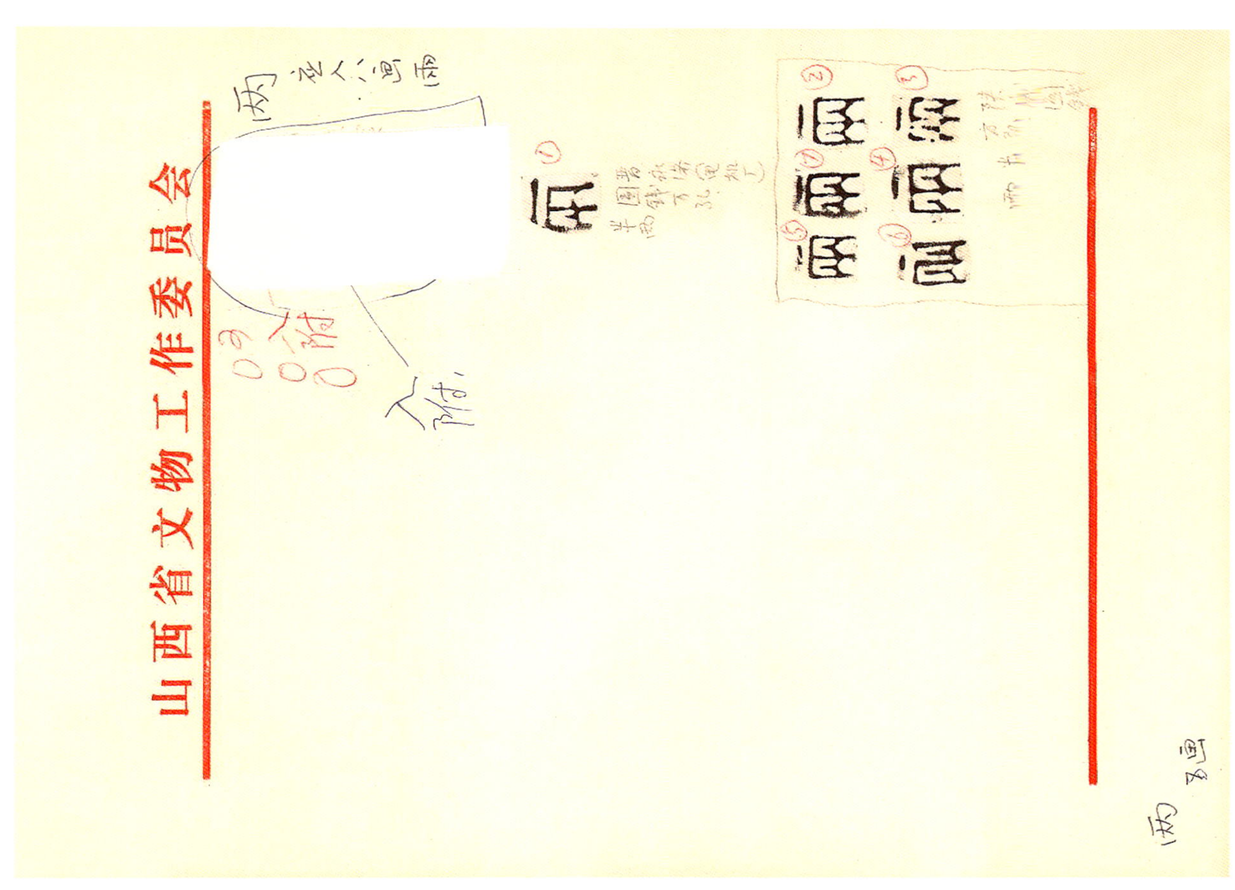
山西省文物工作委员会

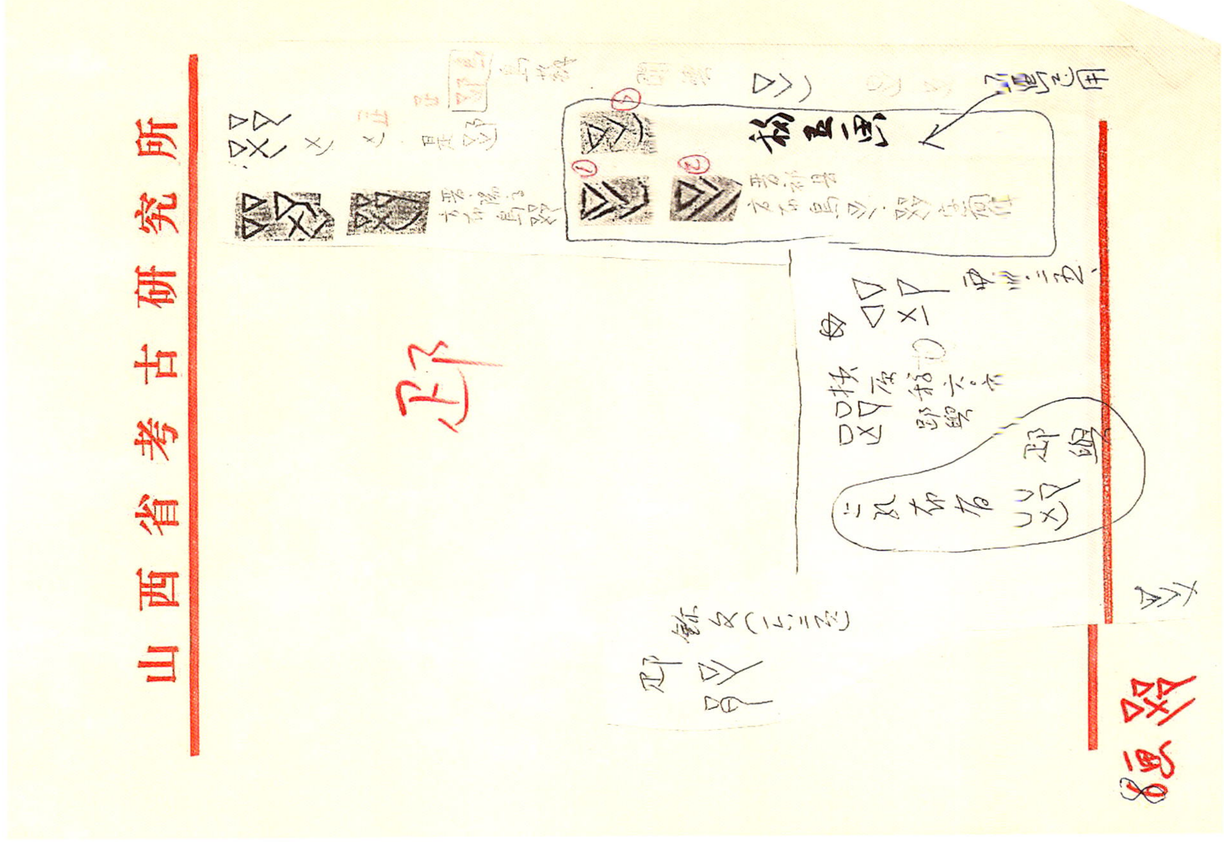
山西省考古研究所

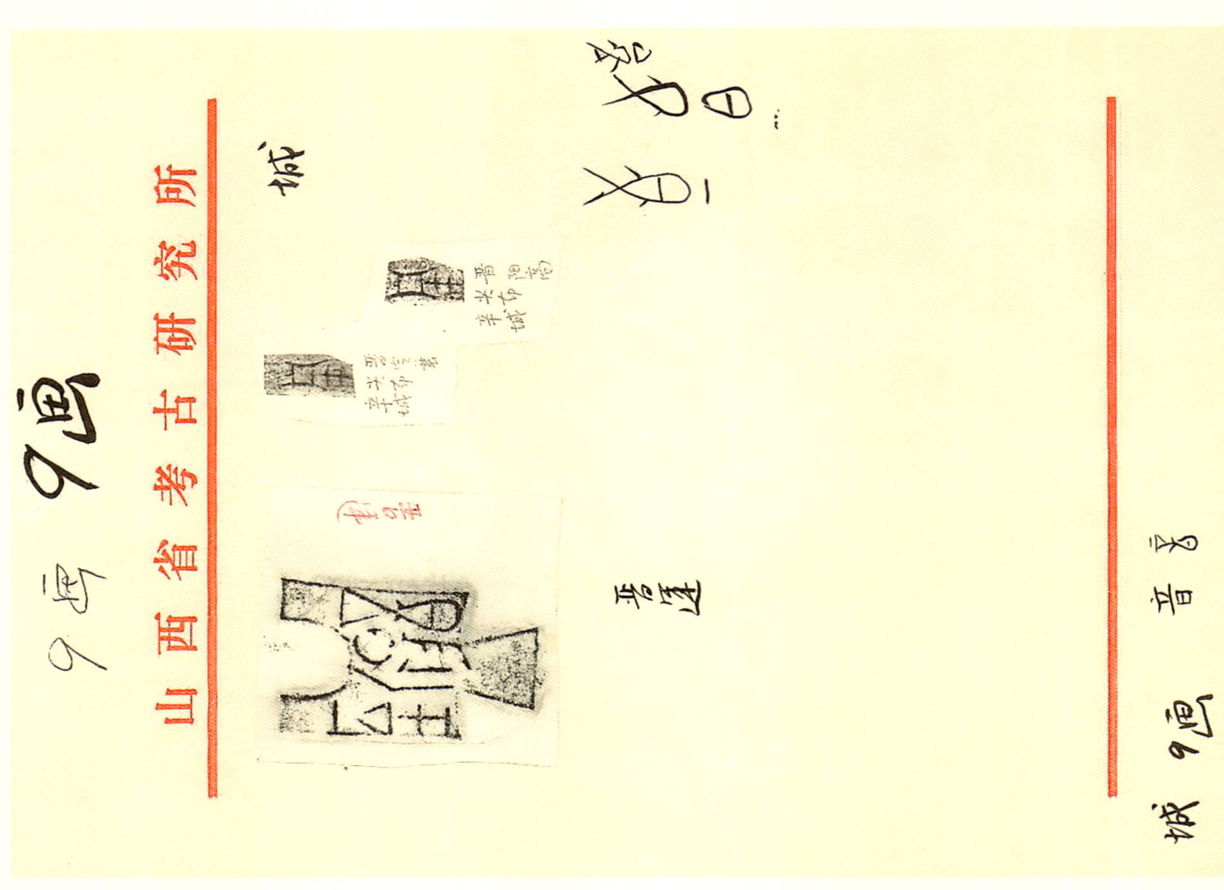
山西省考古研究所

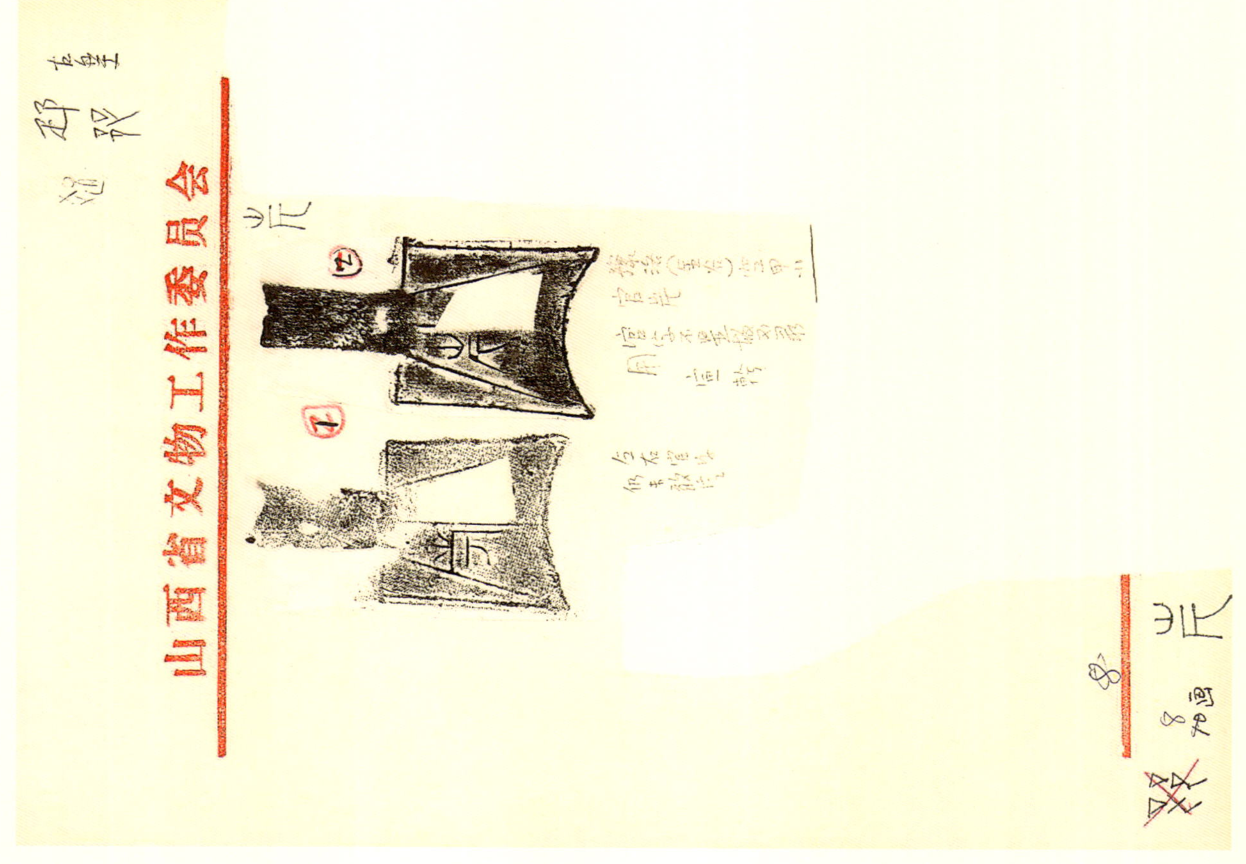
山西省文物工作委员会

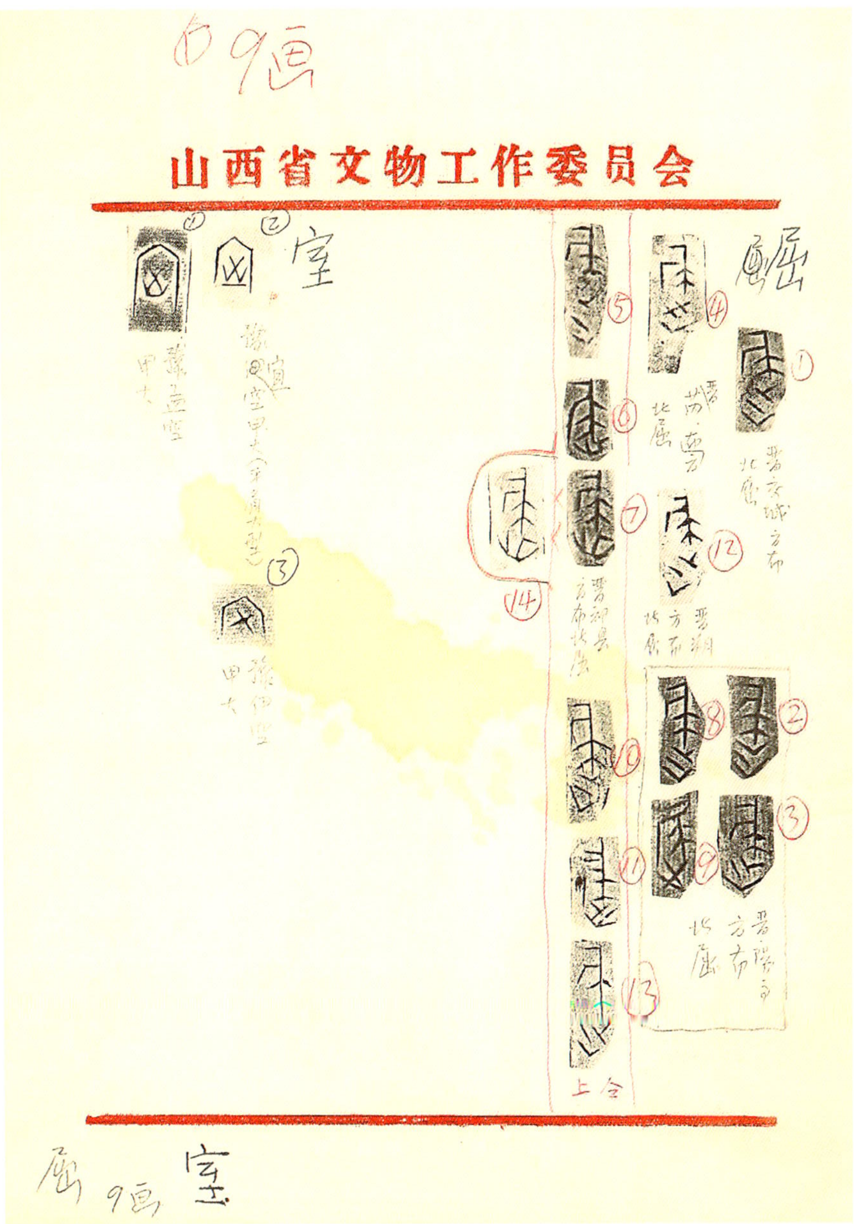
山西省文物工作委员会

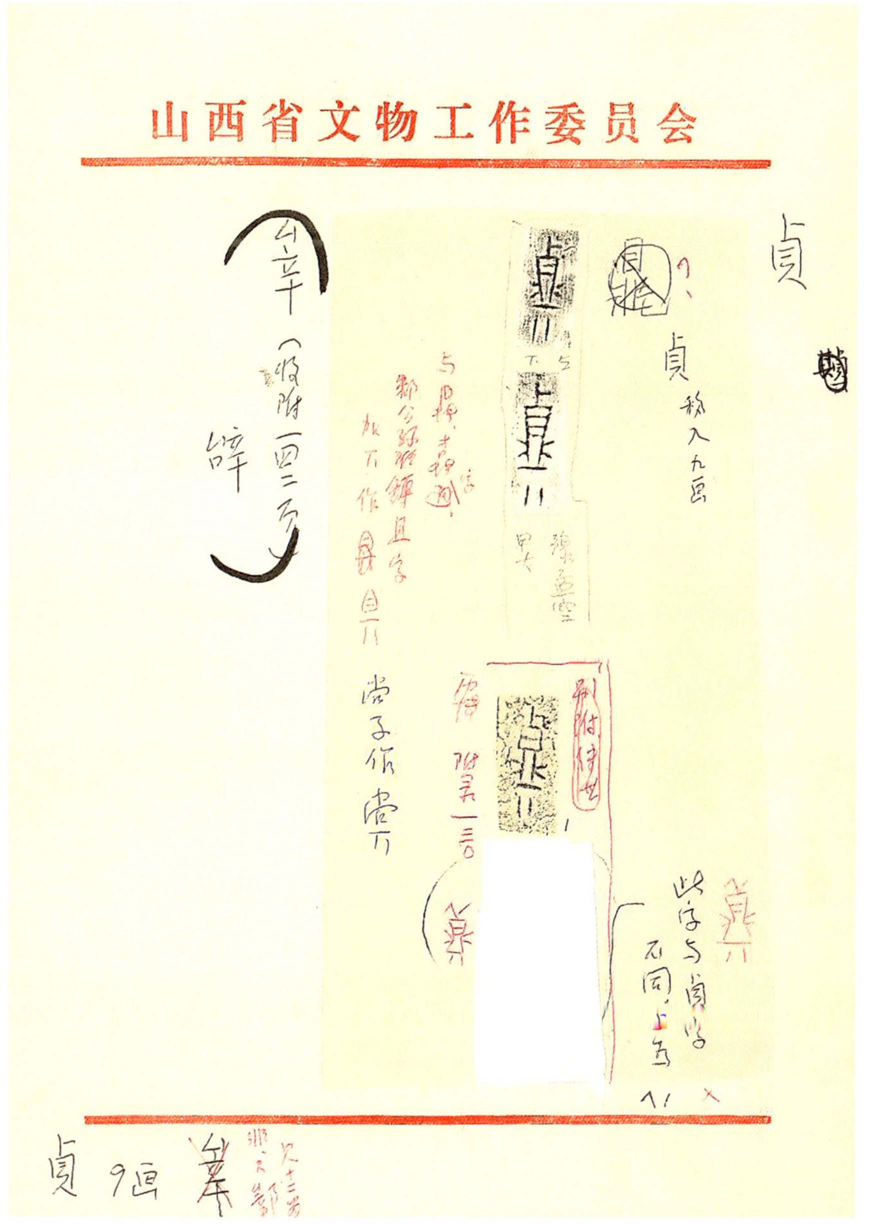
山西省文物工作委员会

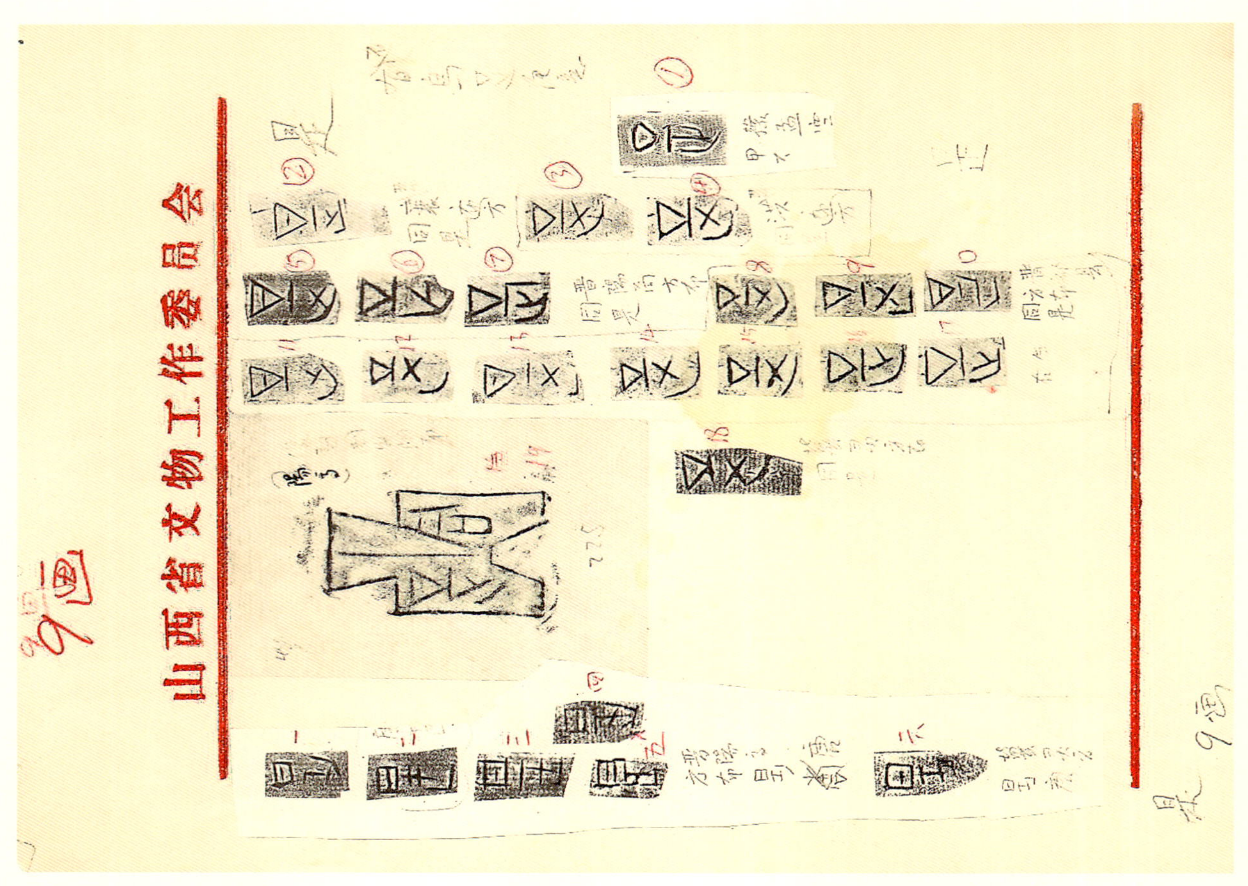
山西省文物工作委员会

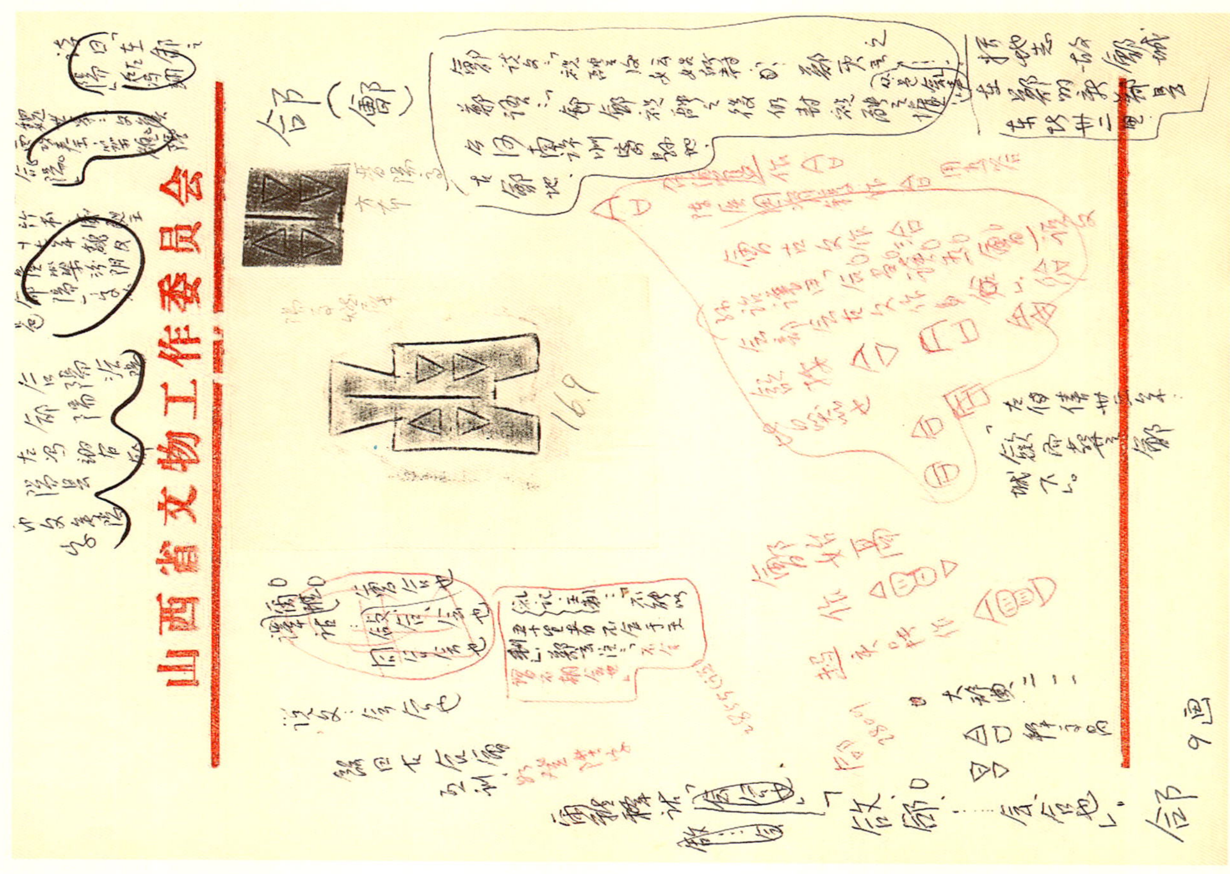
山西省文物工作委员会

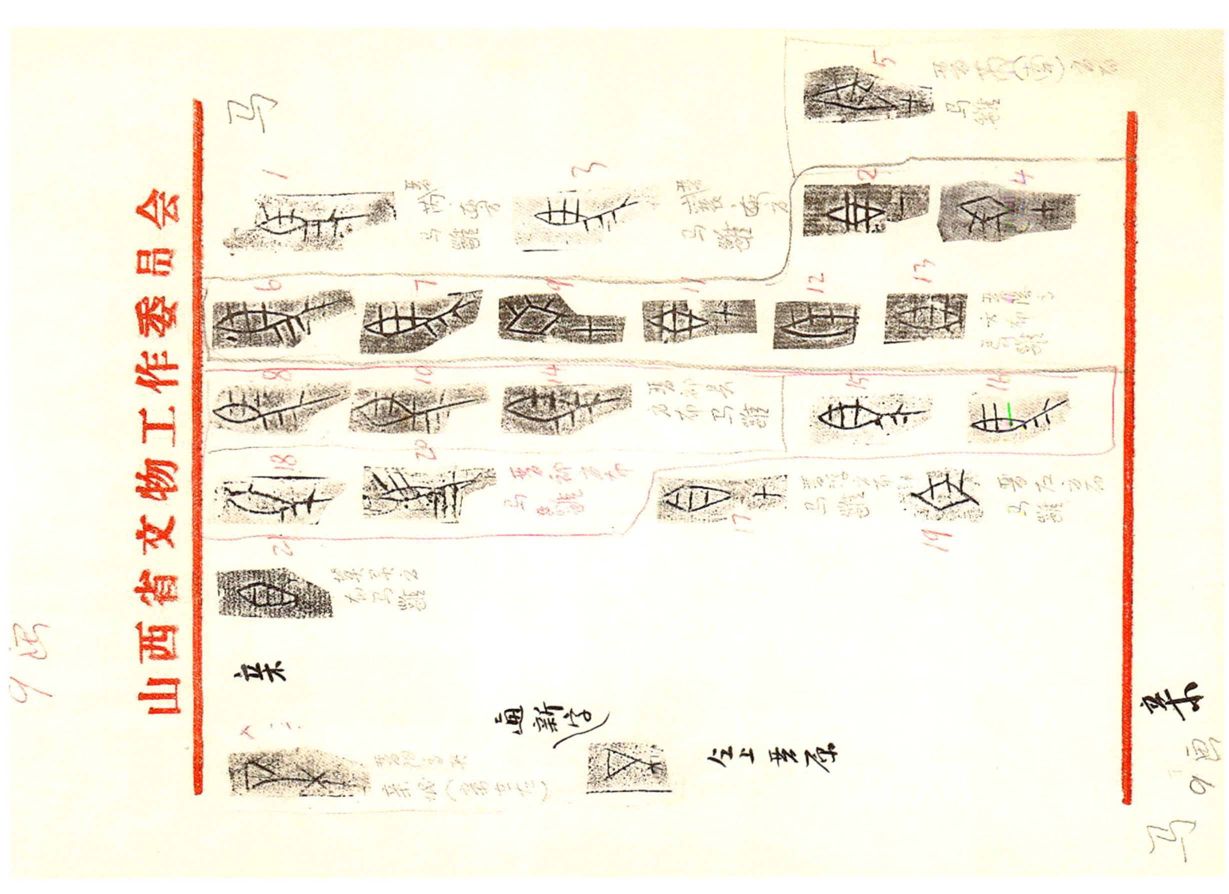
山西省文物工作委员会

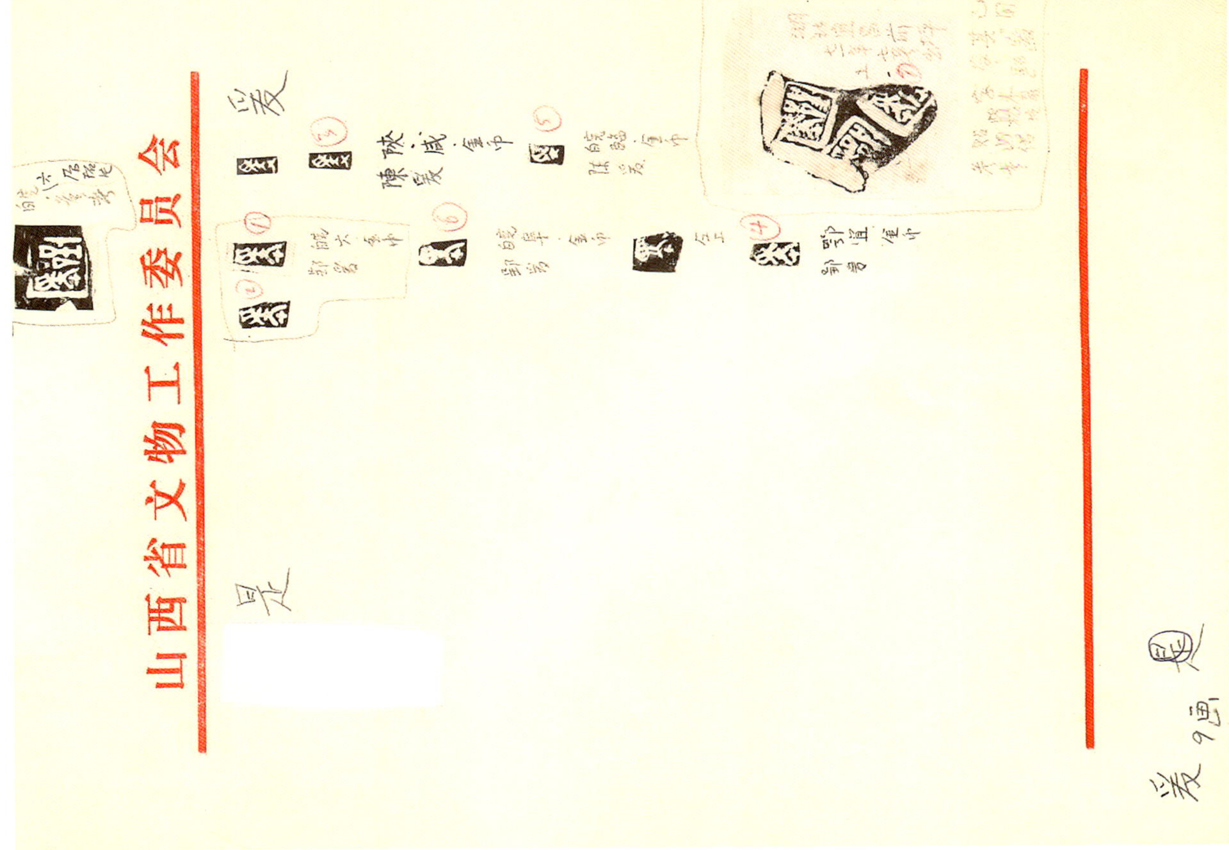
山西省文物工作委员会

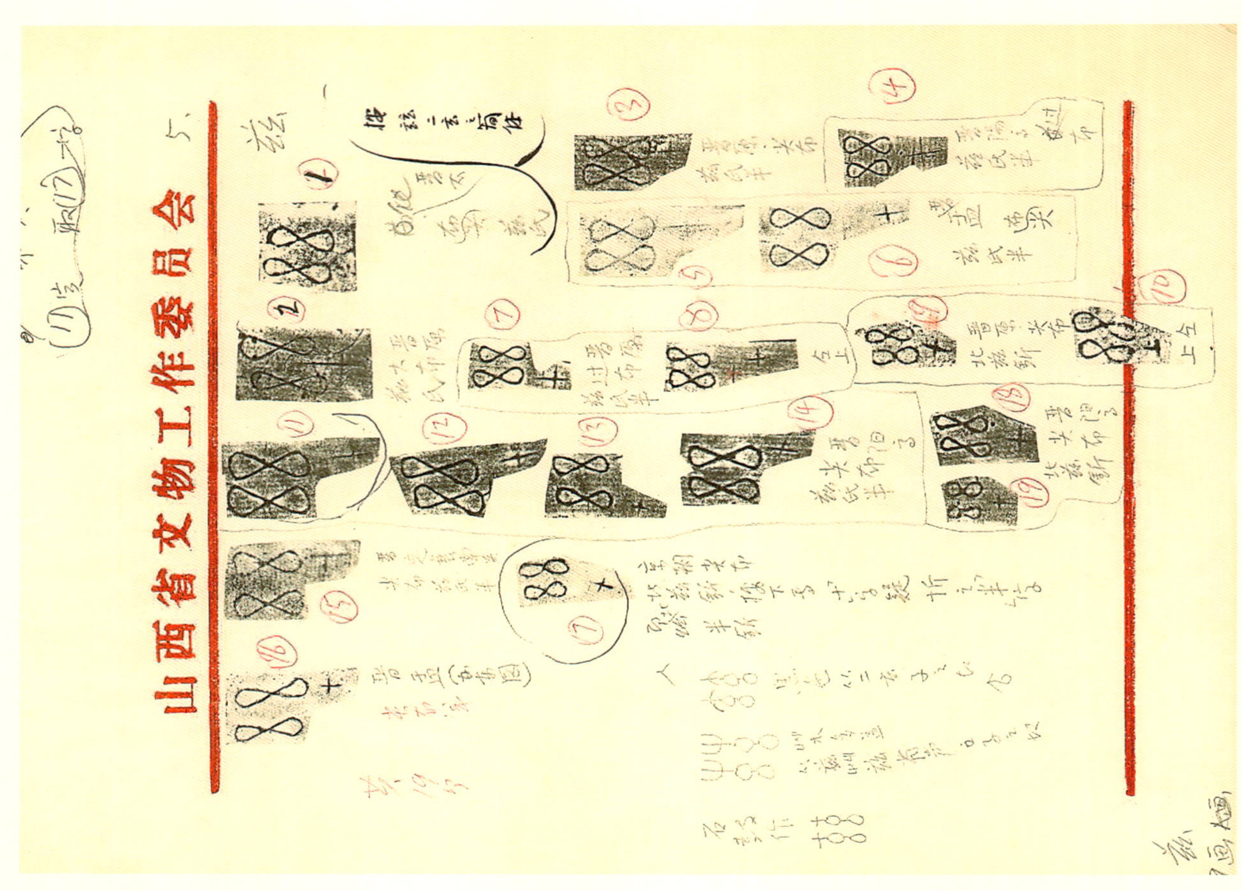
山西省文物工作委员会

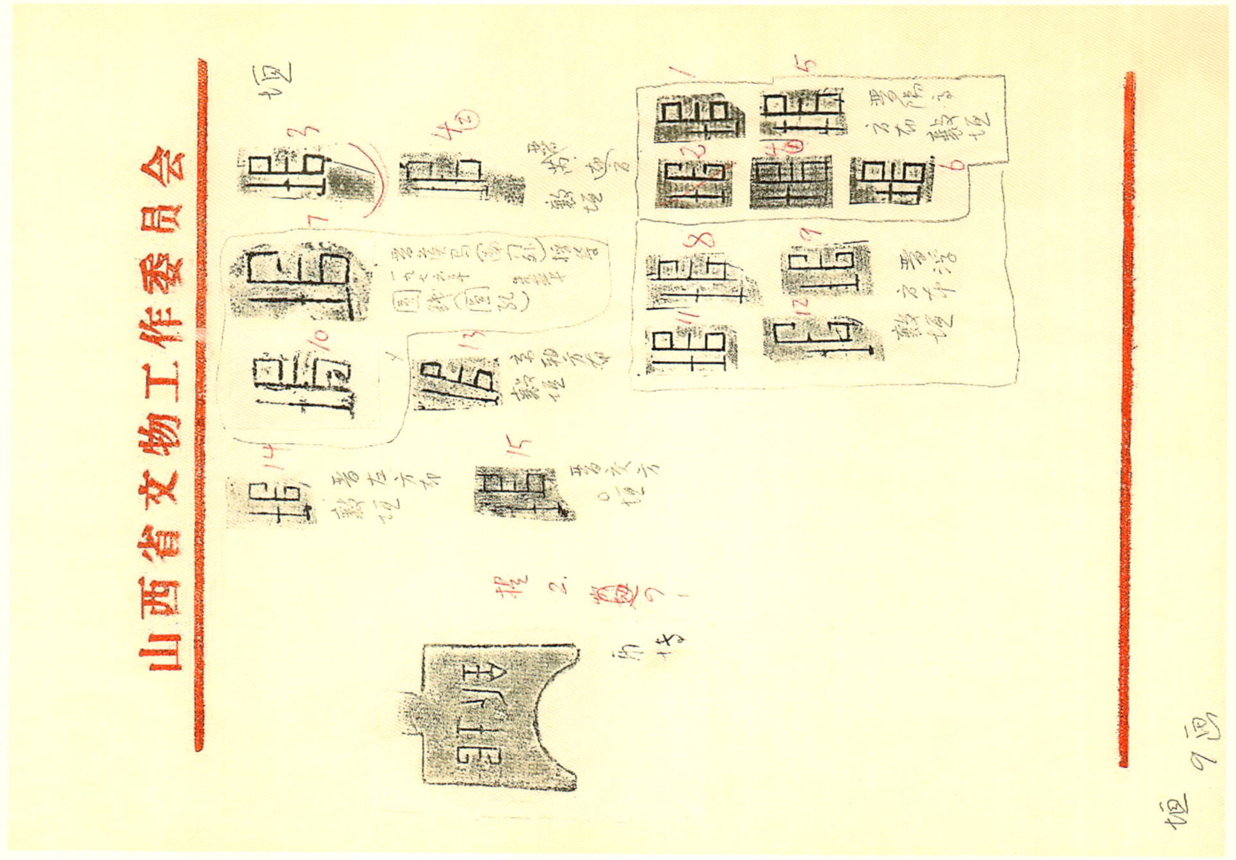
山西省文物工作委员会

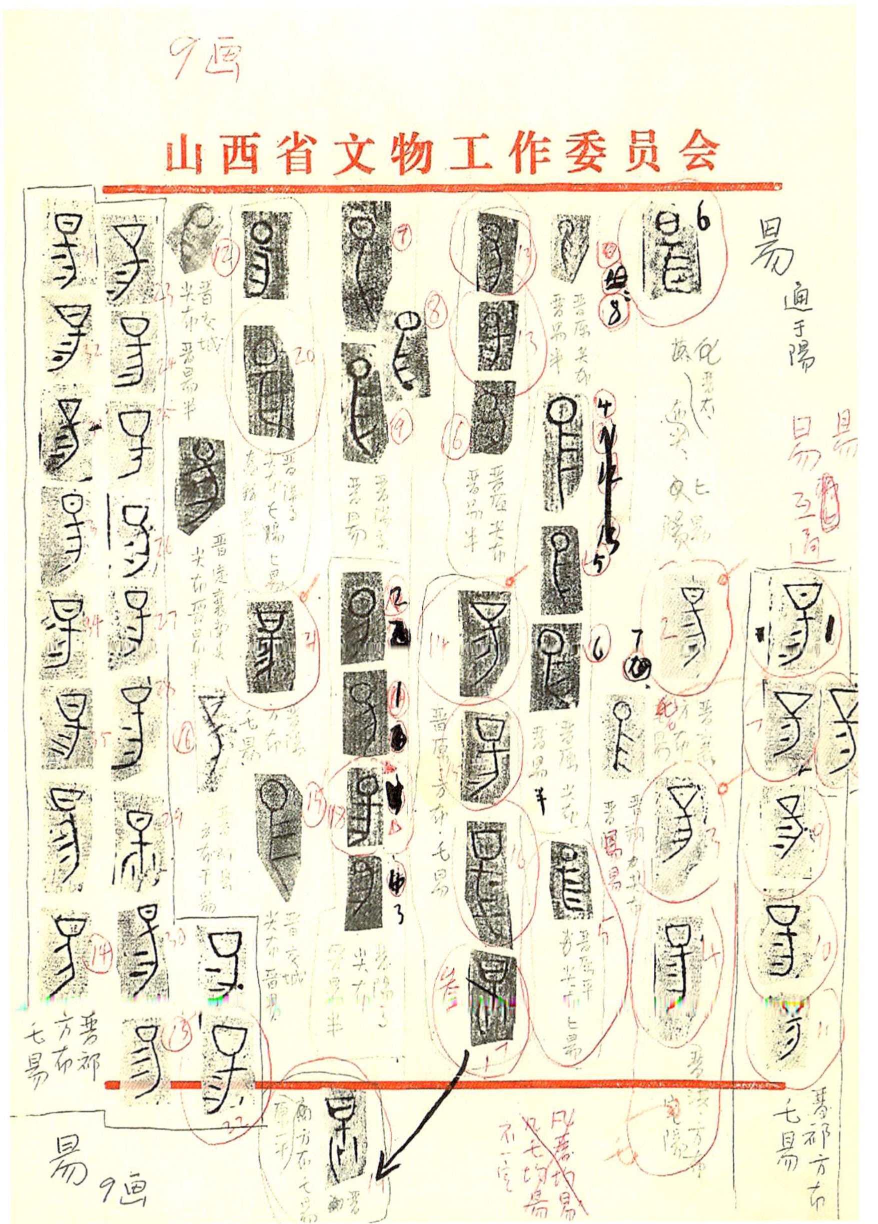
9画
山西省文物工作委员会
易9画

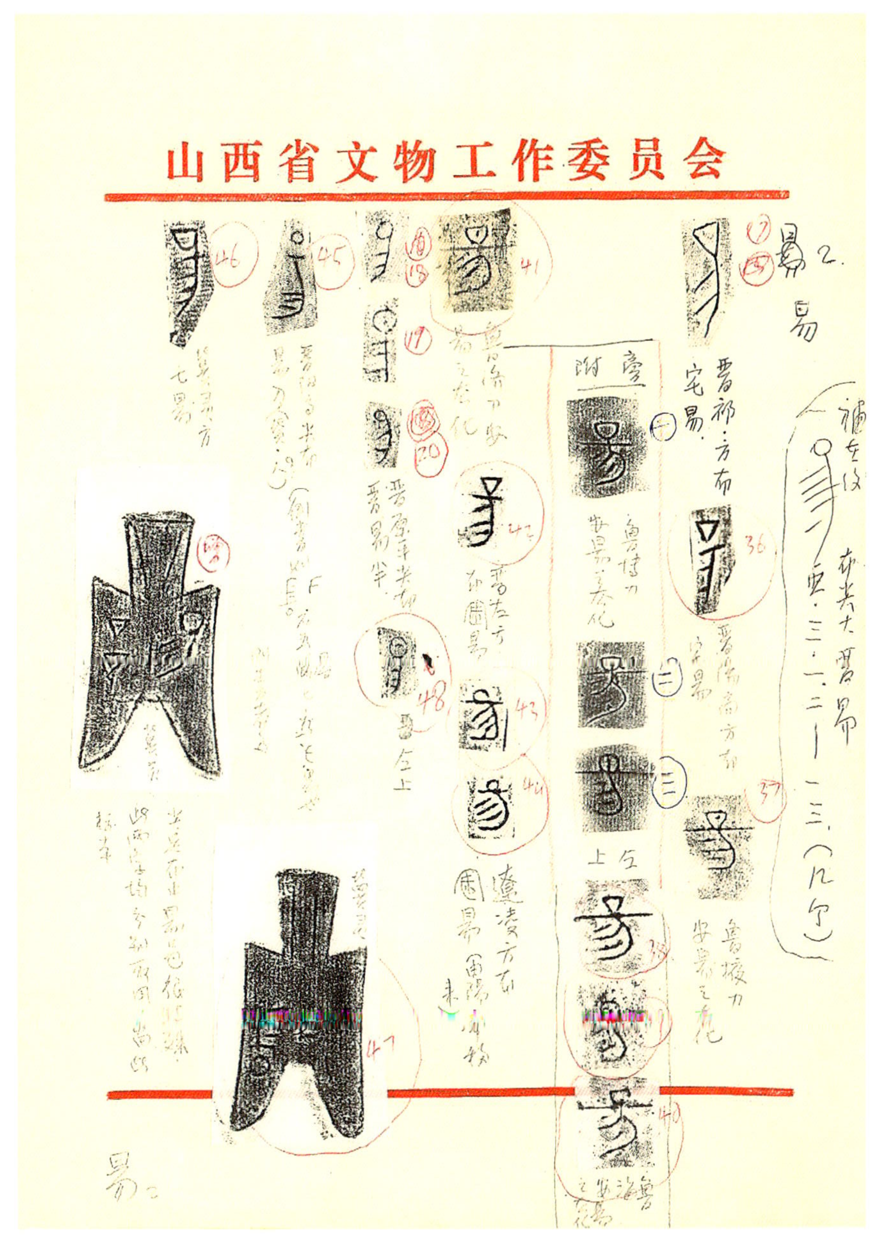
山西省文物工作委员会

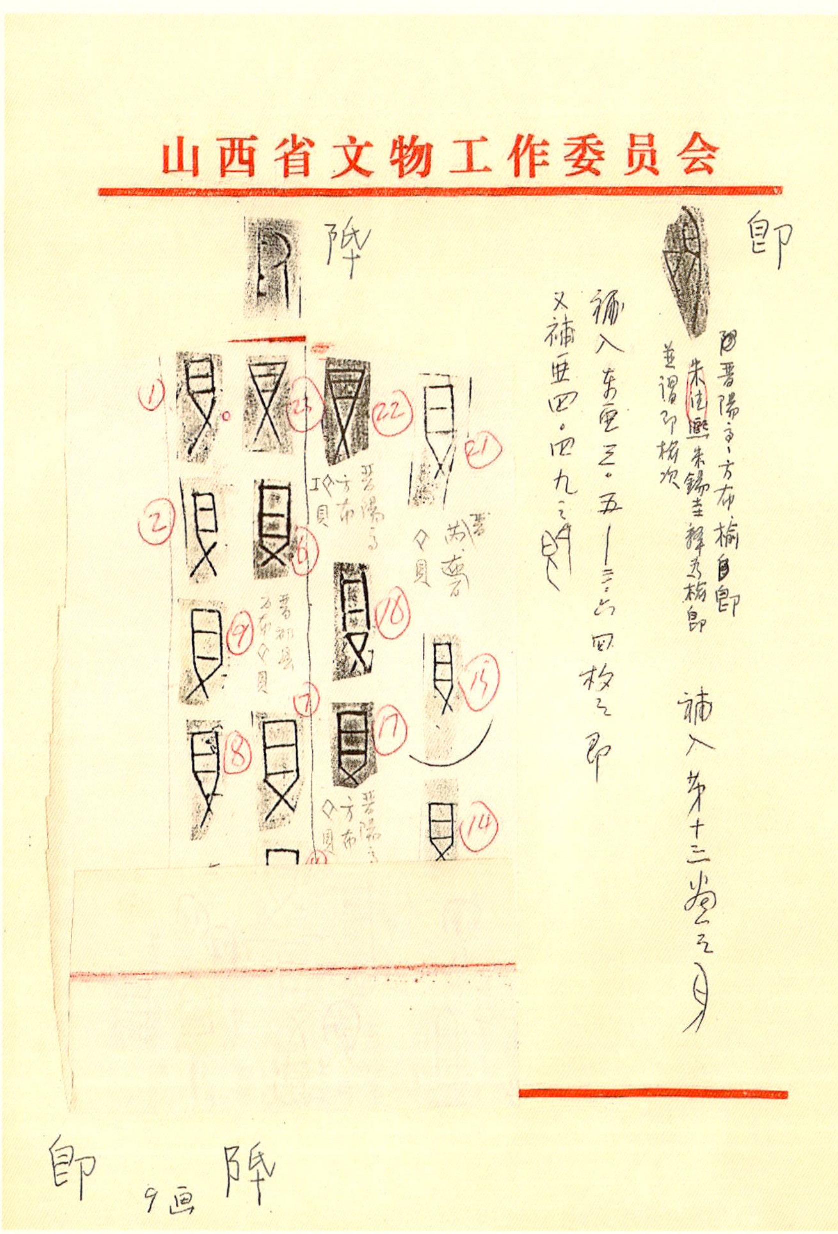
山西省文物工作委员会

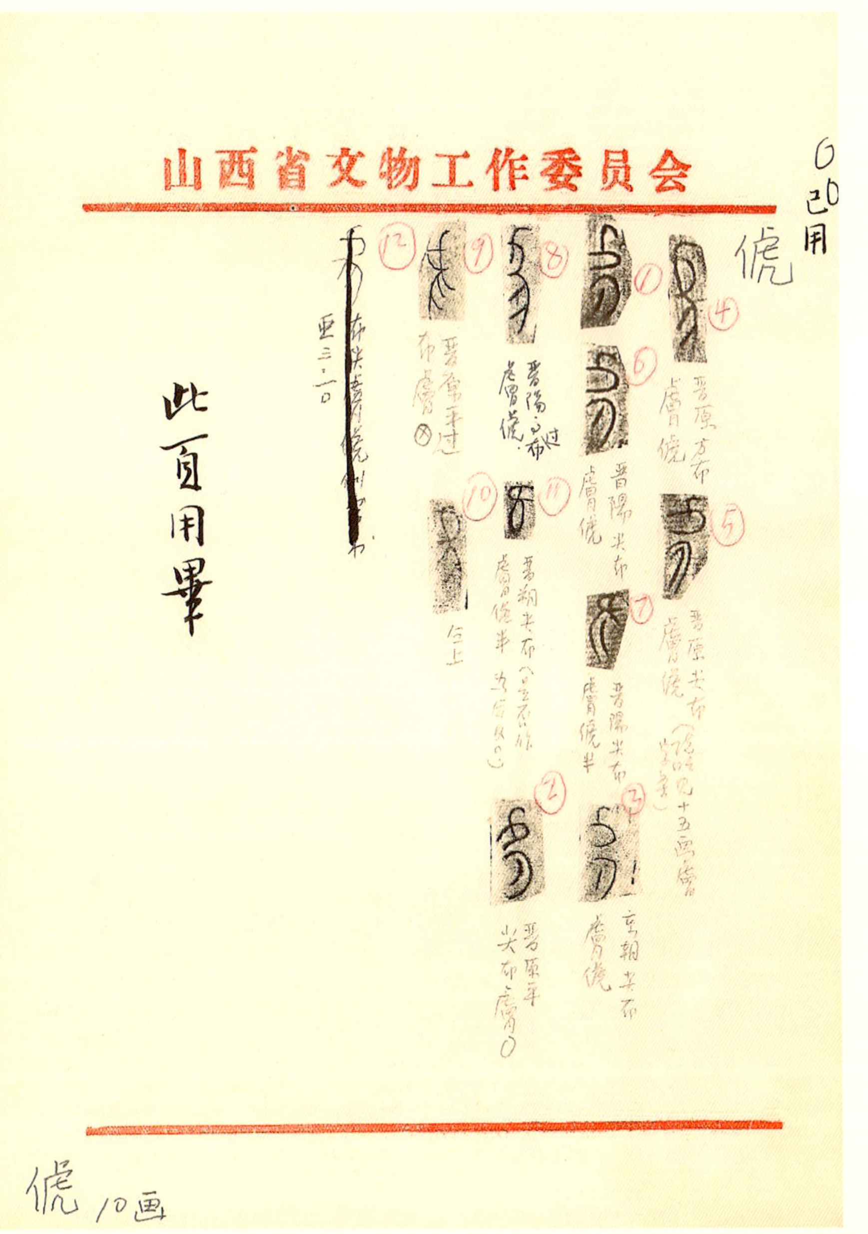
山西省文物工作委员会
此頁用畢

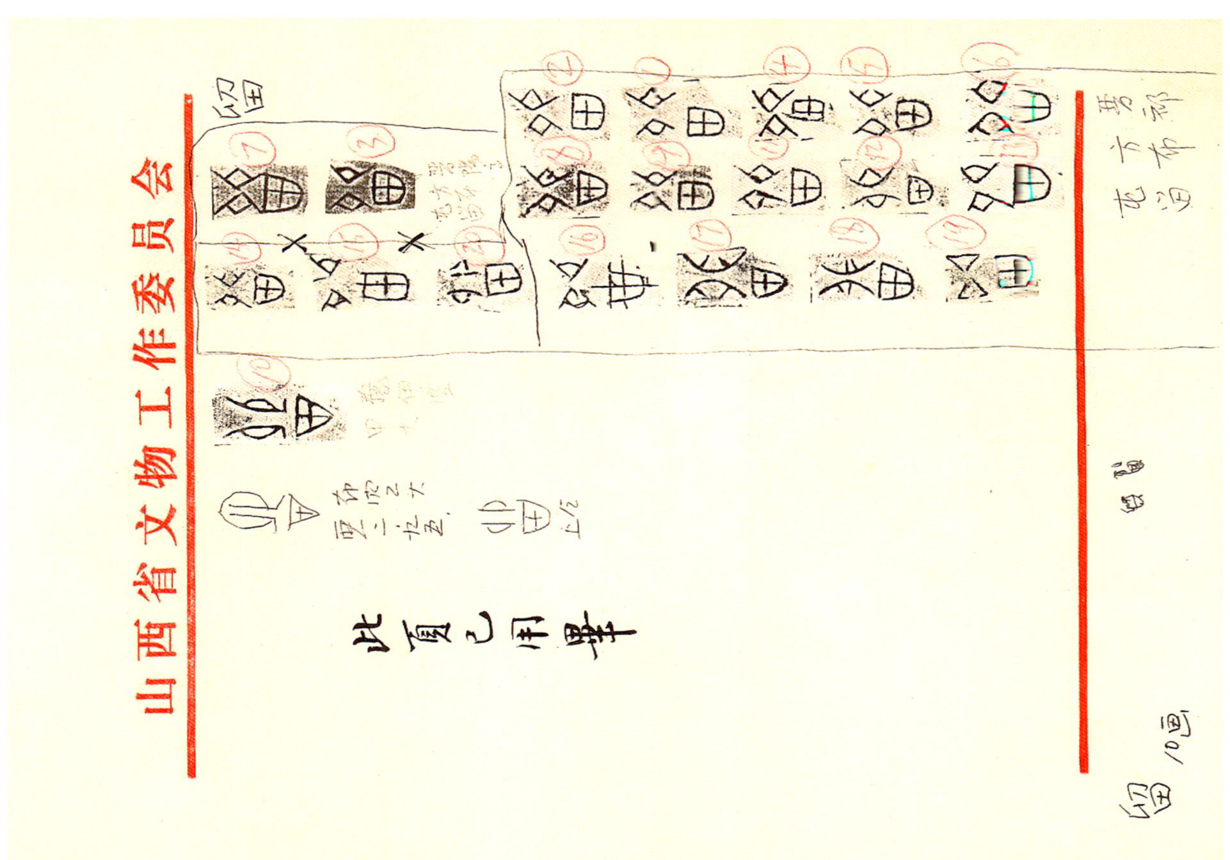
山西省文物工作委员会
此页已用毕

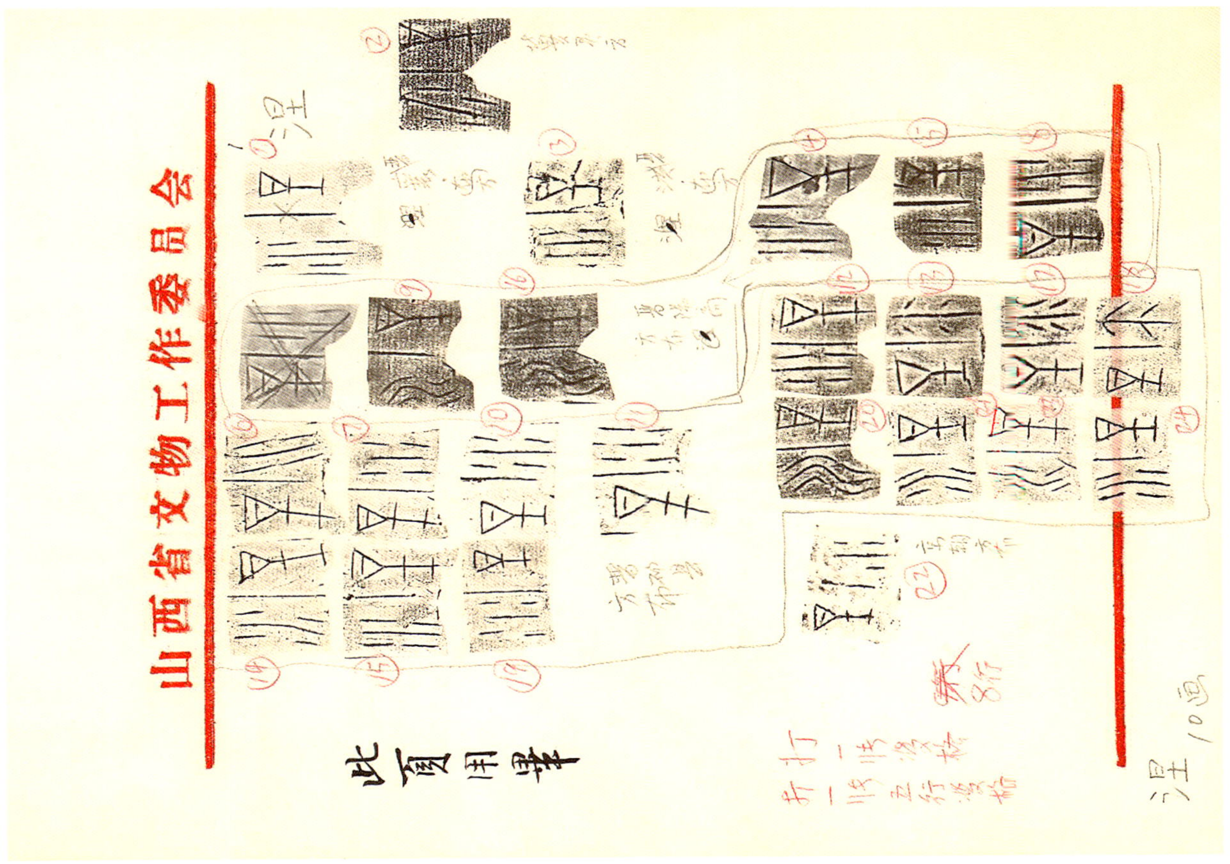
山西省文物工作委员会
此页用毕

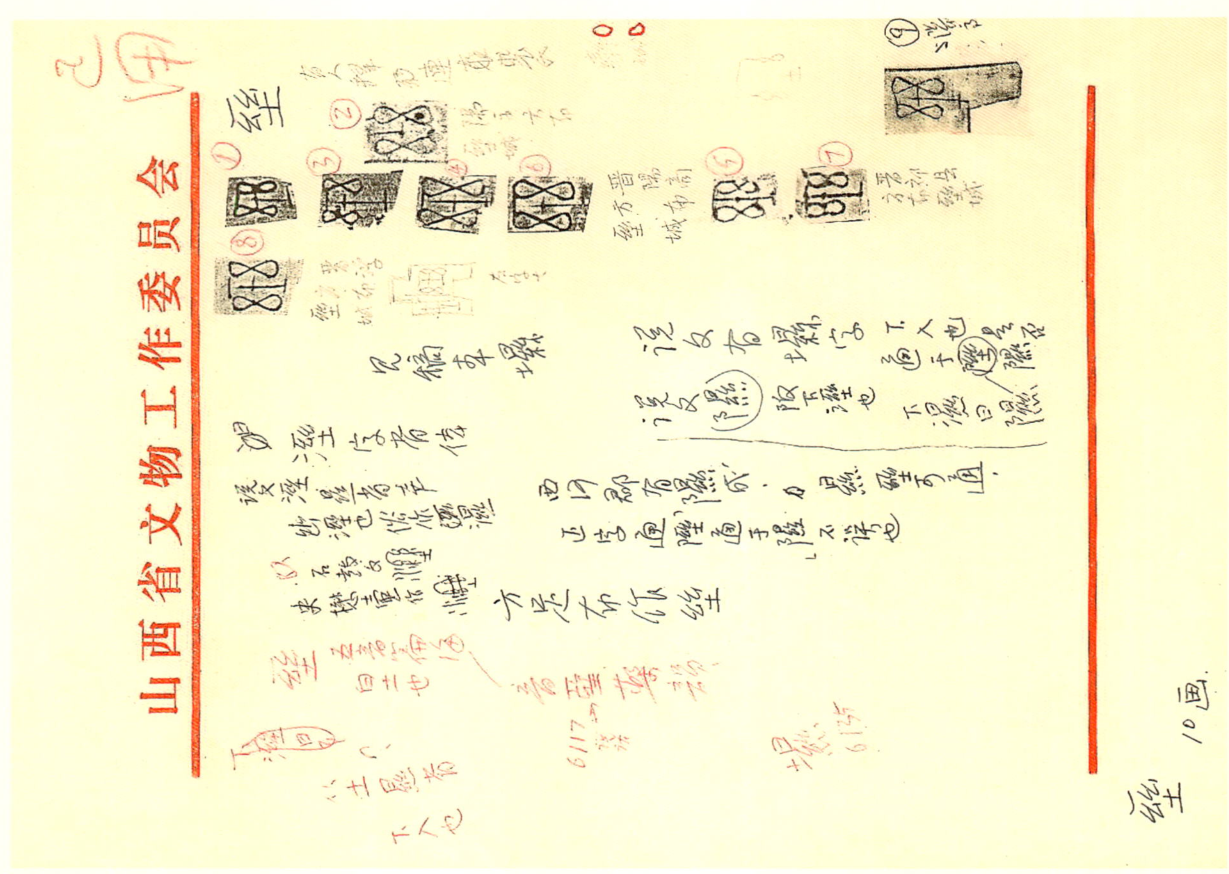
山西省文物工作委员会

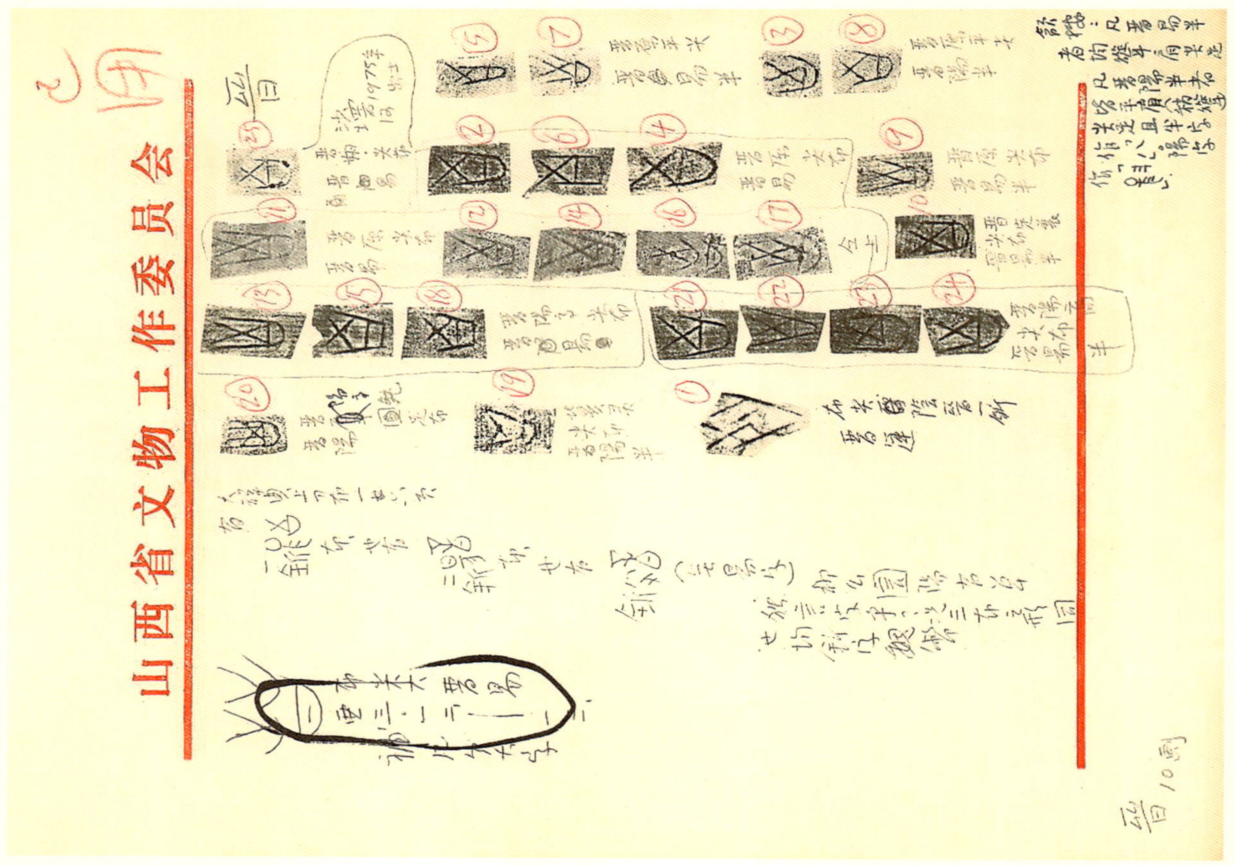
山西省文物工作委员会

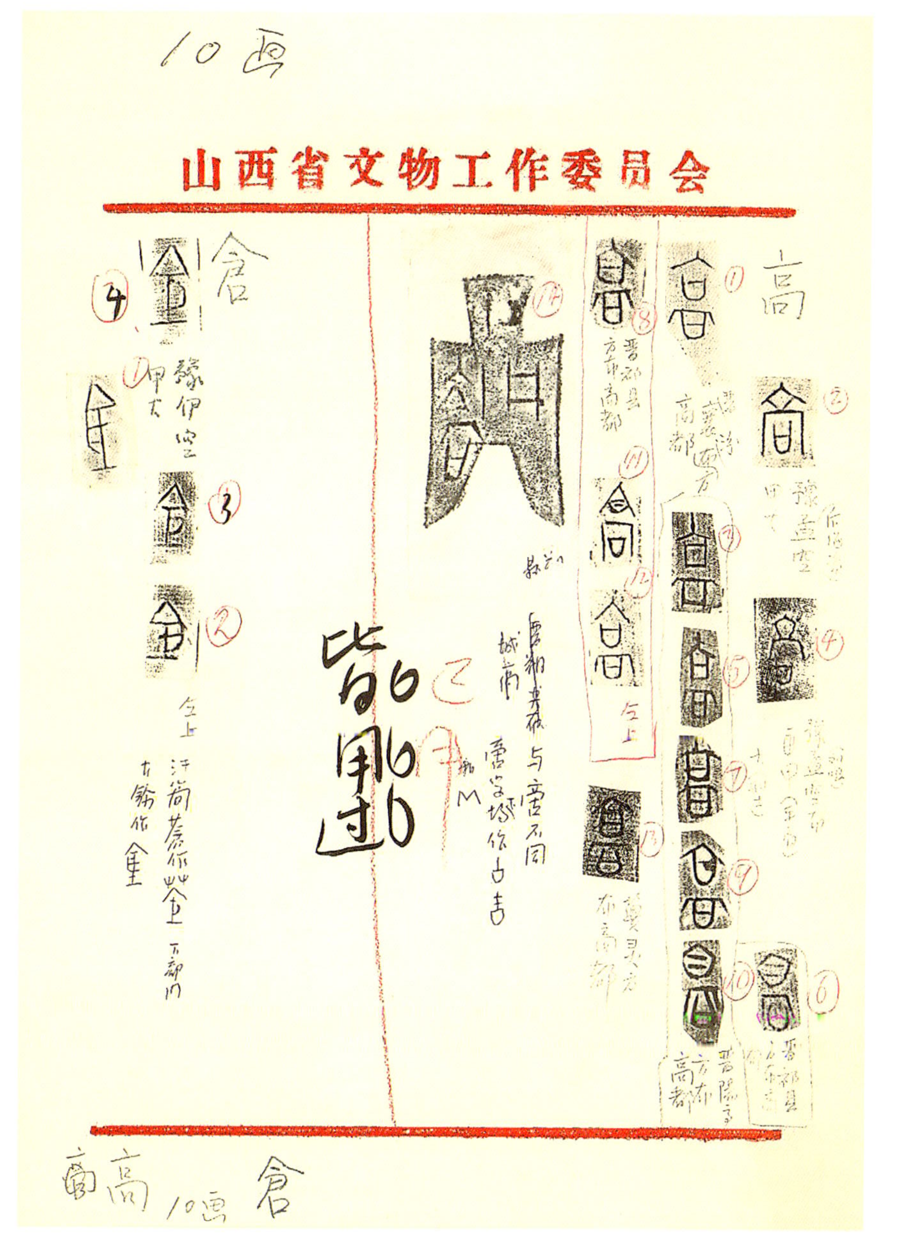
10画
山西省文物工作委员会
高 10画 倉

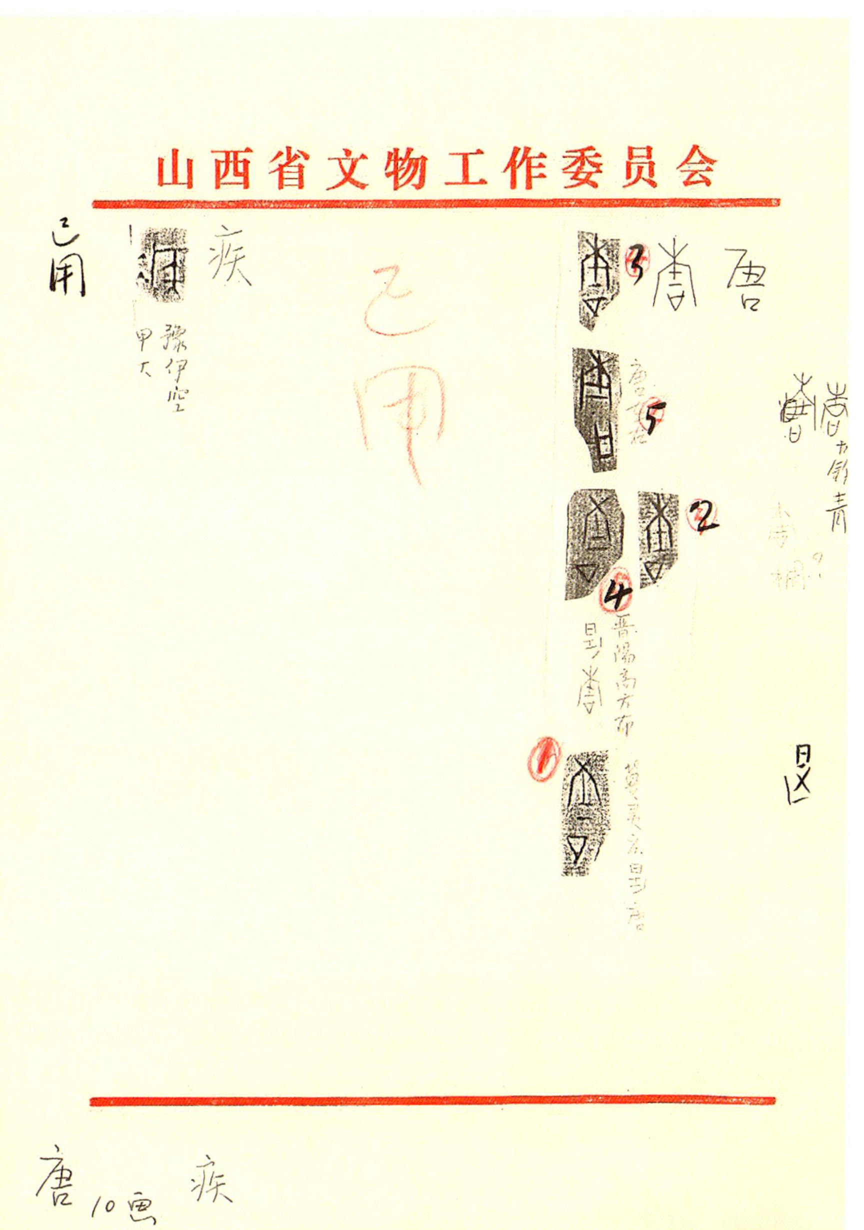
山西省文物工作委员会
唐 10画 疾

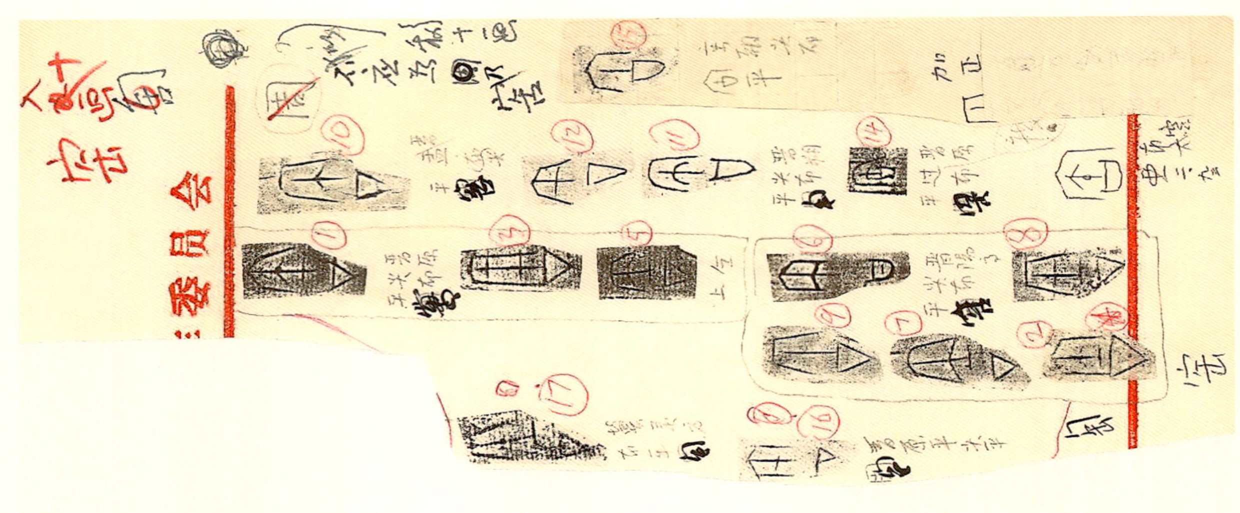

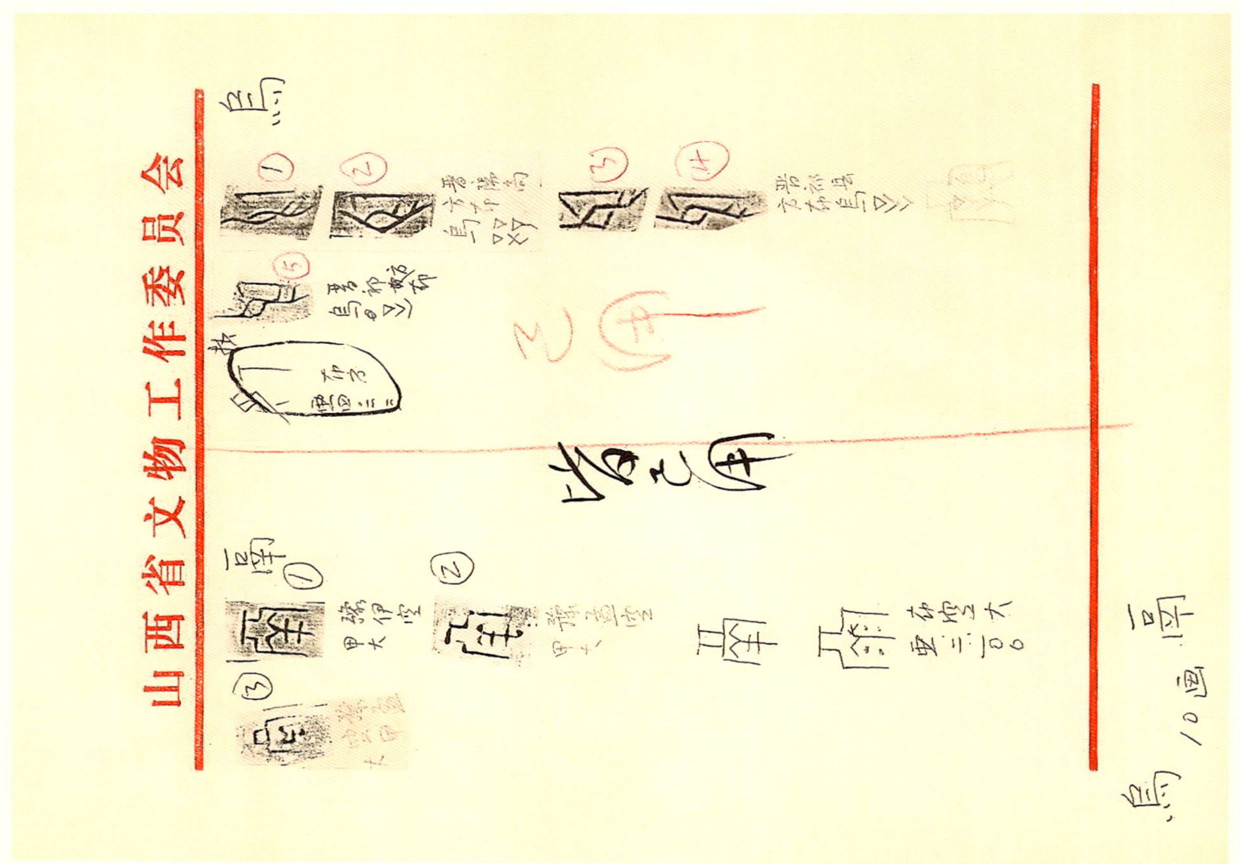
山西省文物工作委员会

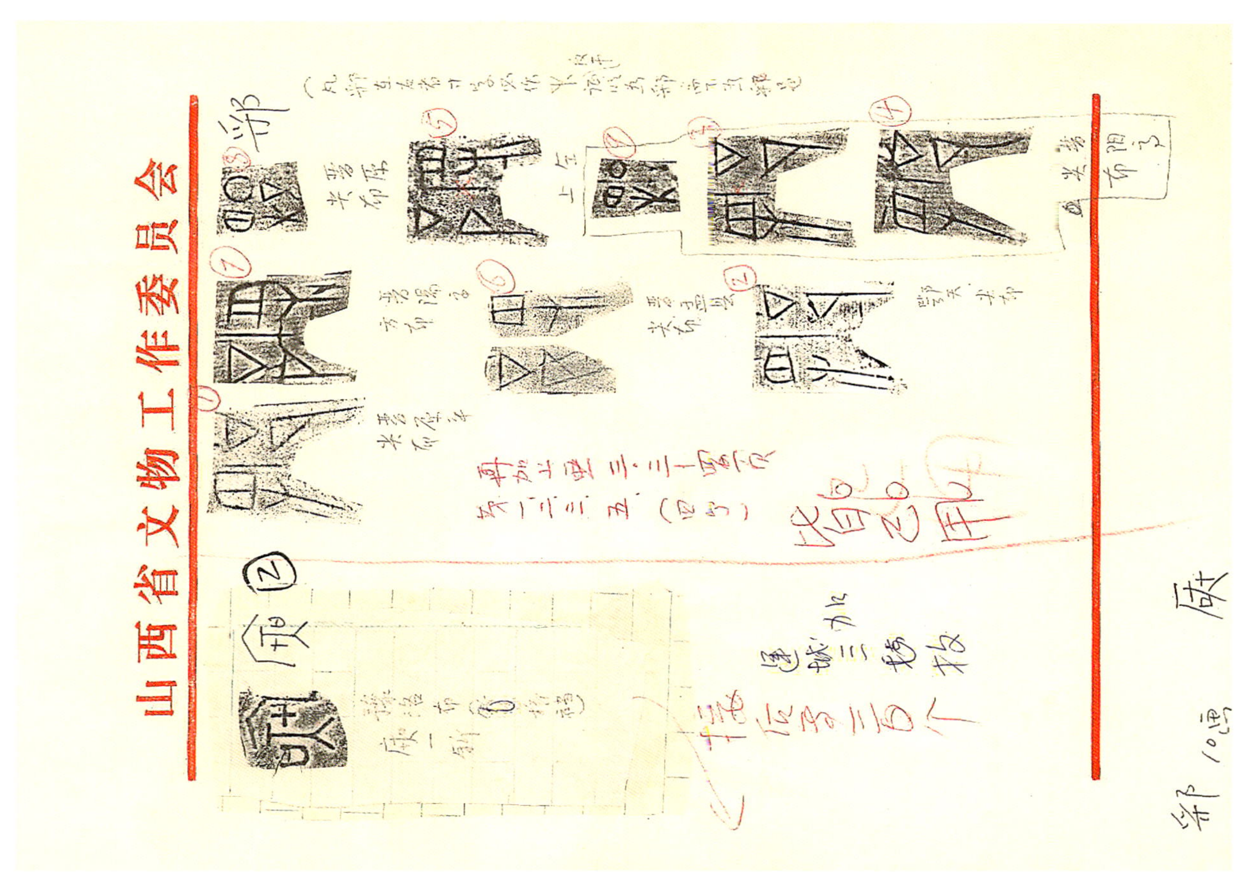
山西省文物工作委员会

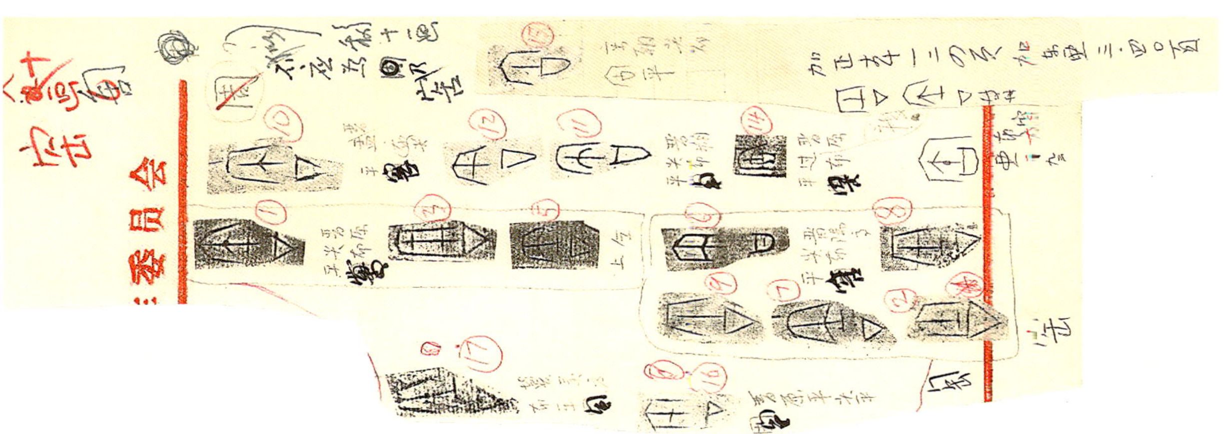

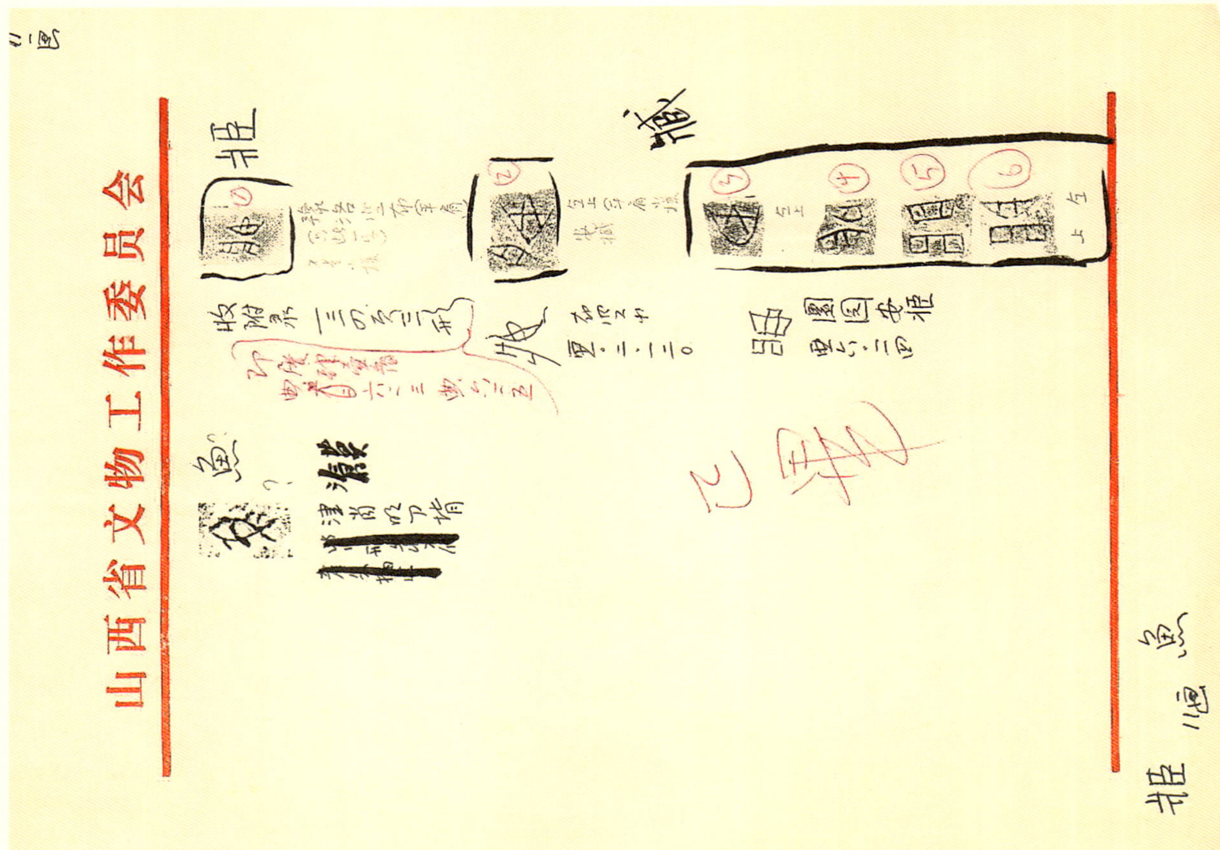
山西省文物工作委员会

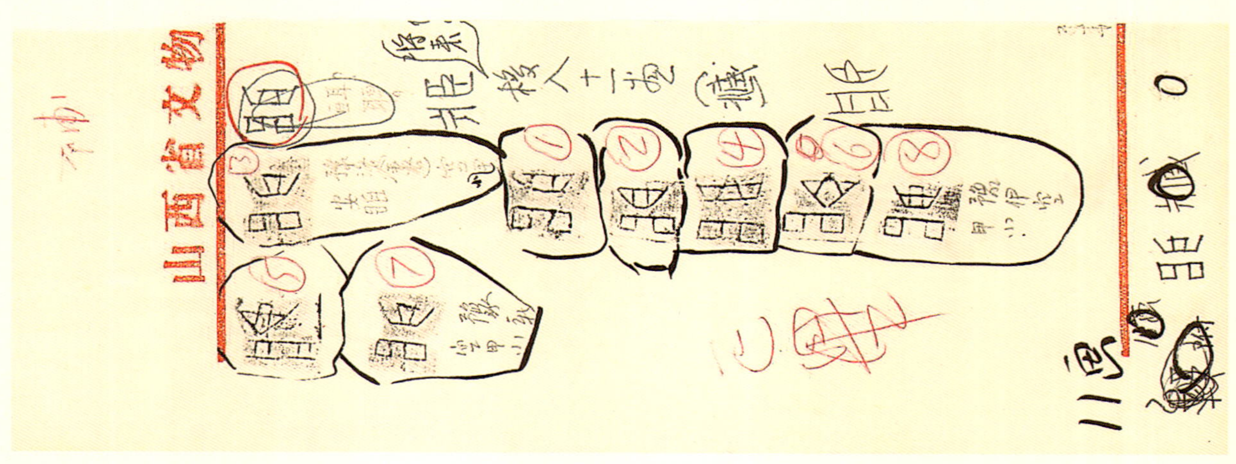
山西省文物

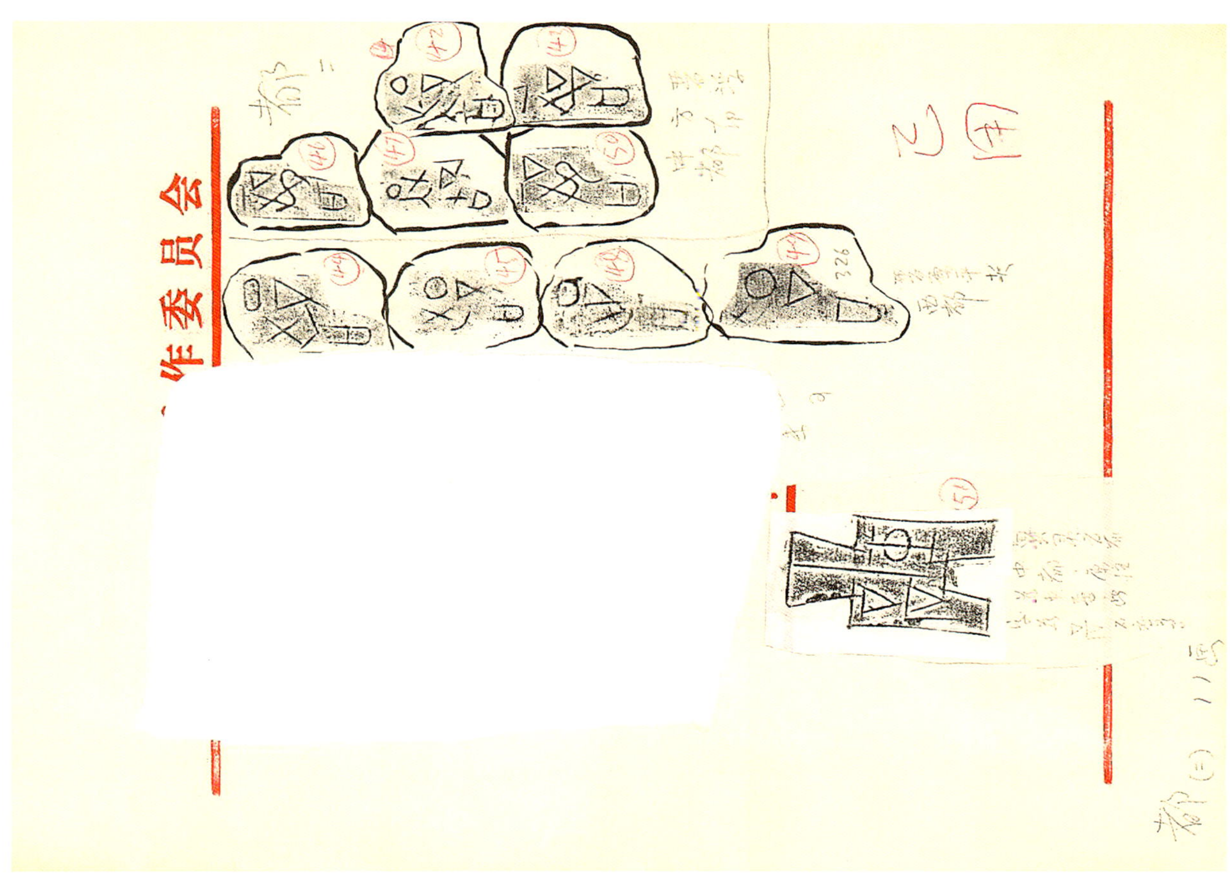

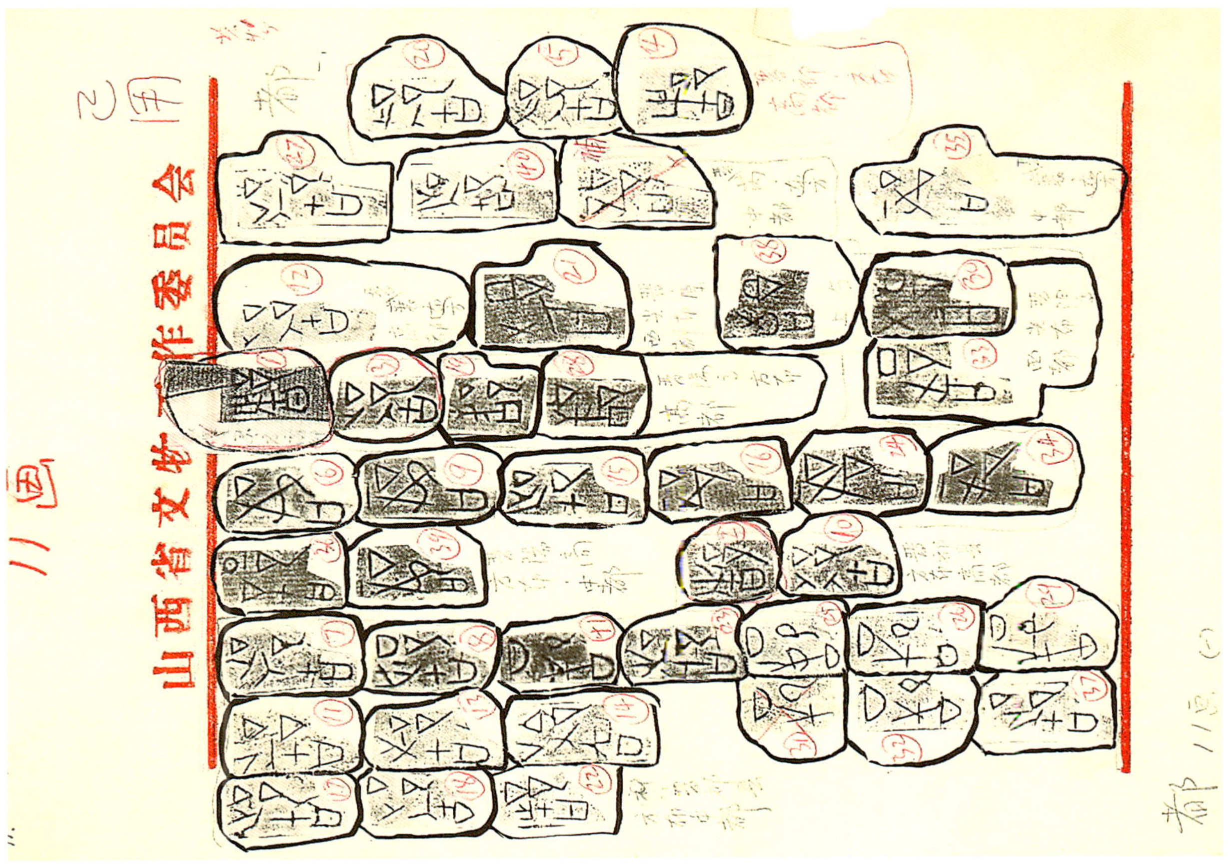
山西省文物工作委员会

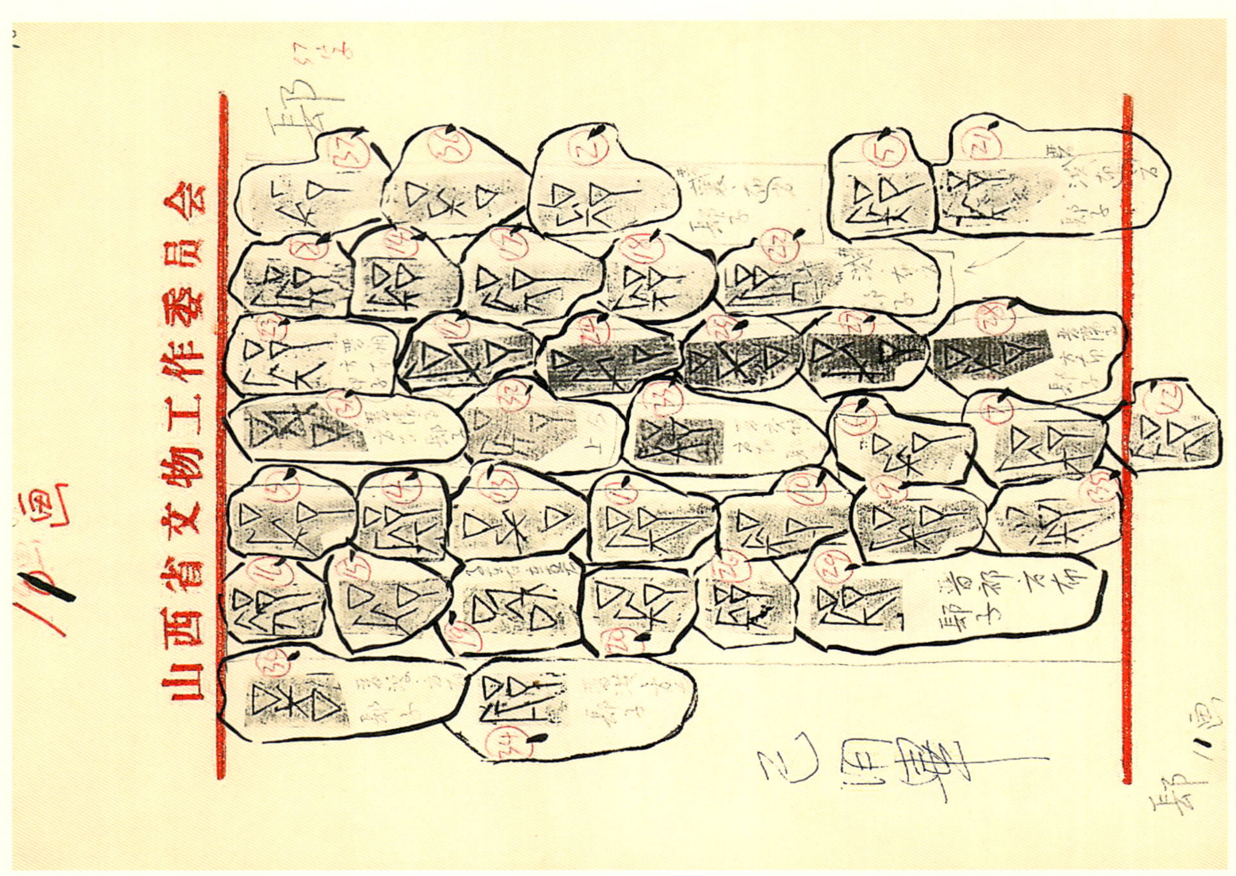
山西省文物工作委员会

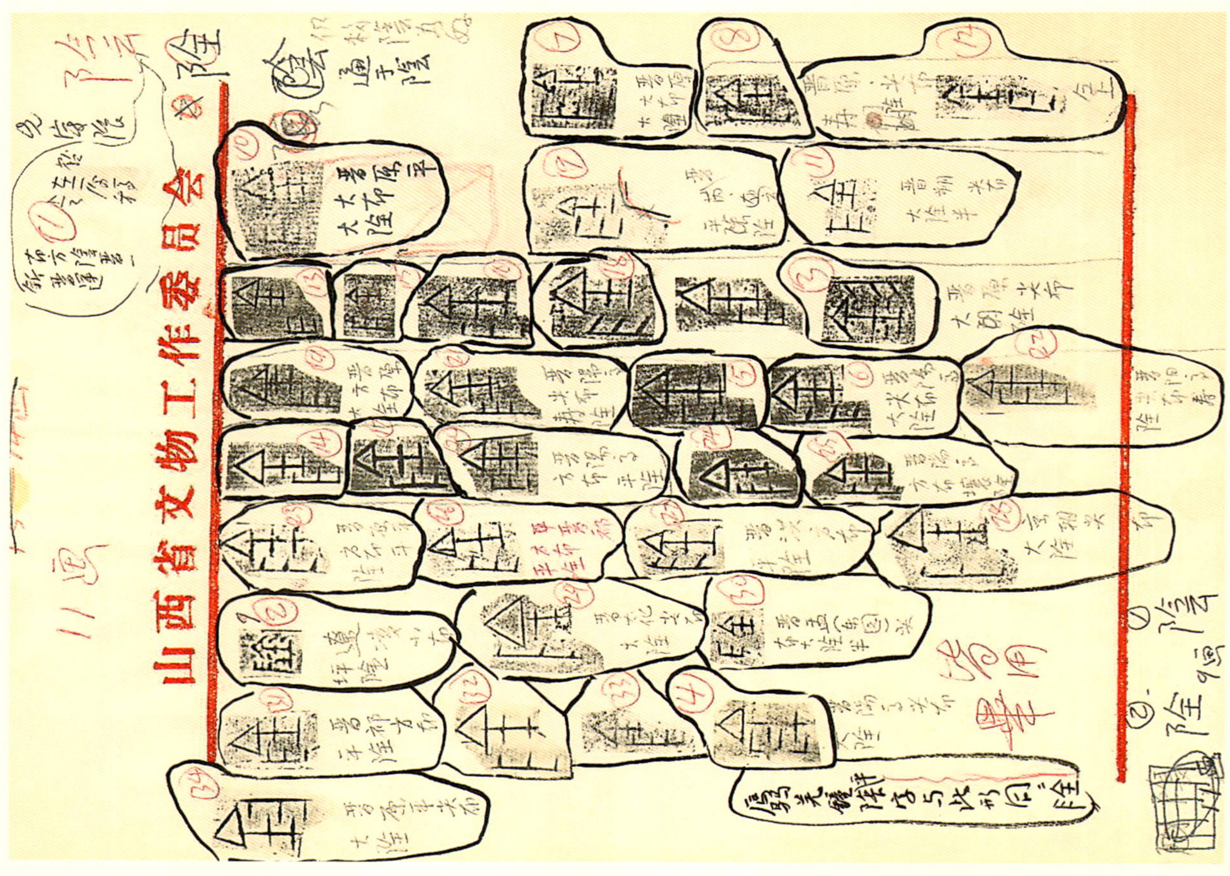
山西省文物工作委员会

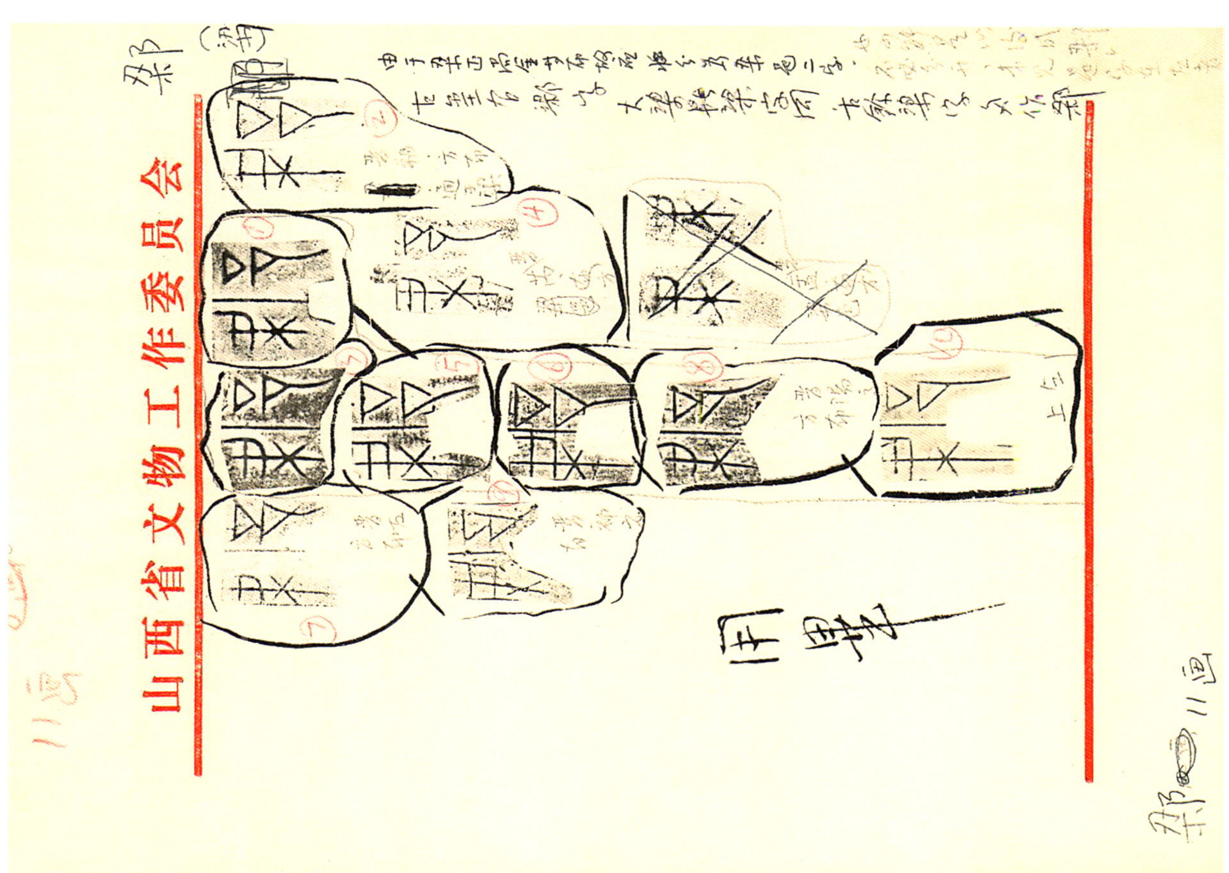
山西省文物工作委员会

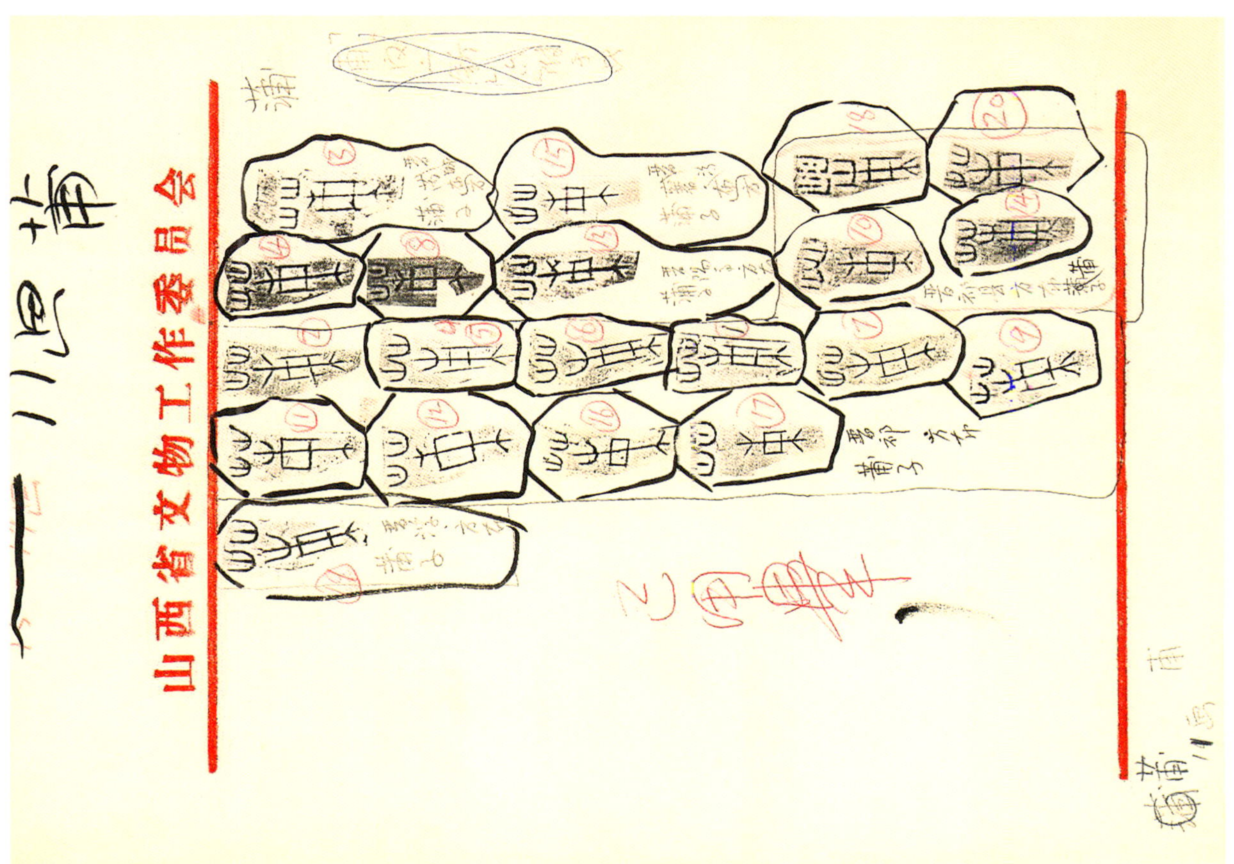
山西省文物工作委员会

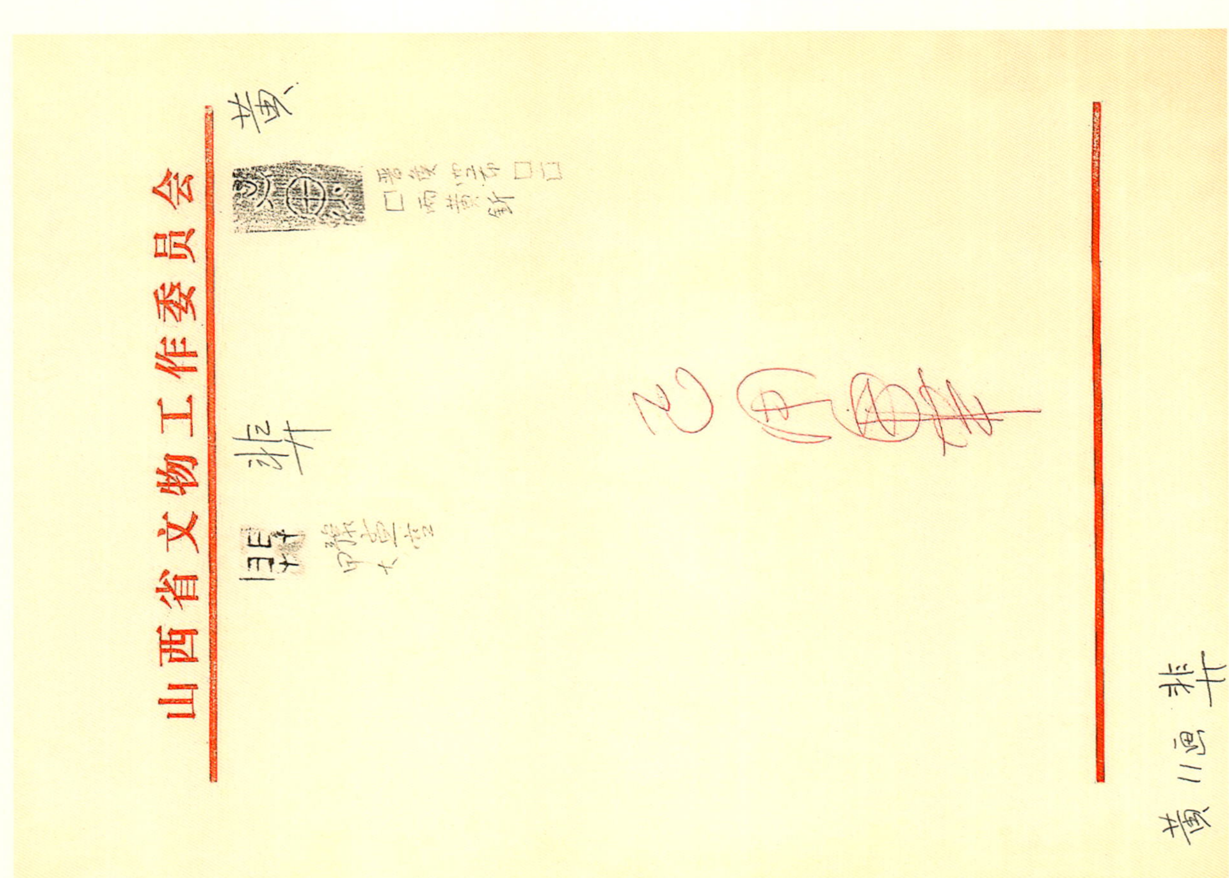
山西省文物工作委员会

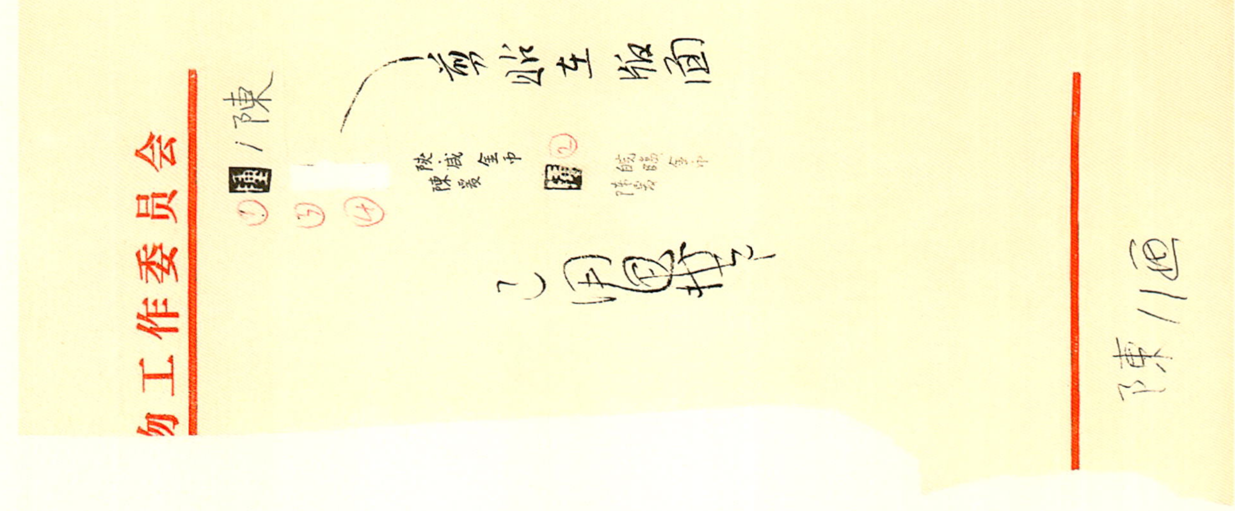
物工作委员会

山西省文物工作委员会

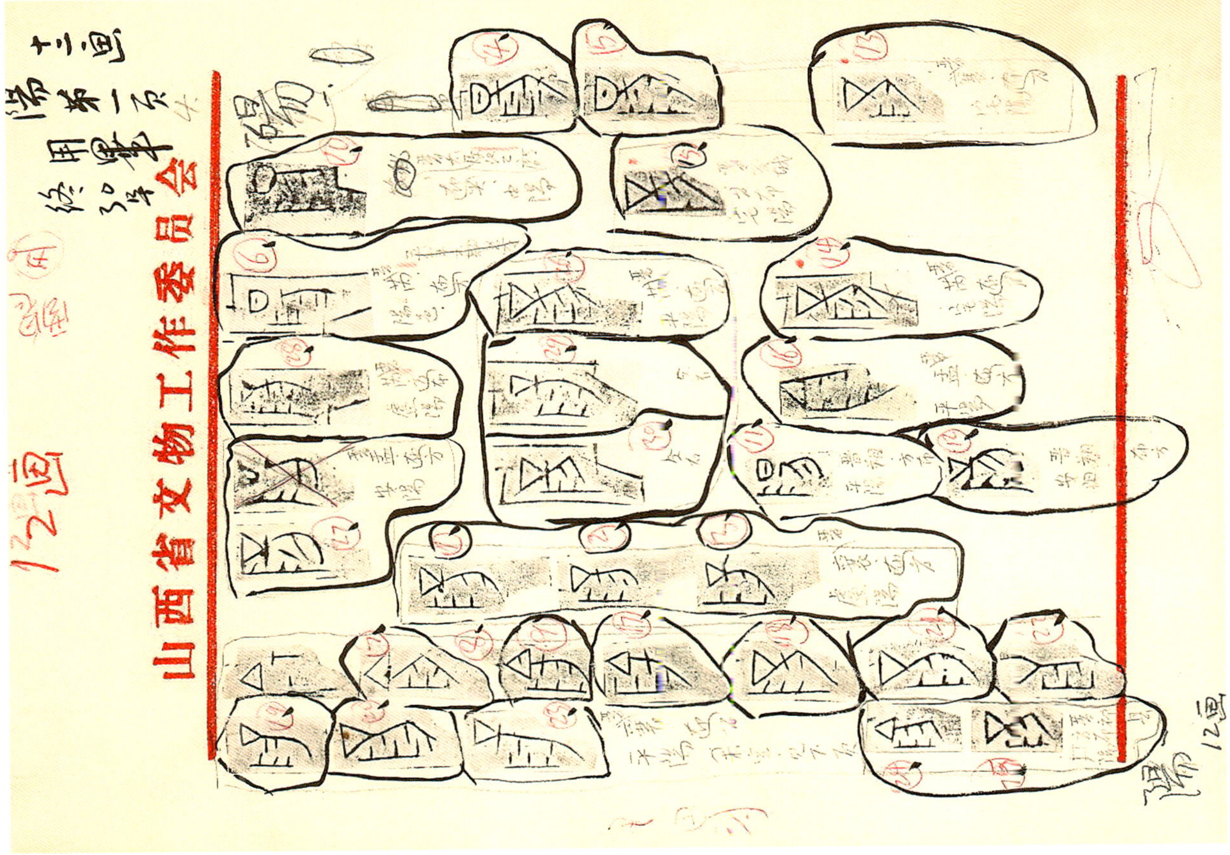
山西省文物工作委员会

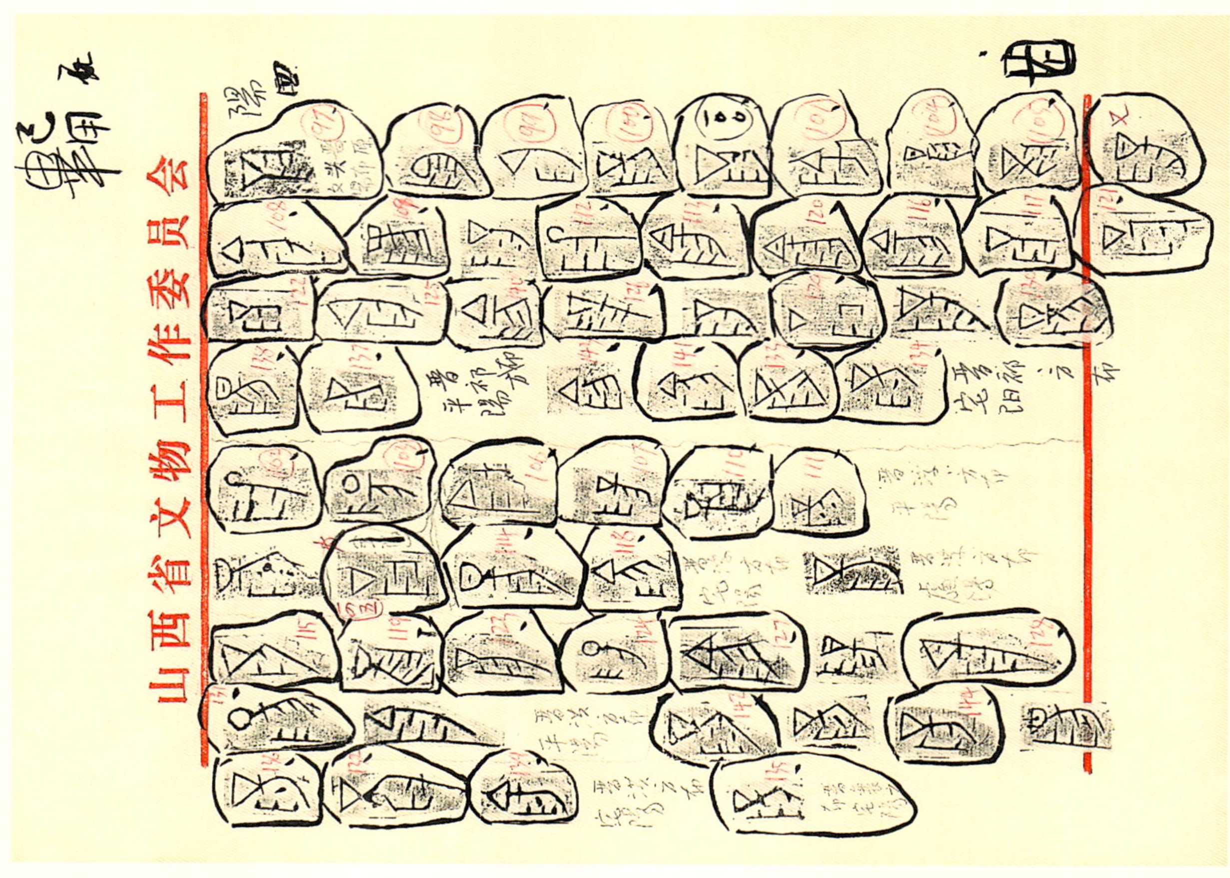
山西省文物工作委员会

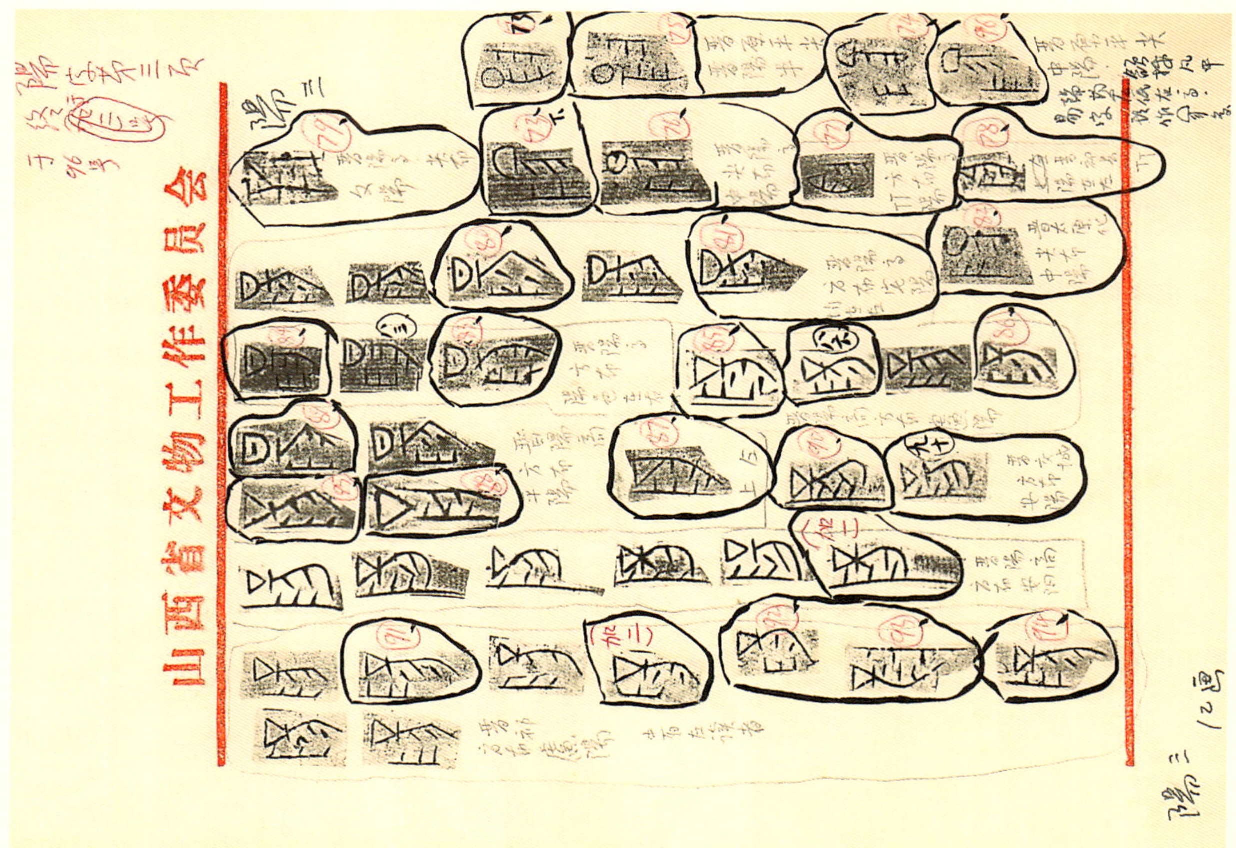
山西省文物工作委员会

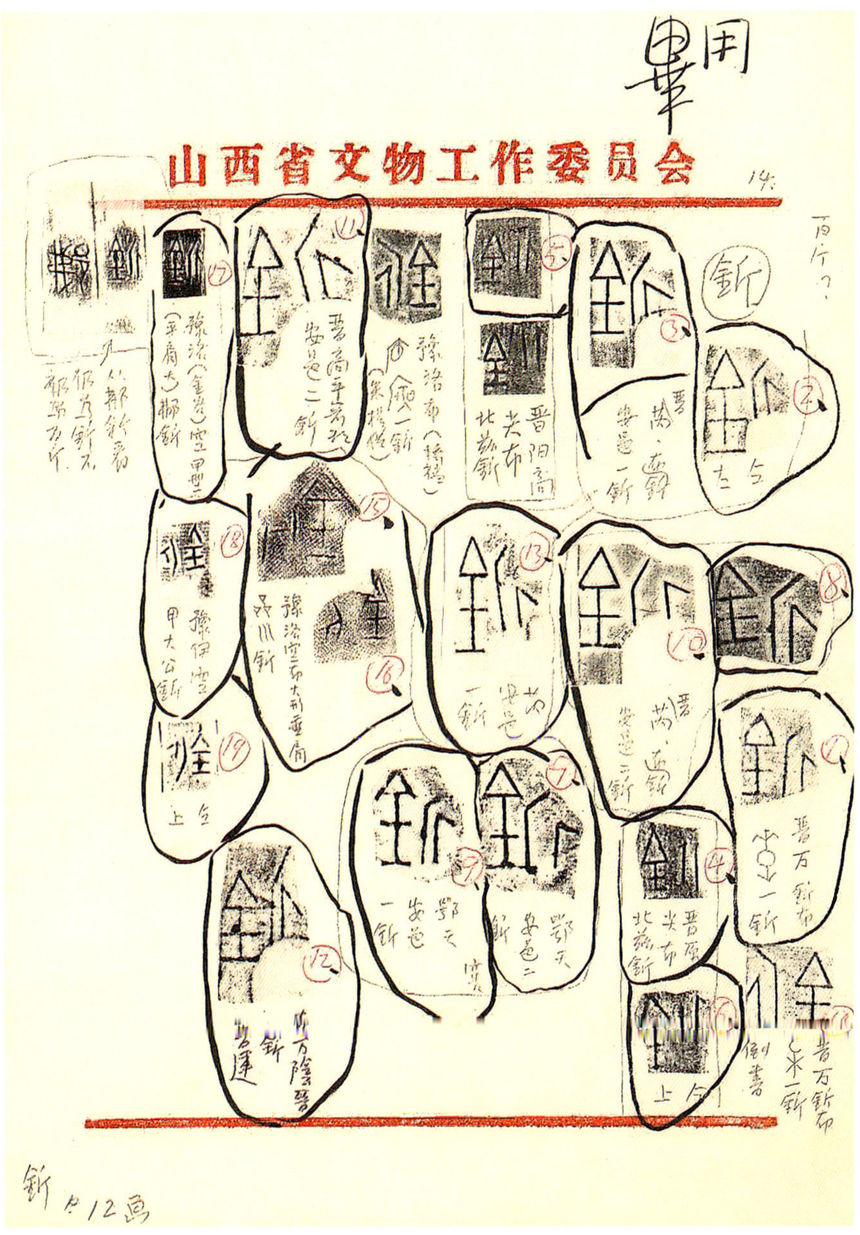
山西省文物工作委员会

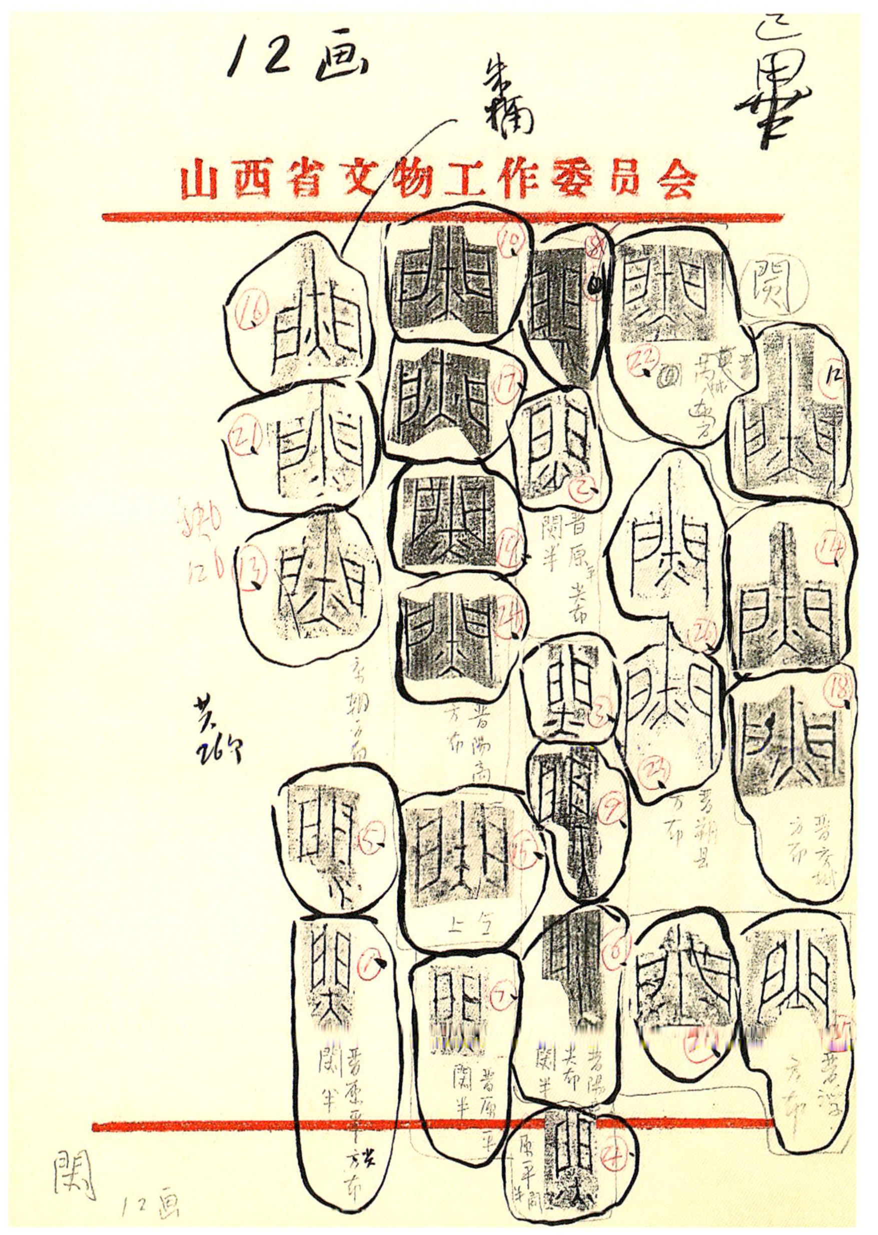
山西省文物工作委员会

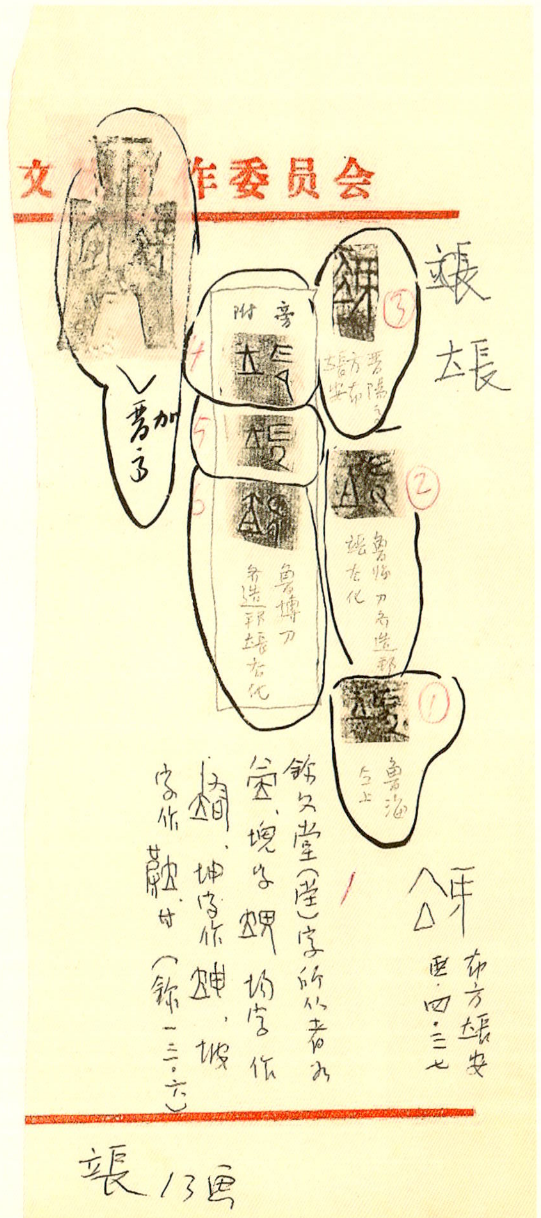
文作委员会

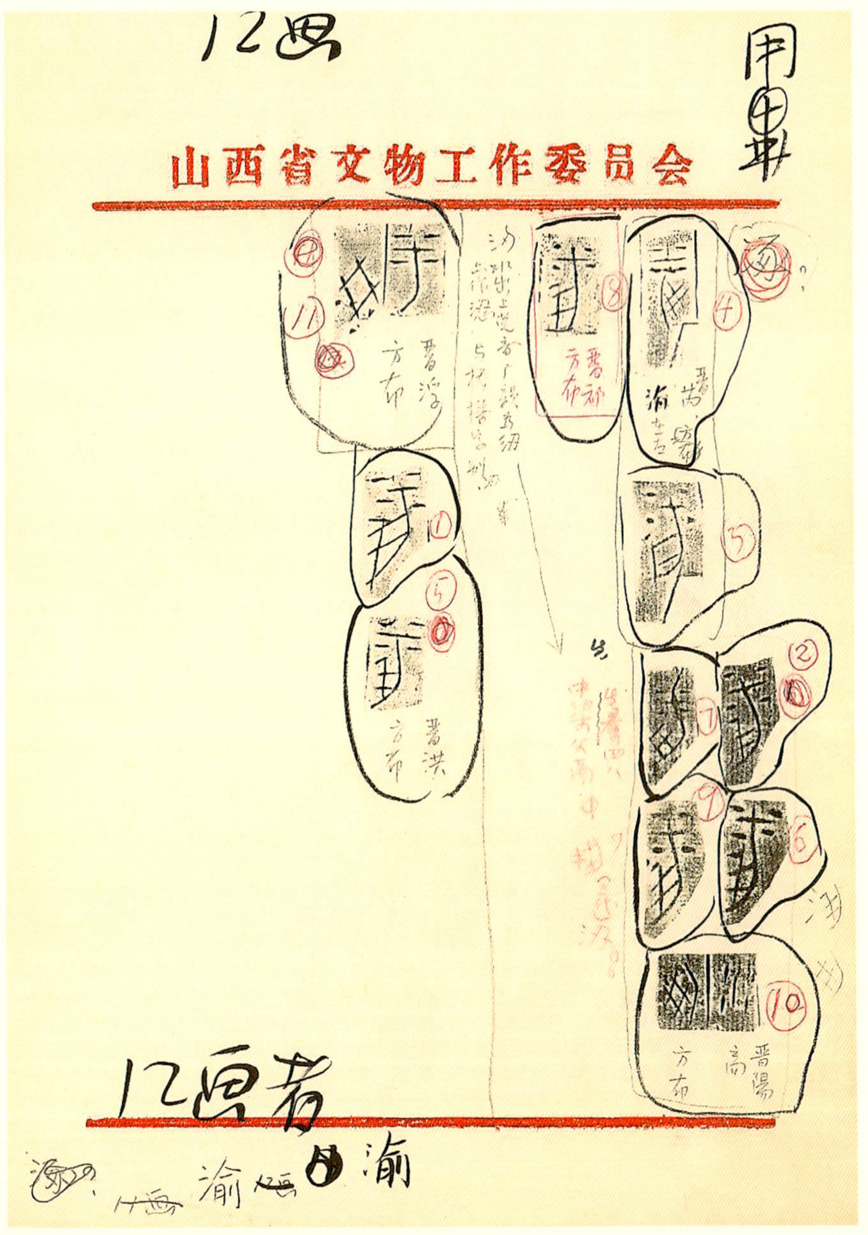
山西省文物工作委员会

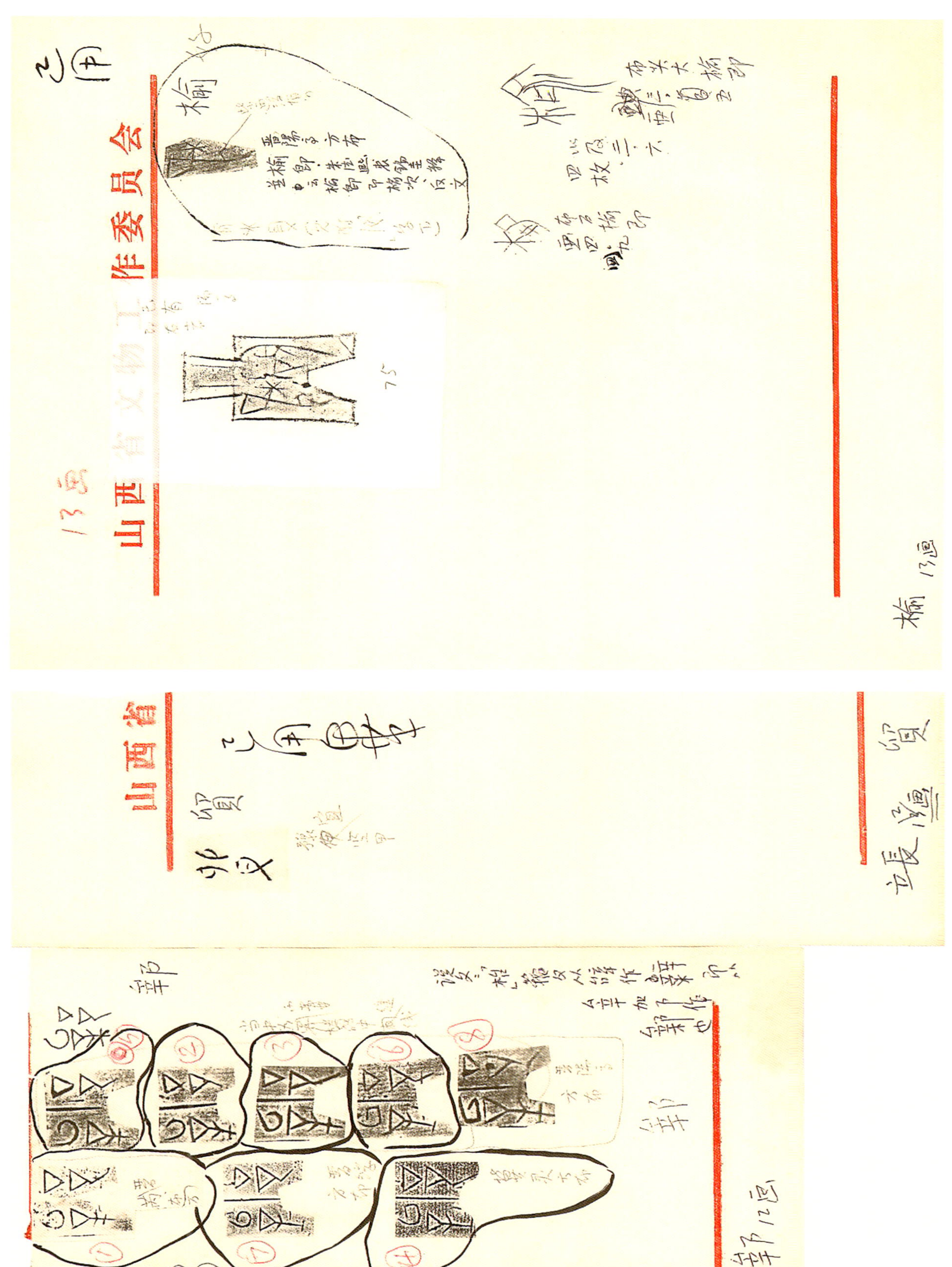

山西省文物工作委员会
山西省

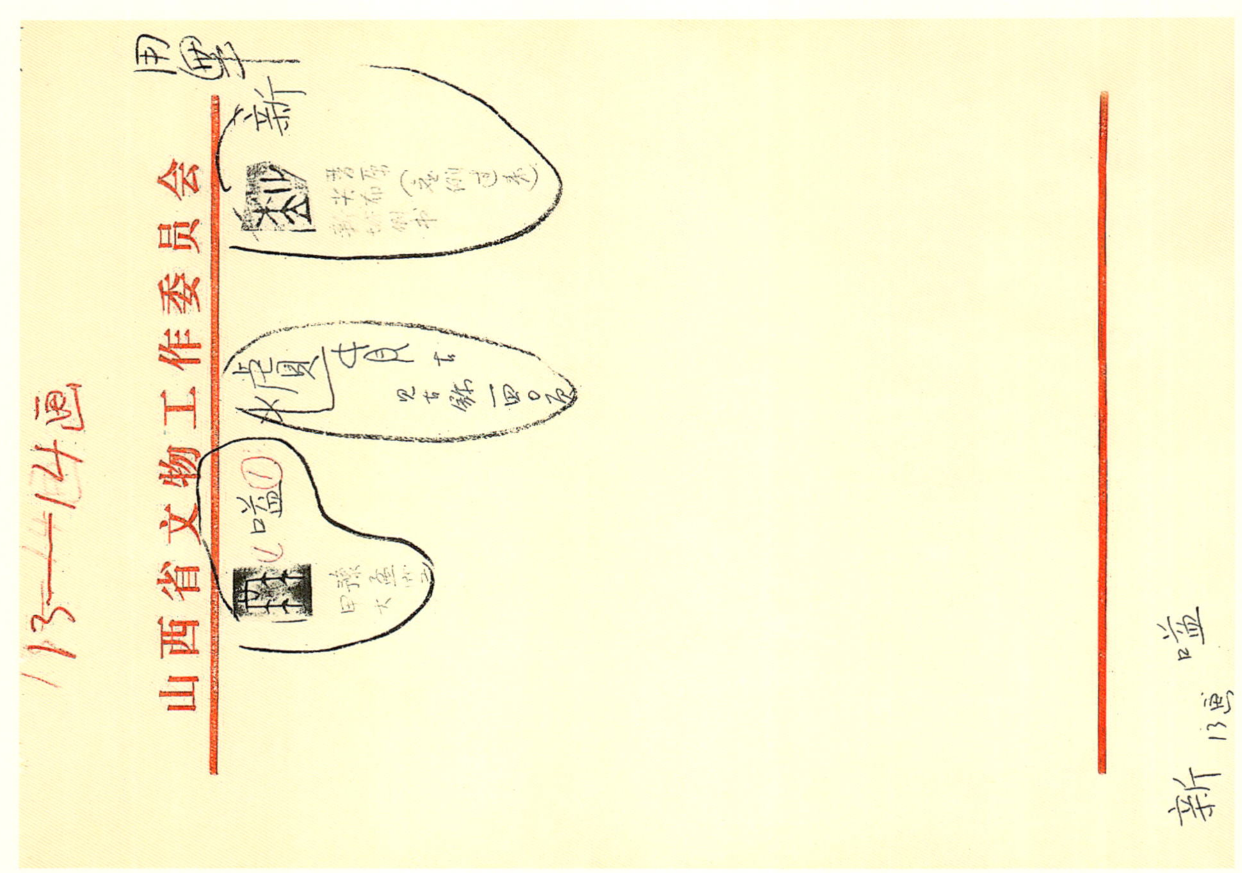
山西省文物工作委员会

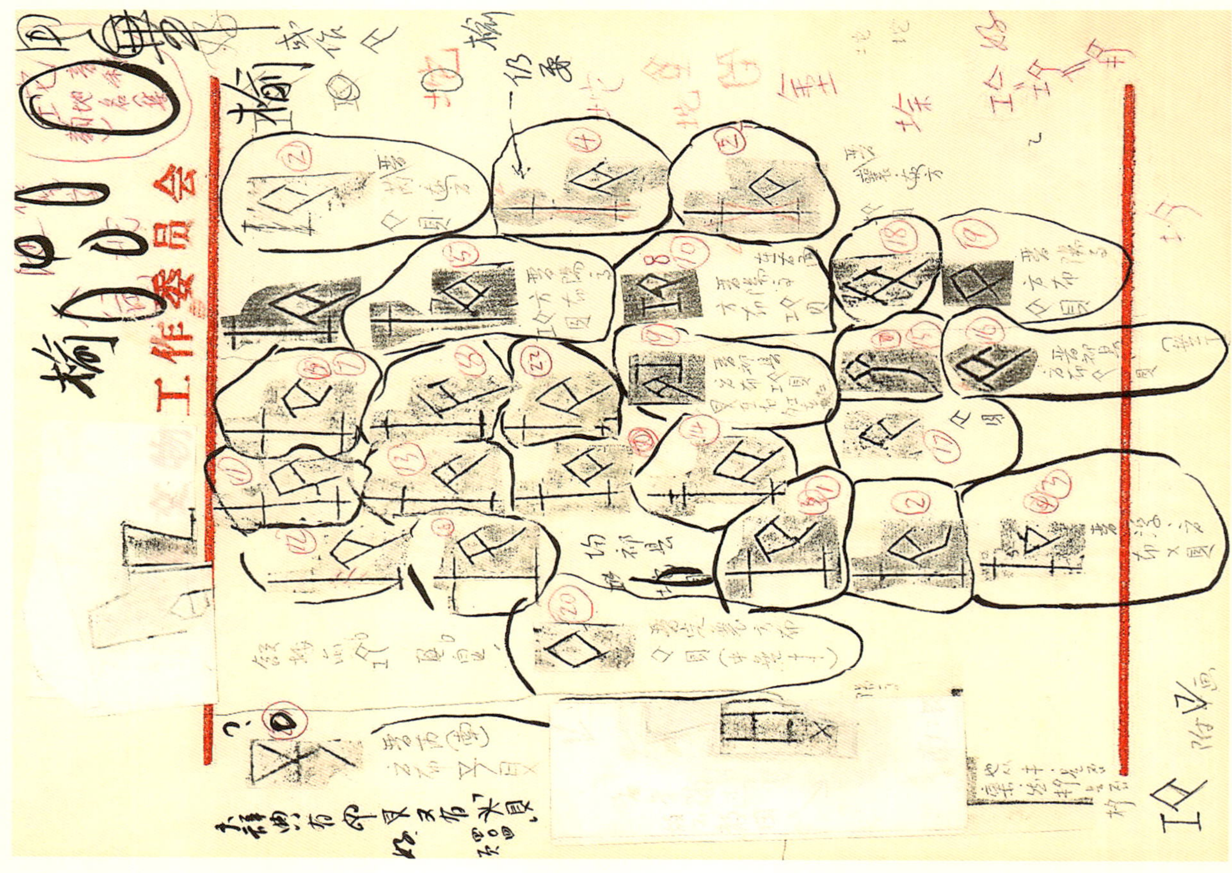

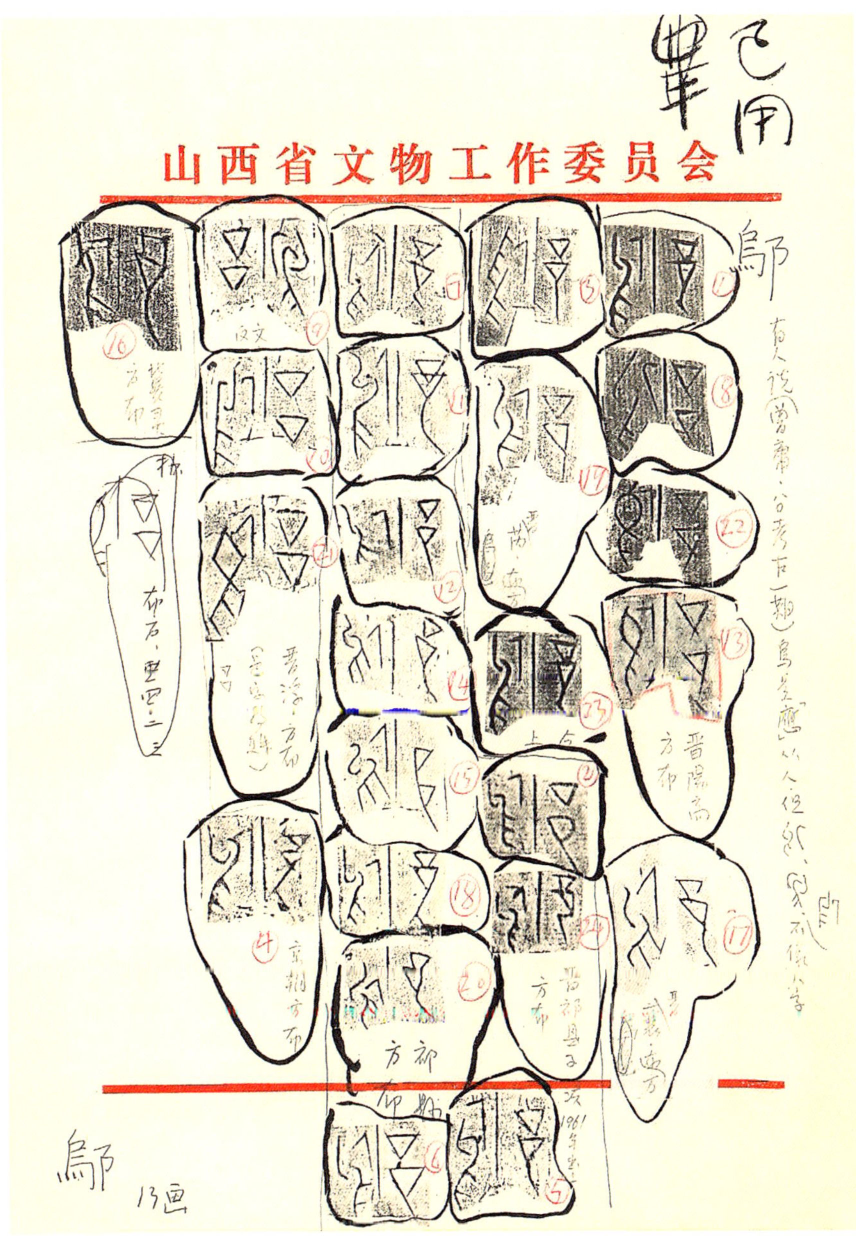
山西省文物工作委员会
鄔
13画

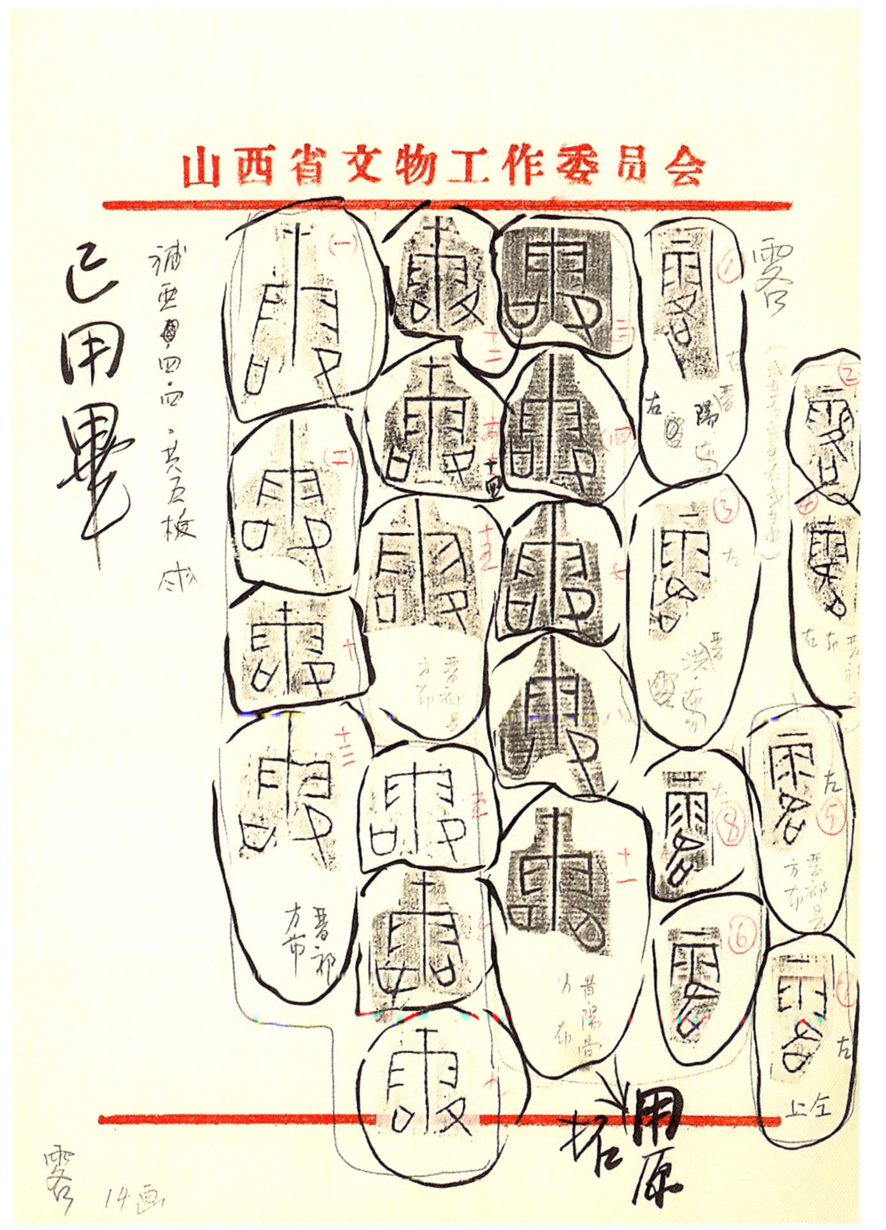
山西省文物工作委员会
零
14画

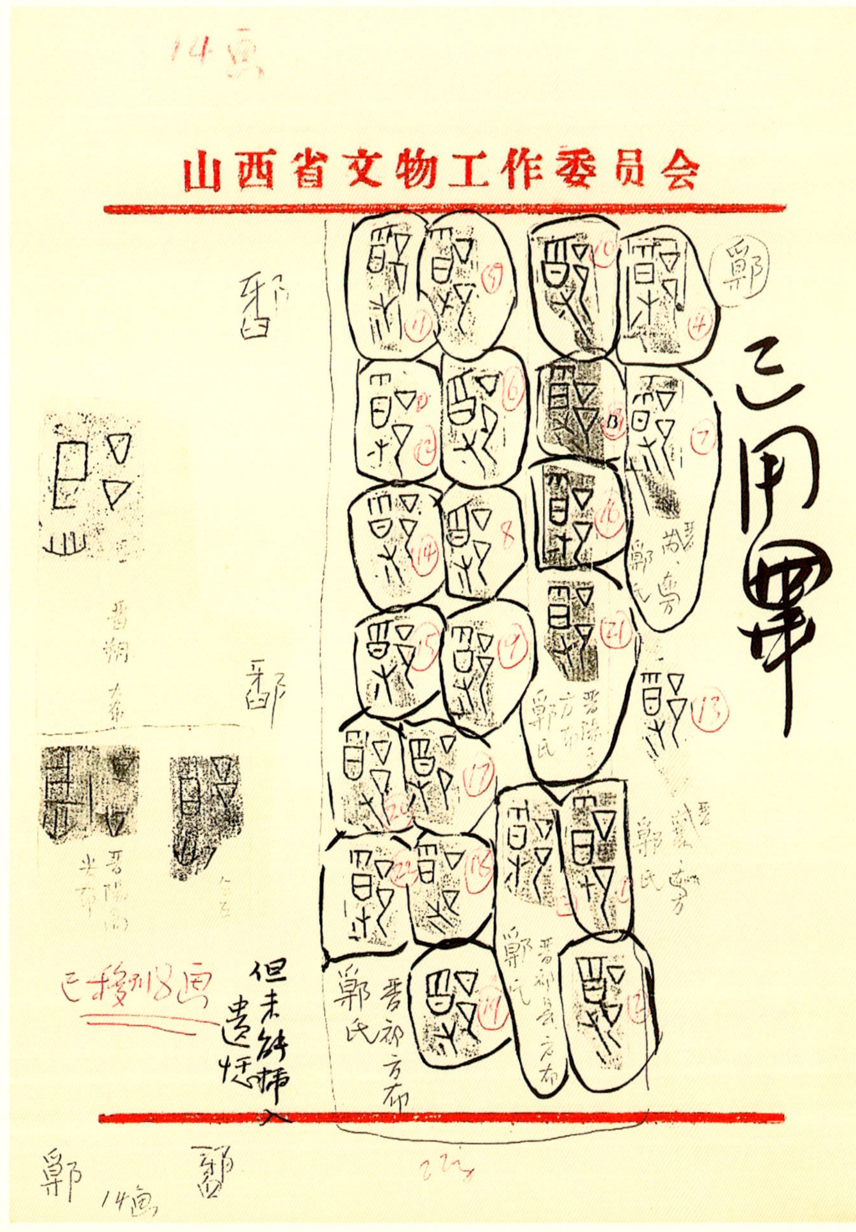
山西省文物工作委员会

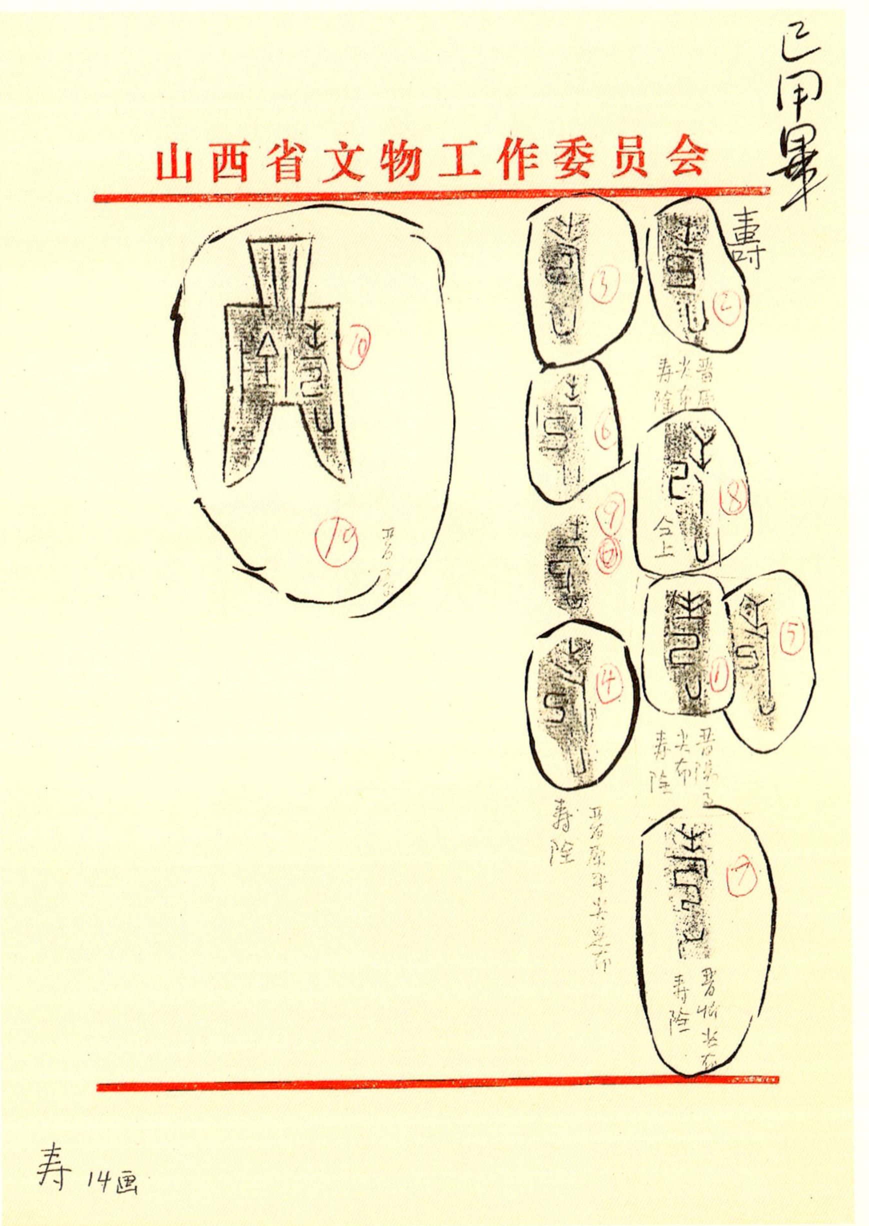
山西省文物工作委员会

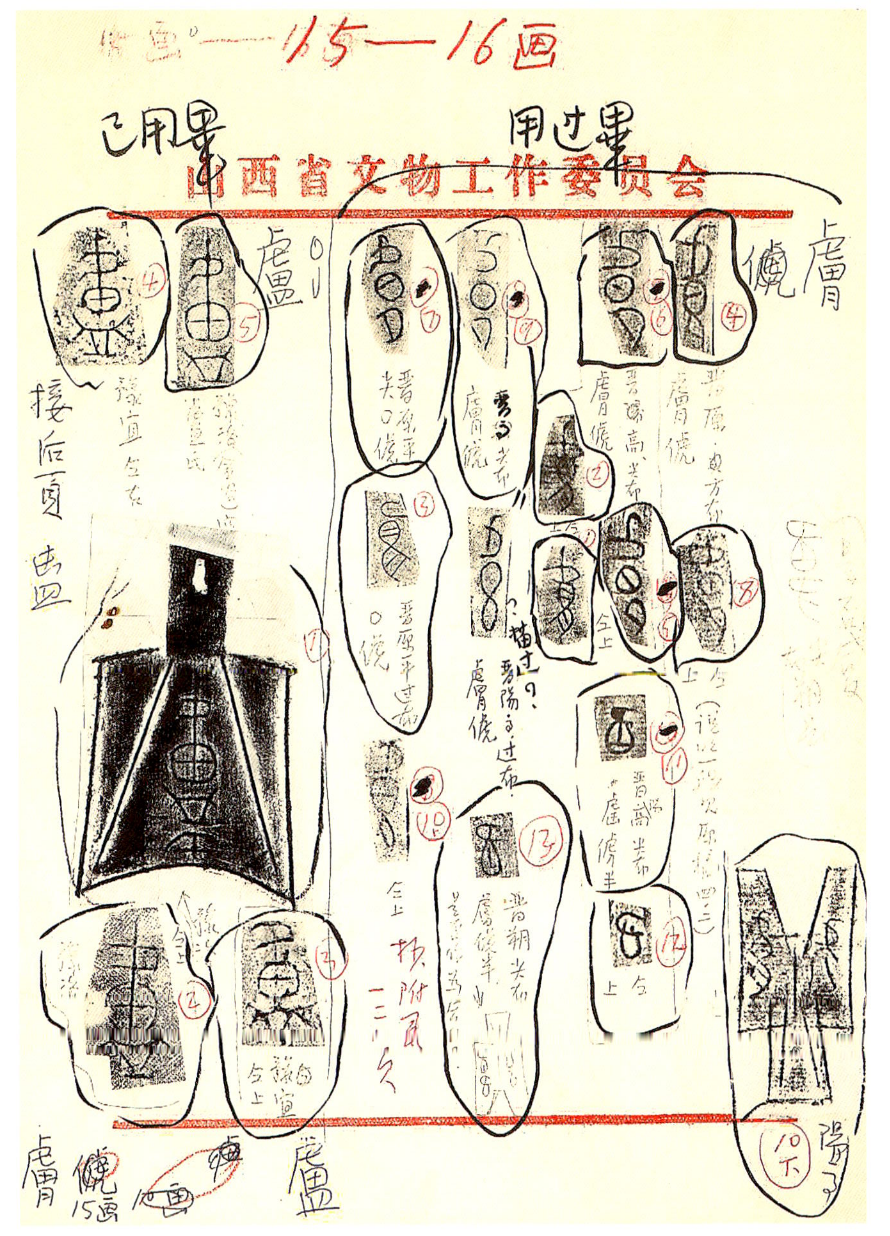
山西省文物工作委员会

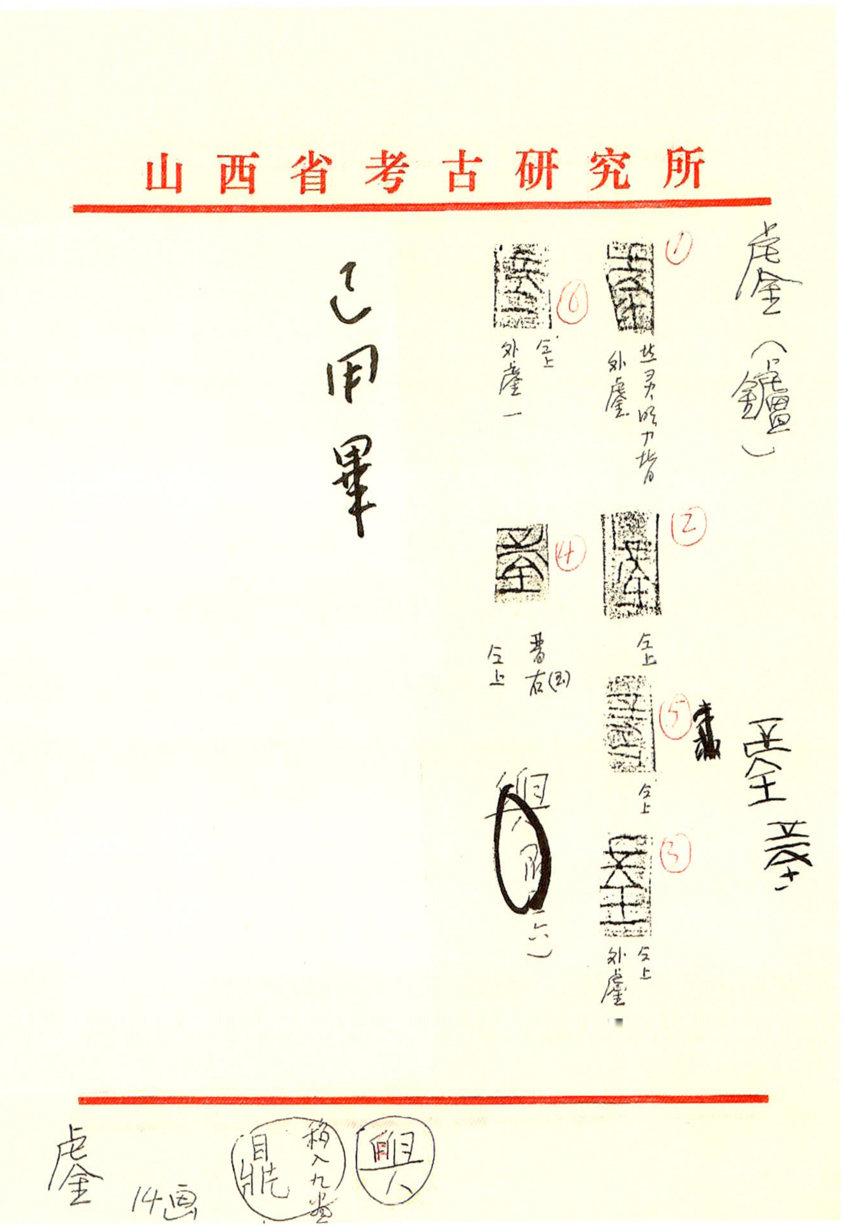
山西省考古研究所

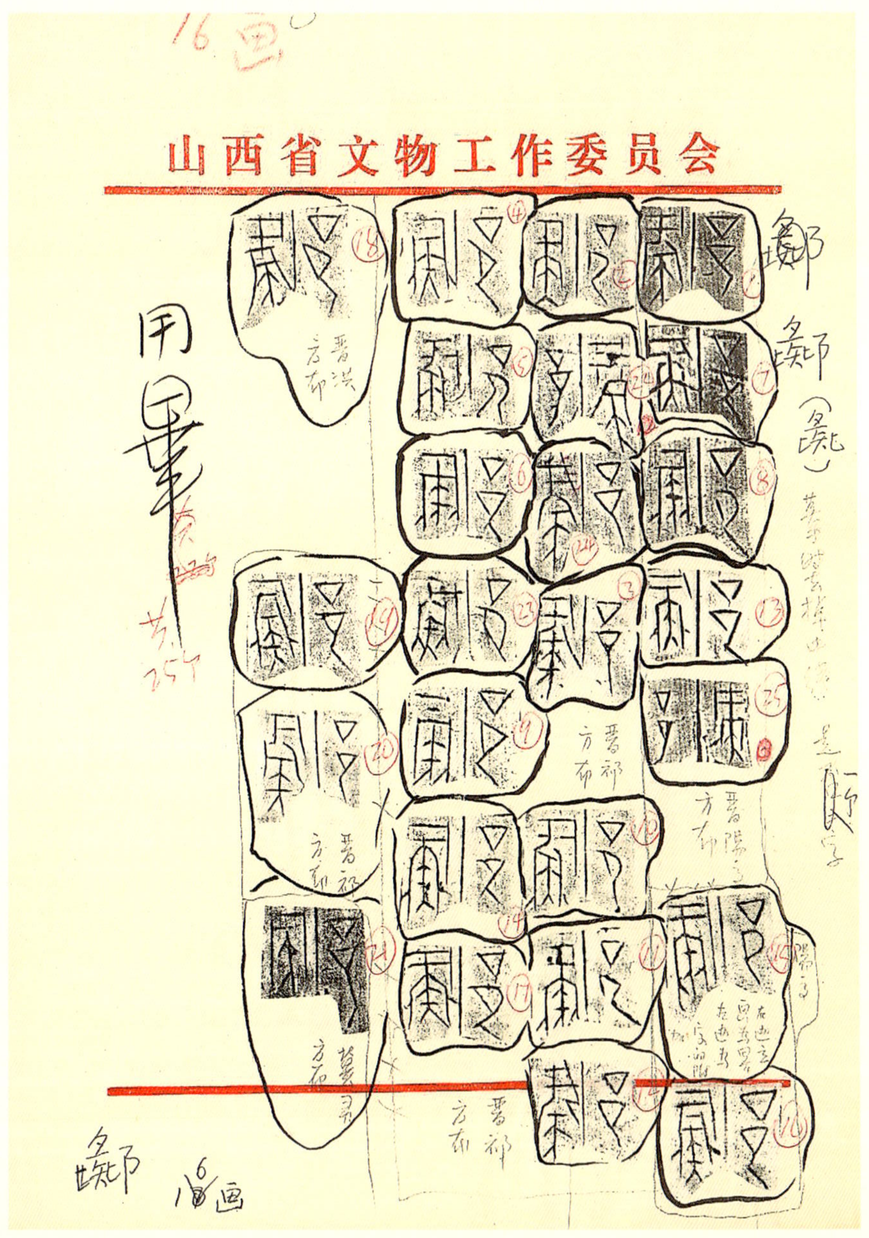
16画
山西省文物工作委员会
16画

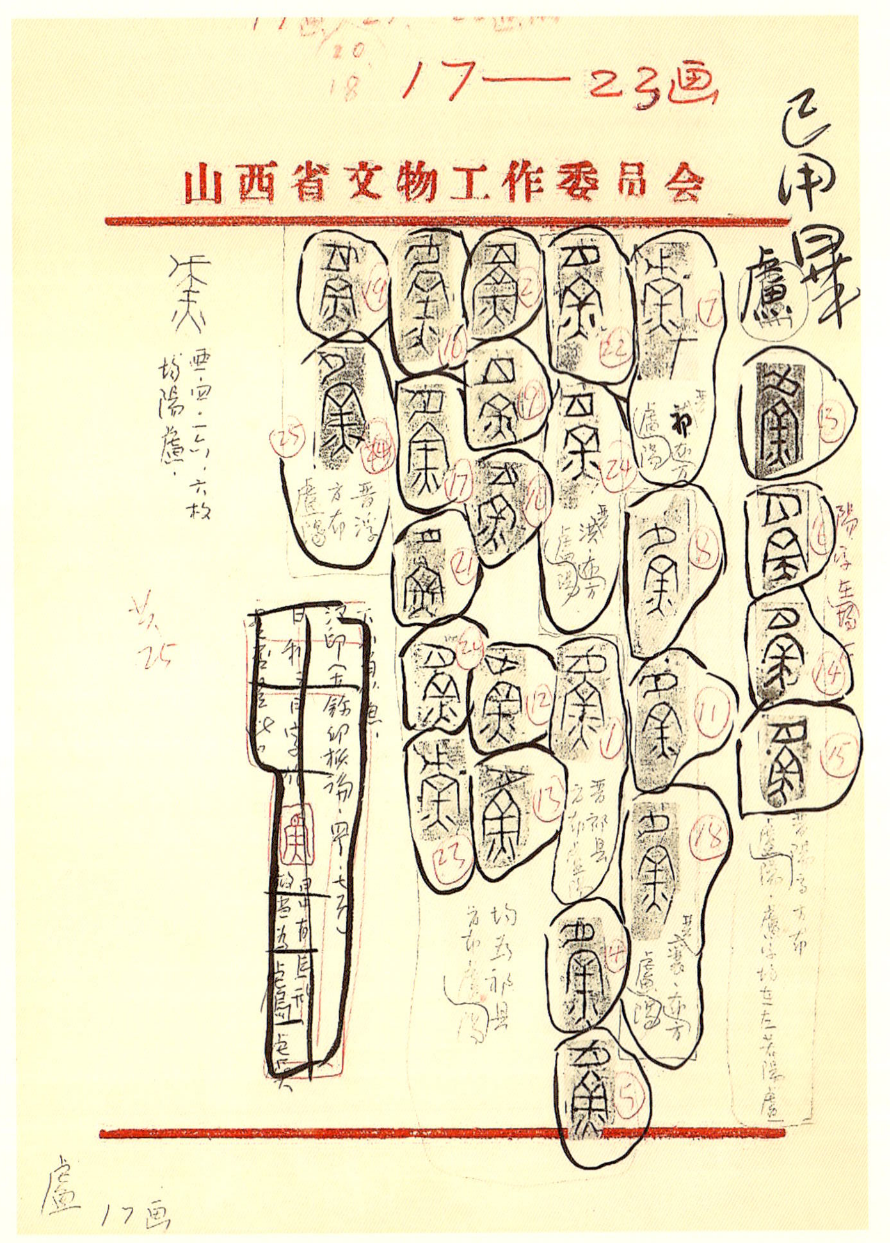
17—23画
山西省文物工作委员会
17画

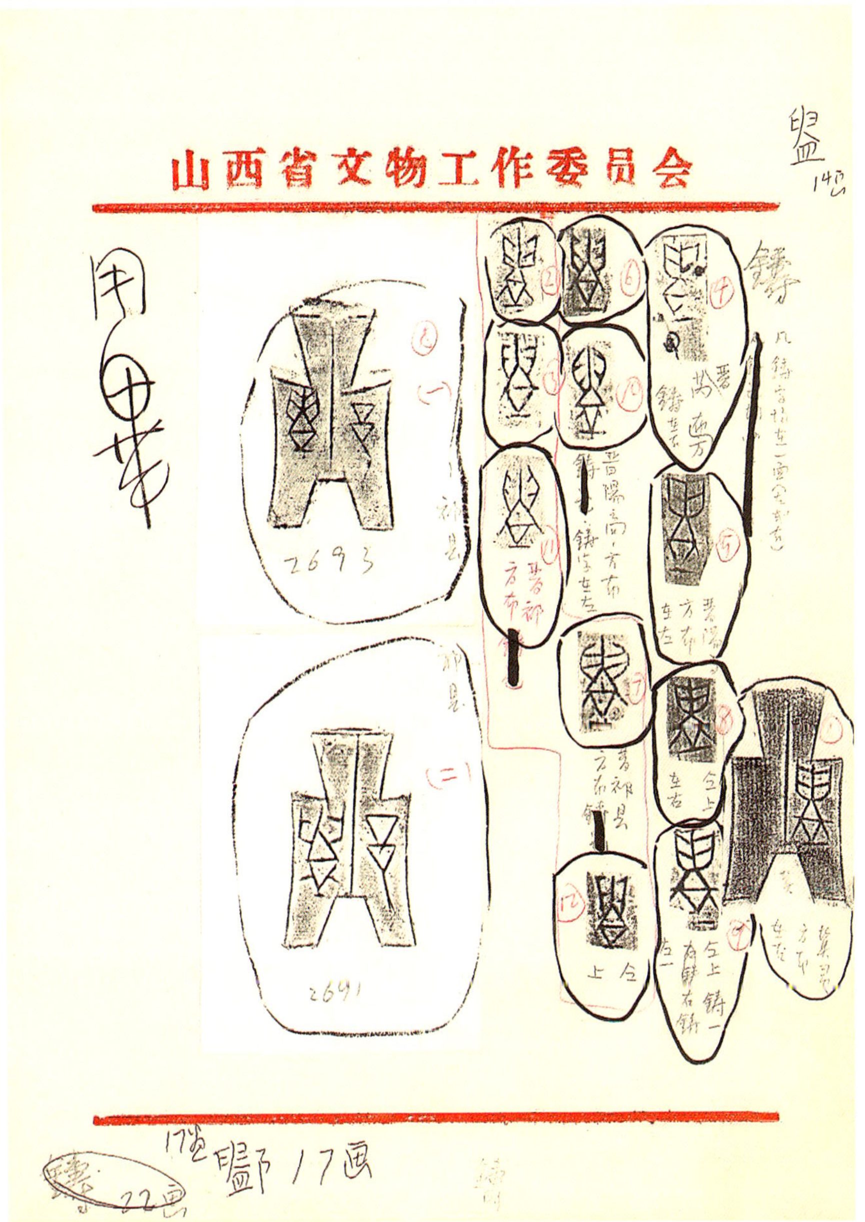
山西省文物工作委员会

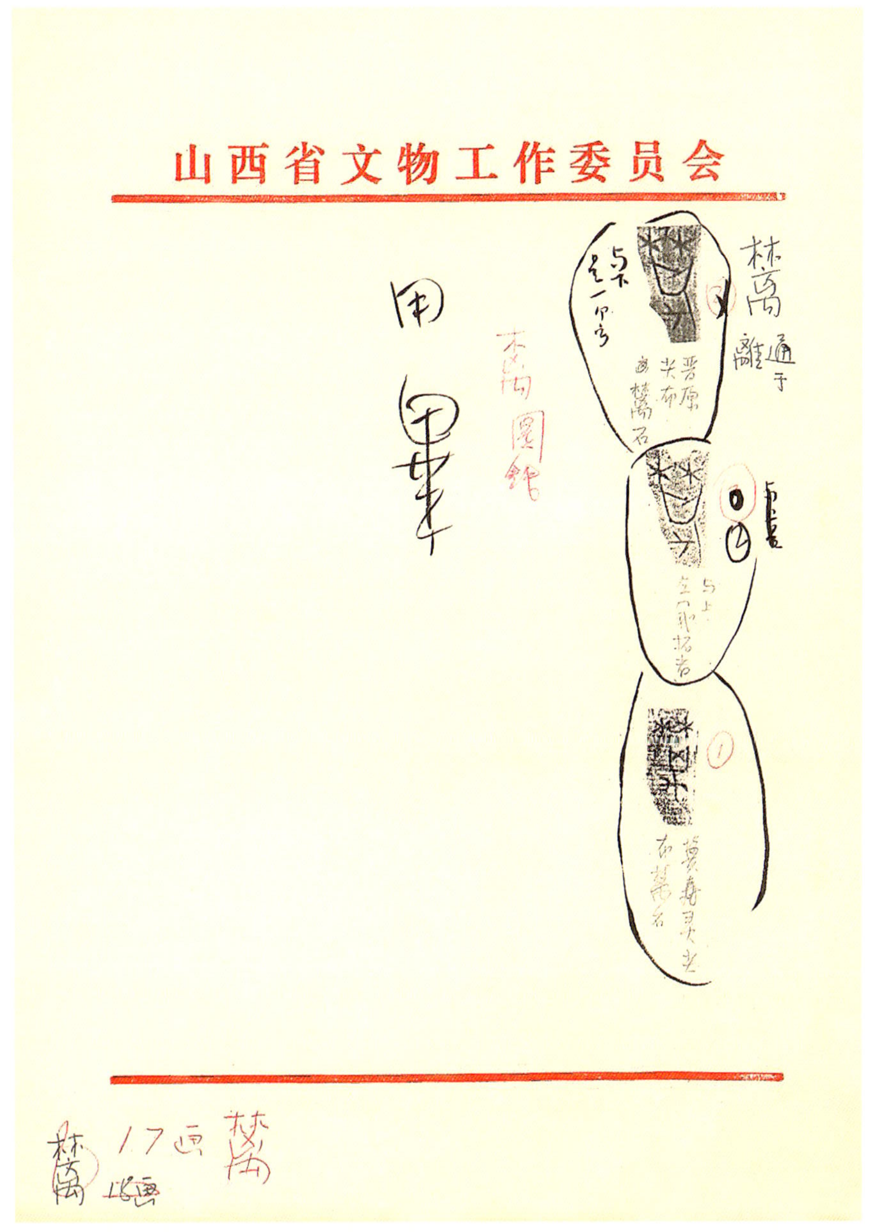
山西省文物工作委员会

山西省文物工作委员会

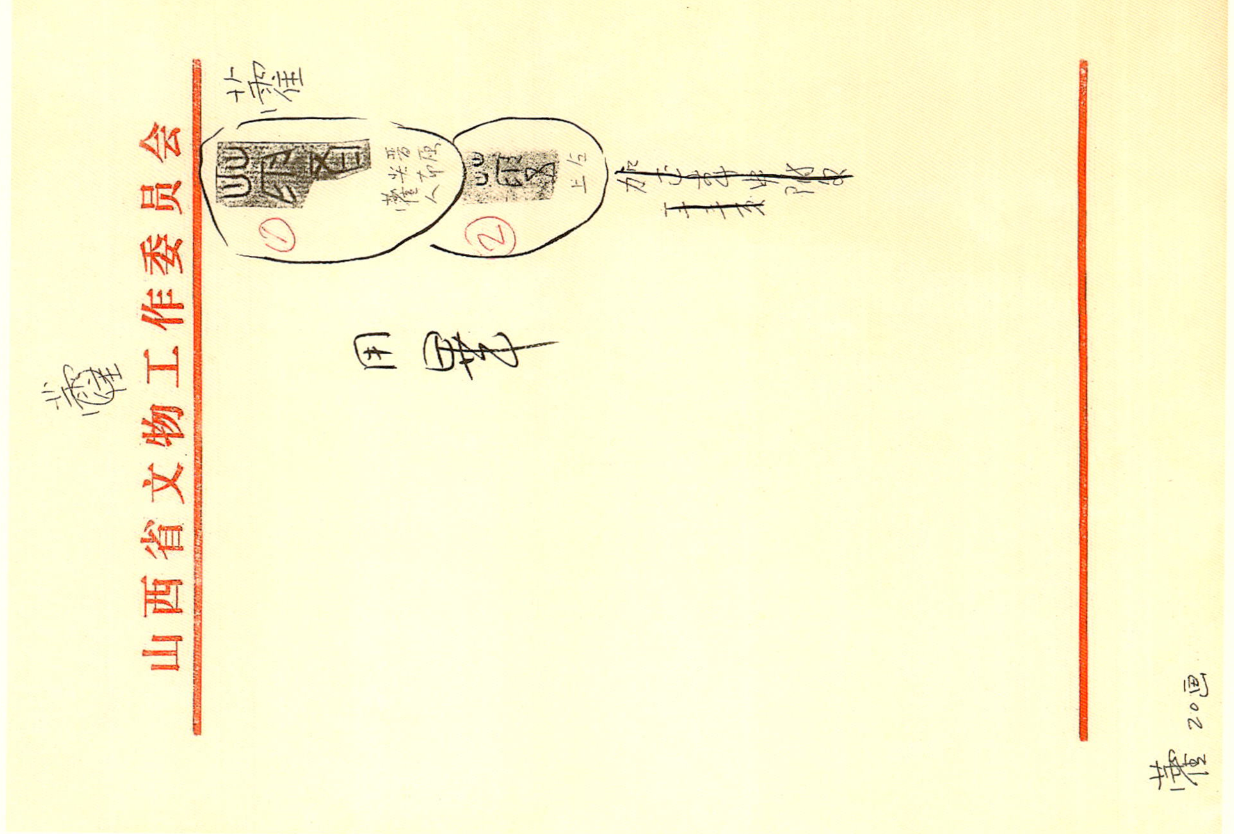
山西省文物工作委员会

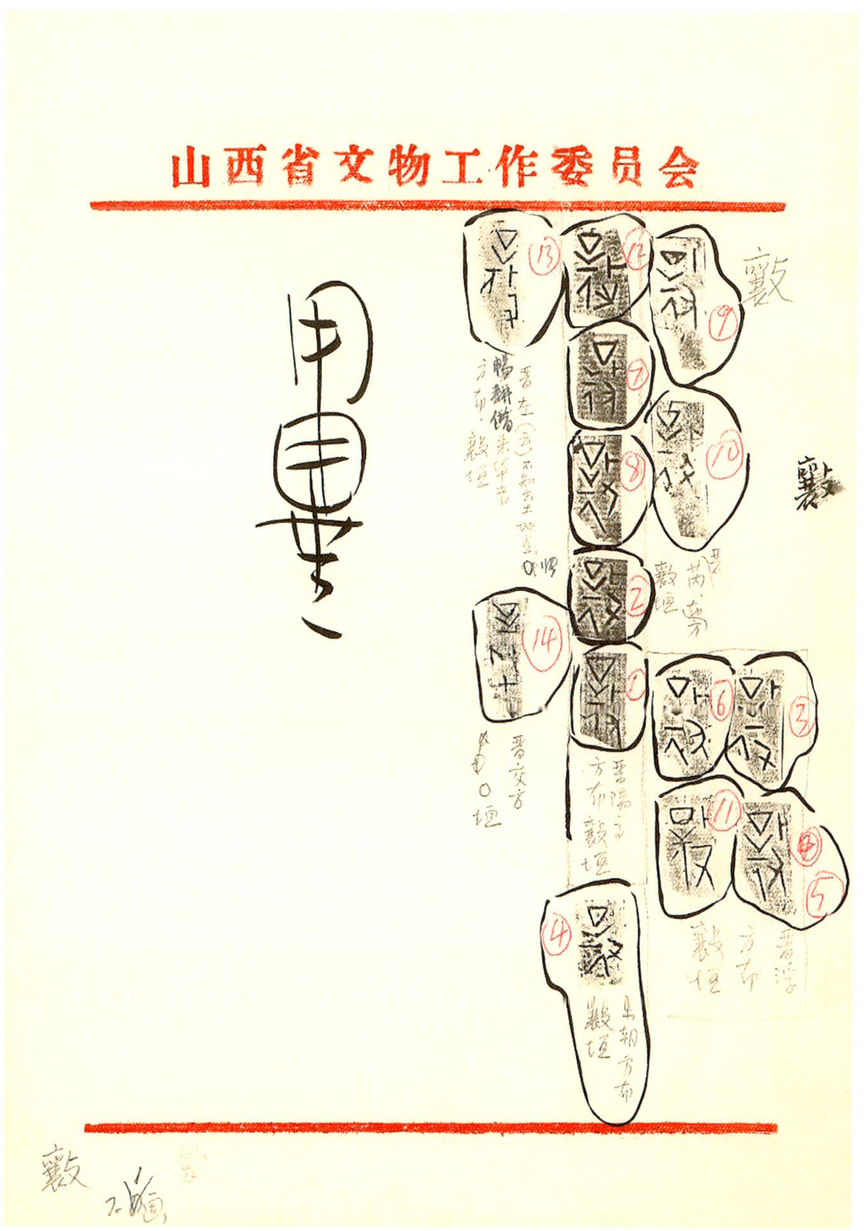
山西省文物工作委员会

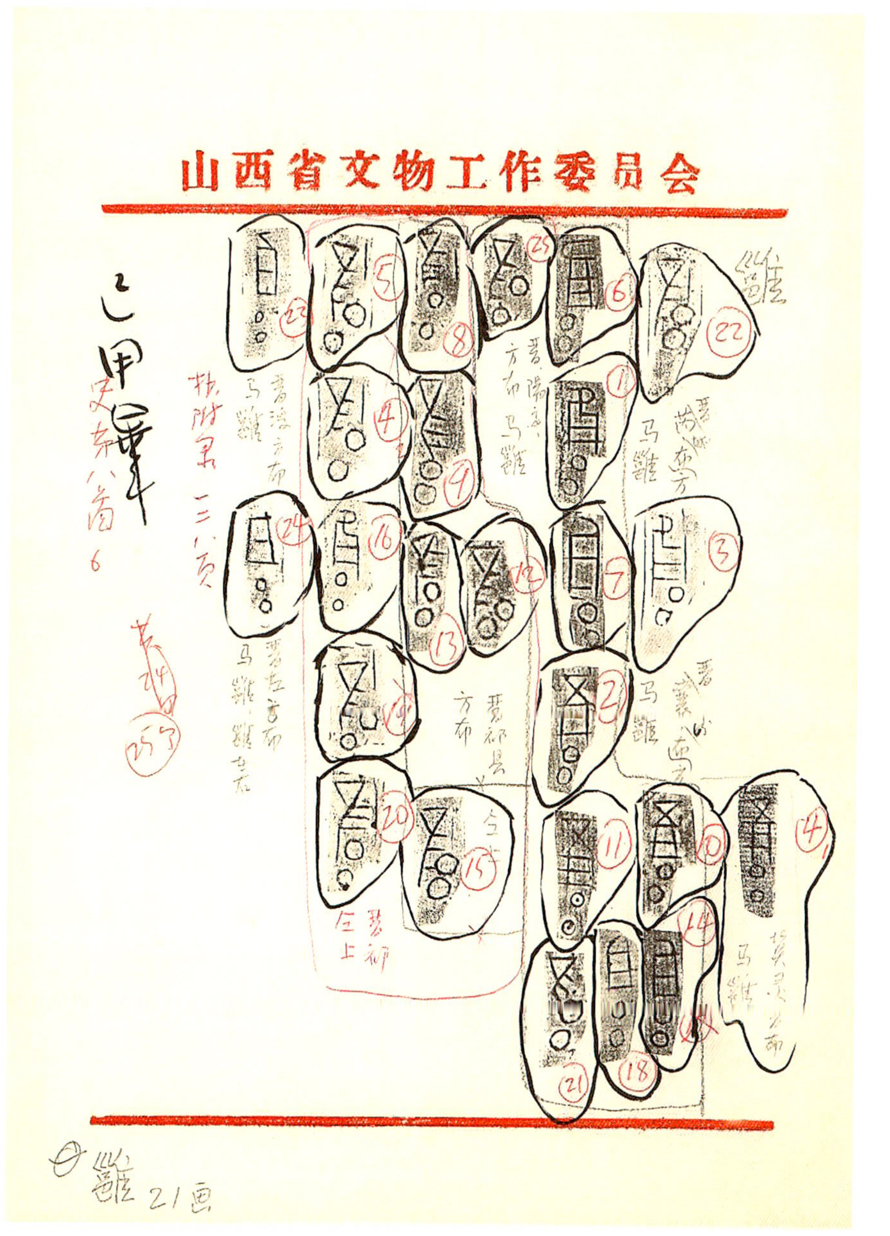
山西省文物工作委员会

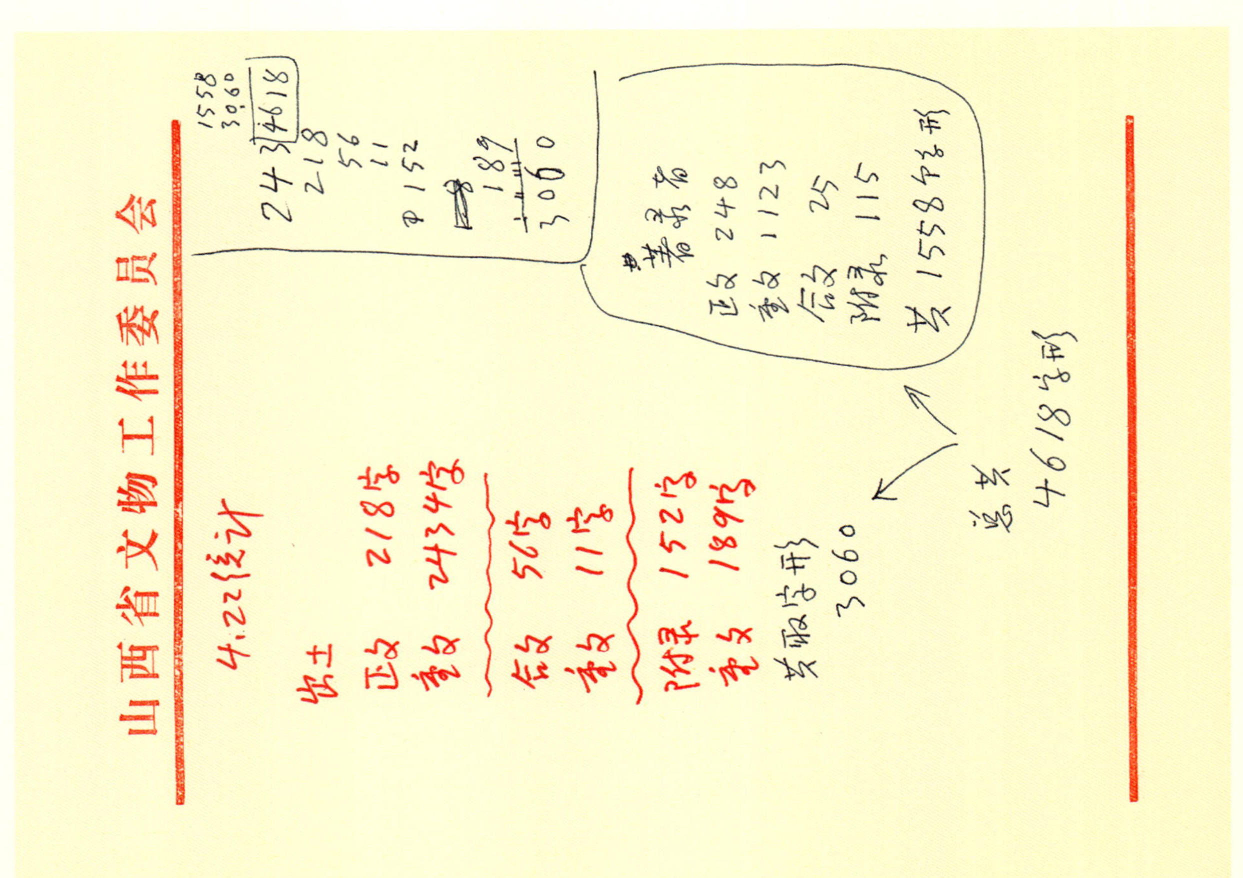
山西省文物工作委员会

山西省考古研究所

其实还有个“慢功夫”，慢功夫，说起来容易，做起来难。正如他欣赏的宋代一首诗云：“一团茅草乱蓬蓬，蓦地烧天蓦地空。争似满炉煨榾柮，慢腾腾地暖烘烘。”做学问，就是这样，别看“慢腾腾”，可是“暖烘烘”。这一页页日积月累的古币文手稿，见证的就是他做学问下的苦功夫、慢功夫，更彰显的是他的一种学术精神。

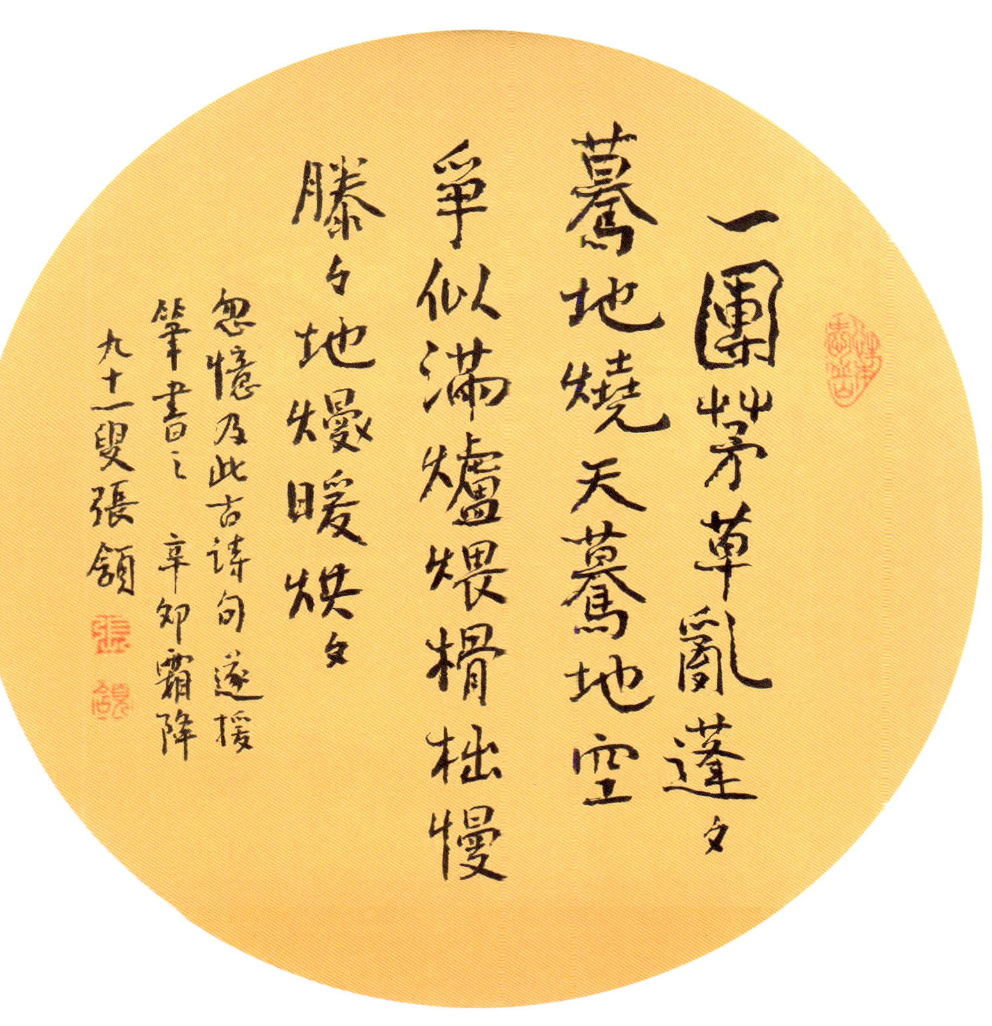

书法作品《一团茅草乱蓬蓬》

古币文编照九州

第二部分

张颔一生致力于古文字研究，其大作《古币文编》1986 年由中华书局出版，并分别于 2004 年、2010 年再版。该书是他根据旧谱和平时积累形成初稿，初名《中国古代货币文编稿》，出版时改名《古币文编》。他在该书中不仅收集了大量货币文字实物拓片，还逐字摹写、排比、注释、汇集，辅以图表、索引和对文字的考释。他本着“慎言其余”的精神，对不识之字编入附录，突破了古文字整理的旧格局。全书“所收字目三百二十二条，字形四千五百七十八字，合文字目六十六条，字形二百零三字，附录字目五百零九条，字形九百四十一字，总共收入字目八百九十七条，字形五千七百二十二字，其中取之于出土实物拓本者三千九百三十六字，取之于谱籍著录者一千七百八十六字”，内容包括：凡例、正文、合文、附录检字等。此书不仅收录精严，取材宏博而有据，收字之富，至今无出其右。最难能可贵的是几千条古币文字，全部为他亲笔手书，力求与原拓本一模一样。每个字出处都详确有据，故而最终全书是影印出版。此书是古文字学者、古钱币学者及书法篆刻爱好者研究古代货币及文字的必备工具书。

成书漫道

1978 年之前，张颔将他平时的积累进行梳理，又根据旧谱著录（据《古币文编》序言中讲，通过甄别、考证，对旧谱录和书籍仅慎选四种，即彭信威氏《中国货币史》、王毓铨氏《中国古代货币的起源和发展》、丁福保氏《古钱大辞典》和日本奥平昌洪氏《东亚钱志》）析辨，纂成《中国先秦货币文字编稿》，作为自己手头翻检之用。

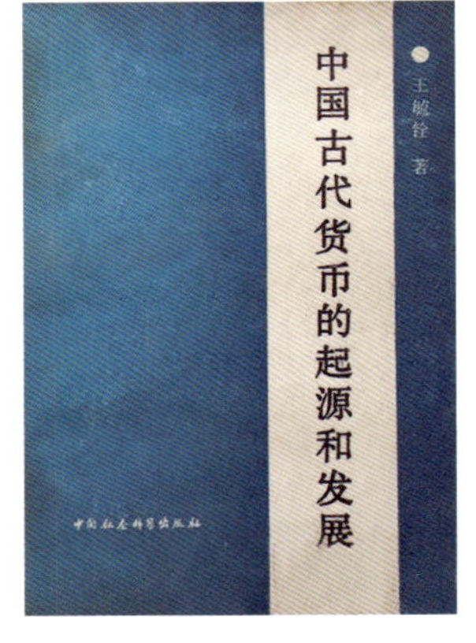

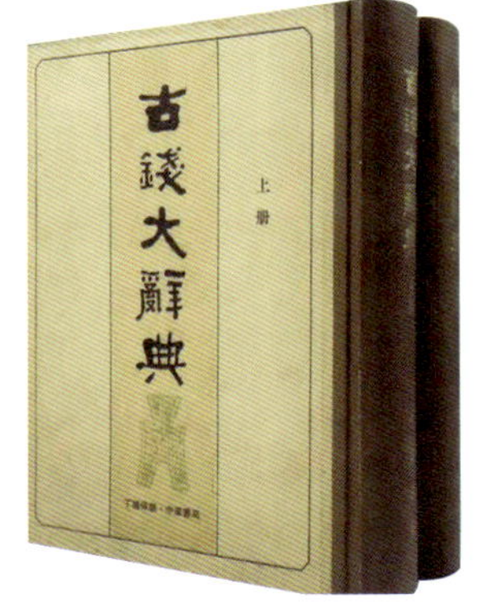

编纂过程中所依据的旧谱图录

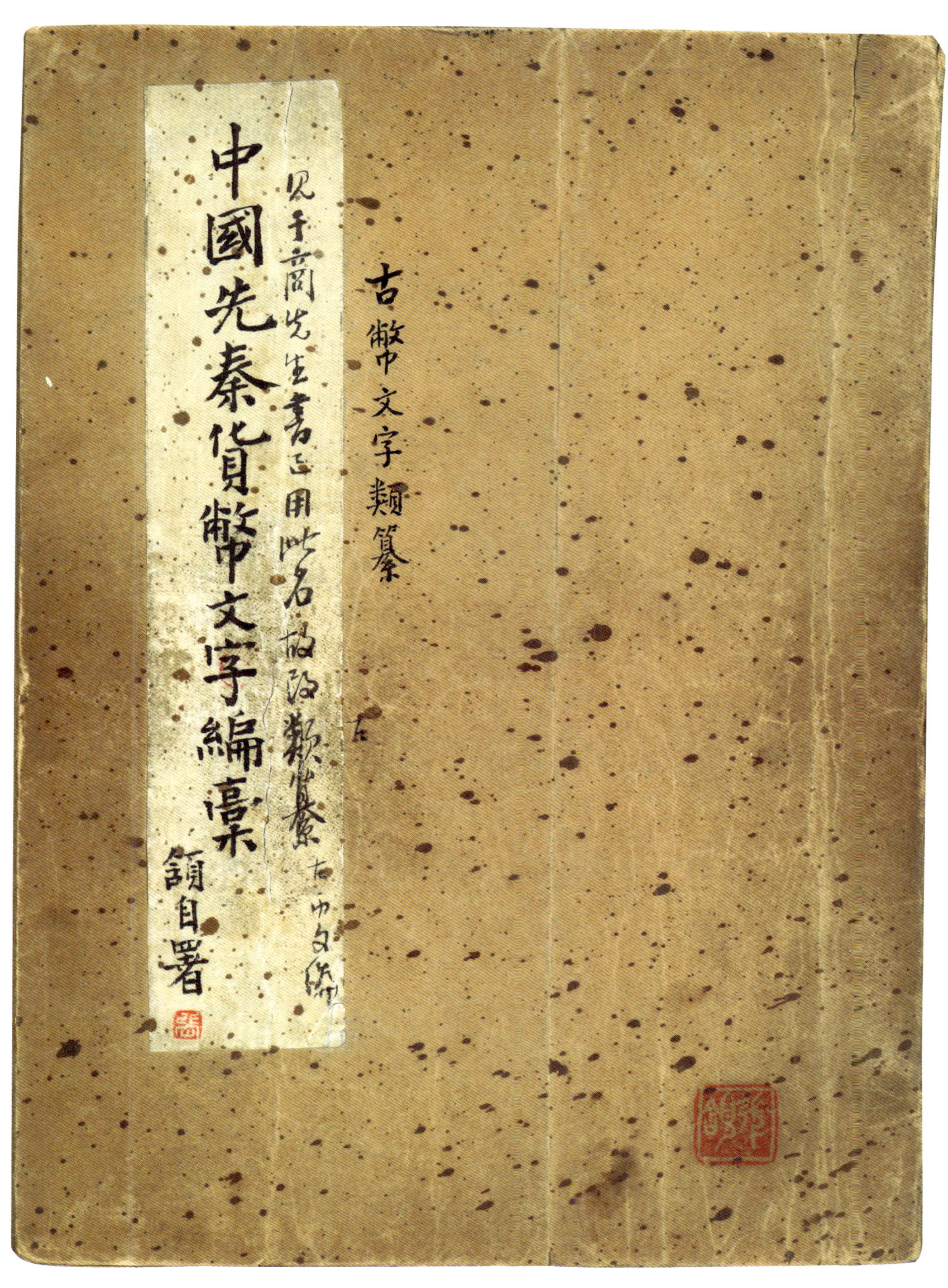

《中国先秦货币文字编稿》

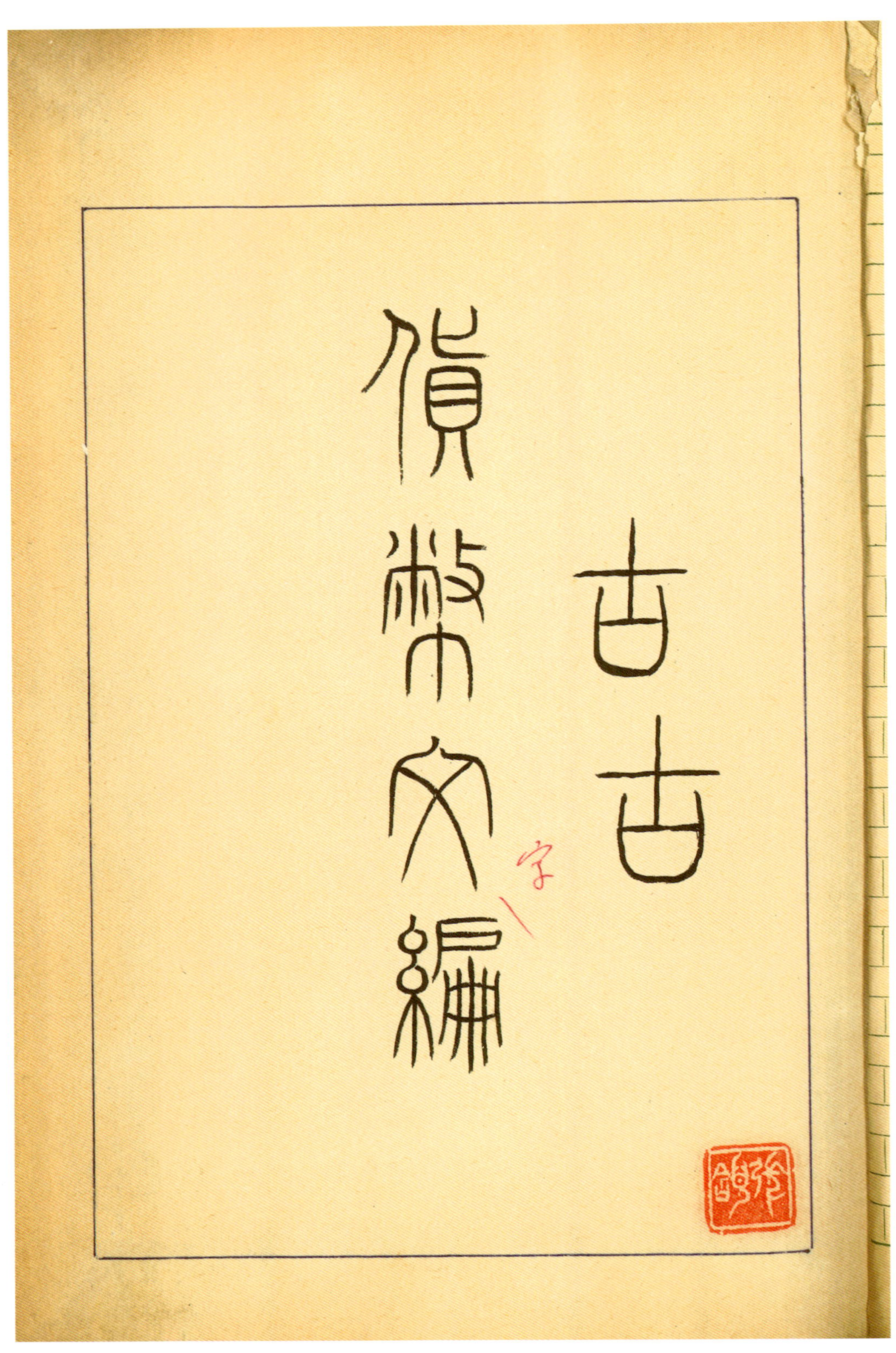
古
貨幣文編
字

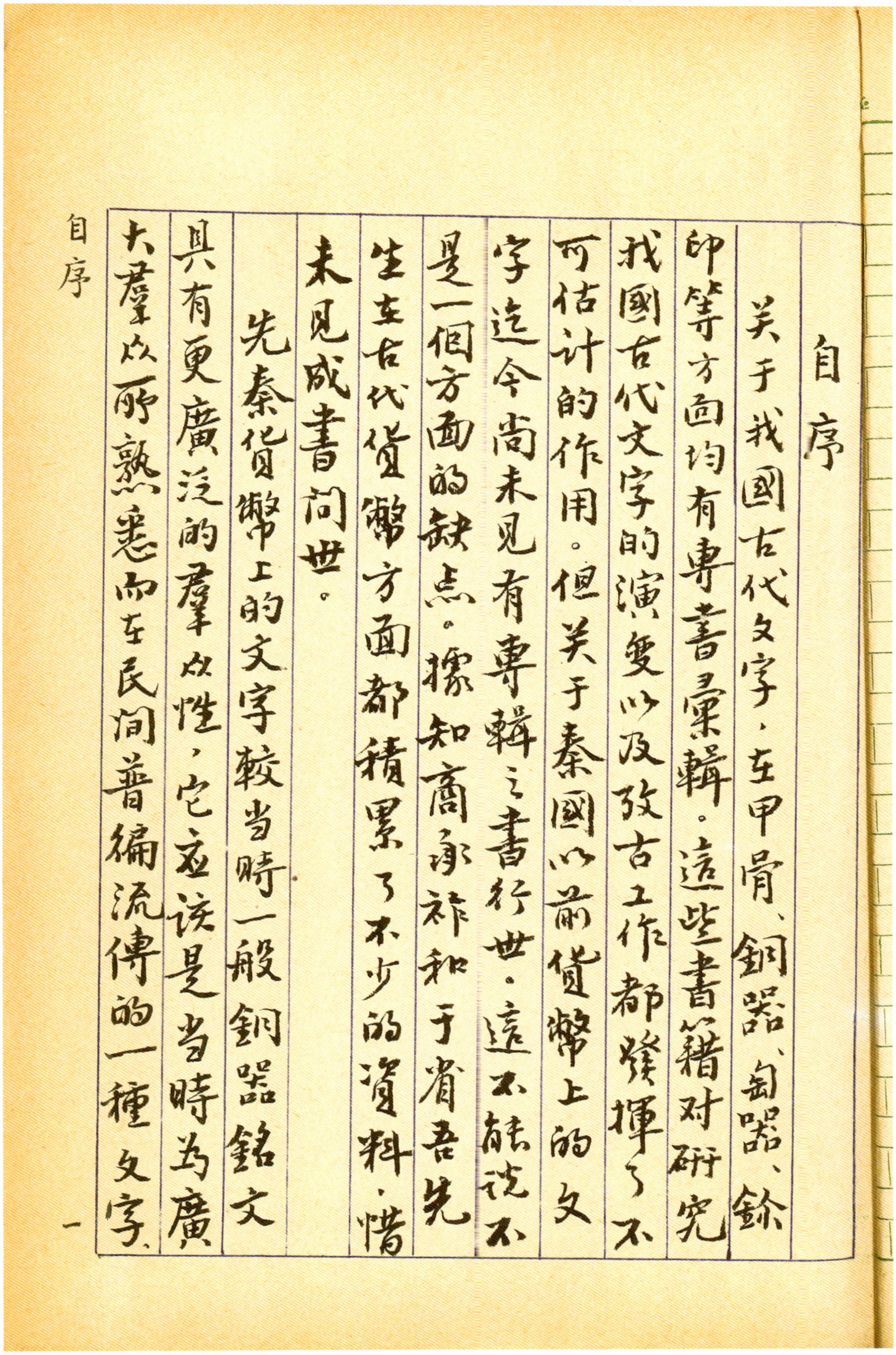

自序

关于我國古代文字，在甲骨、銅器、匋器、鉨印等方面均有專書彙輯。這些書籍对研究我國古代文字的演变以及攷古工作都發揮了不可估计的作用。但关于秦國以前貨幣上的文字迄今尚未见有專輯之書行世。這不能说不是一個方面的缺点。據知商承祚和于省吾先生在古代貨幣方面都積累了不少的資料，惜未见成書問世。

先秦貨幣上的文字較当時一般銅器銘文具有更廣泛的羣众性，它应该是当時為廣大羣众所熟悉而在民間普徧流傳的一種文字、

一

《中国先秦货币文字编稿》自序

甚至有的是鑄幣工人的手跡。

先秦貨幣文字，主要是戰國貨币上的文字，而戰國貨幣上的文字又主要是三晋貨币上的文字，它强烈地表現出當時各國之间文字異形的特点。通過对先秦貨幣的研究，对幫助我們理解六國古文的形象和理解秦统一文字的必要性有重要的意義。另一方面它又明显地表現了东周時期文字形體的演变。

在以往不少有关古代錢幣書籍中，從宋代到現在，許多學者花費了很大的辛勤劳動，对絶大部分文字有了準確的隶定。但不可否認，也有不少的文字言人人殊未有定論，有的沿傳謬説直到如今，同時也有很多字未能识别清楚。

余在工作中，多年来曾对先秦貨幣文字做了一些蒐集工作，初步綴輯成這個稿本。其中选取的資料，大部分是根據古錢幣書籍中所著录者，也有一部分是出土貨币上的資料。在對待古錢币書籍中的資料時特别注意了慎重選擇以剔除贋品。

由于某些條件的限制，本稿尚未能对解放以後各地所出土的資料充分利用，這是一個很大的缺点。如果将来有個机会，到各地作一些蒐集工作，進一步充實内容，可能成為一部有用的工具書籍。

這個稿本是在文化大革命期间倉卒完成的。当時只根據手頭有限的資料，臨摹單字，分類排比，註明出處，加以隶定。仿照《甲骨文編》、《金文編》的躰例，按《說文》部首篡輯而成，其目的在于供自己檢用。

全書彙集正文二百四十一字，重文一千一百二十二字，合文二十五字。未能識別編入附录之正文一百一十五字，重文一百一十四字。綜合共收入正文三百五十六字，重文一千二百二十六字，合文二十五字，共計一千五百五十七字。在正文中凡過去未有確釋而能正误者，则在字下加註隶定与攷証；凡以説紛紜未有定論，則選擇其中可信者予以隶定，凡过去有说而未敢遽信或未能识别者均列入附录以存疑。

在文字考释中所涉及的地名，有在東周历史文献中未見而在漢代地理書籍中著录者，這種情况当属漢代沿用东周地名，而东周時期的文献中又缺乏系统的地理專著所致者。

成稿後，幾年来，自己也發現正文中有隶定錯誤者，而附录中也有不少可以識别者。稿中还有商承祚先生用红筆批注之意見，均未來得及修改。一九七五年山西大学李裕民同志曾將稿本借去抄录，在未正式成書時亦能供参考，不敢引用。

一九七七年元旦（六八年稿）

張頷草于太原

尚

卷一三

典三五六 布尖 大陰半
典三六〇 布尖 大[illegible]（背）
典三六二 布尖 大[illegible]（背）

典三六 布尖 文昜半
典四二〇 布尖 晋昜半
典四一七 布尖 晋昜半
典四一八 布尖 晋昜半

典四二一 布尖 晋昜半
典四二二 布尖 晋陽半
典四三五 布尖 郛（背）
典四三七 布尖 [illegible]半

典四三八 布尖 [illegible]半
典四五四 布尖 腧半
典四五五 布尖 喻半

典四五六 布尖 俞半
典四六五 布尖 兹氏半
典六六 布尖 兹氏半
典四六八 布尖 兹氏半

典四七九 布尖 関半
典四八二 布尖 関半
典四八三 布尖 関半

典四八四 布尖 関半
展版肆貳圜 半睘
展版拾捌 布楕 盧氏半釿

典二九九 布方 尚子 按即尚子，通于長，鄍即長子。竹書紀年梁惠成王十二年鄭取屯留、尚子、涅。尚子布乃韓取鄍後所鑄，鄍子為趙鑄。尚，说文所无。

尚為尚之繁文，如真其然，亦為附加另贝。郑公孙班鐘[illegible]

一二

《中国先秦货币文字编稿》内文节选

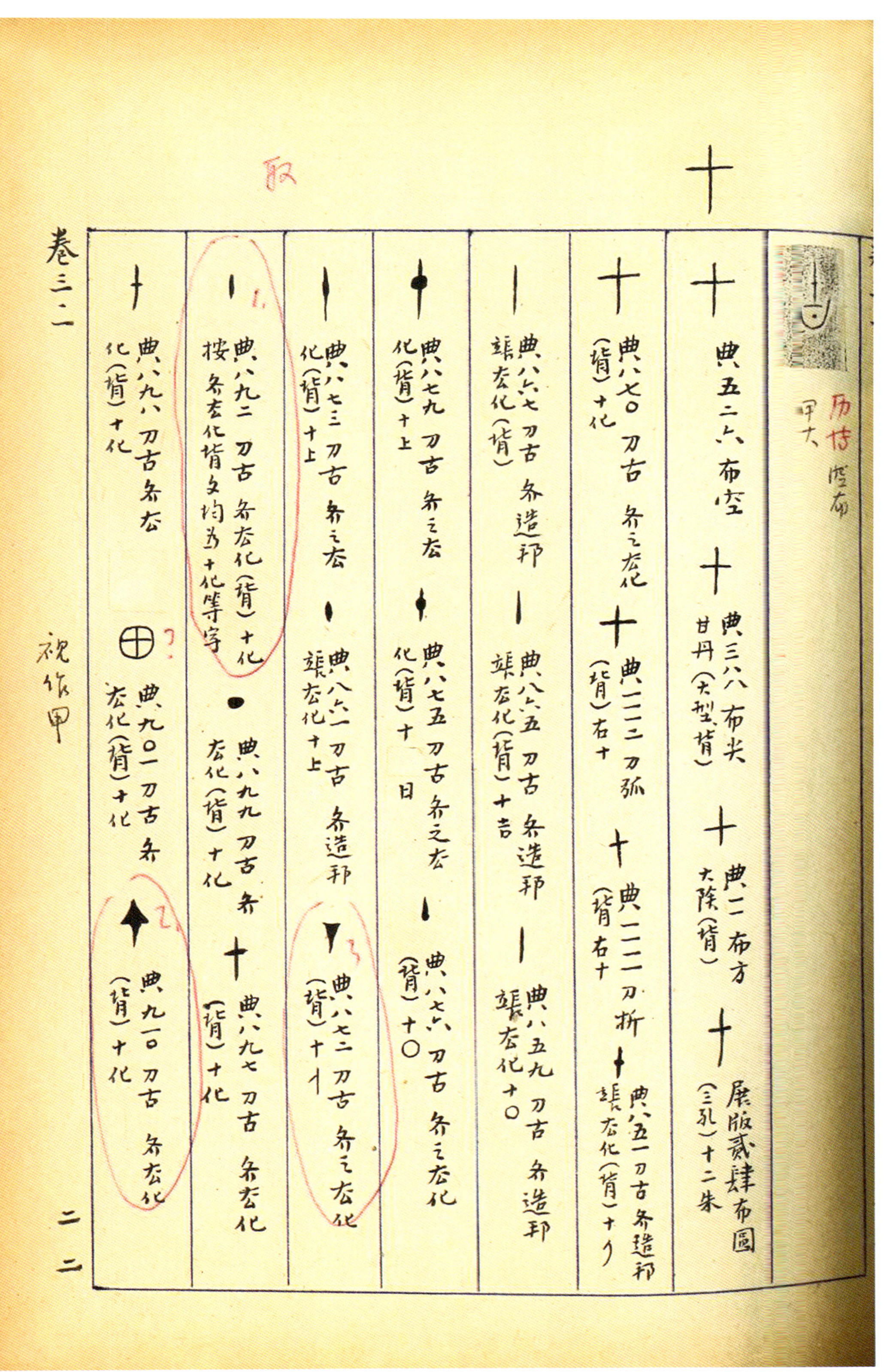

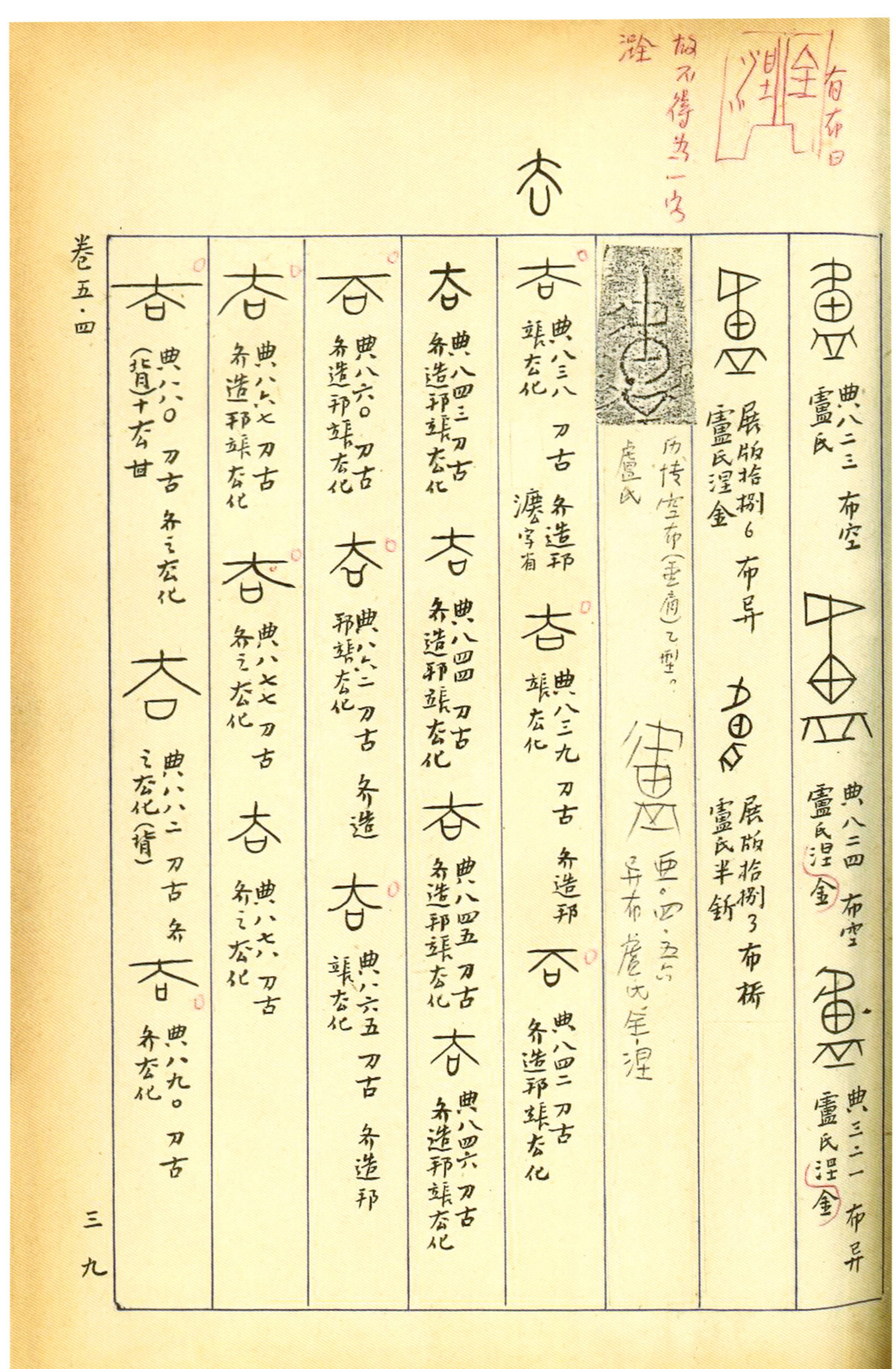

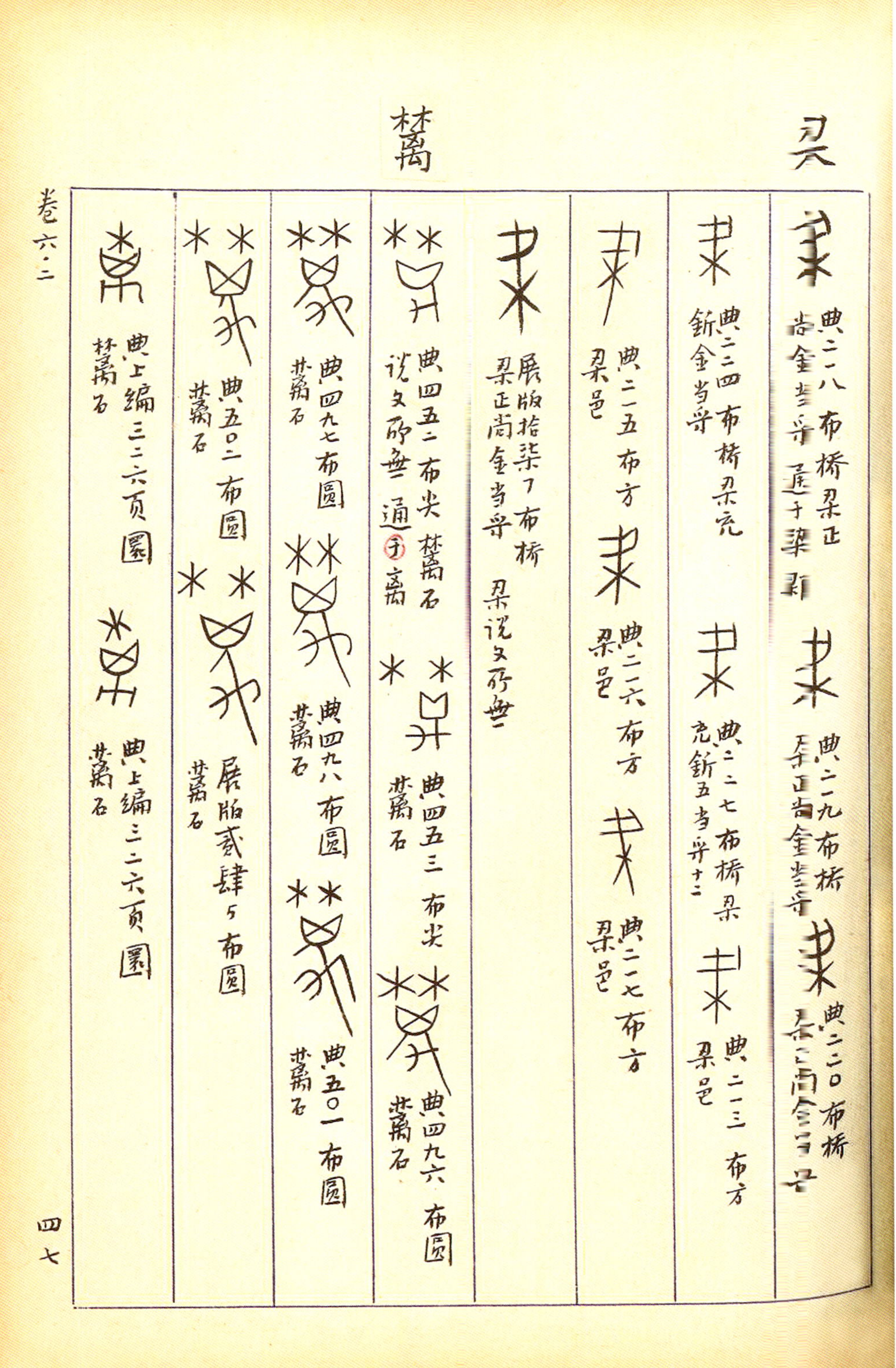
梁

典二一八 布橋 梁正尚金當寽 通于梁新

典二一九 布橋 梁正尚金當寽

典二二〇 布橋 梁正尚金當寽

典二二四 布橋 梁充釿金當寽

典二二七 布橋 梁充釿五當寽十二

典二一三 布方 梁邑

典二一五 布方 梁邑

典二一六 布方 梁邑

典二一七 布方 梁邑

展啟 搢柒7 布橋 梁正尚金當寽

梁 說文所無

⿱林离

典四五二 布尖 ⿱林离石

說文所無 通于離

典四五三 布尖 ⿱林离石

典四九六 布圜 ⿱林离石

典四九七 布圜 ⿱林离石

典四九八 布圜 ⿱林离石

典五〇一 布圜 ⿱林离石

典五〇二 布圜 ⿱林离石

展啟 貳肆5 布圜 ⿱林离石

典上編三二六頁 圜 ⿱林离石

典上編三二六頁 圜 ⿱林离石

卷六·二

四七

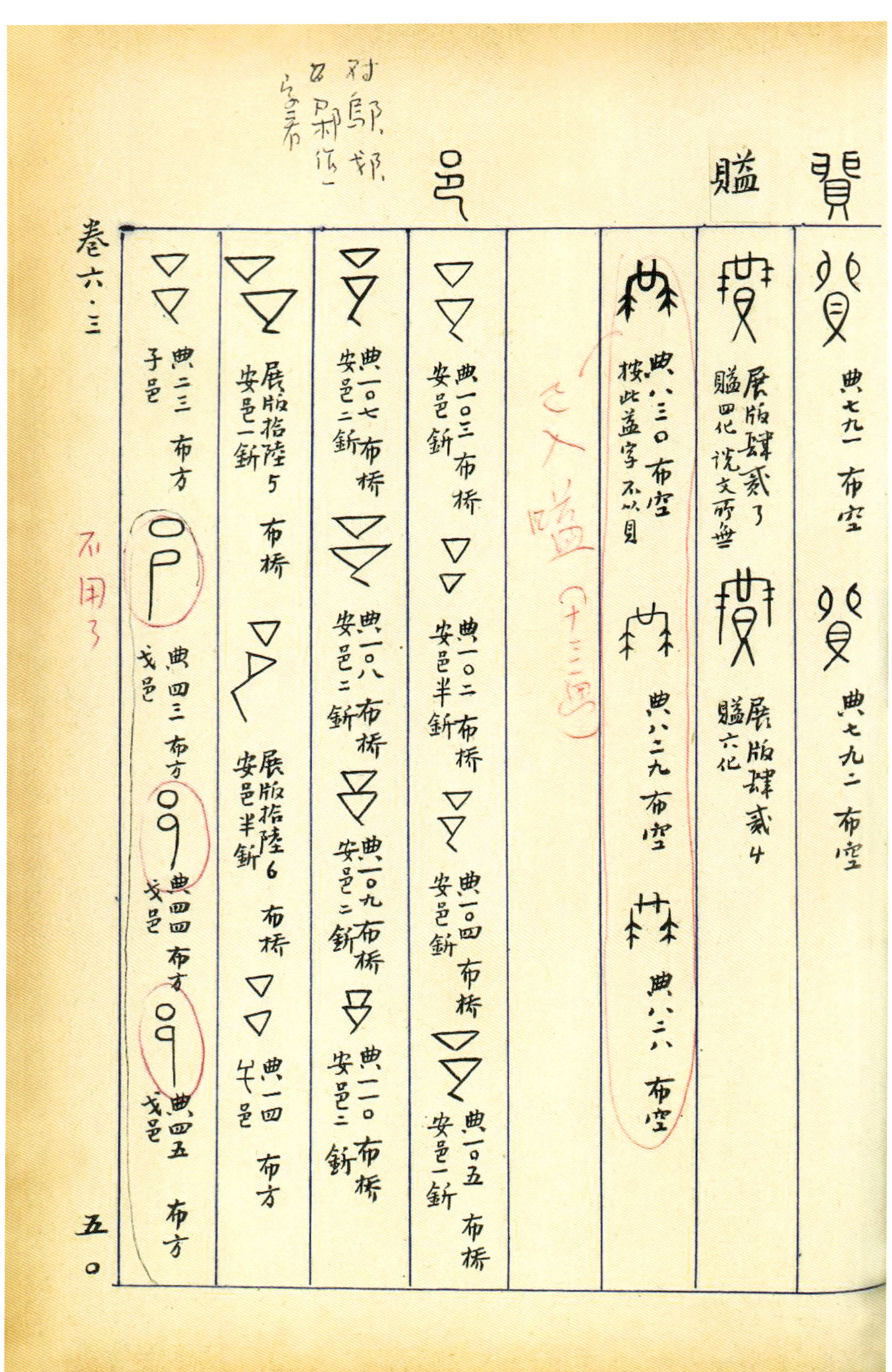

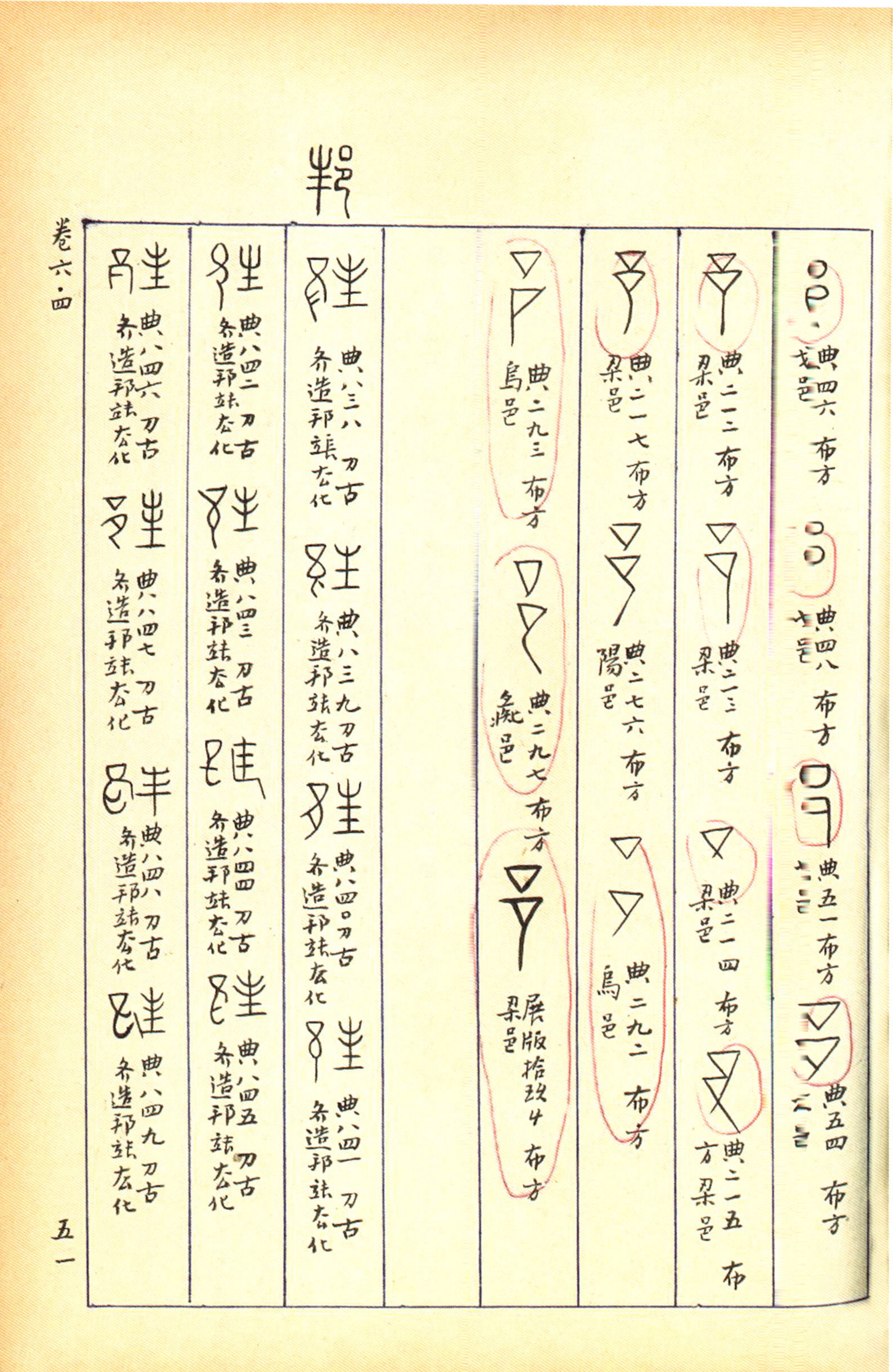

卷六·四

邑

典四六 布方 戈邑

典四八 布方 [illegible]邑

典五一 布方 [illegible]邑

典五四 布方 [illegible]邑

典二一三 布方 梁邑

典二一三 布方 梁邑

典二一四 布方 梁邑

典二一五 布方 梁邑

典二一七 布方 梁邑

典二七六 布方 陽邑

典二九二 布方 烏邑

典二九三 布方 烏邑

典二九七 布方 彘邑

展版拾玖4 布方 梁邑

典八三八 刀古 齐造邦跂夻化

典八三九 刀古 齐造邦跂夻化

典八四〇 刀古 齐造邦跂夻化

典八四一 刀古 齐造邦跂夻化

典八四二 刀古 齐造邦跂夻化

典八四三 刀古 齐造邦跂夻化

典八四四 刀古 齐造邦跂夻化

典八四五 刀古 齐造邦跂夻化

典八四六 刀古 齐造邦跂夻化

典八四七 刀古 齐造邦跂夻化

典八四八 刀古 齐造邦跂夻化

典八四九 刀古 齐造邦跂夻化

五一

典八五〇 刀古
齐造邦䢒厺化

典八五一 刀古
齐造邦䢒厺化

典八五二 刀古
齐造邦䢒厺化

典八五三 刀古
齐造邦䢒厺化

典八五五 刀古
齐造邦䢒厺化

典八五六 刀古
齐造邦䢒厺化

典八五八 刀古
齐造邦䢒厺化

典八五九 刀古
齐造邦䢒厺化

典八六〇 刀古
齐造邦䢒厺化

典八六二 刀古
齐造邦䢒厺化

典八六三 刀古
齐造邦䢒厺化

典八六四 刀古
齐造邦䢒厺化

典八六五 刀古
齐造邦䢒厺化

典八六七 刀古
齐造邦䢒厺化

典八六八 刀古
齐造邦䢒化

典九八四 刀古 節墨
之厺化(背)十 安邦

典九八五 刀古 節墨
之厺化(背)十 安邦

展版貳柒 刀古 節墨之
厺化(背)十 安邦

展版叁拾 刀古
齐造邦䢒厺化

展版叁壹 刀古
齐造邦䢒厺化

典三六九 布尖
中都

典三九二 布尖
西都

典三二 布方
中都

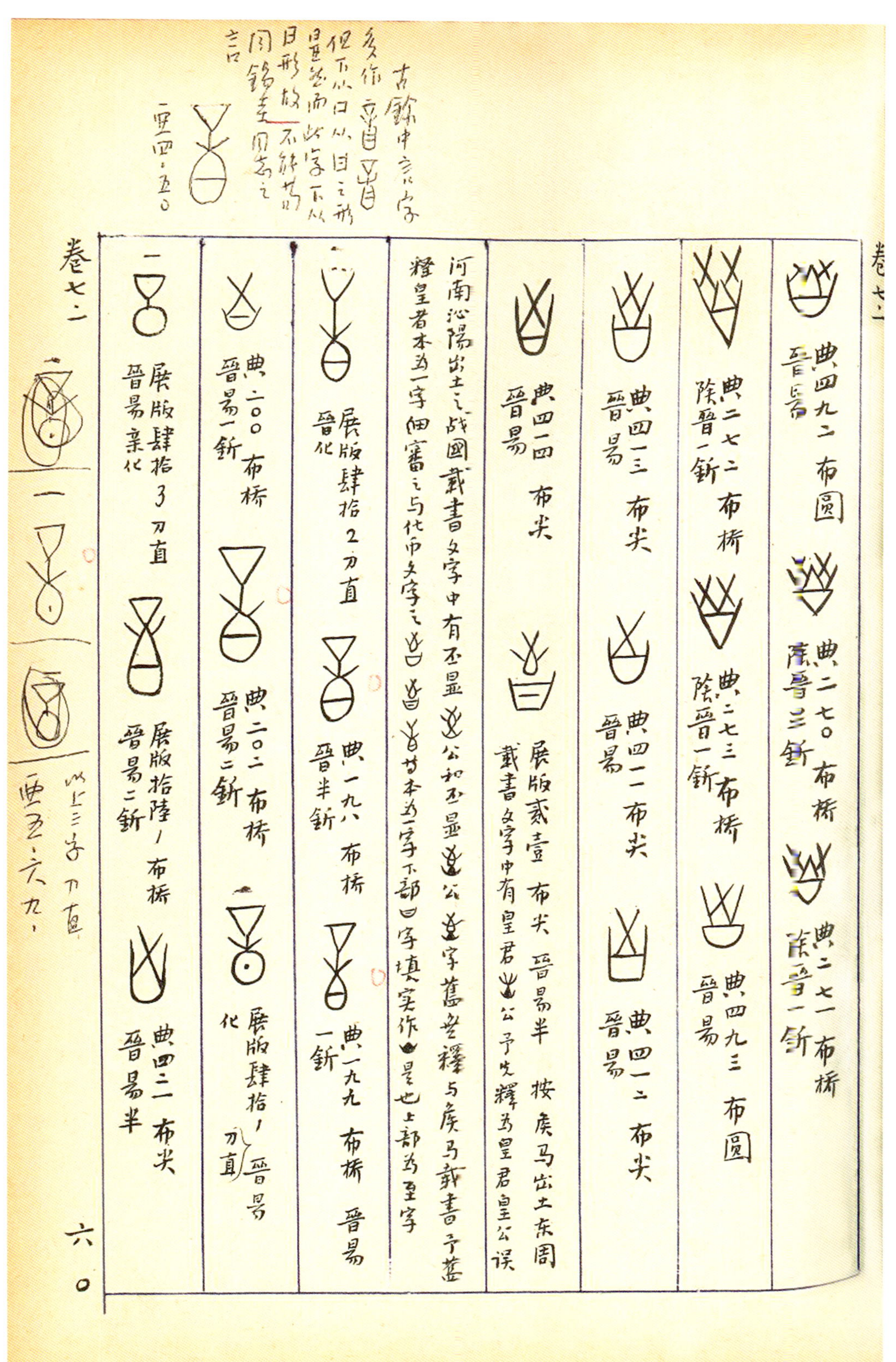

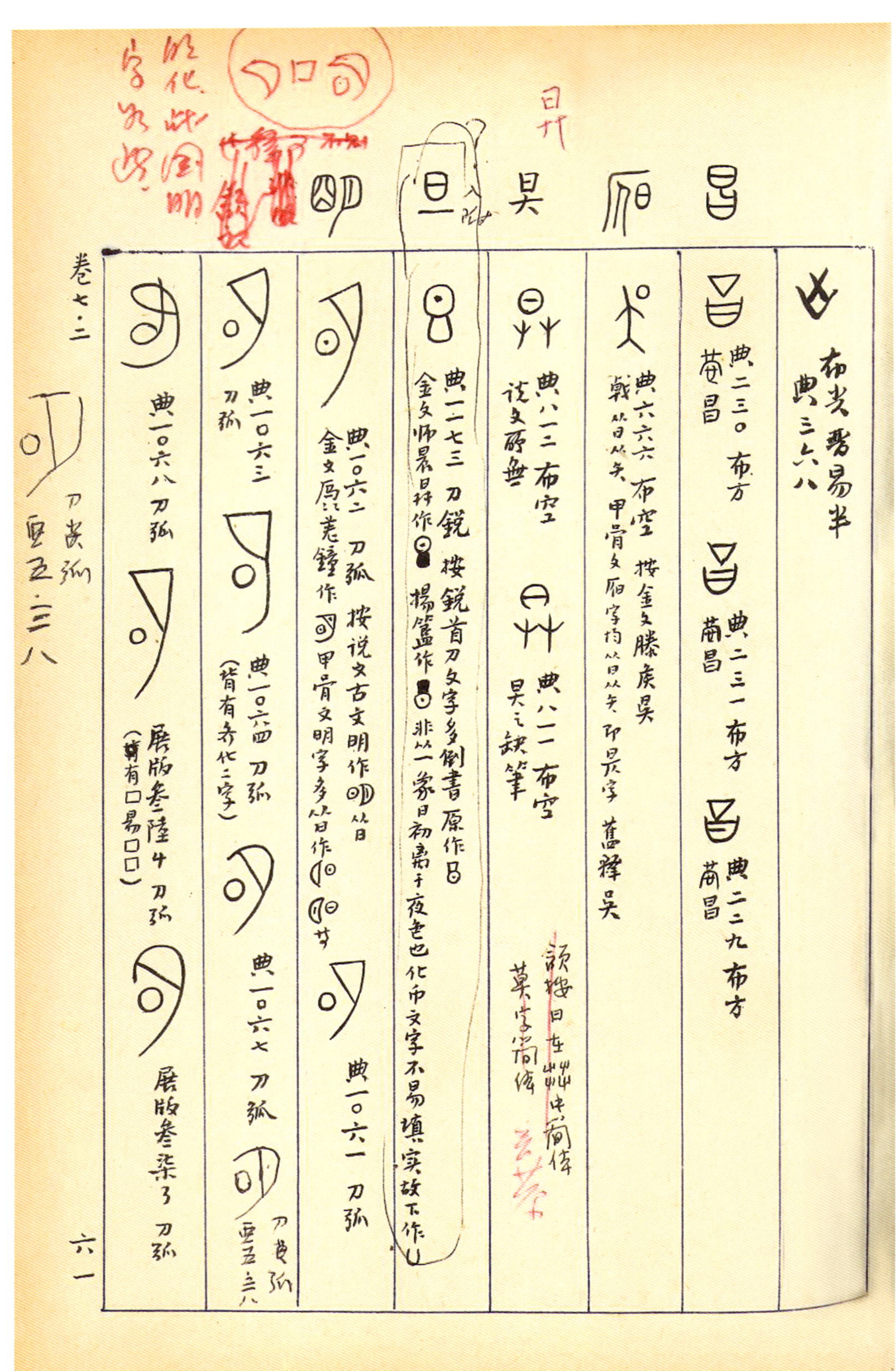

布尖晋易半 典三六八

典二三〇 布方 莔昌

典二三一 布方 莔昌

典二二九 布方 莔昌

典六六六 布空 按金文滕侯昃 戰 皆从矢 甲骨文 字均从日从矢 印昃字 舊釋吴

典八一三 布空 说文所無

典八一二 布空 昊之缺筆

典一一七三 刀銳 按 銳首刀文字多倒書 原作

典一〇六二 刀弧 按说文古文明作

典一〇六三 刀弧

典一〇六四 刀弧 (背有齐化二字)

典一〇六七 刀弧

典一〇六一 刀弧

典一〇六八 刀弧

居版叁陸4 刀弧

居版叁柒3 刀弧

卷七·二

六一

卷七·二

外　齊

外							齊
典一〇六九 刀弧 典一〇八四 刀弧 典一〇八六 刀弧 典一〇九五 刀弧	典一〇八七 刀弧 展版叁捌1 刀弧 展版肆贰6 圜 明四	典一〇七〇 刀折 典一〇七二 刀折 典一〇七三 刀折 典一〇七九 刀折	典一〇八〇 刀折 典一〇九〇 刀折 典一〇九一 刀折 典一一三五 刀折	刀弧 要五 西五	典一一三五 刀折 外塞 典一一三六 刀折 外墨 典一一二七 刀折 外奉 典版叁捌4 刀折 外墨	刀折 要五、五四、五五	典八三八 刀古 齐造邦㚇法化 典八三九 刀古 齐造邦長法化 典八四〇 刀古 齐造邦㚇法化

六二

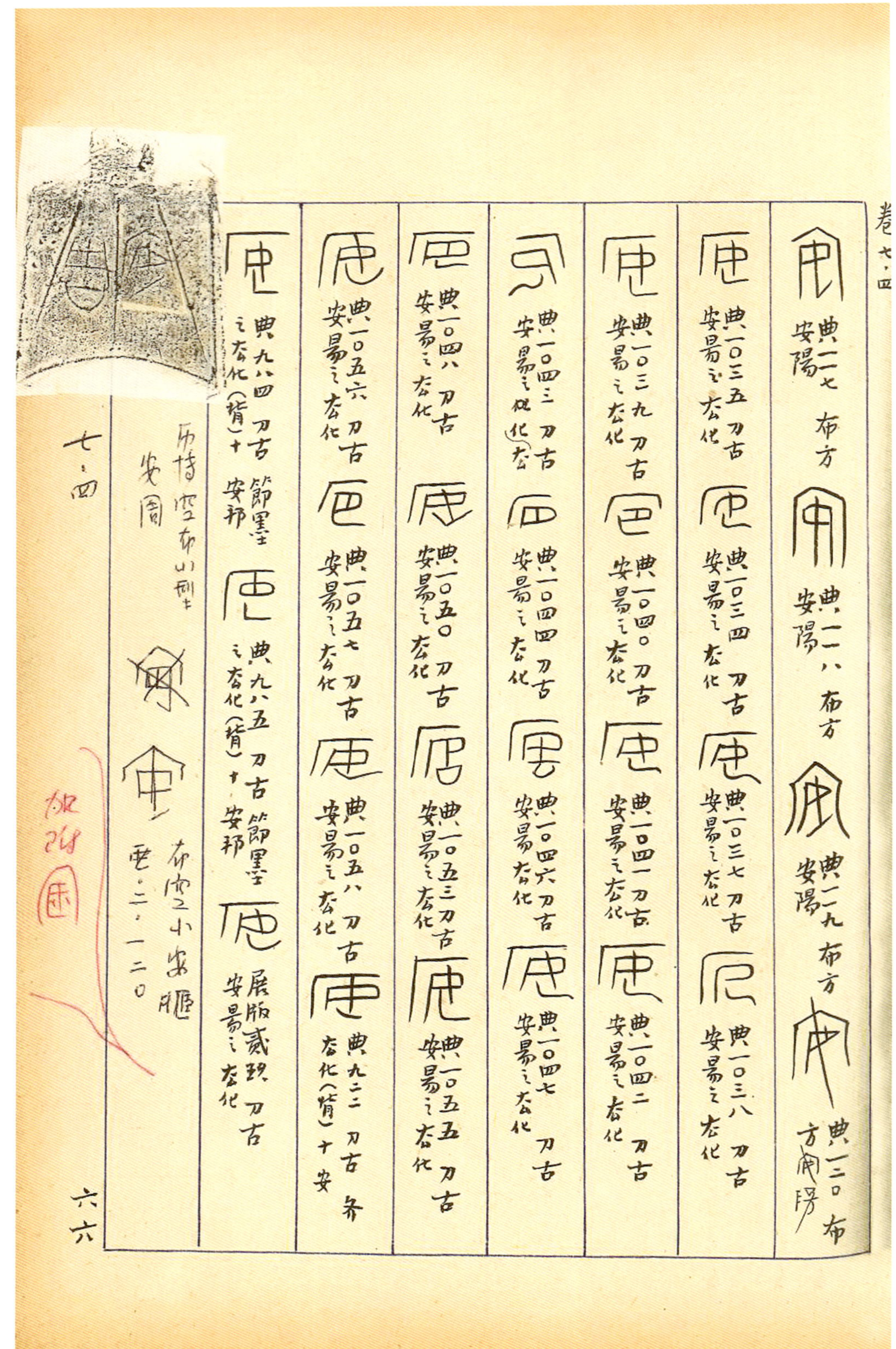

卷七·四

典一一七 安陽 布方

典一一八 安陽 布方

典一一九 安陽 布方

典一二〇 方安陽 布

典一〇三五 安易之厺化 刀古

典一〇三四 安易之厺化 刀古

典一〇三七 安易之厺化 刀古

典一〇三八 安易之厺化 刀古

典一〇三九 安易之厺化 刀古

典一〇四〇 安易之厺化 刀古

典一〇四一 安易之厺化 刀古

典一〇四二 安易之厺化 刀古

典一〇四三 安易之促化厺 刀古

典一〇四四 安易之厺化 刀古

典一〇四六 安易厺化 刀古

典一〇四七 安易之厺化 刀古

典一〇四八 安易之厺化 刀古

典一〇五〇 安易之厺化 刀古

典一〇五三 安易之厺化 刀古

典一〇五五 安易之厺化 刀古

典一〇五六 安易之厺化 刀古

典一〇五七 安易之厺化 刀古

典一〇五八 安易之厺化 刀古

典九二二 厺化(背)十安 刀古 斧

典九八四 之厺化(背)十安邦 刀古 節墨

典九八五 之厺化(背)十安邦 刀古 節墨

展版貳玖 安易之厺化 刀古

布尖空布小型 安陽

布空小安陽 币·二·一二〇

七·四

六六

加此圖

典八四〇 斉造邦𨑓厺化 刀古

3 典八四一 斉造邦𨑓厺化 刀古

4 典八四二 斉造邦𨑓厺化 刀古

典八四三 斉造邦𨑓厺化 刀古

典八四四 斉造邦𨑓厺化 刀古

典八四五 斉造邦𨑓厺化 刀古

7 典八四六 斉造邦𨑓厺化 刀古

典八四八 斉造邦𨑓厺化 刀古

8 典八四九 斉造邦𨑓厺化 刀古

9 典八五〇 斉造邦𨑓厺化 刀古

10 典八五一 斉造邦𨑓厺化 刀古

典八五二 𨑓厺化（背）十化 斉造邦 刀古

11 典八五三 𨑓厺化（背）十化 斉造邦 刀古

典八五四 斉造邦𨑓厺化 刀古

12 典八五七 斉造邦𨑓厺化 刀古

13 展昭肆貳ノ圜 賹化

典八五九 斉造邦𨑓厺化 刀古

典八六三 斉造邦𨑓厺化 刀古

15 典八六五 斉造邦𨑓厺化 刀古

14 典八六九 斉之厺化 刀古

16 典八七一 斉造邦𨑓厺化 刀古

17 典八七一 厺化（背）十化 斉之 刀古

典八七二 斉之厺化 刀古

典八七四 斉之厺化 刀古

18 典八七七 斉之厺化 刀古

19 典八七六 斉之厺化 刀古

20 典八七九 斉之厺化 刀古

典八八一 斉之厺化 刀古

典八九〇 斉厺化 刀古

21 典八九一 斉厺化 刀古

22 典八九二 斉厺化 刀古

典八九三 斉厺化 刀古

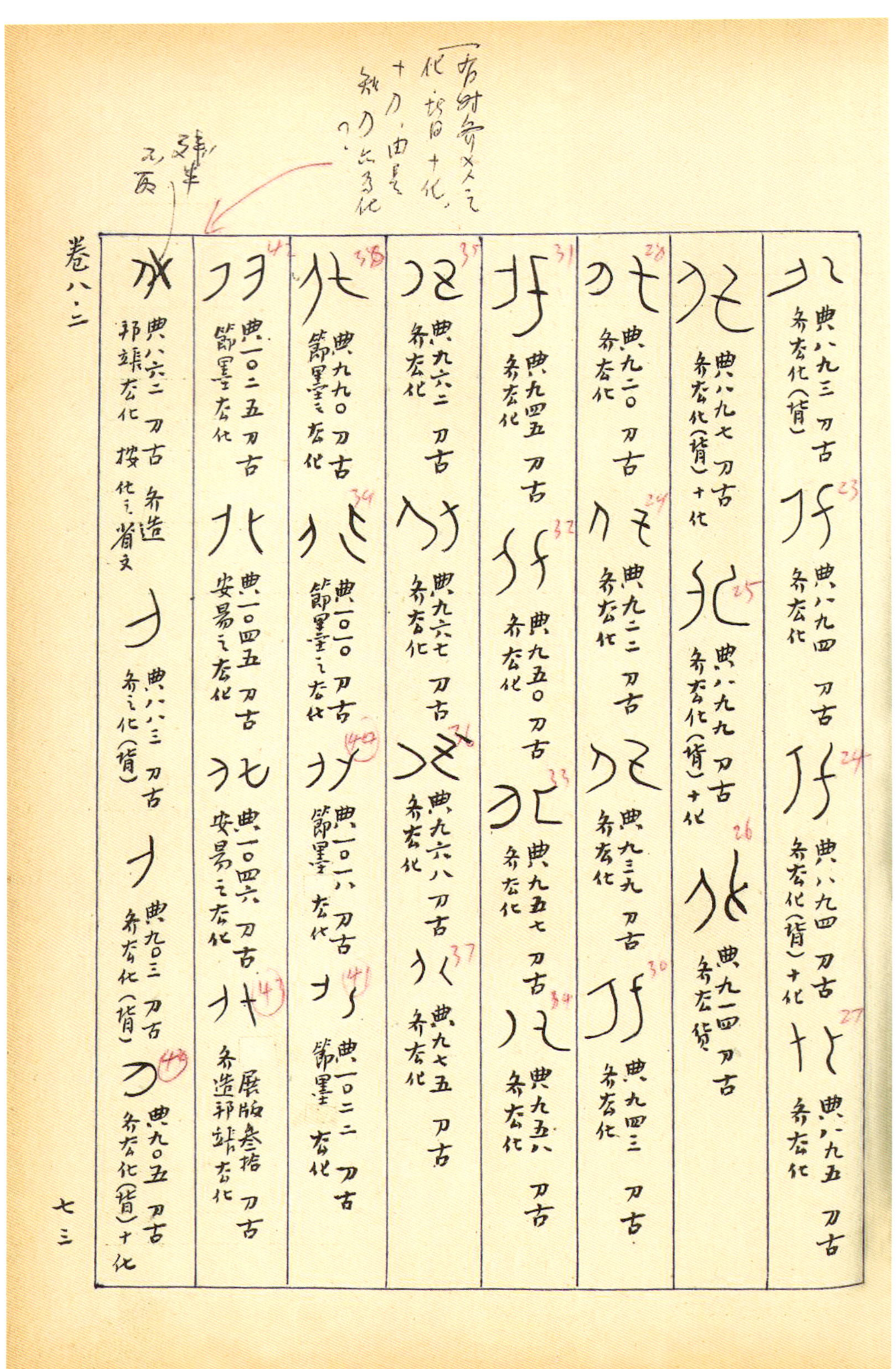

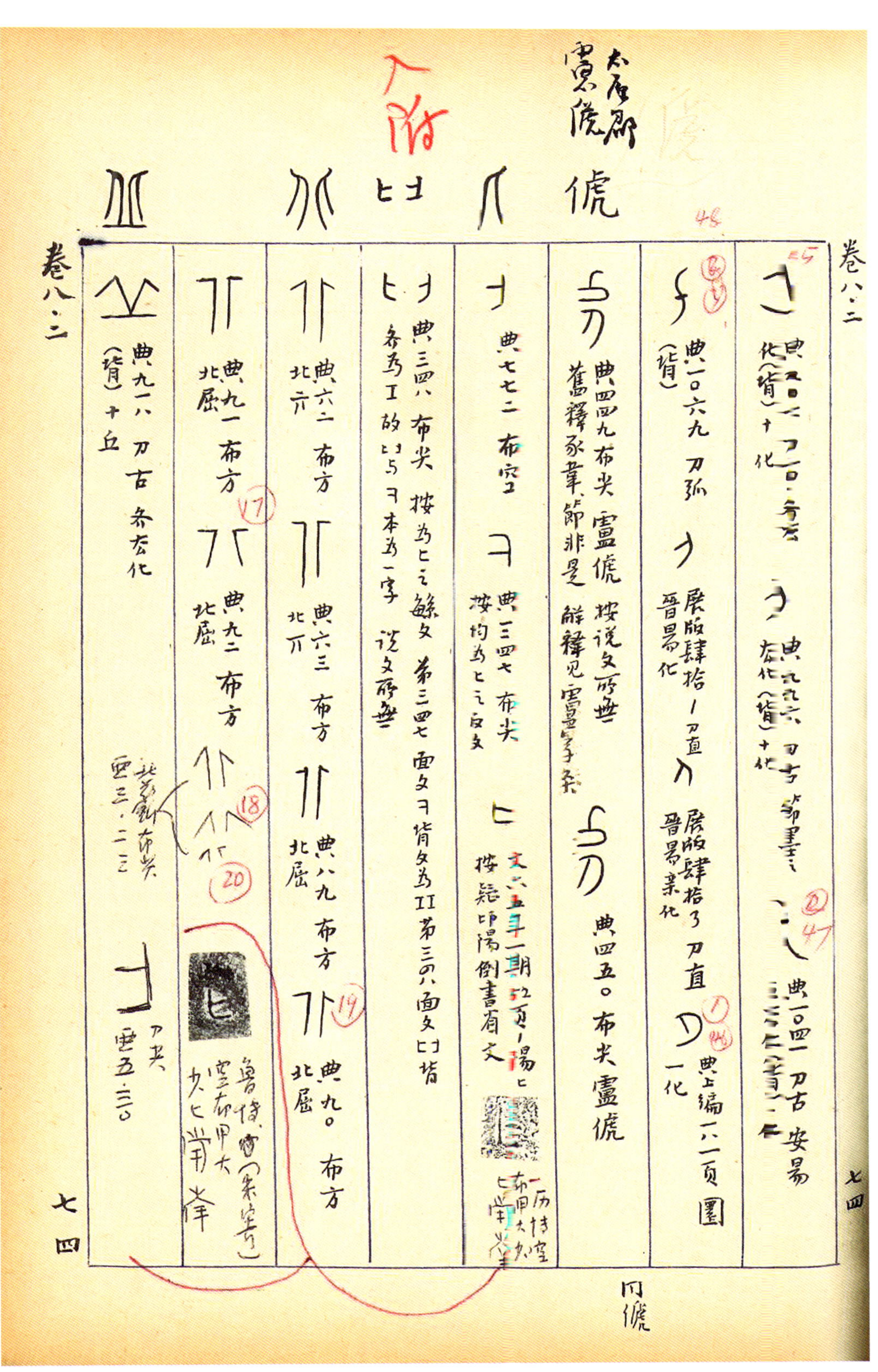

太原郡

傂

附

卷八·二

典一〇四一 刀古 安昜

典九九六 刀古 化(背)十化

典一〇六九 刀弧 (背)

展昍肆捨1 刀直 晉昜化

展昍肆捨3 刀直 晉昜兲化

典上編一六一頁 圜 一化

典四四九 布尖 盧傂 按說文所無 舊釋豕章、節非是 解釋見盧字條

典四五〇 布尖 盧傂

典七七二 布空

典三四七 布尖 按均為匕之反文

按疑即陽倒書之文

典三四八 布尖 按為匕之繁文 說文所無

典六二 布方 北亓

典六三 布方 北亓

典八九 布方 北屈

典九〇 布方 北屈

典九一 布方 北屈

典九二 布方 北屈

典九一八 刀古 (背)十丘 各左化

刀尖 亞五·三〇

七四

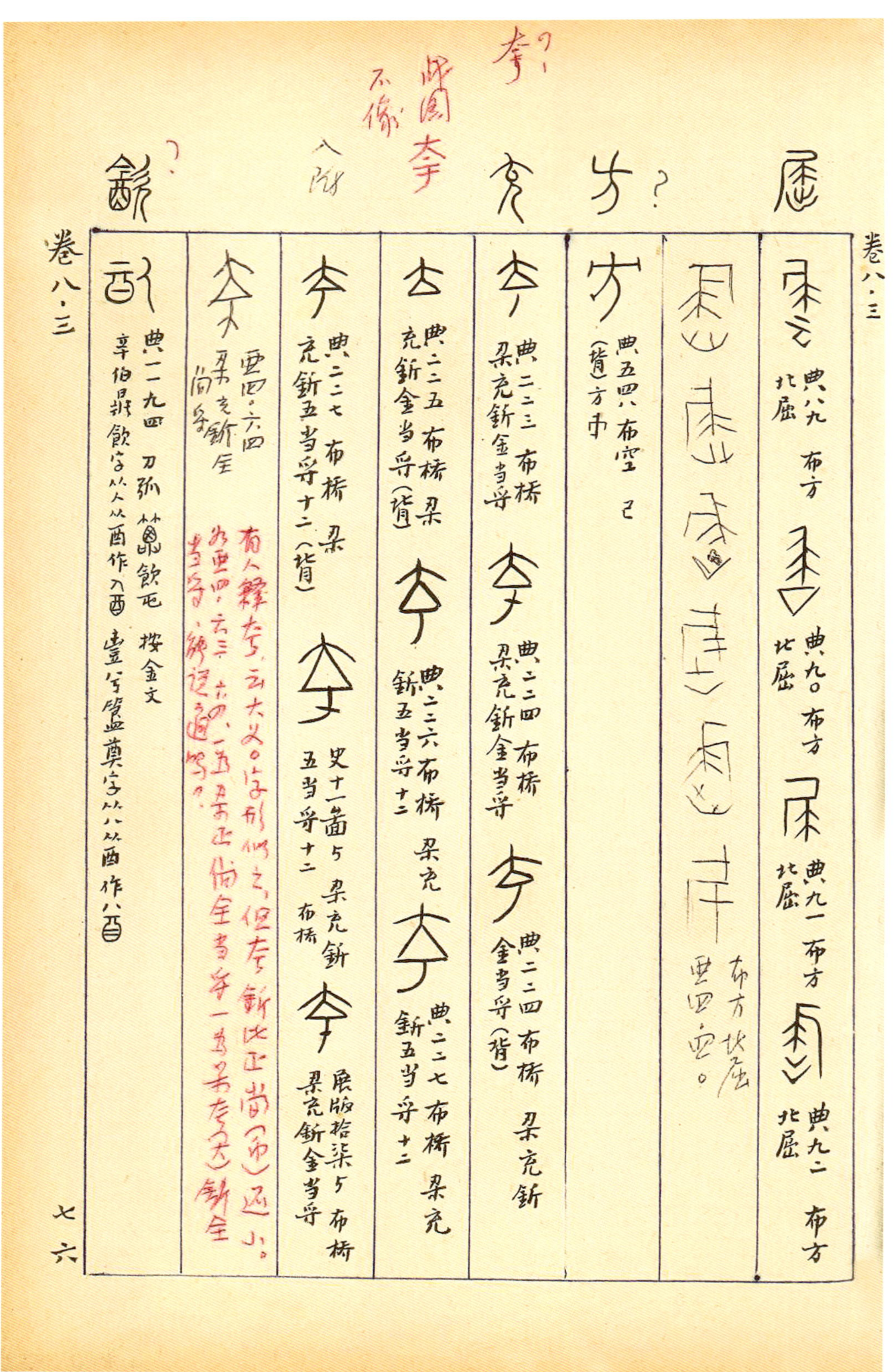

卷八·三

典八九 布方 北屈

典九〇 布方 北屈

典九一 布方 北屈

典九二 布方 北屈

布方 北屈 亜四空。

典五四八 布空 已 (背)方未

典二二三 布桥 梁充釿金当寽

典二二四 布桥 梁充釿金当寽

典二二四 布桥 梁充釿金当寽(背)

典二二五 布桥 梁充釿金当寽(背)

典二二六 布桥 梁充釿五当寽十二

典二二七 布桥 梁充釿五当寽十二

典二二七 布桥 梁充釿五当寽十二(背)

史十一畵5 梁充釿五当寽十二 布桥

辰版拾渠5 布桥 梁充釿金当寽

亜四·六四 梁充釿金当寽

有人釋夸，云大义。字形似之，但夸釿比正尚(币)远小。如亜四·六三、六四、一五梁正尚金当寽一当梁夸(大)釿金当寽，錦堤通等？

典一一九四 刀孤 鼎飲屯 按金文辛伯鼎飲字从欠从酉作 壹字簋盨算字从八从酉作

七六

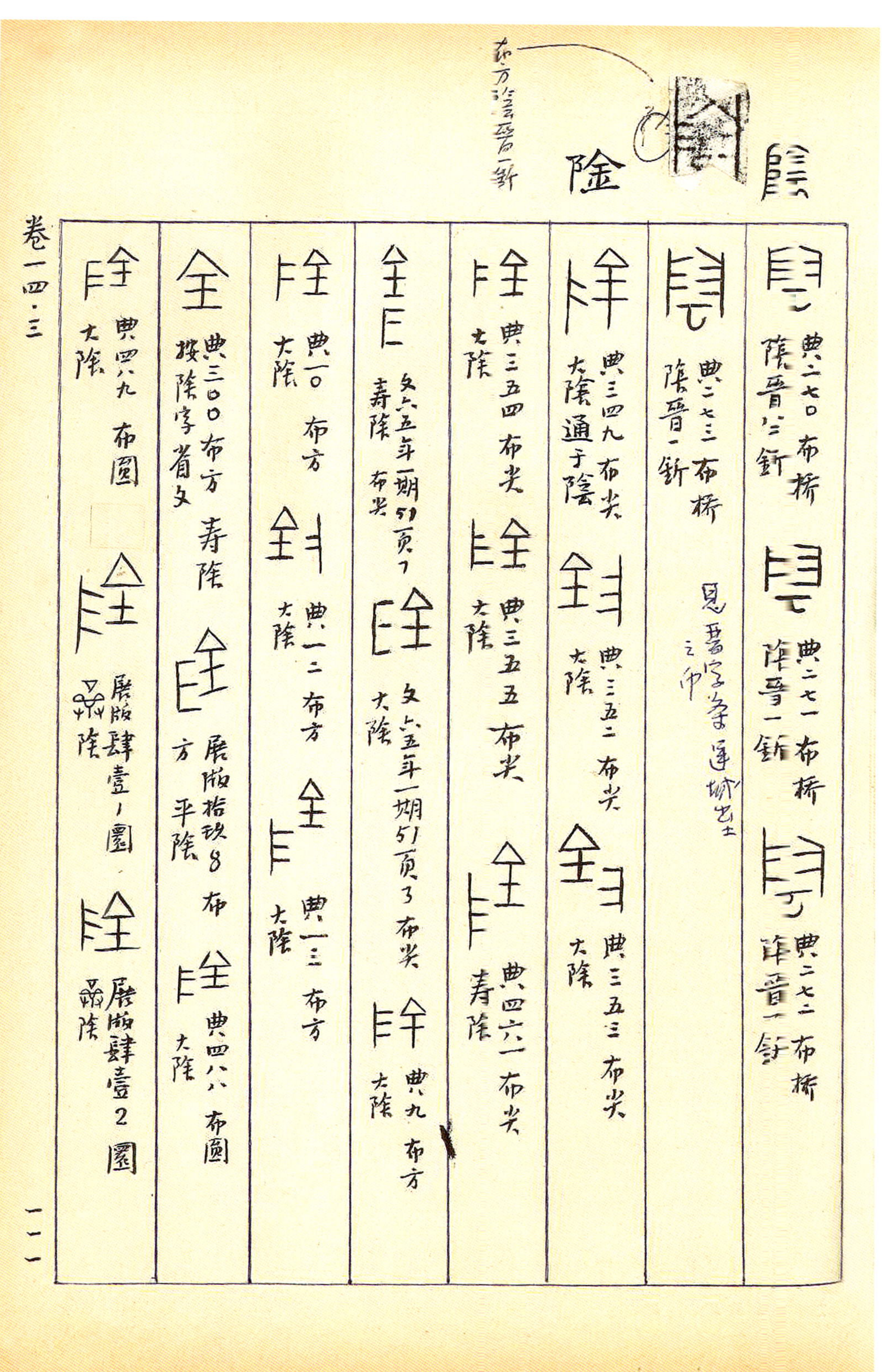

陰

布方陰晉一釿

典二七〇 布橋 陰晉半釿
典二七一 布橋 陰晉一釿
典二七二 布橋 陰晉一釿

典二七三 布橋 陰晉一釿
見晉字條運城出土之布

典三四九 布尖 大陰 通于陰
典三五二 布尖 大陰
典三五三 布尖 大陰

典三五四 布尖 大陰
典三五五 布尖 大陰
典四六一 布尖 壽陰

文六五年一期51頁7 布尖 壽陰
文六五年一期51頁3 布尖 大陰
典九 布方 大陰

典一〇 布方 大陰
典一二 布方 大陰
典一三 布方 大陰

典三〇〇 布方 壽陰 按陰字省文
展啟貨玖8 布 方 平陰
典四六八 布圜 大陰

典四六九 布圜 大陰
展啟肆壹1 圜 [illegible]陰
展啟肆壹2 圜 [illegible]陰

卷一四·三

一一一

卷一四·四

典七四 平陽 布方

典六一 尹陽 布方

典一一三 安陽 布方

典一一四 安陽 布方

典一一八 安陽 布方

典一一九 安陽 布方

典一一九 安陽 布方（背）

典一二八 宅陽 布方

典一二九 宅陽 布方

典一三〇 宅陽 布方

典一三三 宅陽 布方

典三〇一 [宀魚]陽 布方

典三〇四 [宀魚]陽 布方

典三〇三 虞陽 布方

典二七五 陽邑 布方

典二七六 陽邑 布方

典二七四 口陽 布方

典八 其陽 布方

展版貳壹6 晉陽半 布尖

展版貳貳1 下[土卩]陽 布圜（三孔）

展版貳貳3 上[土卩]陽 布圜（三孔）

史九畵3 平陽 布方

史九畵6 平陽 布方

史九畵5 平陽 布方

一一三

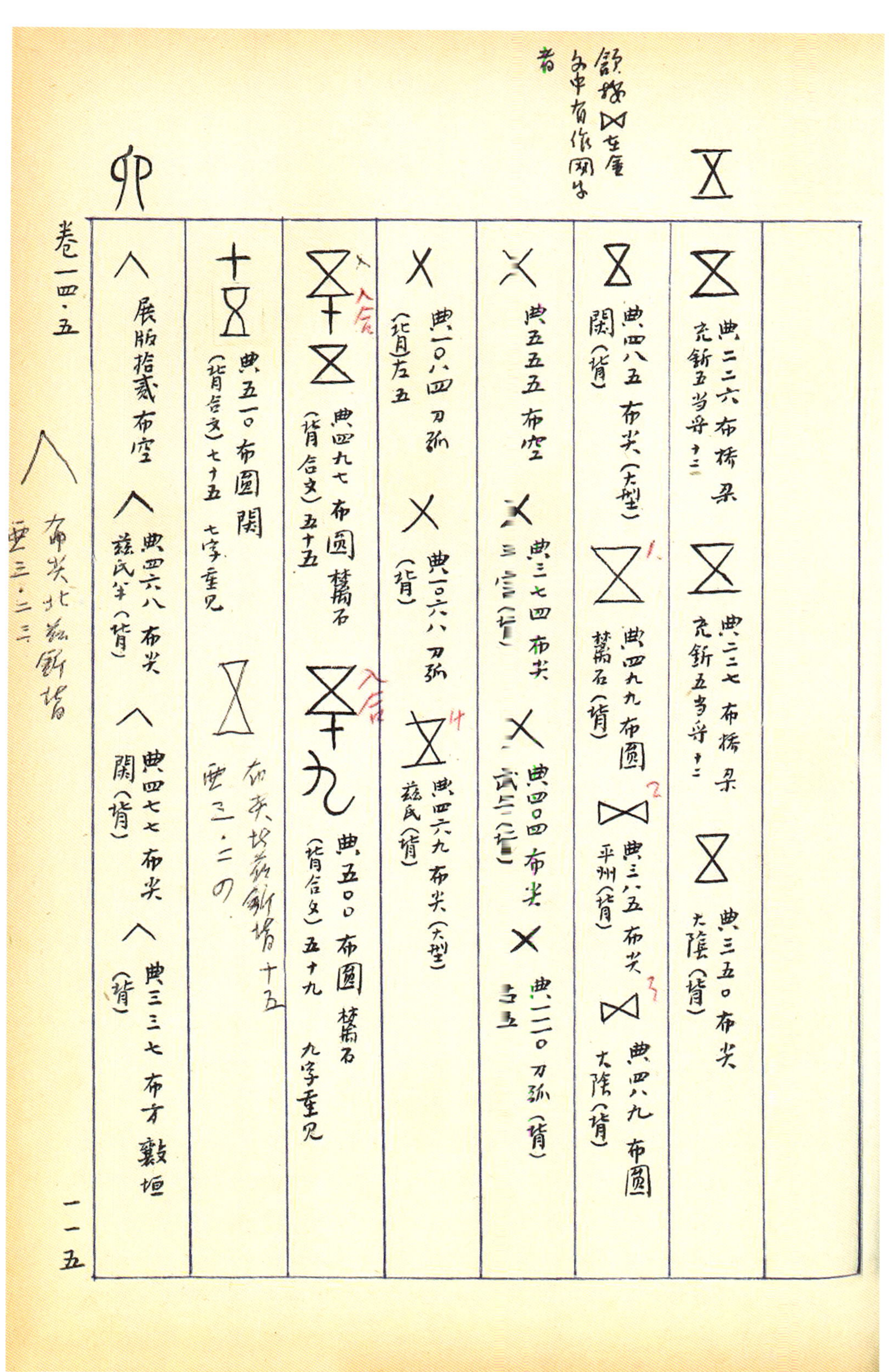

卯

錢幣⋈左金文中有作閔字者

典二二六 布橋梁 充釿五当寽十二

典二二七 布橋梁 充釿五当寽十二

典三五〇 布尖 大陰（背）

典四八五 布尖（大型） 閔（背）

典四九九 布圜 藺石（背）

典三八五 布尖 平州（背）

典四八九 布圜 大陰（背）

典五五五 布空

典三七四 布尖 三官（背）

典四四四 布尖 武平（背）

典一二一〇 刀弧（背） 二五

典一〇八四 刀弧 （背）左五

典一〇六八 刀弧 （背）

典四六九 布尖（大型） 茲氏（背）

典四九七 布圜 藺石 （背合文）五十五

典五〇〇 布圜 藺石 （背合文）五十九 九字重見

典五一〇 布圜 閔 （背合文）七十五 七字重見

亞三·二〇 布尖北茲釿背十五

展昄拾貳 布空

典四六八 布尖 茲氏半（背）

典四七七 布尖 閔（背）

典三三七 布方 鄴垣（背）

卷一四·五

亞三·二三 布尖北茲釿背

一一五

1978 年，他在去长春吉林大学参加中国古文字讨论会时，中华书局的编审赵诚同志看到此稿，就鼓励他加工成书，并将其列入中华书局的出版计划。于是他在返回太原后，在此稿的基础上，又对新中国成立以来山西各地出土的大量东周刀布进行了补充拓印。1979 年—1980 年，他曾多次利用开会、出差的机会到各地收集古货币资料。比如赴西安参加中国考古学会成立大会时，顺便在西安和咸阳征集了陕西出土的部分古币资料；参加成都四川大学举办的中国古文字研究会第三届年会后，便到北京、河南、山东、湖北、安徽等地，对以上各地出土的古币进行了调研，并在各省文物部门和博物馆的协助支持下进行了拓印。1980 年后，他即着手于临摹、辑纂、注释方面的工作。这一做，就又是五年之久。他不仅仅要查阅大量的文献资料，比对核实，注释考证，而且每个字都亲自临摹，要做到和原拓几乎一模一样。1982 年春夏之际，他为了躲避纷扰专心做这项工作， 住在太原建设路上的南十方院白云禅寺里，从容整理誊抄他的《古币文编》，这一抄就是整整三个月。1986 年，《古币文编》终由中华书局影印出版。

张颔 1986 年去山东长岛参加古文字研究年会的留影

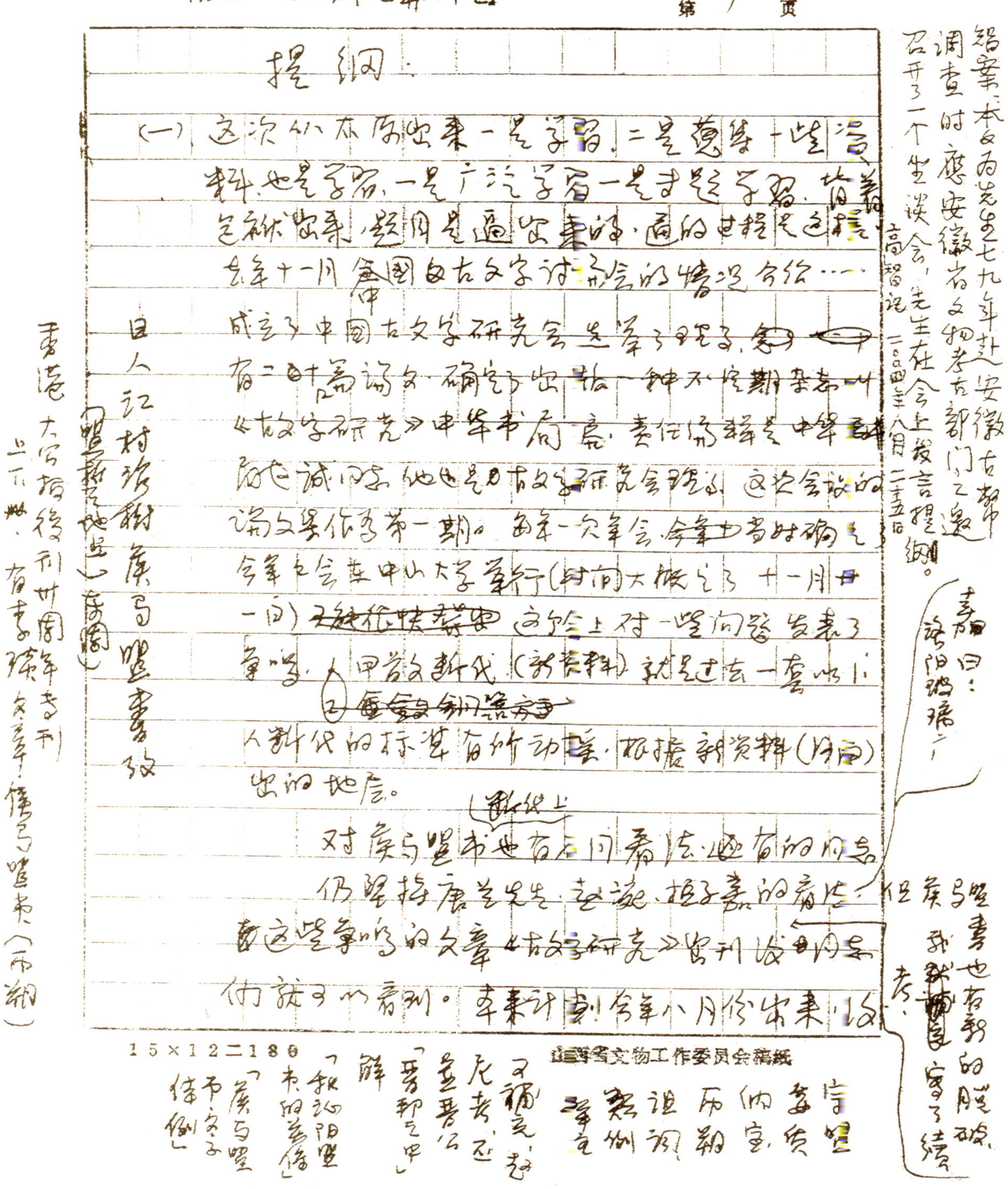
不会讲话，神经上出了些毛病，有时语无伦次，只把工作向同志们作一个汇报，希望批评指正。说到哪里算哪里。

第 1 页

提纲：

（一）这次从北京出来一是学习，二是蒐集一些资料，也是学习，一是广泛学习，一是专题学习。首先是从北京出来，题目是这次出来时，这的也想先[illegible]去年十一月全（中）国古文字讨论会的情况介绍……

成立了中国古文字研究会，选举了理事，有二十篇论文，确定了出一种不定期刊物《古文字研究》中华书局出，责任编辑是中华书局赵诚同志，他也是古文字研究会理事。这次会议的论文集作为第一期。每年一次年会，今年的年会在中山大学举行（时间大概定了十一月廿一日）这次会上对一些问题发表了争鸣，1 甲骨文断代（新资料）就是过去一套[illegible]人断代的标准有所动摇，根据新资料（小屯）出的地层。

对侯马盟书也有不同看法，在断代上，过去有的同志仍坚持唐兰先生、郭老、张子[illegible]的看法，这些争鸣的文章《古文字研究》创刊后同志们就可以看到。本来计划今年八月份出来，后

绍案：本文为先生七九年赴安徽省文物考古部门调查时应安徽古部门之邀召开了一个座谈会，先生在会上发言提纲。高智记 二〇〇四年八月二十五日

在安徽考古部门的讲话提纲手稿

来文推到十月份。这次我在北京，中华书局的同志谈起广州年会上拿出来十作者个人手写影印，右开，望[?]家。过去有关古文字研究的文章没有自己的基地，也大多在《考古》、《文物》杂志中夹杂着发表，现在有了专门刊物是一件大好的事了。历史上第二次。西汉一次，集天下知古文者百余人，记汉平帝庭，扬雄写了《训纂篇》（历来之苍颉、凡将、急救篇）。古的同志说那一次不算。

这次会大家很兴奋，解放后第一次，解放前没有。

在此会上很明显地看到我国搞古文字的同志第一是少的很，第二是老的多，连开会的同志七十余人。古文字方面存在的问题，是青黄不接。文汇报上曾有一段记载：大多是七八十岁的年老年人，八十多九十的也有二三个，五四五十岁的少，四五十岁中有研究成果的少，三十岁左右的几乎没有了。第三是资料缺，工具书也缺，几乎没有。基本参考书没有，中国书店没有古文字学的书。印过一本徐氏说文。张政烺先生说只是解决刻图章问题。文汇报上谈到资料缺乏的情况，说北京的大学图书馆只有一本。裘锡圭说不能借出来。四十岁以上的书，现在只能在资料室看，我只能给他一套。

15×12=180　山西省文物工作委员会稿纸

第三个存在的问题是这几年地下出土的资料多，甲骨两大批未见世，竹简，帛书，信阳，江陵，云梦睡虎地，曾 安徽 阜阳 据张颔同志说安徽有重要资料未发表，我还是第一次听说的。还有甘肃，据敦煌的同志介绍，不能集中，呼吁集中使用，并尽快培养接班人。据了解现在古文字研究室的大多数是中山、吉林、四川？吉林缺，北大子明同志搞了一个也未见世。

编自己

我自己有一本自己使用的字典，专门属于古货币文字。在会上同志见到以后就被商我要求提高，商老也有个编写古货币文字的计划，也搜集了不少材料，在中华书局列入出版计划。会上中华书局的同志见到我的原件稿后，即决定和商老的资料合起来搞成一本。有的同志建议我专门搞出土的资料放弃文献著录的资料，这个建议是好的。至于我的和商老的资料之合，中华书局说他自有办法。因为我这方面积累很少，资料少，所以就出来向兄弟省来学习，这就是说背着沉重的包袱，不轻松。中华书局没有交稿时限，要求明年发稿。

我知道货币文字中存在着许多老大难的问题。有的字识不得，有的字各有各的读法，定不下来。这只好"就小平办了"，慎言其余，不能不懂装懂。把疑难字放在附录中待专家解决。

还有是货币文字字不多。现在古文字(大概)情况(文化大革命前)

甲骨文发现4671字（甲骨文编）

识 1723字（包括合文648） 未识认 2948字

金文共 3059字（金文编）

可识 1894字

未识 1165字

侯马盟书 共539字

可识381字

未识 46字

残字 102字

罗福颐 古印文字 共356字

可识 241字

未识 115字

先秦货币文字编（

15×12二180　　山西省文物工作委员会稿纸

共356字

可识　241字（包括合文22字）

未识　115字

近几年大大增加，没有数字可统计。这就看出来相，古文字存在着许多未解决的问题。货币文字　字数少　未识者多，这当然又是一个重要原因。

古货币文字　现在重编　总不过五百个单字，但是每个单字的字形很多，变态字很多，"半"字有三四十种写法，"氏"字

陽　昜字有四五十种写法，如果在别的地方出现简直不可能认为是陽字。因为这次字形标志的原则是异数同文。（刀、布、环）都有（长、钱、货）。

1. 同数异文（这当然好理解）

3. 同文异体。（陽　昜　易）

4. 同体异形（[illegible]）

15×12=180　　山西省文物工作委员会稿纸

5. 同形异势（[illegible]）

这样单字加不同字形，数量有不少。

第 6 页

我国古货币大都铸有文字，而铸币最活跃的时期在战国时期，各国都发行货币，当时也正是所谓"六国古文"风行时期，因文字摆脱籀文系统以及没有统一的规范，别说六国，就是在一个国家中一个字也有几十种写法，侯马盟书就是如此。但是这些文字在甲骨、金文等比较早期的文字中都有一定的来龙去脉，而且在当时又都是民间習用的文字。所以研究古货币文字是古文字学中不可缺少的一个环节。整理侯马盟书对于春秋战国之间的文字字形不稳定有了好像有些规律性，~~在研究货币文字也有运用~~

1、由于随意增损 亻 止 口 木 彳 攵，在不少字中可以随意附加或省略"德"、用木、(彳去)去掉彳、

（摘《续古文字论》）

关于寿县宋家花园

这是我自己粗浅的学习体会，~~向同志们~~写得很不好，向同志们汇报，安徽这方面

三晋货币非常多，也继有出土，甚至一万三千多个……有三四万件，与阳高一起

15×12=180　山西省文物工作委员会稿纸

很多同志水平很高，能够指导同志们，所以我只是抱学习的态度，水平低，愿意向同志们学习。（有错误是乱谈一些）

这次出来，走了北京、湖北省、江陵县（荆州地区博物馆），特别是咱们安徽，早就想来，高山仰止，心向往之。这次来到看到了很多有价值的有历史价值的文物，深深感觉得到安徽、湖北省的文物工作同志成绩大，水平高，所以能看到光辉灿烂的楚国文化和同志们的努力有关，特别是安徽、湖北的领导重视有很大的关系。

（除了给我们大力支持，得到了丰富的资料外）

我们山西地下东西说起来也不算少，但工作做的很差，落后了，我们一方面要向兄弟省学习，提高我们的工作质量，希望兄弟省支持与指导我们的工作，欢迎同志们到山西来。最近将向

（我们井底之蛙，关门孤陋寡闻。见不到大世面。由陕西中山王墓、湖北曾侯乙墓）

谢局长与何局长、郝馆长，请允许我致谢，向陪同我们一道工作的领导和同志，向保管部的同志和全馆各位同志致谢！）

（气派雄伟大，看了很感动）

除了学楚文化方面的资料
请同志在座同志们讲一讲安徽有关楚国古代史方面的资料

出土古货币资料手稿

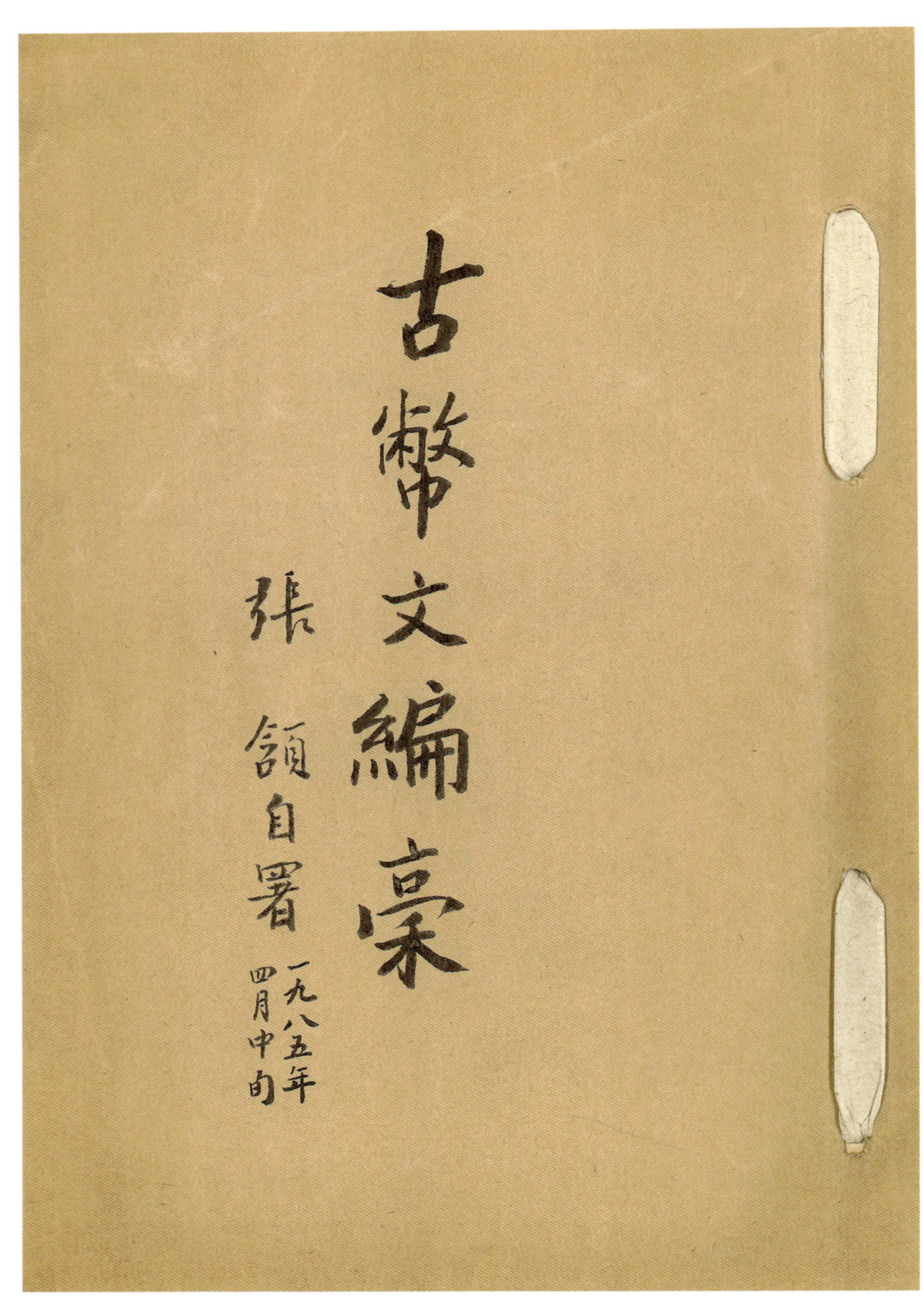

《古币文编稿》1985 年 4 月中旬稿，这是正式出版前辑纂的一稿。

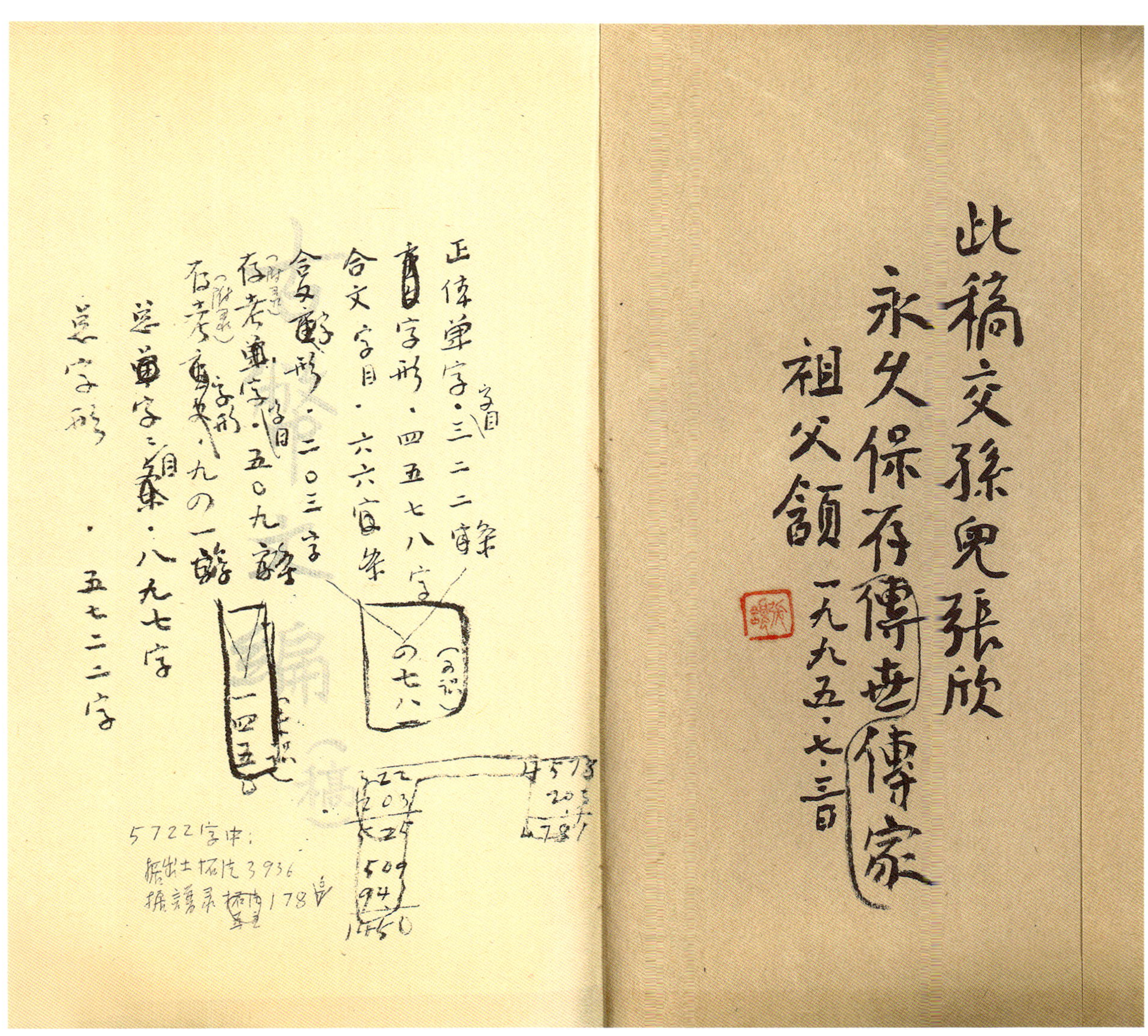
此稿交孫兒張欣
永久保存傳世傳家
祖父頒
一九九五·七·三日

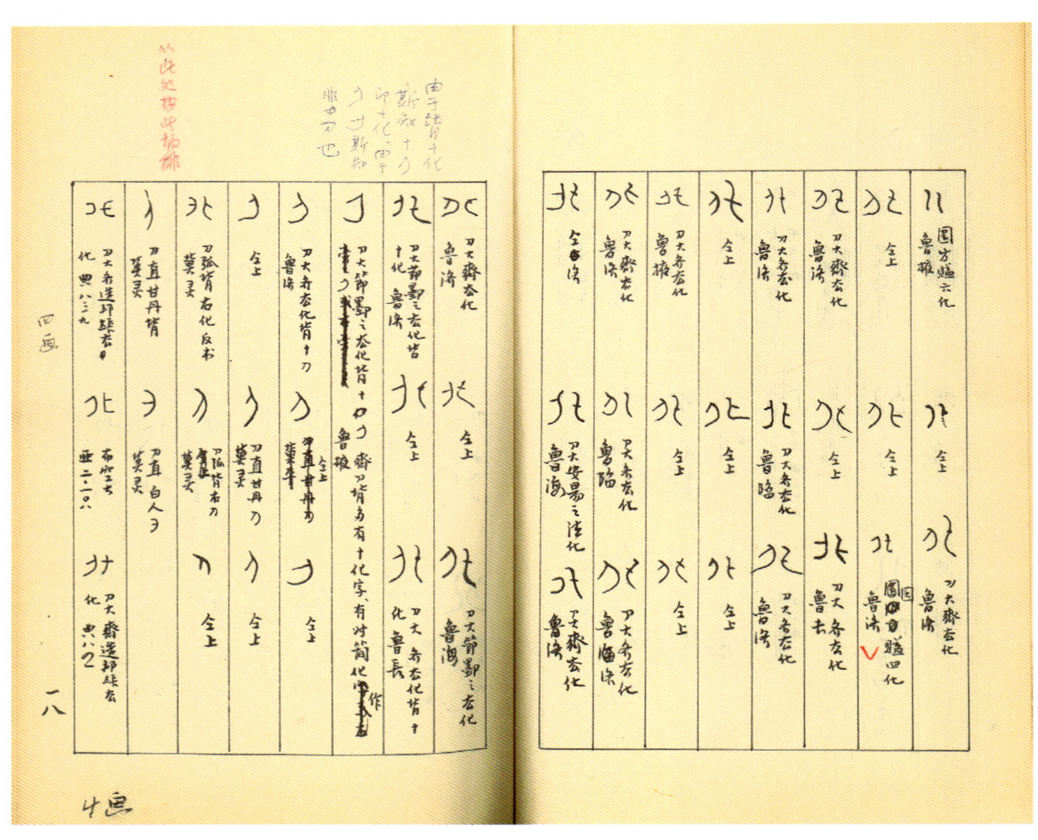

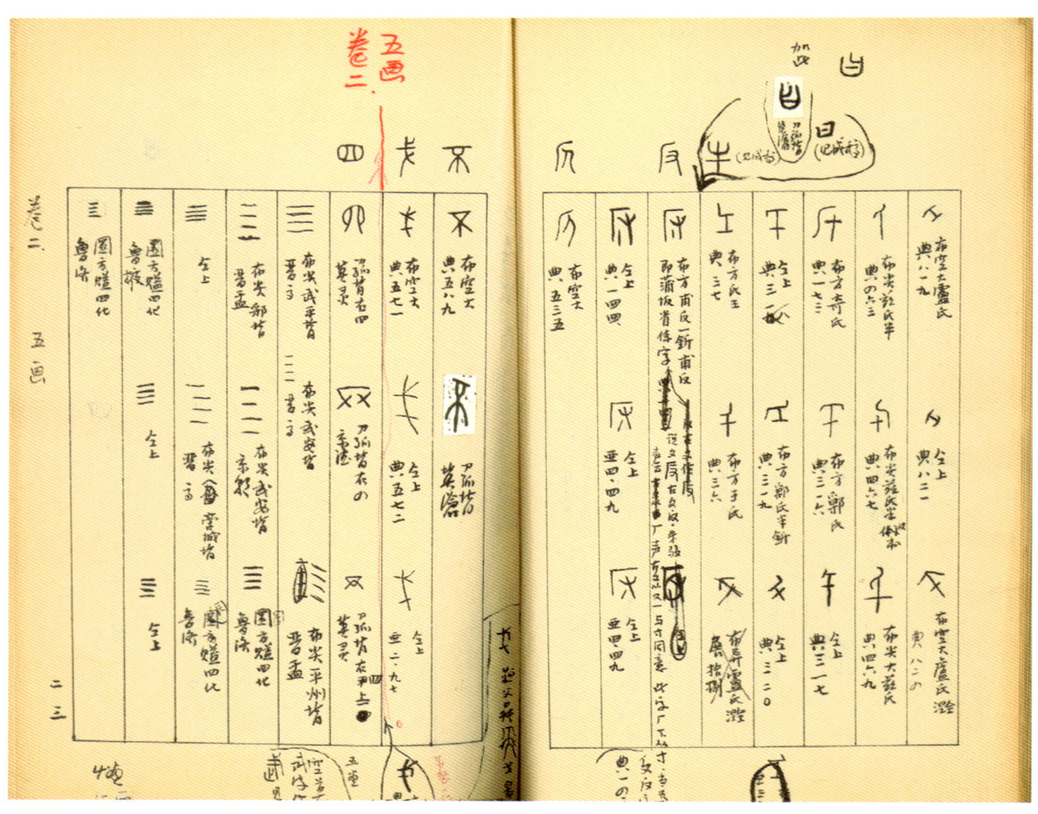

《古币文编稿》1985 年 4 月中旬稿内文节选

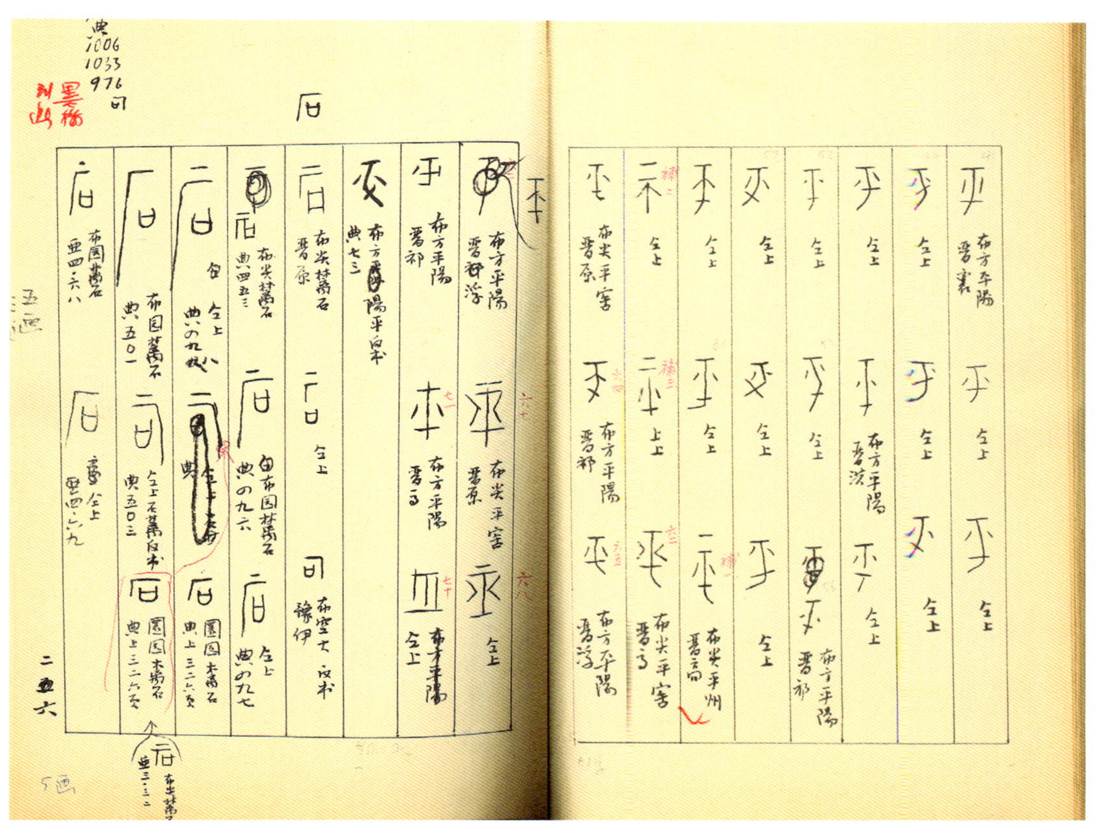

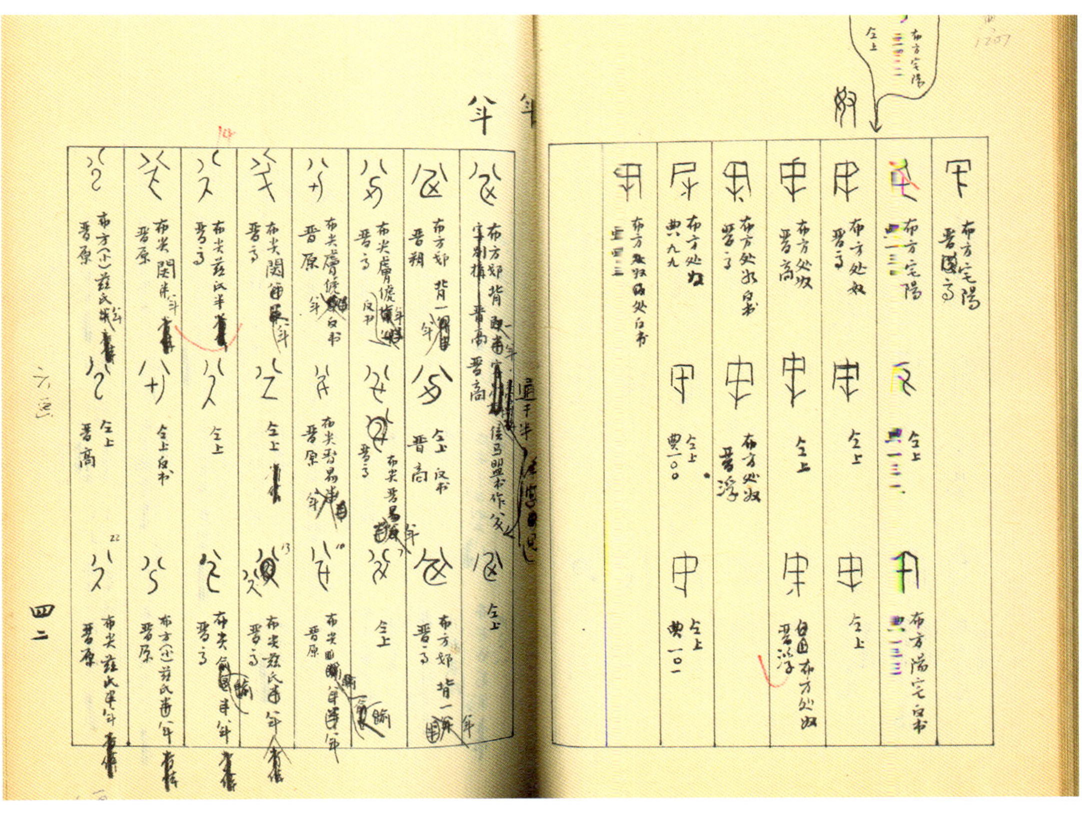

所谓影印出版，就是将张颔亲手绘制和书写的《古币文编》一书，原封不动复制制版后出版。因此，这不仅是一部学术专著，还可称为一部书法精品。

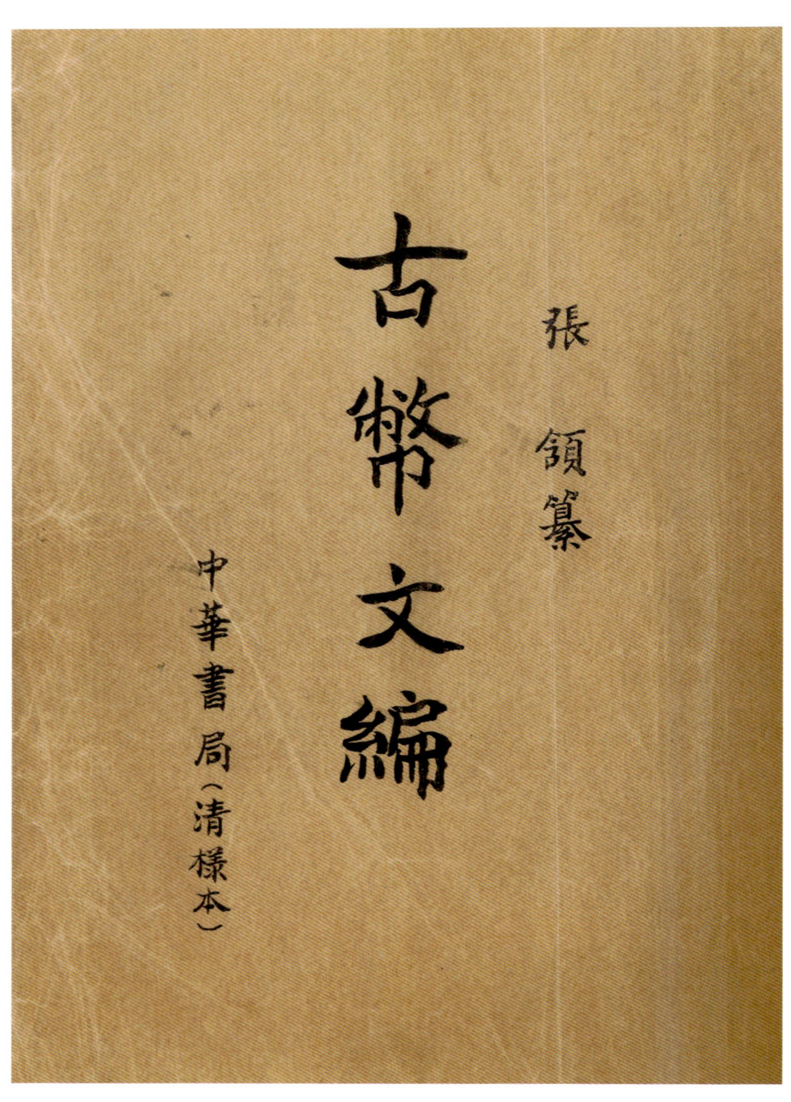

《古币文编》中华书局（清样本）

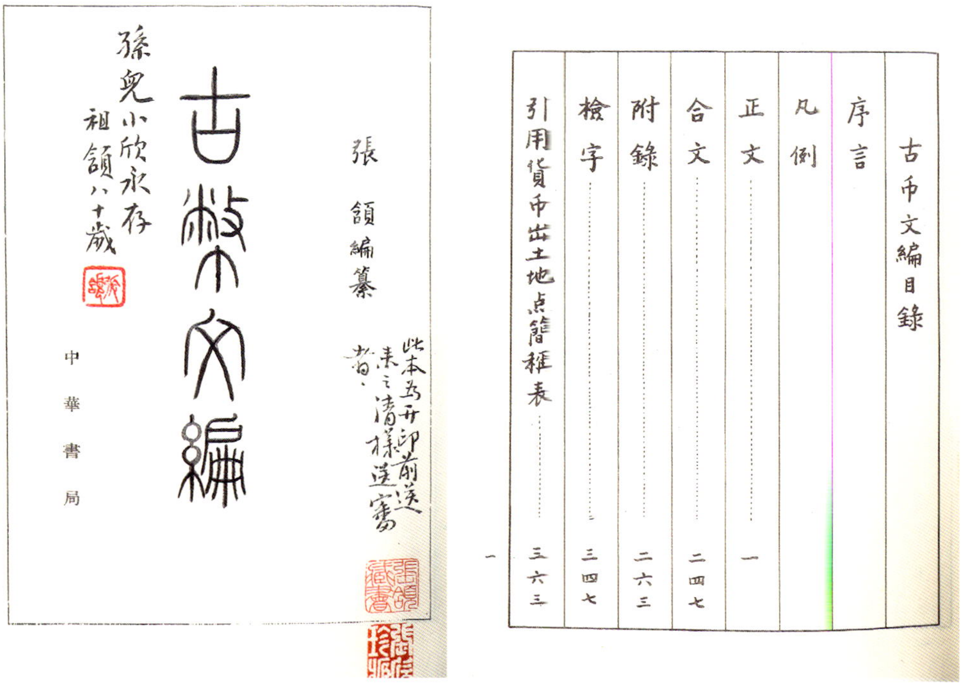

古幣文編

張頟編纂

孫兒小欣永存
祖頟八十歲

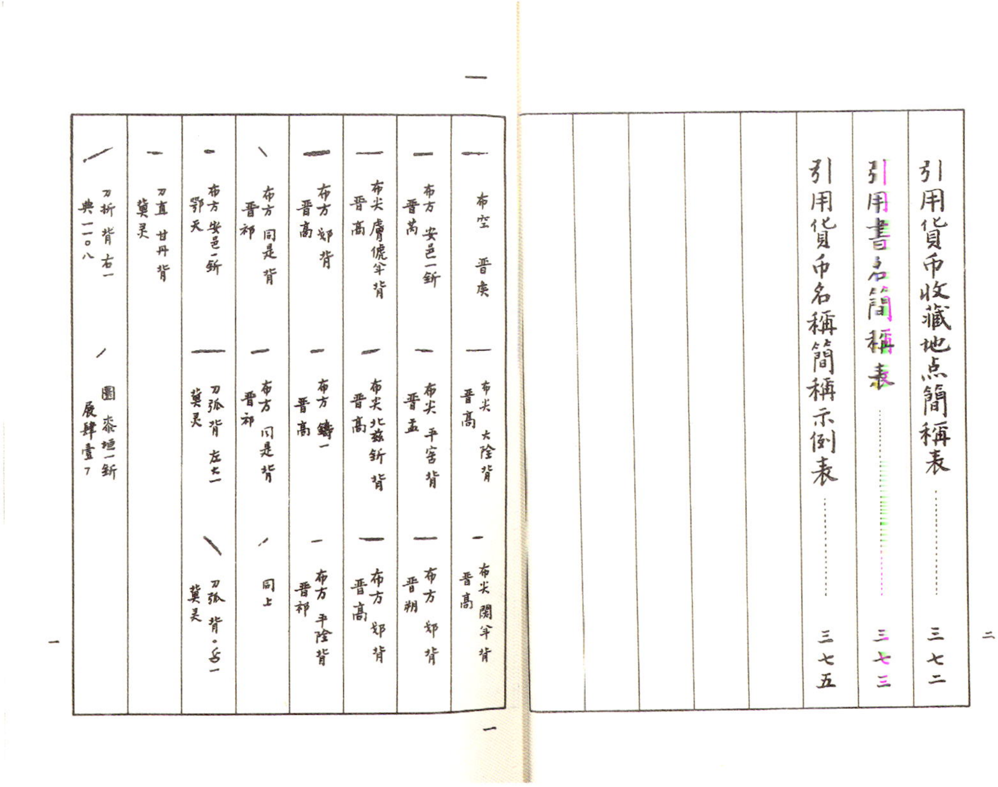

中華書局

此本為开印前送来之清樣送審者。

張頟藏書

古幣文編目録

《古币文编》中华书局（清样本）扉页及目录页

乙　二　人　七　八

刀弧背 冀滄　仝上　布尖 晋昜 背
刀弧 乙 冀灵 背左　刀直 冀灵 甘丹背　刀弧 冀灵 背乙
刀折 冀灵 背乙　刀弧 京德 背左乙
布方 晋高 安邑二釿　布方 晋高 安邑二釿　布空大 豫伊 二ロ
布尖 晋高 平宮背　刀弧 冀灵 背左二　布尖 晋高 大陰背
刀弧 冀滄 背
圜重一兩十二銖 展肆貳8
布尖 晋翔 藿人　布尖 晋原 藿人　刀直 冀灵 白人ヨ

刀大齊杏化背十人此类刀背文有十土、十上、土十吉等字，故依人字之例体書定不作化字看 魯滄
刀大安昜之杏化背 典一〇四〇
布空大 豫伊　刀折 冀灵 背〇七　布尖 晋原 䢼城背
布尖 晋原 平州背　布尖 晋高 平宮背　刀弧背 冀滄
布尖 晋高 茲氏半背　刀弧背 冀滄
布空大 典五二三　布方 典一三 大陰背　布尖 典四三四 郘背
布尖 典四二七 晋昜半背　布尖 亜三·三九 武安背
布空大 豫伊　布尖 晋高 武安背　布空大 晋庚

三　二

八　七　人　二　乙

丂　人　七　十　又

刀折背 冀灵 右卜　仝上 左卜　仝上
仝上　仝上　布空大 豫孟
刀尖 典一一五九
刀弧背 冀灵 右又　仝上　刀弧背 晋原 右又
布空大 豫伊　刀弧背 冀灵 右又　刀弧背 冀滄
刀折背十廿横书 有左字 典一〇九〇
布空大 豫伊　刀弧背 冀滄　仝上 倒书
刀弧背 冀滄　布尖七昜 晋原　布尖七昜 晋大
布尖七昜 晋高　仝上　刀弧 京德 背右七
仝上　刀弧背 冀滄　布空大 豫洛 小七
仝上 小七　布空大 豫洛 小七　布尖 京朝 陽七
仝上　布尖 冀灵 昜七倒书　刀弧背倒书 冀滄
布尖 亜三·二 昜七倒书　布尖 亜三·二 昜七倒书　仝上 正书
布空大 亜二·二八 小七　布空大 歷博 少七
布尖 典三六二 半背
刀尖 典一一五二　刀尖 亜五·二四　刀尖 亜五·一五

七　六

丂　入　七　十　又

《古币文编》中华书局（清样本）内文节选

三四

- 刀大安昜之厺化 魯撫 / 刀大齊厺化背十ク 魯撫 省化字 / 仝上
- 仝上 / 仝上 / 仝上
- 刀直甘丹ク 冀吴 / 仝上 冀平 / 刀直白人ク 冀吴
- 刀直甘丹背 冀吴 / 刀孤背右ㄟ / 仝上 此例以証ク為化之省体
- 刀大齊造邦䢦厺化 典八三九 / 布尖大 亜二·一〇八 / 刀大齊造邦䢦厺化 典八四一
- 仝上 典八四六 / 仝上 典八四九 / 仝上 典八五〇
- 仝上 典八五一 / 仝上背十化 典八五二 / 仝上 典八五三
- 仝上 典八五七 / 园䁭化 展版肆貳 / 刀大齊之厺化 典八六九

三五

- 刀大齊之厺化 典八七一 / 仝上背十化 / 刀大齊之厺化 典八七二
- 仝上 典八七七 / 仝上 典八七八 / 仝上 典八七九
- 仝上 典八八一 / 刀大齊厺化 典八九一 / 仝上 典八九二 反书
- 仝上 背 典八九三 / 仝上背十化 典八九七 / 仝上 典九〇五
- 仝上 典九二二 / 仝上 典九二〇 / 仝上 典九三九
- 刀大齊厺化 典九四三 / 仝上 典九四五 / 仝上 典九五〇
- 仝上 典九五四 / 仝上 典九五七
- 仝上 典九六二 / 仝上 典九六七 / 仝上 典九七五

屯

三八

- 布方土匀 典一七 / 布方王匀 典一六 / 仝上 典一八
- 仝上 典二一 / 仝上 亜四·二九 / 布方土匀 典二二
- 布方屯留 晋高 / 仝上 / 仝上
- 布方屯留 晋祁 / 仝上 / 仝上
- 仝上 / 仝上 / 仝上
- 仝上 / 仝上 / 仝上
- 仝上 / 仝上 / 仝上
- 仝上 / 仝上 / 仝上

三九

- 布方屯留 晋祁 / 仝上 / 仝上
- 布方屯留 典五五 / 仝上 典五六 / 仝上 典五八
- 仝上 典五九 / 仝上 展版拾玖 / 圜共屯赤金 展版肆壹
- 仝上 典上二四一頁 / 仝上

分

- 布尖 晋昜分借為半 晋原 / 布尖 虜虒分 晋高
- 布尖 㡣氏分 晋盂 / 仝上
- 布方分布倒书 典一五四

北

- 刀弧背 北說文古礦 冀滄

屯　分　卝

六〇

刀大齊厺化 魯濟
仝上
仝上

仝上
仝上
仝上

刀大節墨之厺化 鄲天
刀大齊厺化 魯濟
刀大齊厺化背十厺 魯濟

刀大齊厺化 魯掖
刀大齊之厺化 魯掖
刀大齊厺化 甘 魯掖

刀大安昜之厺化 魯掖
刀大齊厺化背十 厺 魯濟
刀大齊厺化 魯濟

仝上
刀大齊厺化 魯海
刀大節墨之厺化 魯濟

刀大節墨之厺化 魯海

六一

刀大齊造邦長厺化 典八三八
仝上 典八三九
仝上 典八四二

刀大齊造邦長厺化 典八四三
仝上 典八四四
仝上 典八四五

刀大齊造邦長厺化 典八四六
仝上 典八六〇
仝上 典八六二

刀大齊造邦長厺化 典八六五
仝上 典八六七
仝上 典八七七

刀大齊之厺化背 典八八二
刀大齊厺化 典九〇二
仝上 背十厺 典九一二

刀大齊厺化 典九二〇
仝上 典九四六
仝上 九二一

刀大齊厺化 典九六六
仝上 典九六七
刀大圜厺化 典九七三

刀大節墨之厺化 典九七六
仝上 典九七八
刀大節墨之厺化 典九九七

刀大節墨之厺化 典一〇一〇
仝上背厺⊡
刀大節墨之厺化 典一〇三一

九八

兑

銅貝 展肆叁
仝上 亚二·七九

布空大 豫伊
仝上

弄

布空大 豫孟

冶

布空大 豫孟
战國八年戟作𢦏
布方乂明弟冶 莫昜

布空大 典六七三
仝上 典六六四

宋

布空大 豫孟
布圜(三孔)宋子 晋朔

布空大 典六六四
仝上 典六六五
仝上 亚二·九二

布空大 典二·九二

九九

异

布空大 豫孟
集韵 异 𢌿手也 音恭

布空大 历博
仝上 典八一二

邦

刀大節墨之厺化背安邦 魯莒
刀大齊造邦長厺化 魯臨

刀直 甘丹背 莫昃
說文古文邦作𡈼 殷虛文字引王國維曰說文邦古文作𡈼乃𡈼之譌。頜按說文所举古文不誤。

刀大節墨之厺化背安邦 魯博
刀大齊造邦長厺化 魯博
仝上

刀大齊造邦長厺化 魯博
仝上 典八三八
仝上 典八三九

刀大齊造邦長厺化 典八四一
仝上 典八四二
仝上 典八四三

刀大齊造邦長厺化 典八四四
仝上 典八四五
仝上 典八四六

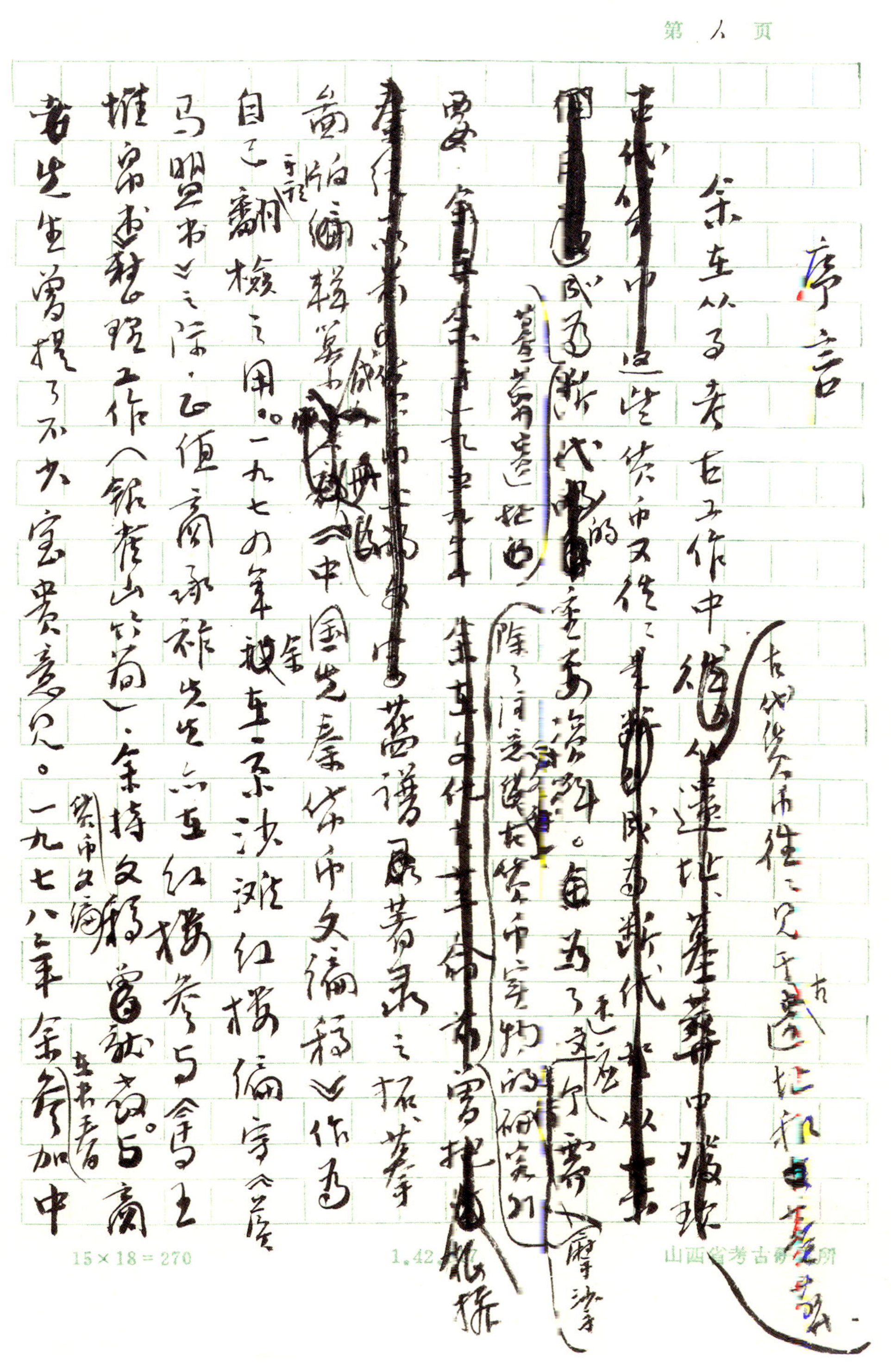

《古币文编》序言手稿

第 2 页

国古文字讨论会时，赵诚同志又约此稿，后因故励我写成书出版。并将纳入中华书局出版计划之中。余返太原后，遂对建国以来山西各地出土的大量东周货币进行了补充拓印。一九七九年余至西安参加中国考古学会成立大会后，顺便在陕西西安和咸阳搜集了一部分陕西出土的货币资料。一九八〇年余在成都参加了中国古文字研究会第三届年会后，遂即赴北京、河南、山东、湖北、安徽等处，对以上各地出土之古货币进行拓印。朱华同志随同协助拓印。所到之处受到有关文物系统部门和博物馆同志们的热情帮助，使我感激不尽。自从一九八〇年后即着手编纂释、临摹、注释方面的工作，因无助手，事每一点画均须自己操作，故所用时间延至于今日。其间经寒暑几数移

要还有一部分拓本是

15×18=270　　1.42.317　　山西省考古研究所

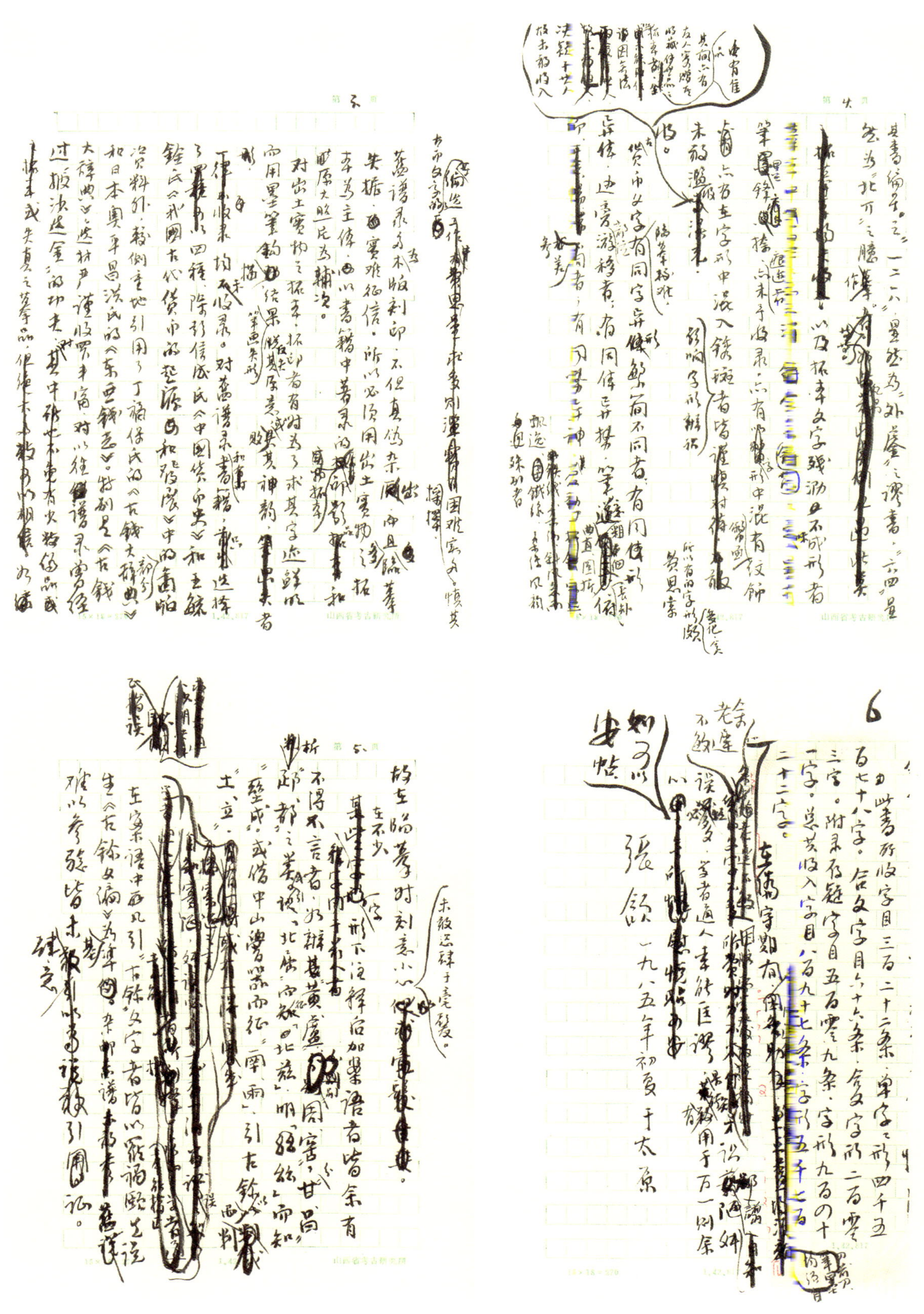

《古币文编》的辑纂出版，过程说起来是简单的，可知背后又有着怎样的付出和曲折？且不说工作艰辛的程度，就是一些莫名的压力也非常人所能受的。曾经在 20 世纪 80 年代初，他在一次去北京开会时，见到了古文字学家商承祚，并让其看了他的《中国先秦货币文字编稿》，结果商先生看了之后，说他自己也收集到一些古钱币资料，可以合编出一本书。这事如果放在一般人身上，能和商先生这么大的名家合作出书，该是怎样的荣幸！可当时张颔却觉得,不管商先生有多么大的名声、多么大的本事，还是决定自己编自己的书稿，不假借他人。可就在他整理文稿的时候，商先生出了本《先秦货币文编》，也寄给了他，署名为：商承祚、王贵忱、谭棣华编。很显然是商先生在和他合作不果之后,又找了两位不甚出名的作者合作了。这种情况下,还要不要出自己的书？他有些犹豫了——放弃吧，自己几十年的心血，不甘心！不放弃吧，可名家已经出了，再出还有什么意义？然而，当他看了商先生的书后，反而更坚定了他的信心。正是源于他的坚持，源于他扎实的功底，更源于他对自己做学问的自信，才有了今天的《古币文编》！

《古币文编》1986 版、2004 版、2010 版合照

学界评价

《古币文编》诚为张颔兀兀穷年，调查研究，埋头伏案，孜孜精研的心血结晶。它以出土实物货币文字为主，谱籍著录者为辅，真实可靠，足备参考；每字出处详确有据，便于查证；字形临摹，均手自为之，力求与原拓本毫发无爽、神形相肖；编排审慎，酌加按语，坚持了科学性。所以一经出版，在学界引起了极大的反响，好评如潮。

先生所著的《古币文编》（中华书局出版）体例严谨，内容翔实，全面反映了当时先秦货币文字研究的最高水平。

（中华书局）

大著极精审，与《先秦货币文编》真有上下床之别。

（古文字学家　裘锡圭）

堪称币文专著之白眉！

（考古学家、古钱币学家　朱活）

《侯马盟书》从某种意义上说，也是一种集体的成果，真正可说（先生）代表作和传世作的是《古币文编》。

（《张颔传》　韩石山）

大家都知道张颔编著的《侯马盟书》。除了《侯马盟书》，我还收藏有一本张颔先生编著的《古币文编》，这本书内容非常详细，我经常拿出来翻看。这本书是一本可供古文字学者、古钱币学者及书法篆刻爱好者使用的工具书，图书精确可靠，内容详细，包括：凡例、正文、合文、附录检字等。这本书收录有几千条古币文字，每个字的出处都详确有据，便于读者查证。此外，书中的字形临摹，全部为张颔亲笔手绘，力求与原拓本一模一样。张颔对待学术的精神可见一斑。

（故宫博物院原院长　单霁翔）

由于从1978年日中两国恢复国交，中国学术界的消息渐渐开始流传到我国（日本），先生的令名立刻就以代表中国古文字学界的研究者闻名到我国（日本），受到日本古文字学者的注目，普遍著称于我国的学术界，起研究范围以商周青铜器铭文为首，涉及泉币文字、玺印、镜铭、朱文盟书等许多方面，可谓充分掌握一切古文字资料全领域，环视斯学，几乎无人能完成如此全面的研究。而且先生的贡献不限于学问，在书法、篆刻等与古文字关系甚深的艺术方面，先生精妙入神，这一点亦是现代学者所未能企及也。

（日本著名汉学学者　松丸道雄）

《古币文编》突破了古文字整理的旧格局，引起学术界的极大反响。2003年，入选国家哲学社会科学基金重大课题《儒藏》书目。

《儒藏》，是一份儒学经典著作，是北京大学儒藏编纂中心，组织国内外著名大学、研究所编纂的一部大型儒家思想文库，其内容既包括传世文献，也包括出土文献，从《论语》到当代学术经典，共选书目二百种，全部编了序号。而张颔一人独占其二，分别是第九十号《侯马盟书》，第一三七号《古币文编》。

《儒藏》书影

第　页

张先生：

承赐大作《古币文编》已於日前奉到，曷胜感谢。长函并片先已收到，一并致谢。

大著极精审，与《先秦货币文编》真有上下床之别，读后十分钦佩。先生历年所得古币拓本颇多，其中为《古钱大辞典》所未收诸种，甚望能辑为一编公之于世。

敬颂

撰祺

裘锡圭上

1987.2.14

三河印刷厂印制 77.12（1487）

装订线

裘锡圭给张颔的信

山 东 省 博 物 馆

颔 公：

宏著《古币文编》敬领，并拜读，得益匪浅，堪称币文专著之白眉，可敬可贺！

一年多来，陷入编纂钱币辞典中，撰文已难。

再谢赐书！

致

礼

朱活

87年3月16日

朱活给张颔的信

張頷先生：

大著《古幣文編》拜領，謝謝。

大著面世，《先秦貨幣文編》即可淘汰出局也。

禮平擬編纂《先秦貨幣彙編》，目前收集了不少傳世拓片影印本，多采自《善齋吉金錄》、《奇觚室吉金文述》、《昭和泉譜》、《東亞錢志》……等書，出土錢幣拓片雖常見於《文物》、《考古》等雜志，但大都縮成約幾分之幾，印刷模糊不清。素知先生收藏錢幣拓片最富，不知可否借用？待編製成書後即奉還。又不知先生有無同類計劃？便請賜示。

耑此，敬頌

研安

晚 許禮平 拜上

1987.2.18

许礼平给张颔的信

張頷先生台鑒

欣聞先生今次迎接"從事文物考古工作五十年暨八十華誕"之喜，衷心爲您慶賀。

由于從一九七八年日中兩國恢復國交，中國學術界的消息漸々開始流傳到我國，先生的令名立刻就以代表中國古文字學界的研究者聞名到我國，受到日本古文字學者的注目，普遍着稱于我國的學術界。其研究範圍以商周青銅器銘文爲首，涉及到泉幣文字、璽印、鏡銘、朱文盟書等許多方面，可謂充分掌握一切古文字資料全領域。環視斯學，幾乎無人能完成如此全面的

日本著名汉学学者松丸道雄评价张颔信

研究。而且先生的貢獻不限于學問，在書法篆刻等與古文字關系甚深的藝術方面，先生精妙之神，這一點亦是現代學者所未能企及也。

隔海遙賀貴體日益康泰

此致

研安

東京大學名譽教授　松丸道雄　拜

己卯晴月吉日

表中國古文字學界的研究者聞名到我國，受到日本古文字學者的注目，普遍看稱于我國的學術界。其研究範圍以商周青銅器銘文爲首，涉及到泉幣文字、璽印、鏡銘、朱文盟書等許多方面，可謂充分掌握一切古文字資料，全領域環視斯學，幾乎無人能完成如此全面的

研究成果

在《中国当代科技专家大辞典》（山西卷）中介绍张颔时这样讲：“……著有《侯马盟书》《古币文编》《张颔学术文集》等专著，他的《侯马盟书续考》论文曾获省科技成果二等奖、《魏币考释》论文曾获省社会科学优秀成果一等奖，《古币文三释》获全国首届古货币研究‘金泉奖’金质奖章……”他对古币文字不仅仅是简单的收集、整理，更注重的是研究、考释，有《魏币⿱人⿰贝十布考释》《“贝丘”布文字辨证》《古币文三释》等重要论文发表。其中《古币文三释》在1994年获得“中国钱币学会首届优秀学术成果奖——金泉奖”，《魏币⿱人⿰贝十布考释》在1990年荣获山西首届社科研究成果一等奖。

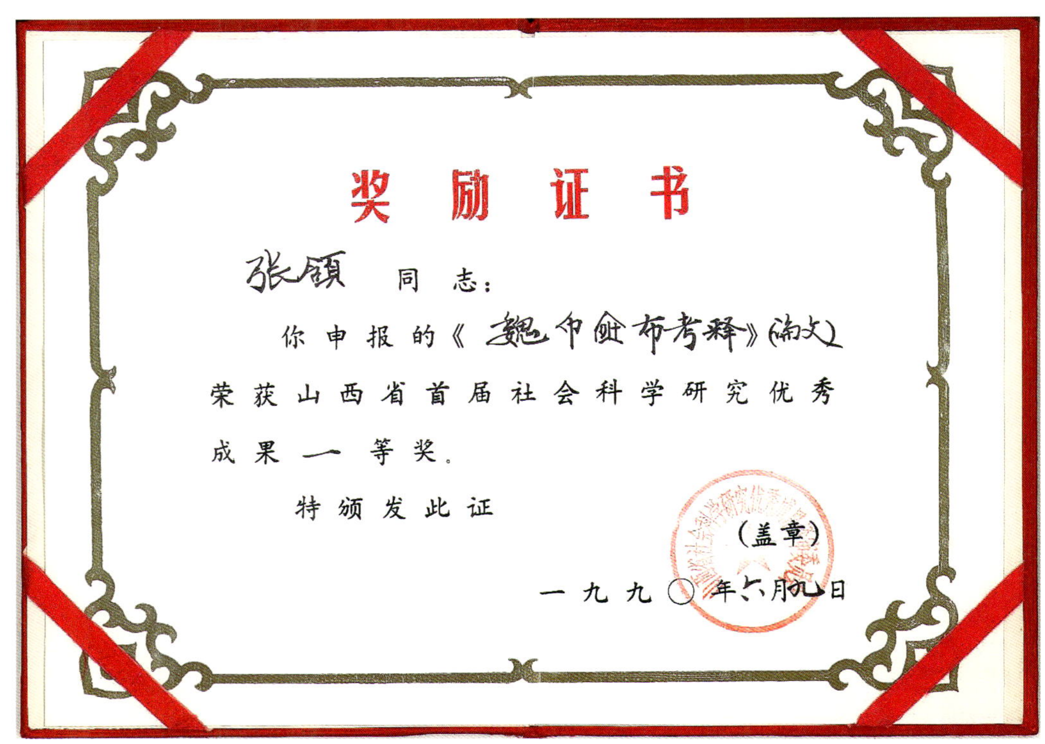

奖励证书

张颔 同志：

你申报的《魏币⿱人⿰贝十布考释》(论文)荣获山西省首届社会科学研究优秀成果一等奖。

特颁发此证

（盖章）

一九九〇年六月九日

荣获山西首届社科研究成果一等奖证书

魏币⿱亼⿰口丈布考释

战国货币中有一种「⿱亼⿰口丈」字布，其形为平首、方足、圆肩、弧裆。它属于「釿」字重量单位的货币，和「安邑」、「梁」、「共」等「釿」字重量布形式完全相同，和「阴晋」、「甫反」（即蒲坂）、「釿」字重量布其形式除了肩部有平、圆之分别外，其它特点皆同。「釿」字布在形式上主要的特点是弧裆，也有人称之谓「桥足」。首部有的带孔有的无孔。这类货币上除了标志着铸造货币的地名以外，并有「一釿」、「二釿」、「半釿」三种重量单位。具有上述币形特点及其内容的战国货币，据其所涉及的铸造地名来看，皆属于魏国之地望，所以这一类型的货币均为魏国铸造无疑。

现在所见到的「⿱亼⿰口丈」地铸造的货币有大小两种，大者其文为「⿱亼⿰口丈一釿」，小者为「⿱亼⿰口丈

1. 安邑一釿
2. 梁 釿 百当寽
3. 共半釿
4. 阴晋一釿
5. 甫反一釿
6. ⿱亼⿰口丈一釿
7. ⿱亼⿰口丈一半釿
8. ⿱亼⿰口丈釿

《魏币⿱亼⿰口丈布考释》（《中国钱币》1985年第4期）

半釿」，还有简书作「𠈇釿」者，也应该是「一釿」布的简称。魏国以「釿」计值的货币是从春秋时期晋国货币中继承下来的一种制度。侯马晋国铸造货币遗址中（包括于整个铸铜遗址范围中）一九六三年曾发现一个带有多字的空首布，文字大都漫漶不清，其确然可辨者仅一个半字，即「□」，它应该就是「黄釿」二字的残体。「黄」字和晋国铜器「赵孟庎壶」铭文中「禺邗王于黄池」的「黄」字作「□」形体相同。「黄釿」就是可当一釿的意思。「黄」为「横」的省体字，「横」又为「衡」的通假字。到后来新莽依托古制铸造货币时，在泉曰「直」，如「小泉直一」；在刀曰「平」，如「一刀平五千」；在布则曰「黄」，如「大布黄千」。也就是小泉当一个钱；一个刀币可当五千个钱；一个大布可当一千个钱。由此可见古代币文中以「黄」为「当」字是由来已久了，而且最早的资料是见于春秋时期晋国的「黄釿」空首布。空首布中还有一种「鄃釿」亦同样是春秋时晋国鄃邑的货币。《侯马盟书》中人名有「鄃詨」，晋国历史文献中有中牟宰「佛肸」皆可证。我在这里所以要烦举上述许多资料的原因，主要是为了说明这样一个前提——即战国货币中带有「𠈇」字和「釿」字的弧裆布是从春秋时期晋国的「釿」字空首布演化而来的，而且是魏国铸造的货币。去年七月间山西侯马战国奴隶殉葬墓中就发现了一枚「𠈇釿」布。侯马是晋国晚期都城——新田所在地，战国时属魏国的范围。

关于「𠈇」字过去有许多解释，比较有倾向性的一种说法莫过于「虞」字。郑家相先生在《布化概说》中说：「前人以虞布为虞所铸」云云。也有个别的认为是「古文『歷』字」，并解释为「禹铸币于历山」，所以是「夏币也」。以上一些解释是不足为训的，是违反常识的。还有的认为「𠈇」即「魇」亦即「魏」字，并认为「𠈇」字中间的「□」或「□」形所从之「□」即为「吴」字，而右旁所从之「十」为「满数」，从而附会历史文献中所记载的魏氏先祖毕万初封于魏时，晋国大夫卜偃曾经说过的一段话：「……万满数也，魏大名也，毕万之后必大矣」。于是便认为「𠈇」即「魏」字（以上二说见《古金钱略》及《货币文字考》）。象这样对「𠈇」字的解释于形、义、音训诸方面均甚乖远。还有一种也释为「虞」字，但非「虞舜」之「虞」而为春秋时「虞虢之虞」。如李佐贤《古泉汇》中说：「□者虍也，□者吴也……或疑为虞虢之虞」。认为「㡜」字上部所从者为「仠」或「仐」乃「虍」字，硬把「㚒」字支解开来，以「十」上附于「仠」，这不但释字的方法有问题；而且「虍」字从来也没有作「仠」或「仐」形者，兹将古文中的「虍」字形举例如上

《古泉汇》中除了强拟「虍」形而外，同时又把「㚒」字左旁偏解为「吴」字，便认为是「虞虢之虞」，这个结论是难以成立的。《古泉汇》中把铸造此币的时间断在东周时期，显然要比「虞舜」的说法已经前进了一大步，但从文字方面仍释为「虞」则艰塞难通。「吴」字在金文中，「口」字均在「亣」字上部作「㕦」、「𡗞」或「𡗝」而不在腋下作「㚒」或「夾」者，况且「㚒」或「夾」字腋下还有一个「十」字无以交待。一个字形的组合是不能以后人的假想剔骨附皮随便摆布的。

笔者认为「㡜」字上所从之「厂」即「广」（读若儼，高屋之形，山墙也）。「广」在古文字中又通于「厂」（岸），如「府」字既作「𡩜」（铸客鼎）又可作「𢇛」（古鉨），先秦货币文字中「宅」字既作「𠂈」又作「厇」（宅阳布）。而「㡜」字布也有另一种写法作「㢋」（见《古钱大辞典》二八九，以下简称《辞典》）。因此对「㡜」或「㢋」字的准确隶定应当是「㢋」或「㢋」。这种货币中的「㢋」字有许多形体，如「㡜」（《辞典》二八二）、「㡜」（《辞典》二八五）、「㡜」（《辞典》二八三）、「㢋」（《辞典》二八九）、「庂」（《辞典》二八七）、「㡜」（《东亚钱志》四·六〇页。以下简称《东亚》）、「㡜」（《东亚》四·六〇页）、「㡜」（《东亚》四·五九页）诸形。这些字形的边旁没有大的变化。在字形组合上有三个部分，上部为广、冂，中部为亣、大、丌，大字两旁则为叶、ㄐ、叶诸形。字形有正书，反书，笔划有长短曲直之别，仅此而已。最值得注意的是「㡜」字中所从的「㚒」或「夾」字，它在形体结构上和篆文「夾」（夜）字相似。「夜」字在金文中也有许多形体，如夾、夾、夾、夾等，它的基本结构也没有多大变化。我们可以这样说「㚒」字虽然绝非「夾」（夜）字，但他们之间却有着很密切的关系。两者之间皆导源于「亦」（亦）字。「㚒」字从「亣」从「叶」，「亣」为人形，在这里作为「亦」字的省体，和「夾」（夜）字所从之「亣」其义相同。简言之，「㚒」形近「夾」（夜）均从于「亣」（省亦字），这是我考虑「㡜」字的一个基本出发点。「亦」（亦）即「腋」字。《说文》有「亦」而无「腋」。《说文》「亦，人之臂亦也，从大象两亦之形」。

「臣锴曰：人之腋也」。又《说文》：「胠，亦下也」。「亦下」即「腋下」，也可作「掖下」。《史记·赵世家》「千羊之皮不如一狐之腋」，《商君书》作「掖」。这些例证首先说明「夾」字所从之「亣」（省亦）它和「腋」、「掖」为同义字。它不但有「亦下」之义而且有扶持之义。《说文》属于「亦」部之字只有一个「夾」（夾）字，而把另外一个于其密切关系的「夾」（夾）字却归属于「大」部，实际上都应该是「亦」部字。《说文》「夾，盗窃怀物也。从亦，有所持……弘农陕字从此」（注失冉切），又《说文》「夹，持也。从大。陕（即挟字）二人」（注古狎切），而「夹」字又与「挟」字同，如《说文》「挟俾持也」。《国语·吴语》「挟经秉枪」，韦注：「在掖曰挟」。根据上述文字及其注释资料我们可以了解到和「亣」（亦）字有密切关系的「夾」、「夾」两个字除了字形相若之外，它们都具有腋下，怀物和挟持的含义，从而也可以知道「夾」「夾」二字是可以通训的。

货币文字中「㢘」字所从的「夾」也同样具有腋下有所挟持的形义。因之，它和「夾」、「夹」之间的关系也同样是密切的。「夾」字的腋下所从的「叶」字实为「协」字的古文。「协」和「胁」（或作脅）同为从「劦」之字，而「胁」字也有掖下挟持之义。《急就篇》「胁」颜注：「肋旁也」。《释名》：「胁，挟也，在两旁，臂所挟也」。《说文通训定声》云：「脅……亦作脥……腋下之名也」。可见胁、脥二字所从之劦、夹二字在音义上皆可通。「脅」另有一义即马勒之名，《广雅·释器》：「马鞅谓之脅」。鞅为马颈之勒，亦有挟持之义。当然还有一些从「劦」之字具有和、同之义，如「劦」的本义是「同力」；「协」的本义为「同心」；「勰」的本义为「同思之和」。《说文》：「协，众之同和也。从劦从十。叶古文协，从日十，叶或从口」。「脅」虽无和同之义，但于「协」同为从劦之字且为同音，所以「夾」字既假「协」字古文「叶」字之形、音，又假「胁」（脅）字掖下挟物之形、义，遂成「夾」字的整体结构。

最后让我们探讨货币上「㢘」这个完整的字形和字义。前面曾谈及对这个字形的准确隶定应该是「㢘」或「㢘」。结合前面所举它和夹、夾二字的关系，证明「㢘」就应该是《说文》中的「㢘」（㢘）字。《说文》：「㢘，辟也。从厂夹声」（注：胡甲切）。段注：「㢘于陕字音同义近」。又《说文》：「陕，隘也。从𨸏夹声」。段注：「俗作陿、峡、狭」。前面已经从「腋下」、「挟持」、「怀物」等形义方面阐明了「夹」（夾）、「夹」（夹）二字的通训关系，那么「陕」、「陕」二字的关系就可以迎刃而解了。又「庾」字在币文中或作「庾」。关于广、厂在字形上通用之例本文前面已经谈及。在这里专门谈一下它们之间所以可通之义。广、厂二字均有「高」的意思。《说文》中「广」有「高屋之形」，而「厓」（庢）则为「山居也」。「厂」为「山石之厓」而「石」则为石「在厂之下」，「尸」为「人在厂之上」，「陘，山颠也」，「厓，山边也」。本文前面亦曾谈及「庾」、「陕」（陕）二字的可通关系，这里再补充阐述一下它们所从之「厂」和「𨸏」二者之间的密切关系。「𨸏」为「陕」字组成部分，「厂」又为「𨸏」字的组成部分，而且「𨸏」字也同样有「高」的意思。「𨸏」，段注——「陆土地独高大名曰阜」，本义为大陆，「山无石也」，而「阜」，「石山戴土也」，「陬，高也，一曰石也」。「隒，崖也」。所以「庾」字之从「厂」或「广」于「陕」、「陕」之从「阜」其义一也。综合以上论述，完全可以得出这样一个结论——即「庾」即「庾」字。而「陕」为「庾」字的通假字。「陕」又可通于「陕」，兹将本文论述的文字关系综合列表如下：

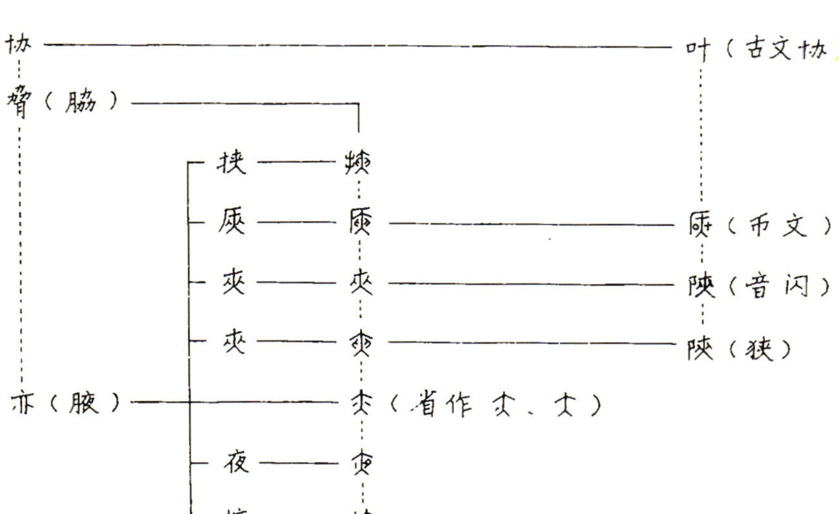

战国货币中的「庾」字布实为「陕」地所铸造之货币。陕县汉属弘农郡，为古虢国。王季之后所封地。其地望在今河南陕县一带。东周春秋时属于北虢（一说为西虢）。一九五六年冬黄河水库考古工作队在三门峡市区上村岭（东距陕县城四·七公里）地点，曾发掘了春秋时期的一座大型虢国墓葬。我们知道在战国时期，河南陕县一带属于韩国的版图而

不属于魏，但在春秋时期北虢范围也绝不限于河南陕县一带。陕县一带是虢国的「上阳」地区。现在山西省南部平陆县和芮城县所属的部分地区皆属虢国，为虢国的「下阳」地区。因此，「陕」的地望也绝不能囿于后世的地理概念。例如战国时期「上党」之地也曾分属过韩、赵两国，故有「两上党」之称，而且韩国的「上党」既包括今天晋东南长治市一带；又包括河南省相州——安阳一带。「陕」为古地名，《公羊传·隐五年》：「自陕而东者周公主之，自陕而西者召公主之」。注云：「陕者盖今弘农县是也」。春秋时既属虢之地望，后入于晋，在战国时已分属韩、魏，故韩魏皆可有「陕」。《史记·晋世家》：「假道于虞，虞假道，遂伐虢，取其下阳以归」。注：「……虞在晋南，虢在虞南」。服虔曰：「下阳，虢邑，在大阳东北三十里」。《春秋·僖二年》：「虞师、晋师灭下阳」。杜注：「下阳虢邑，在河东大阳县」。《谷梁传·僖二年》：「夏（下）阳者，虞虢之塞邑」。《元和志》：「陕州平陆县，下阳故城在县东北二十里」。以上这些文献说明了现在山西省南部的平陆县以及虞县（解虞）一部分地区在春秋时期正相当于虢国的下阳所在地。一九六二年山西省文管会的考古工作者，曾在平陆和芮城县接壤的坛道村发掘与清理了与陕县上村岭墓葬出土器物相同的虢国墓葬。而现在山西省南部的平陆、芮城一带在战国时期恰属于魏国范围。后来到了唐朝，又把现在山西南部的平陆、芮城诸县划属河南道陕州管辖的行政区域范围。这些迹象表明，在古代地理的变迁和地名的保存与断续之间，往往循有一定的历史渊源。所以我们可以有根据地作出判断：战国「陜」（陝）字布当为魏国「陕」（通于「陜」）邑所铸造的货币，其地望应在今山西南部平陆县一带。

一九八三年十月

一一一

古币文三释

一、释「[illegible]」

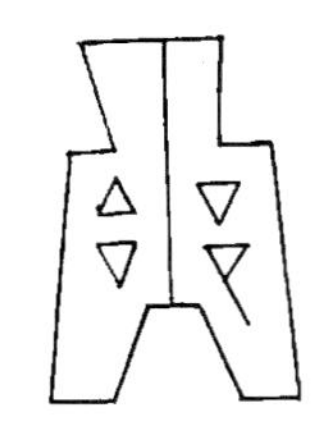

《古钱大辞典》著录有一枚方足布（编号一九五），币文为「[illegible]」。在其释文部分引《续泉汇》释为「郃」字。并云：「《诗·生民》『即有郃家室』，注：『郃、后稷之母家也，或以其地封后稷欤！』属今陕西武县，地名甚古。想列国时仍因之……次篆小异。胡石查所藏。」按此字形右旁从「邑」，但其左旁之「[illegible]」实非「台」字。台字上部从「㠯」（己）而不从「△」。如三孔布中的「[illegible]」（《东亚钱志》四·七三，《古钱大辞典》九一）即「枱」（耜）字。《說文》「鈶」字之籀文作「[illegible]」，其左旁所从之「[illegible]」亦「枱」字，故币文左旁所从之「[illegible]」绝非台字。按[illegible]字左旁下部所从之「▽」当为「口」字无疑，如「奇氏」布作「[illegible]」，「平宫」布（宝·通于匋）作「[illegible]」，空首布「周」字作「[illegible]」皆是其例。而「[illegible]」字左旁上部之「△」当为「亼」字。《说文》：「亼，三合也，读若集」，段注：「象三合之形」乃会意字，有「合」的涵义。故「合」字从「△」。《說文》：「合，亼口也」，段注：「引伸为凡会合之称。」一九六三年四月山西省阳高县出土大量战国货币，其中也有一枚「[illegible]」字方足布，字右旁所从之「邑」是两个「▽」所組成。我鉴于上述諸理由隶定此字为「郃」字。（见拙著《古币文编》一四〇页）。但我国地名称「郃」者只有一个「郃阳」，战国时曾为魏国之邑，地望在今陕西省大荔县。「郃」字布是否即为郃阳之布？我以为这是不可能的。从战国铸币地邑名称習惯上看，凡地望在山水南北而标有阴阳称谓者均很明确，未见有单称之例。如「平阳」、「安阳」、「山阳」、「平阴」、「壤阴」

《张颔学术文集》中《古币文三释》

等未见有省称为平、安、山、壤者。故「邰阳」在币文中亦未可单称为「邰」。我认为「邰」即古「鄶」字。我在编写《古币文编》时，字形虽隶定为「邰」，同时又注明了「当为鄶字」。因为《古币文编》字条文字所限未能充分表達我對「鄶」字的意见，以致有人在写文章时片面地附会了我的字条注释，我之所以释「鄶」的理由，是因为會、合二字古义可通，字形亦可通假。《说文》：「會，合也」、古文作「佮」。《古籀補》作「[illegible]」。《尔雅·释诂》：「敆、郃、会、合也」。《国语·楚语》：「合其州，乡，朋友，婚姻」。韦注：「合，會也」。在字形上，「會」字金文作「[illegible]」（见「趞亥鼎」）。特别是「鄶」字可以省作「會」（见「鄶始鬲」）。「鄶」既能省作「會」，會、合二字有同义，故「[illegible]」字别书为「△▽」（合）实顺理成章之情。由此可知方足布之「[illegible]」即「鄶」字无疑。鄶为古国名，今《诗》作「檜」，篇名为《檜风》。鄶国周代为郑国所灭。其地望在今河南省密县东之鄶城。战国时韩国灭郑遂有其地。故「[illegible]」字方足布当为韩国之货币。

二、释「崇子」

《古钱大辞典》（上编·二六页，图号二九九）著录有方足布一枚，其文为「崇子」（左读）。该书下编摱引《钱汇》文字云：「鄍子，左传成公二年，公会晋师于上鄍，时当伐齐，或属齐地。子属通用之字，亦如郲布称郲子，蒲布之称蒲子也」。此解释很不确切。地名从无称「鄍子」者，与「蒲子」不同，「蒲子」之为县邑由来已久。至于「鄍」地在春秋时为虞国之邑，（《左传·僖公二年》：「晋荀息曰：冀为不道……伐鄍三门」。）其地望在今山西平陆县一带。但也不能称为「鄍子」。况「冥」、「崇」二字其形極不相侔。若谓为齐地之「上鄍」更属荒唐，齐国货币未有作方足布者。余审度之，当为「长子」即「[illegible]子」方足布之别品。

首先须从「长子」布谈起。现在从古币谱录中和新出土的「长子」方足布「长」字都增从「邑」旁而作「长子」（如《古钱大辞典》二三页，图号二六五——二六九）「长子」春秋时为晋邑，战国时属赵，一度为上党郡治所在。地望在今山西省长子

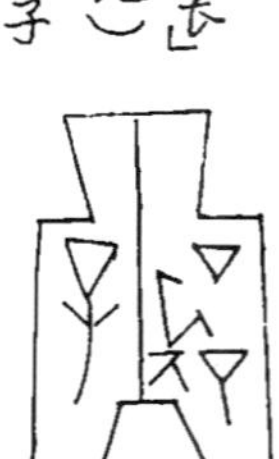

县城之西。「长子」（[illegible]子）又为什么会书作「尚子」？从其字形应隶定为「尚子」。「尚」字上部从「尚」。「尚」在古鉨文中有「尚」、「尚」诸形可作印证，而此字下部所从之「六」，（读其、基声）在古文字中偶有当作半个声符者如「其」（𠀠六）字。大多从「六」之字既不发声也无义训，如「莊」字古文作「壯」（见《说文》），「丘」字古鉨文作「丘」。《守坵刻石》和《鄂君启节》铭文中的「丘」字皆从土从六，把「六」字施于「坵」字的中部作「坴」，而不作声符用。所以「尚」字只能从上部而发「尚」之声。在文字中的习惯读法亦如此，如堂、棠、常、掌之例。故「尚」字亦可读如「掌」，其音与「长子」之「长」声同（读长幼之长），现在山西长子县的名称仍保持古代的称谓，「长」字仍读长幼之「长」的音读。因此，「尚子」即「尚子」亦即「长子」。「长子」在古代亦称「尚子」。《竹书纪年》：梁惠王十二年「郑取屯留、尚子、涅」。《路史·国名记》云：「长子，《纪年》之尚子也」。《竹书》所谓之「郑」系指韩国而言。韩国灭郑国之后，每以地名称之为「郑」。当时这种习惯很通行，如魏国都城由安邑徙都大梁以后，便称谓「梁」，魏惠王也就称之为「梁惠王」了。吴国灭邗之后，吴王亦可称为「邗王」。当时上党郡为韩、赵两国犬牙相错之地。当时有「两上党」之称，所以有许多城邑时而属韩，时而属赵。《竹书》说「郑」（韩）夺取了赵国的「尚子」。《史记·韩世家》又有「以上党郡降赵的记载。故「长子」方足布即有「郧子」、又有「尚子」这种情况应该是「长子」分别在韩、赵二国佔有时各自铸造货币的文字区别。

「郧子」方足布上的文字一般为顺读即「郧」字在右「子」字在左，而「尚子」布则为逆读「尚」字在左「子」字在右，此乃战国国货币文字常有的现象。如「宅阳」、「高都」等方足布既有顺读者亦有逆读者。

同样一个城邑地名，在战国时期，此国佔据时用此种文字铸币，在别国佔领后又用别体文字铸币，这种现象以往古货币研究者和古文字研究者没有引起注意，如果带上这个问题再深入探索，一定还能发现类似的情况。另外从古文献中也有类例可稽。《左传·襄公十年》：「晋人执卫行人石买于长子，执孙蒯于纯留」。而在魏国的《竹书纪年》中「长子」便书作「尚子」，「纯留」便書作「屯留」了。

三、释「唐是」

「唐是」方足布迄今所见者大致有二十余枚。《古钱大辞典》以及其它谱录中所著录者六、七枚。一九六三年山西阳高县出土若干枚。河北灵寿也有出土者。见于《古钱大辞典》者（上编一三页，图号一五六——一五八），其文字有顺读、逆读两种，字形有繁有简，在该书下编相应的文字解释，引《钱汇》释为「周是」，並说「是即隄省，地名未详」。我认为释「是」为「是」並作为「隄」字的省形是正确的，但「唐」、「唐」绝非「周」字。该辞典上编第二一页也著录有同样一枚方足布（图号二四六），形状、文字与同书一三页相同，因著录是摹本非原拓片，把「是」字摹作「是」形。在同书下编的文字解释中援引《货币文字考》说：「面文三字曰『涅甞布』，自右环读。是即涅之反笵……二▽即吕之省，为甞字。布乃布之省，为布字，见《攟古遗文》」。我在编写《古币文编》时收录了「唐」字十二形，「是」字八形，分别归入「唐」、「是」两字条。商代铜器「父乙爵」唐字作「唐」，甲骨文「唐」字作「唐」。「唐」字上部从「庚」，即「庚」字（见《庚姬鬲》），足可与币文「唐」字相为印证。而是、是、是诸形可与方足布「同是」（铜鞮）之是、是、相为印证，可见释「唐是」是不会错的。释「唐是」《东亚钱志》中早有此说，非余首发，惜该书未举确证，故其说晦然未显。至于以「是」为「涅」之说显非确论，与方足「涅」布之「涅」极不相牟。

「唐是」之地望究在何处？我认为应当是「同是」方足布的别品。「同是」乃晋「铜鞮」邑，晋国在此处建有离宫曰「铜鞮宫」，后为大夫羊舌伯华之封邑，战国时属韩、赵。其地望在古上党郡，即今山西省沁县西南。与「屯留」、「长子」、「涅」皆相近。与前面所举「长子」的情况相同，同样是朝韩暮赵，从属无定。

「铜鞮」作为地名，其词义很难解释。「鞮」是革履，即皮靴。既是皮靴，何以言「铜」？「铜皮靴」

不可思议。当从地名审度，应当就是「唐隄」，亦即「塘隄」。《説文》：「隄、唐也」。《説文系傳》：「隄，塘也」。顾也王引《説文》：「隄、塘也」。段注云：「叚借为陂唐，隄与唐得互訓……，瀦者为池，为唐，障其外者为陂为隄」。《國語·周語》：「陂塘汙庳，以鐘其美」。韦昭注：「畜水曰陂塘也，美为滋润也」。是知「唐隄」或「隄唐」作为地名來説，有美水滋润之义。而「唐隄」即币文之「唐是」，乃言其地有塘隄之美也。銅鞮古城在今沁县城南约十七公里处，古城东有南池村，附近地面可以採集到汉代绳文瓦片以及更早的粗柄豆和鬲的殘品。古城村临白玉河。沁县有銅鞮水（应即隮隄水），《水经注》：「漳水历鹿台山与銅鞮合」。故銅鞮隮隄其义皆和水有关。春秋時晋國大夫羊舌赤食邑銅鞮，《大戴記》作「桐提」。那么「桐提」的「桐」（□）和「唐是」的「唐」（□）字在古文字字形上極易混淆（見拙文《剪桐字辨》一九九〇．四期《晋阳學刊》）。况同、唐二字古音皆屬「定」母，為双聲字。《詩·车攻》、《閟宫》，《文字·原道》、《下德》諸古籍篇章中，「同」字皆能与庞、邦、常、光諧音相叶。故朱骏声云：「同讀如唐也」。由此可知方足布中的「同是」（銅鞮）和「唐是（唐隄），实为同一城邑所铸之币。古貨币中同名异书的情况和前面所説的「长子」、「尚子」的情况相同，亦同为韩、赵两国之异作。今有人硬把「同是」派为韩币，实膠柱而鼓瑟，安知非赵国之物！总之：「同是」、「唐是」，韩、赵二国各有所当。

一九九〇年三月十五日

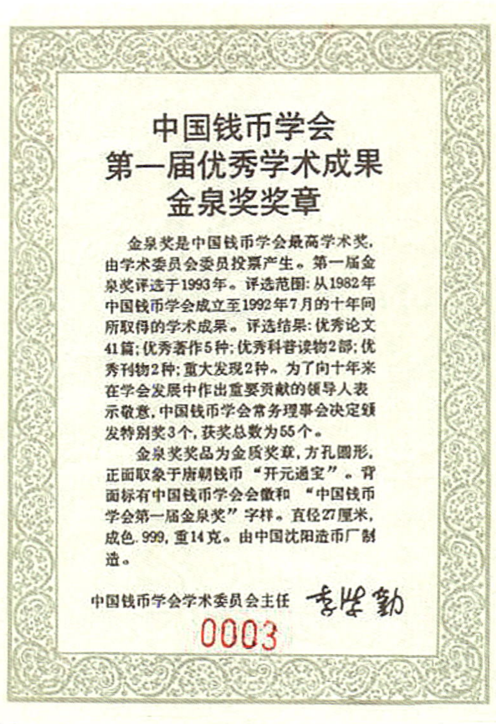

中国钱币学会
第一届优秀学术成果
金泉奖奖章

金泉奖是中国钱币学会最高学术奖，由学术委员会委员投票产生。第一届金泉奖评选于1993年。评选范围：从1982年中国钱币学会成立至1992年7月的十年间所取得的学术成果。评选结果：优秀论文41篇；优秀著作5种；优秀科普读物2部；优秀刊物2种；重大发现2种。为了向十年来在学会发展中作出重要贡献的领导人表示敬意，中国钱币学会常务理事会决定颁发特别奖3个，获奖总数为55个。

金泉奖奖品为金质奖章，方孔圆形，正面取象于唐朝钱币“开元通宝”。背面标有中国钱币学会会徽和“中国钱币学会第一届金泉奖”字样。直径27厘米，成色.999，重14克。由中国沈阳造币厂制造。

中国钱币学会学术委员会主任

0003

中国钱币学会第一届优秀学术成果金泉奖奖章及证书

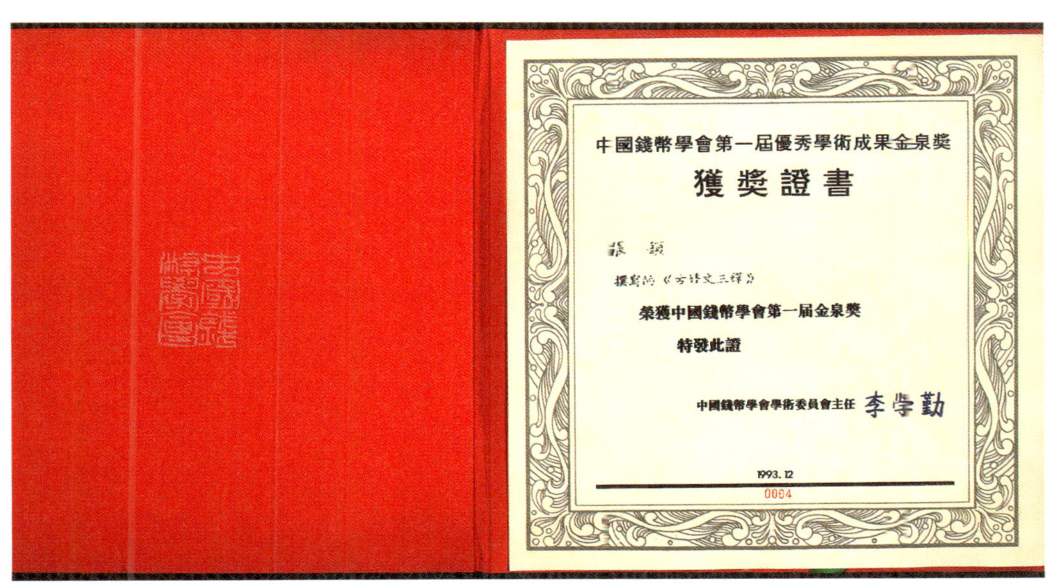

中國錢幣學會第一屆優秀學術成果金泉獎

獲獎證書

張頷

撰寫的《古幣文三釋》

榮獲中國錢幣學會第一屆金泉獎

特發此證

中國錢幣學會學術委員會主任 李學勤

1993.12

0004

张颔先生古文字学术活动年谱

第三部分

1962 年，《万荣出土错金鸟书戈铭文考释》在《文物》1962 年第 4、5 期发表。

1963 年，《庚儿鼎解》在《考古》1963 年第 5 期发表；万荣出土的错金鸟书戈被容庚《鸟书考》收为吴国四器之首。

1964 年，赴浑源调查“浑源彝器”；赴长治调查战国货币出土情况；《陈喜壶辨》在《文物》1964 年第 9 期发表。

1966 年，《侯马东周晋国遗址发现朱书文字》在《文物》1966 年第 2 期发表。

1975 年，《“侯马盟书”丛考》在《文物》1975 年第 5 期发表。

1976 年，合著《侯马盟书》出版。

1978 年，参加“中国古文字学术研究会成立大会暨中国古文字学术研讨会”第一届年会，提交论文《侯马盟书丛考续》。

1979 年，《侯马盟书丛考续》在《古文字研究》第 1 辑发表；赴广州中山大学参加“中国古文字学术研讨会”第二届年会。

1980 年，参加“中国古文字学术研讨会”第三届年会，并担任本届年会领导组成员；《侯马盟书丛考续》获山西省科技成果二等奖。

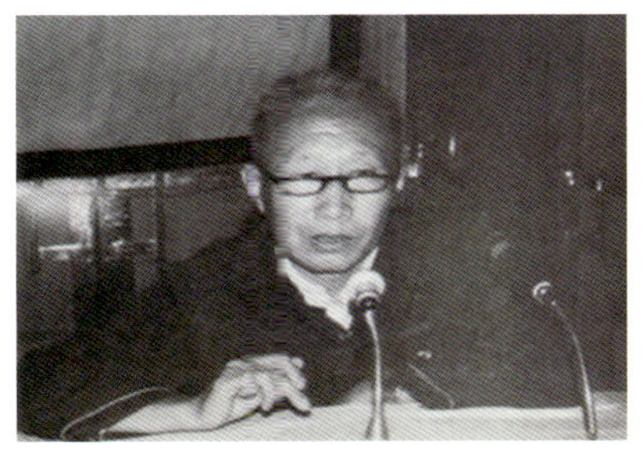

1981 年，《中山王厝器文字编序》在《中山王厝器文字编》一书发表，《韩钟鑃剑考释》在《古文字研究》第 5 辑发表；在太原召集主

上图　1978 年张颔参加吉林大学古文字讨论会暨中国古文字研究会成立大会照片

下图　1981 年张颔在太原主持召开中国古文字研究会第四届年会照片

持“中国古文字研讨会”第四届年会。

1982 年，《“浑源彝器”拾遗》在《山西文物》1982 年第 1 期发表；1983 年，《僚戈歌——献给容老九秩荣庆》在《古文字研究》第 12 辑发表；赴香港参加“国际中国古文字学研讨会”，提交《魏币“[illegible]”布考释》。

1984 年，赴西安参加“中国古文字学术研讨会”第五届年会。

1985 年，《魏币“[illegible]”布考释》在《中国钱币》1985 年第 4 期发表。

1986 年，《古币文编》由中华书局出版；《“成皋丞印”跋》在《古文字研究》第 14 辑发表；《“赢簋”探解》在《文物》1986 年第 11 期发表；赴上海参加“中国古文字学术研讨会”第六届年会；《阳曲四字匾释》一文在《太原日报》发表。

1988 年，赴山东长岛参加“中国古文字学术研讨会”第七届年会。

1989 年，《帘“孽方鼎”铭文考释》在《古文字研究》第 16 辑发表。

1990 年，赴江苏参加“中国古文字学术研讨会”第八届年会；《“翦桐”字辨——析“桐叶封弟”传说之成因》在《晋阳学刊》1990 年第 4 期发表。

1993 年，《古币文三释》获全国首届货币研究“金泉奖”。

1994 年，《晋侯断簋铭文初识》在《文物》1994 年第 1 期发表。

1995 年，《张颔学术文集》由中华书局出版。

2004 年，《古币文编》由中华书局再版，张颔被特邀为西泠印社社员。

2006 年，《张颔——生命的盟书》专题采访在中央电视台《大家》栏目播放。

1982 年张颔赴香港参加“国际中国古文字学研讨会”照片

附录

『文耀金泉——张颔先生的古币文世界』展览开幕式暨纪念张颔先生诞辰 102 周年座谈会纪要

由山西省考古研究院（山西考古博物馆）主办的“文耀金泉——张颔先生的古币文世界”展览开幕式暨纪念张颔诞辰 102 周年座谈会于 2022 年 11 月 16 日上午在山西考古博物馆举行。这是山西省考古研究院继“大家张颔——侯马盟书发现 55 周年暨张颔先生诞辰百年特展”“着墨家山——张颔先生与他的家乡介休”之后推出的又一个关于张颔的专题展览。山西省人民政府文史研究馆馆长王安禄、山西省文物局总工程师郭鹏云、太原市迎泽区政协副主席王素云、山西省钱币学会秘书长李勇五、山西省古建筑与彩塑壁画保护研究院院长路易、山西博物院副院长范文谦、山西晚报副总编辑吕国俊、山西省考古研究院院长王晓毅，以及省城古文字、古钱币方面的学界名人及张颔的亲友和学生代表等一同出席了开幕式暨座谈会。

山西省考古研究院副院长　郑媛

仪式由山西省考古研究院副院长郑媛女士主持，并代读了中国人民银行原参事、中国钱币学会秘书长、中国钱币博物馆馆长黄锡全先生特地为此次活动发来的贺信。然后分别由山西省文物局总工程师郭鹏云女士和山西省考古研究院院长王晓毅先生致辞。

山西省文物局总工程师郭鹏云女士：

今天非常高兴参加这个活动，大家聚在这里追思张颔先生，而这个地方就是他工作过的一个地方。举办展览“文耀金泉——张颔先生的古币文世界”，以此来纪念这位为文博事业奋斗一生的大家。我谨代表山西省文物局向本次展览的开幕表示热烈的祝贺，对各位嘉宾的到来表示诚挚的欢迎！张颔先生是著名的历史学家、考古学家、古文字学家，也是山西考古事业的奠基人之一。张颔先生主笔的《侯马盟书》被史学界、古文字学界认为是中国考古事业发展史上的一项重大成果。先生所著的《古币文编》，从头到尾以毛笔摹写，内容详实，体例科学，临摹精准，是古文字、书法、篆刻研究者必备的参考书，在古文字学界产生了深远的影响。先生严谨中立的治学态度、德才兼备的师长风范以及博古通今的学术水平，一直是我们大家工作学习的楷模！本次展览集中反映了张颔先生对古文字和先秦

山西省文物局总工程师　郭鹏云

古币杰出的研究成果，通过本次展览，我们向张颔先生致以崇高的敬意，并以此激励更多的文博人知行合一、砥砺前行。

最后预祝本次展览取得圆满成功！谢谢大家！

山西省考古研究院院长王晓毅先生：

尊敬的王安禄主任、郭鹏云女士、各位专家、各位同仁，大家好！

今天是张颔先生诞辰102周年纪念日，省考古院举办“文耀金泉——张颔先生的古币文世界”展览的开幕式暨座谈会，以此来表达对先贤的铭记与思念。在这样一个初寒鸟雀愁的早晨，在疫情形势还不太乐观的情况下，非常感谢大家莅临太原文庙参加这个活动，共同缅怀和追思张颔先生。

张颔先生，一直以来都是后辈高山仰止的存在，他是中国著名考古学家、古文字学家、书法家，是山西考古事业的开拓者和领航人。刘润民局长2019年到任山西省文物局之后，感觉当时文物系统精气神不足，于是就倡议并要求在文博界树立起灵魂人物，树立起标杆，树立起榜样，树立起奋斗的目标。张颔先生不仅是山西的文博考古大家，还是享誉海内外的业界巨擘。无论是他的治学态度、学术成果，还是他的道德风范及人格魅力，都是当之无愧的标杆。有了榜样的力量，就有了前

山西省考古研究院院长　王晓毅

进的动力。在张颔先生的精神指引下，山西的考古后学中人才辈出，田建文先生就是又一个标杆式的先进人物。现在山西博物院正在展出展览“精神的力量”，我觉得这个名字起得非常好，正是这种精神力量的引领与传承，才有了我们今天考古事业的蓬勃发展。

张颔先生是山西考古事业的奠基人，1958年中国科学院山西分院考古研究所成立的时候，他就是首任所长。到1979年省文管会分成文物局、考古所、古建所、博物馆四家的时候，张颔先生就担任山西省文物局副局长兼考古研究所所长。他仅凭高小学历，由一开始的跑腿店员成长为学者专家，再到“文博大家”，靠的什么？靠的是他刻苦自学、努力钻研；靠的是他的“三功夫”，即苦功夫、硬功夫、死功夫；靠的是他对考古的尊重与执著。自从20世纪五六十年代，尤其是1979年建所之后，是以张颔先生为首的老一代的考古学家给我们打下这样一个坚实的基础。这种良好的治学和工作作风，一直在引领和影响着我们一代代的考古人。如今的考古院靠着精神追求、淡泊名利、重学术科研等优秀品格在整个文物系统有着良好的口碑与形象。

先生的高度，我们无法企及，但先生的精神永存，我们能做的，就是把先生精神发扬光大，这是从2020年起连续三年为先生举办活动的初衷。以前我们考古所也给张颔先生过生日、祝寿，但是都在逢五、逢十这种大的时间段来做。现在的做法是每年都给先生做一个展览，每年都给先生开一个小型的座谈会，让先生以前做过的事，我们都能了然于胸；让大家不停地缅怀先生、纪念先生，而有追求、有目标。2020 年我们办了“大家张颔”展，去年在崇圣祠办了“着墨家山”，今年又是“文耀金泉”这个主题。2023 年我们准备有个更大的动作 就是将随后去参观展览所在的文庙西院的一号院——一个很古朴的院子，进行一个整体改造，并命名为“张颔书院”，让张颔先生的精神永世流传、发扬光大。

当前正是学习二十大的重要当口，习近平总书记在二十大之后，首先是去了革命圣地延安，然后是去了安阳殷墟，这是非常有深意的。去延安，就是要求保持艰苦奋斗的精神，在新的赶考路上，交出新的答卷；去殷墟的意义，就如习近平总书记所说，到底什么是中国特色社会主义，那就是马克思主义基本原理同中国革命的具体实践，同中国优秀传统文化相结合。所以我们也要认真领会、深入贯彻并践行二十大精神，承担起我们考古工作者、文物工作者的历史责任和历史担当。为了“两个结合”，为了弘扬中华优秀传统文化，在张颔精神的指引下，做出山西考古人的贡献，做出山西考古研究院的贡献，不负张颔先生，也不负我们的前人，让我们在巨人的肩膀上继续前行。谢谢大家！

议程接下来是由山西省人民政府文史研究馆馆长王安禄先生上台宣布展览正式开幕。

紧接着就是纪念张颔先生诞辰 102 周年座谈会。座谈会上，嘉宾分别从不同角度进行了发言，共话张颔先生探索求真、兢兢业业的大家风范。家属张崇宁从陪伴父亲的日常点滴讲述张颔先生在《古币文编》编纂过程中的艰辛与执著；山西大学教授高智从学术角度评价了张颔先生及《古币文编》的问世对学界的影响；山西文化学者郝岳才讲述张颔先生在白云寺整理《古币文编》的往事，表达了对张颔先生治学精神的敬仰 本次展

山西省考古研究院研究员　张崇宁

览的策展人王岚女士分享近三年在策划张颔先生主题展览中的收获与感悟。

张颔先生的三儿子、山西省考古研究院研究员张崇宁先生：

大家好！

我，张崇宁，原来也是山西省考古研究所的职工。

伴随我父亲时间比较长的，在几个弟兄之中，就数我了。我从小就和父亲在一起，因此对父亲的工作、学习、精神就了解体会得深一些。父亲做《古币文编》，很早以前就开始整理上了。我知道他整理古币文的时候，基本上是在"文革"期间，那个时候他收集资料。他之前的收集过程，我还小，不太清楚，因为1966年我才12岁，不太懂他做的，但那时他已经在各省借出差的机会收集这方面的资料。尤其是到我多少懂点事的时候，我能感觉到他的那种精神。那是劳动改造时吧，就是在这个院子里打扫卫生，那时候办公室和家属院连在一起，有时他拉着平车路过家门口，脑子里突然想起什么，就赶紧进家翻资料。就是说即使在劳动过程中，父亲的脑子始终在考虑他的兴趣。回到家，他赶紧查一下资料，记一下，然后又赶紧去干活。

另外，他下班回了家也是忙这些工作。我有个表姐，从天津过来，帮助打格子，准备出书的表格。在这以后，1980年成立了文物局，父亲担任副局长。他忙于这些事务，有时候顾不上整理。后来在1982年，就说找个地方能安安静静地整理，大家建议到南十方，就是现在的白云寺。当时白云寺还是太原文管会管理的，是个文物单位，说话沟通也方便。于是他搬了一些生活用品、书柜、桌子、床，住在了那里，是在里面二层的一间窑洞。当时考古所有部分工作人员在那里修复娄睿墓壁画，还不算太孤单。住在那里的时日，我一直陪着他。有一部分稿子送到中华书局，人家没有退回来，打下底稿、拓片，再用硫酸纸蒙在上面描出来。这样钱币上的文字不失真，出版以后以便取信于读者，可靠性是没有问题的。原来这个书叫《先秦货币文编》，后来在他出书之前，中山大学的商承祚先生和他的学生出了一本，也叫《先秦货币文编》。我父亲就说，那就不出了吧，人家已经出了。但那时中华书局的编辑因看过我父亲的书稿，就说还是继续出吧，不一样的，于是最后改名为《古币文编》出版。

就说这些吧，谢谢大家！

张颔先生的弟子、山西大学文学院教授高智先生：

尊敬的各位领导、各位嘉宾，大家上午好！

今天是我国著名考古学家、古文字学家，曾为考古和古文字事业做出卓越贡献的张颔先生诞辰102周年纪念日。我们再次于此相聚，来纪念先生，慎终追远，缅怀先生的丰功伟绩！张颔先生在世时，我们在座的许多后辈同道曾受教于先生，常被先生的品行人格与学问所折服，共仰高山，景行追随。今天在这个特别的日子里，山西省文物局、山西省考古研究院，以先生古币研究手稿文献和著述为主,结合钱币实物标本为专题，举办“文耀金泉——张颔先生的古币文世界”展览的纪念活动，这是对先生纪念的最好方式。接下来，我就张颔先生在学术研究中的一些成果以及他的人格精神等方面，谈谈我的认识。

张颔先生学术研究涉猎十分广泛，尤以盟书和古币文字研究最具代表。其《古币文编》无论是字形的精准、货币品种的全面，还是体例的创新、严谨精神等都远远超越前人在该方面

山西大学文学院教授　高智

的研究。先生本着精益求精、去伪存真的思想，字形辨别以出土实物为根本，从 20 世纪 60 年代初期，积二十余年之辛劳，奔赴三晋各地及全国多省目验古币实物，并亲力精拓收集资料，使所用材料真实可靠，字形临摹亲手为之，力求与原字形神形皆备。在文字编排方面，先生以实物资料为主，谱录为辅，每字标明词例、出处和出土地点，便于查证，取信于研究者。凡有字出于文献，或真伪杂出和摹刻失真者，必以实物对照研究考证，求其本真。此大著诚为先生兀兀穷年、调查研究、埋头伏案、孜孜以求精神的心血结晶，可称为开宗立派之作。或有前人争论、疑惑未释之文字，先生从不盲从，进行考证澄清，如《魏币“[illegible]”布考释》一文中首次确定了该货币的国别与铸币地望，对“[illegible]”字的考证铁定无疑，受到古文字界的高度赞扬，又如《古币文三释》一文，根据“长子”币铭文的不同写法，首次将三晋文字中的魏、赵文字和国别加以区分，这一点是非常难得的。因为三晋文字国别得以区分，这些都是古币文字研究的突破性成果。

在侯马盟书的研究方面，先生更是有着非凡的创造，侯马盟书的整理与研究可谓集考古学、古文字学、历史学为一体的集大成者。盟书体例的创新，为后来《清华大学藏楚简》《安徽大学藏战国竹简》的编辑提供了范本。盟书在当时是前所未见的新资料，在没有任何参考的情况下，先生凭一己之力在如此短的时间内完成了极其庞大的工作，这在今天是不可想象的。特别是对盟书文字的考订和盟辞的解读，都是难能可贵的。如“尼”字，张先生《“侯马盟书”丛考》文章发表以后，包括高明、朱德熙、唐兰等学者，提出了不同的意见，或释作“并”“北”“狐”“化”“弜”等，现在从战国戈铭、矛铭结合新的安大简文字形体比较来看，先生最初释为“尼”字是完全正确的，再一次证明了先生精深的学术造诣。

今天，山西省文物局、山西省考古研究院、社会各界，在此为先生举行纪念活动，缅怀先生，就是要将先生的精神永存，就是要追忆总结和学习张颔先生正派做人、严谨治学的人生态度，就是要将先生的学术思想与学术精神发扬光大，鼓励后学，就是要将先生的人生观、价值观作为纠正学术和社会风气的宝筏金绳。古人云：“匹夫而为百世师，一言而为天下法。”张颔先生做到了，他的治学精神和道德文章令后人景仰，他是当之无愧的学界楷模，是整个中华民族的宝贵财富。必定将载入史册，德照后世，功续千秋。

谢谢大家！

山西文化学者郝岳才先生：

大家好！我也谈不上什么学者，只是一个文物、文化爱好者。人呢，就怕爱好，爱好了就可以放下一切，不计成本地去做一件事情。今天，在各位领导及专家面前谈论张颔先生与他的《古币文编》，我只能结合自己所做过的一些事情，谈两点个人体会，不妥之处请大家批评指正。

第一点体会，张先生《古币文编》这样一部专著的完成，与他发明制作无影塔、樜栻一样，起初仅仅是方便自身考古研究与治学实践过程中自编自创的一本工具书，但让我们难以想象的是，就是这样一本自编自创的工具书，经过不断完善，成为一部伟大的著作。治学精神之外，其中还有诸多的研究方法值得我们去深究，给我们以重要的启示。张先生曾经这样说，研究历史，方法最重要。他不仅为后学推荐梁启超先生的《中

山西文化学者　郝岳才

国历史研究法》一书，而且身体力行梁启超先生的治学方法，田野考古之外，走向更加广阔的“田野”与社会实践，融合自身几十年研究积累的中华古文化积淀，形成了独特的研究方法与学术成果，成为学术界乃至全社会公认的 “大家”。他的治学精神与方法很值得我们学习、借鉴。

第二点体会，还是从《古币文编》说起。《古币文编》的产生并非一时一日之功，经过了几十年研究与积累的过程，最后整理与书写的三个多月时间，则是在迎泽区的白云寺完成的。具体的时间是 1982 年春夏，这是经过当事人印证的，包括崇宁老师与张庆捷先生的回忆。当时的白云寺属于太原市文管会管理，崇宁老师陪伴于张先生左右，张庆捷先生就在白云寺办公。《绵慸集——张颔先生 100 周年诞辰纪念文集》中收录有张庆捷先生《朝花夕拾记先生》的纪念文章，文中讲述了他在白云寺办公期间与张先生的交往，见证了张先生在白云寺毗卢阁，也就是二层最西边窑洞里整理、书写《古币文编》的过程，时间是在 1982 年 5 月到 9 月间。顺着这样一个思路，作为张先生的崇拜者，我一直关注张先生在白云寺整理、书写《古币文编》的情况，曾多次到白云寺实地考察，总想着确定张先生成稿《古币文编》的毗卢阁窑洞，并能够复原。今年初，机会终于来了，迎泽区政协继去年编纂出版《钟楼街》一函三册图书后，再次编纂《风华迎泽》一书。我有幸再次参与其中，并将白云寺作为文物文化景点纳入该书的写作内容。在写作的过程中，不仅考证了傅山先生与白云寺的关联，同时也顶真了张先生在白云寺三个多月整理、书写《古币文编》的情况，将白云寺里古今两大家分别写入《岭上白云》文章中，收入《风华迎泽》一书。这一过程中，在区政协主席赵树文的协调下，曾对张先生在白云寺三个多月整理、书写《古币文编》的情况进行了专题现场调研，崇宁老师也应邀参加，并实地指认了张先生 1982 年整理、书写《古币文编》的毗卢阁西窑。鉴于寺院正在落架大修，没能近前，但看得出窑洞完好。最终，经过区政协协调，与庙方达成共识，待落架大修完工后，将毗卢阁最西边的窑洞辟为张颔先生《古币文编》著作处的展室。当时省考古研究院的王岚老师也一起参与了专题现场调研。今天的研讨会，文言住持本来是要参加的，但因为一些佛事活动再加上疫情，未能前来。他今早特意给我发了微信，说请放宽心，毗卢阁最西边的窑洞收拾打理好以后，会主动沟通，寺院提供场所，可由考古研究院主导，并复制资料布展，让更多的人了解大家张颔在白云寺著书立说的情况。这是我给大家报告的第二件事情，也借此与大家分享。

最后我还想表达的是，今天是张颔先生 102 岁诞辰纪念日，已经有不少纪念性文章见诸报刊，但多是张先生治学的一面。今早我也在《太原日报》副刊上发表了一篇纪念小文，内容是"古有苏子美'《汉书》下酒'，今有张颔公'读书佐酒'"。记得我初见张先生的时候，他左手《西厢记》，右手黄酒杯，桌上小盘中还有若干苦杏仁，眼睛盯着书册，嘴巴不断咀嚼。这是先生留给我最为深刻的印象。后来再见张先生，一次一次相见，发现他生活中与酒有着解不开的缘分。所以写这篇《张颔"读书佐酒"》的小文，并特意发表在今天，既是为了纪念先生，也是想让更多的人了解先生这样一位大家的读书生活。文尾写了几句难称诗句的打油诗，以此缅怀张先生：

从来名士多豪饮，

不尚珍馐尚雅心。
子美遗风谁与继，
读书佐酒古游人。

谢谢大家！

策展人／山西省考古研究院研究员王岚女士：

尊敬的各位领导，各位嘉宾，大家好！

今天非常高兴，在张颔先生诞辰102周年这样一个特殊的日子里，也因为“文耀金泉——张颔先生的古币文世界”这一展览开幕，我们相聚在这里，共同缅怀追忆张颔先生。说到展览，这是我们继2020年之后第三次为先生做的展览，三个展览分别是“大家张颔——侯马盟书发现55周年暨张颔先生诞辰百年特展”“着墨家山——张颔先生与他的家乡介休”以及这次的“文耀金泉——张颔先生的古币文世界”。说实话，能为张颔先生这样一个著名的考古学家、古文字学家连续三年策展，一方面感到无上的荣光，另一方面则是心存忐忑，唯恐因自己才疏学浅而不能让先生的光芒得以更好的发散。所幸“大家张颔”展可以说是首次将先生走过近一个世纪的精彩人生做了一个全方位的展示，让观众对先生有了一个全面的了解，同时也得到了

山西省考古研究院研究员　王岚

各方面专家的认可；“着墨家山”则是通过梳理先生与家乡介休之间的联系，探寻他文化根系的滋养与情怀，以此也算了却了先生的“归根”夙愿，并且是首次从这个角度去研究展示先生的，也收获了很好的赞誉；而今天的“文耀金泉”展，则是一个更偏向于学术性的专题展览。

在这里我首先要感谢我们考古院领导的信任与支持，给我这样的机会与平台；也要感谢我们整个展览创作团队的每一位人员的积极配合、共同努力；更要感谢张颔先生的家属，两位张老师不遗余力的支持，愉快的合作！（鞠躬致谢）

张颔先生本就是一位“学人”，以《侯马盟书》《古币文编》闻名学界，如果说《侯马盟书》算是集体智慧的结晶，世人了解得相对多一些的话，那《古币文编》则是先生辛苦二十多年，完全靠自己打造出的一部大作！那么到底先生是如何成就此书？背后又有着怎样的故事呢？这些恐怕是鲜为人知的，“文耀金泉”展就是揭秘张颔先生如何痴迷于古币文世界，解读他兀兀穷年严谨治学的精神、经历。

其实在我最开始收集资料，到张小荣老师家里，看到一箱有关古币文编的原始资料时，就非常激动，就有要将它们昭告天下的冲动，特别是那一摞拓币释文的手稿，更是深深地震撼了我！近 300 页泛黄、卷边的稿纸上，币文拓片、字形临摹、各色笔记的注解，有裁掉的，也有补贴上去的，密密麻麻，绝非一日之功，看后敬佩之心油然而生！这就是先生背后默默耕耘、默默付出的明证啊！这足以证明“大家”绝非一蹴而就，他一定是付出了常人所不能、不愿付出的努力。同时这份从一画到二十三画条目式的编辑，类似于字典似的手稿，也彰显了先生做事、做学问的科学性、条理性、前瞻性。如果不是有这样的科学方法,需要经年累月完成的这样一项繁复的学术工程，恐怕会半途而废，至少是会走许多弯路的吧。因此这次展览将这份手稿展示在了展厅的中心位置，成为整个展览的重点和亮点，目的就是想向观众传达这样的信息，即苦功夫加科学方法才是成功的基础与保障。另外一点想表达的就是张颔先生二十多年坚持亲力亲为地做一件事，用现在的话讲，就是一种沉浸

山西省考古研究院院长王晓毅接受张颔家属张崇宁的捐赠

式的做事，无论顺境还是逆境都能心无旁骛地坚持，首先这份精神感动到了我自己。感悟得越多，在日常工作、学习中受到的启发也会越多，所以也希望通过展览能让更多的人了解张颔先生的这种精神，让先生的精神在全社会得到广泛的传播、学习和继承。

这次展览，为了更好地表达张颔先生这个人物的内在气质，我们在形式设计上也动了些心思，比如展址选在一个古色古香的庭院中；比如特制了古书匣式的长柜来列放先生的手稿；又比如我们的展板没有采用常规的喷绘，而是用了宣纸装裱、手工绫裱等等；色彩的选择与搭配等细节的处理，都是为了契合先生那种淡泊、雅致、从容的个性。

回想整个做展览的过程，会遇到各种各样的问题，有愁绪，也有喜悦，辛苦自不必言。虽说展览是一门遗憾的艺术，但我们始终竭尽全力，无论如何，今天都是交卷的时刻，在接下来的参观中，还请各位领导、专家、朋友们提出宝贵的意见！

谢谢大家！

接下来参会人员在文庙状元桥上集体合影，然后集体步入展厅参观展览。

与会人员合影

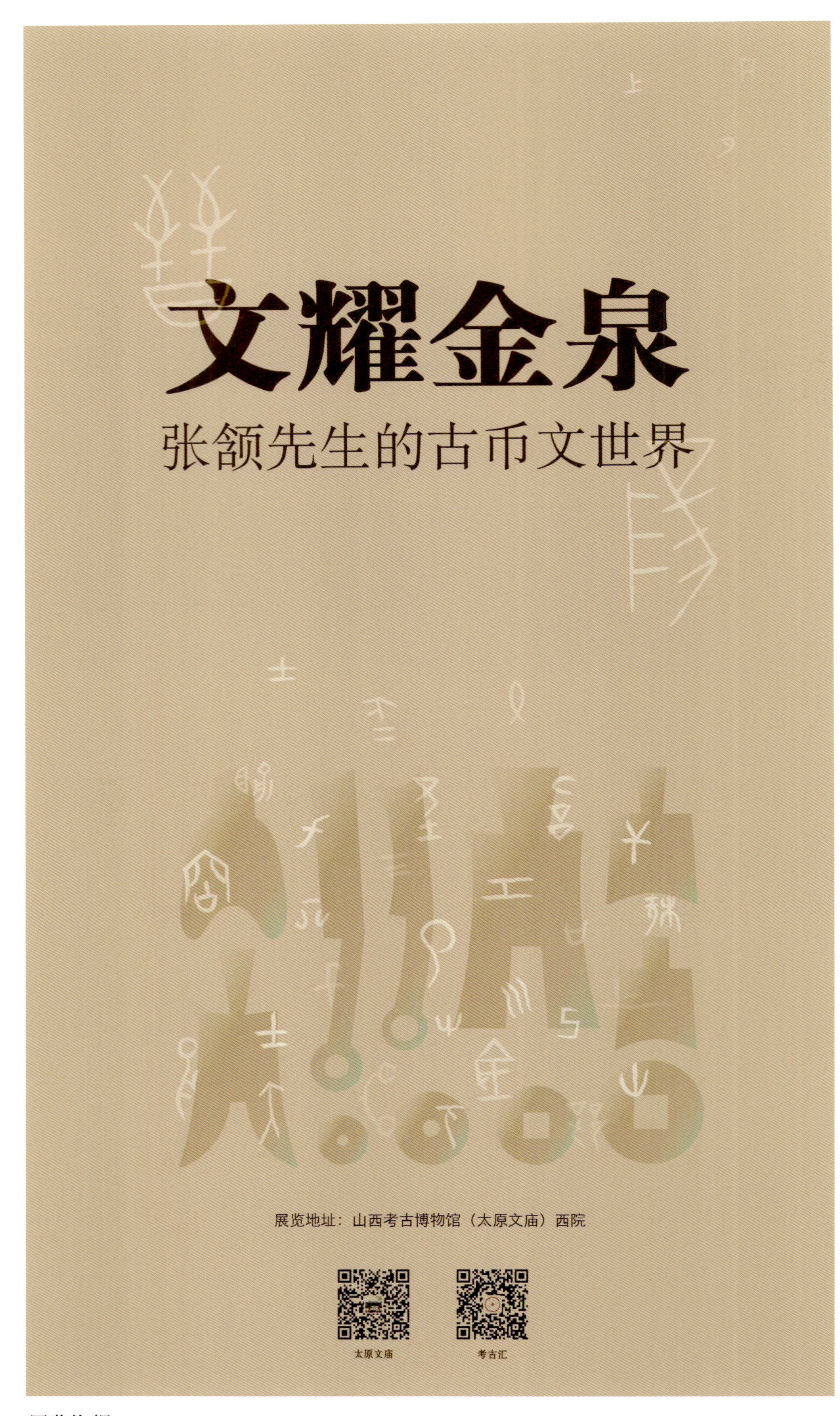

展览海报

展览序厅

展览展厅

展厅书房照

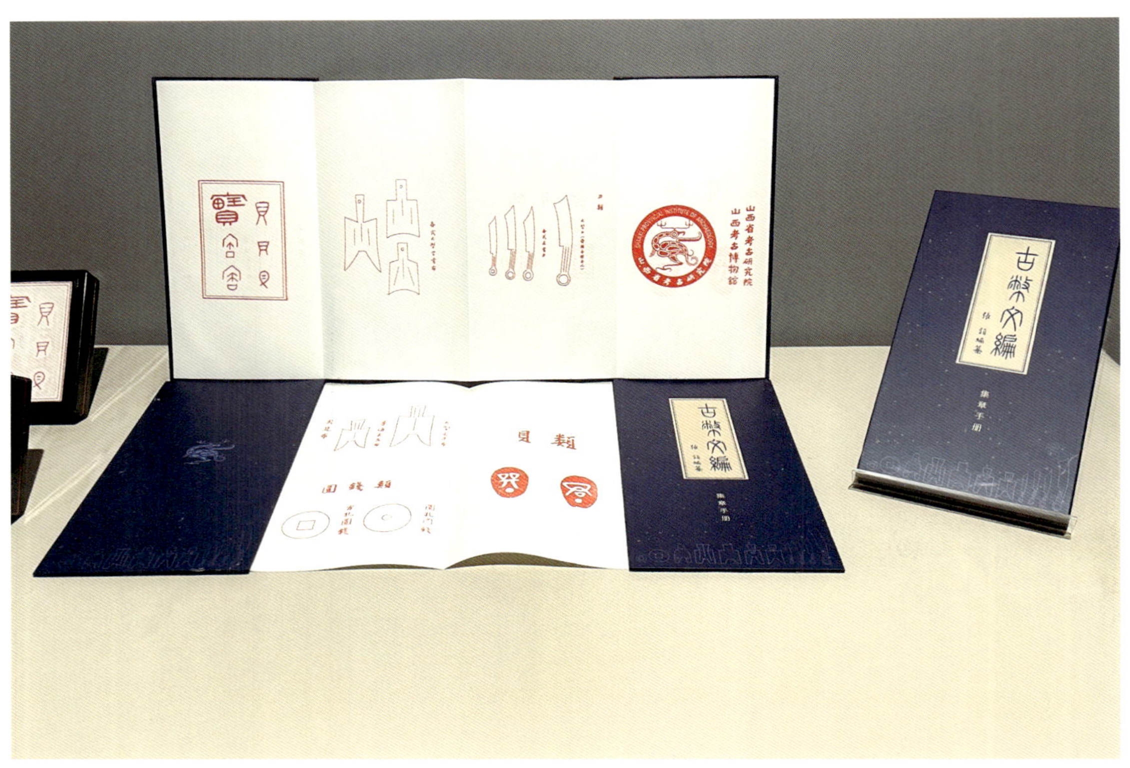

展览文创

嘉宾现场题字

嘉宾现场题字

部分嘉宾在展厅前合影

后记

《文耀金泉》即将付梓出版，终于可以如释重负，在探寻宣传张颔先生与古币文一途上也算是有了一个完整的交待。回想从2022年筹备《文耀金泉》展览之初，我们到张小荣老师家调研张颔有关《古币文编》的资料时，小荣老师提出了一个很有年代感的灰蓝色小皮箱，打开一看，全是有关古币文编的，有成书，有样稿，其中有一个厚厚的牛皮纸包，打开竟是一摞不太齐整的稿纸。当我们一页页翻看，才知道这些是张颔先生收集古币拓、摹、释的手稿资料，并且从一画至二十三画分目编写。我非常震撼，如获至宝，我当时就想：如此真实记载先生漫路艰辛地集币释文，透着思考与智慧的手稿，一定要让它们大放异彩！于是便有了后来展览中占据整个展厅中心位置，用特制的古书匣式展柜来展示这些手稿的灵魂表达！即使这样，限于展厅面积、展柜大小,依然无法将手稿的每一页都展示出来，甚是遗憾！心中也留下"有朝一日一定让它完完全全、完整地公之于众"的念头。今天随着《文耀金泉》的正式出版，这个愿望最终实现了。

还记得早在《文耀金泉》展览开展之际，曾有人对展览起名"文耀金泉"提出疑问，觉得不应用"泉"。于是我们赶紧查阅资料，当然具体说泉币始于汉代是没错的，但是清代著名古物鉴藏家、古钱币学家李佐贤所著《古泉汇》，共64卷，集录了东周至明代的钱币5000余枚。他就使用"古泉"指代了古币。另外，为了成书，我们不断地补充研究张颔先生的相关资料，果然又发现了张颔先生一份关于“泉钱论 布泉论”的手稿，对此先生早就做过渊源考证。因此定名“文耀金泉”，底气十足。

笔者曾和张颔先生的两个儿子去白云禅寺里寻访他当年住过的窑洞，适逢寺院正在维修，不能近距离瞻仰，但听寺院住持说，准备修好之后，将他曾经住过的窑洞复原，打造成张颔先生陈列室，好让更多的人了解和学习张颔先生。

2022 年 11 月展览开幕之际，正值新冠疫情肆虐最严重之时，迫于形势，展览举行完开幕式第二天便暂时关闭了。然而记得就在闭展的第二天下午，有位卢先生就预约前来观展，我陪他看完之后，尤记得他颇为感慨，也特别赞扬展览办得非常好，还加了我的微信。令我意想不到的是，他回去当晚就写成文章《遗卷春深——写在张颔先生〈文耀金泉〉展览之际》，第二天一早就全文发给我，求指正。文章的结尾处写道：“古建筑沉浸式的观展氛围，赋予了藏品、手稿新的生命力。总体而论，一方面是铜色青白、制作精致、轮廓俊俏、品相不同的古币实物，另一方面凝结力量感的实体化文稿，是张先生对古币‘全面不失客观，专业而不局限’开创性的研究成果。展览诠释了张先生有着丰赡的学识、闪光的思想、奔走的使命，因毕生求索考古学之道而学史流芳。”很快这篇文章就发表在《山西市场导报》上，百度、搜狐、新浪和今日头条等公众平台相继转登。还有一件令我难忘的事是来自晋中榆次的一位文化公益推广者魏先生，2023 年 3 月份他在和我取得联系后，竟自行组织了 30 余同道中人前来观展。观展团还专门建立了一个群，我也应邀加入其中。虽然那天我因有事没能亲自接待他们，但通过群里实时发出的各种参观感受，我完全能体会到他们的那种热情、激动以及收获感满满的喜悦，其中有位小学语文老师，通过看张颔先生研究古币的过程，竟启发了他调动学生积极性的灵感，用“拓片”教学解决了困扰他很久的如何提高小朋友识字兴趣的问题。另外一位来自太原的张小荣老师的至交王晋增讲：“我以前孤陋寡闻，总以为古钱币的文字只有年号。其实在秦汉之前的刀币、布币是有文字的，内容很丰富。经讲解，我们看到了张颔老先生在古币文字考古上的一丝不苟、精益求精的精神，那些古币文字拓片和老先生亲手临摹的文字图形让人叹为观止。”而魏先生在参观完之后也写了《文耀金泉 晚霞明照——太原文庙预约观展 感悟张颔先生治学风范》发在网上，文里写道：“展厅虽不大，但给我是震撼。震撼之后可想象，张颔老鸡鸣即起捉笔挥毫，月半星遥不忘其志的景象。”还写道：“展览能识‘大家’之‘大’。张先生出版的重达3.5公斤的巨著《侯马盟书》，还有在太原南十方白云禅寺整理誊抄的《古币文编》，两部大块头的书是能放光辉的文化瑰宝。又能识‘大家’之‘小’。展柜那本厚厚杂志《收获》用作的剪贴本，最精微的局部是张先生用手工刻槽出的页码标记。”

以上这些都令我们非常感动！一是感动我们所做的工作，意义非凡，一切的辛劳都值得；二是感动张颔先生影响力的弘远。这些感动让我们深深地感谢各位知名与不知名的观众给予我们工作的认可、支持与鼓励，也更加坚定要将张颔先生与古币文的渊源、研究方法、成果以及背后的故事写成书，让更多的人了解学习的决心。同时在此还要深深地感谢院领导对我们工作的极大支持，感谢院同仁的积极配合，更要感谢张颔先生的家属张崇宁和张小荣两位老师不遗余力的支持，他们为我们提供了珍贵的第一手资料。今天《文耀金泉——张颔先生的古币文世界》一书的面世，是我们大家共同努力的结果，也是我们对张颔先生最好的纪念与献礼！

编者

2024年9月

图书在版编目（CIP）数据

文耀金泉：张颔先生的古币文世界 / 山西省考古研究院编；王岚主编 . -- 太原：山西人民出版社，2024. 11. -- ISBN 978-7-203-13689-7

Ⅰ . K875.64

中国国家版本馆 CIP 数据核字第 2024HX2929 号

文耀金泉
张颔先生的古币文世界

编　　者　山西省考古研究院
责任编辑　孙　茜　　薄阳青
复　　审　傅晓红
终　　审　梁晋华
装帧设计　阎宏睿

出　　版　山西出版传媒集团 · 山西人民出版社
地　　址　太原市建设南路 21 号
邮　　编　030012
电　　话　0351 - 4922159
发行营销　0351 - 4922220 /　4955996 /　4956039 /　4922127（传真）
天　　猫　http://sxrmcbs.tmall.com
网　　址　www.sxskcb.com
电子邮箱　sxskcb@163.com（发行部）　sxskcb@126.com（总编室）
经　　销　山西出版传媒集团　山西人民出版社
印　　刷　山西基因包装印刷科技股份有限公司

开　　本　787mm×1092mm　1/12
印　　张　19.83 印张
字　　数　230 千字
版　　次　2024 年 11 月　第一版
印　　次　2024 年 11 月　第一次印刷
书　　号　ISBN　978-7-203-13689-7
定　　价　158.00 元